Die Inkongruenz zwischen Bewertungsstichtag und Abfindung ausgeschlossener Gesellschafter

Michael Wilhelm Weber

Die Inkongruenz zwischen Bewertungsstichtag und Abfindung ausgeschlossener Gesellschafter

PL ACADEMIC RESEARCH

Bibliografische Information der Deutschen Nationalbibliothek
Die Deutsche Nationalbibliothek verzeichnet diese Publikation in der Deutschen Nationalbibliografie; detaillierte bibliografische Daten sind im Internet über http://dnb.d-nb.de abrufbar.

Zugl.: Passau, Univ., Diss., 2012

Umschlaggestaltung
© Olaf Gloeckler, Atelier Platen, Friedberg

Gedruckt auf alterungsbeständigem,
säurefreiem Papier.

D 739
ISBN 978-3-631-63963-4

PL Academic Research ist ein Imprint der Peter Lang GmbH

www.peterlang.de

Meinen Eltern
Rosemarie Weber und Dr. Ludwig Weber

VORWORT

Die vorliegende Arbeit entstand während meiner Tätigkeit als wissenschaftlicher Mitarbeiter am Lehrstuhl für Bürgerliches Recht, Handels und Wirtschaftsrecht der Universität Passau. Sie wurde Anfang 2012 abgeschlossen und von der rechtswissenschaftlichen Fakultät der Universität Passau als Dissertation angenommen. Rechtsprechung und Schrifttum entsprechen dem Stand von Anfang 2012.

Das erste Wort gilt meinem hochverehrten Doktorvater und Inhaber des Lehrstuhls, Herrn Professor Dr. Holger Altmeppen, der mein Interesse an der Wissenschaft geweckt hat. Ich danke ihm für die Überlassung des Promotionsthemas, seine Betreuung durch fachlichen Rat und seine persönliche Unterstützung.

Herrn Professor Dr. Rainer Wernsmann möchte ich vielmals für die Übernahme der Erstellung des Zweitgutachtens danken.

Herzlich bedanken möchte ich mich an dieser Stelle auch bei meiner Lebensgefährtin Kerstin Brauchler, die mir stets ein Fels in der Brandung war, für ihre Geduld und ihr Verständnis.

Nicht zuletzt möchte ich meinem langjährigen Freund Dr. Eduard Braun für seine ausdauernde Unterstützung und seinen kritischen und konstruktiven Rat danken.

Mein ganz besonderer Dank gilt jedoch meinen Eltern, die mich während meines gesamten Studiums und meiner Promotion in jeder Hinsicht unterstützt haben und viele Stunden ihrer Freizeit geopfert haben, um meine Arbeit Korrektur zu lesen. Ihnen ist die Arbeit gewidmet.

Passau, September 2012

Michael Wilhelm Weber

INHALTSVERZEICHNIS

ABKÜRZUNGSVERZEICHNIS

a.A.	andere Ansicht
a.a.O.	am angegebenen Ort
a.E.	am Ende
a.M.	am Main
Abb.	Abbildung
Abs.	Absatz
ADHGB	Allgemeines Deutsches Handelsgesetzbuch
AG	Aktiengesellschaft; Die Aktiengesellschaft (Zeitschrift)
AktG	Aktiengesetz
allgM	allgemeine Meinung
Alt.	Alternative
AngebVO	Angebotsverordnung
Anh.	Anhang
Anm.	Anmerkung
Art.	Artikel
ARUG	Aktionärsrechterichtlinie
Aufl.	Auflage
BayObLG	Bayerisches Oberstes Landesgericht
BB	Der Betriebsberater (Zeitschrift)
Beschl.	Beschluss

BFuP	Betriebswirtschaftliche Forschung und Praxis (Zeit schrift)
BGB	Bürgerliches Gesetzbuch
BGH	Bundesgerichtshof
BGHZ	Entscheidungen des Bundesgerichtshofs in Zivilsachen (Zeitschrift)
BR-Drucks.	Drucksachen des Bundesrates
BT-Drucks.	Drucksachen des Bundestages
BVerfG	Bundesverfassungsgericht
bzgl.	bezüglich
bzw.	beziehungsweise
ca.	circa
CAPM	Capital Asset Pricing Model
d.h.	das heißt
DB	Der Betrieb (Zeitschrift)
DCF	Discounted Cash Flow
ders.	derselbe
DK	Der Konzern (Zeitschrift)
DR	Deutsches Recht (Zeitschrift)
einhM	einhellige Meinung
EStG	Einkommensteuergesetz

EWiR	Entscheidungen zum Wirtschaftsrecht (Zeitschrift)
f	folgender
FB	Finanz Betrieb (Zeitschrift)
ff	folgende
Fn.	Fußnote
FS	Festschrift
GbR	Gesellschaft bürgerlichen Rechts
gem.	gemäß
GG	Grundgesetz für die Bundesrepublik Deutschland
GmbH	Gesellschaft mit beschränkter Haftung
GmbHG	Gesetz betreffend die Gesellschaften mit beschränkter Haftung
GmbHR	GmbH-Rundschau (Zeitschrift)
h.M.	herrschende Meinung
HGB	Handelsgesetzbuch
Hrsg.	Herausgeber
HS.	Halbsatz
i.d.F.	in der Fassung
i.d.S.	in diesem Sinn

i.E.	im Ergebnis
i.S.d.	im Sinne des
i.S.v.	im Sinne von
i.V.m.	in Verbindung mit
IDW S	IDW Standard
IDW	Institut der Wirtschaftsprüfer
insbes.	insbesondere
JbFStR	Jahrbuch der Fachanwälte für Steuerrecht
jew.	jeweils
JR	Juristische Woche (Zeitschrift)
jurisPR-HaGesR	Juris Praxis Report Handels und Gesellschaftsrecht
JuS	Juristische Schulung (Zeitschrift)
JZ	Juristenzeitung (Zeitschrift)
KG	Kommanditgesellschaft; Kammergericht
KStG	Körperschaftsteuergesetz
LG	Landgericht
liSp	linke Spalte
m.N.	mit Nachweis
m.w.N.	mit weiteren Nachweisen

MDR	Monatsschrift für deutsches Recht (Zeitschrift)
NJW	Neue Juristische Woche (Zeitschrift)
NJW-RR	NJW-Rechtsprechungs-Report (Zeitschrift)
NZG	Neue Zeitschrift für Gesellschaftsrecht (Zeitschrift)
oHG	offene Handelsgesellschaft
OLG	Oberlandesgericht
p.a.	per anno
RegE	Regierungsentwurf
reSp	rechte Spalte
RG	Reichsgericht
Rn.	Randnummer
S.	Seite; Satz; siehe
s.c.	scilicet, nämlich
sog.	so genannt(e; er; es)
SolZG	Solidaritätszuschlaggesetz
Stbg	Die Steuerberatung (Zeitschrift)
Tz.	Textziffer

u.U.	unter Umständen
UmwBerG	Umwandlungsbereinigungsgesetz
UmwG	Umwandlungsgesetz
Urt.	Urteil
v.	vom; von
vgl.	vergleiche
WiB	Wirtschaftliche Beratung (Zeitschrift)
WM	Wertpapier-Mitteilungen (Zeitschrift)
WP	Wertpapier (Zeitschrift)
WPg	Die Wirtschaftsprüfung (Zeitschrift)
WP-Handbuch	Wirtschaftsprüfer-Handbuch
WpÜG	Wertpapiererwerbs- und Übernahmegesetz
ZIP	Zeitschrift für Wirtschaftsrecht (Zeitschrift)
ZPO	Zivilprozessordnung

ABBILDUNGSVERZEICHNIS:

1. Teil Einleitung

I. Einführung in die Problematik

Der Gesetzgeber schafft mit § 737 BGB, § 140 Abs. 1 HGB und §§ 327 a ff AktG für die GbR, oHG, KG und AG explizit die Möglichkeit, unliebsam gewordene Gesellschafter aus verschiedenen Gründen aus der Gesellschaft auszuschließen. Aber auch für die GmbH ist ein Ausschluss aus wichtigem Grund auch ohne spezielle gesetzliche Regelung in analoger Anwendung des § 140 HGB anerkannt.

Der Ausschluss und die anschließende Auseinandersetzung mit dem Gesellschafter vollziehen sich in allen Ausschlussfällen in mehreren Schritten. Das Ausschlussverfahren beginnt mit der Beschlussfassung der Gesellschafter über den Ausschluss. Mit der Beschlussfassung selbst scheidet der Auszuschließende aber – mit Ausnahme der GbR – noch nicht aus der Gesellschaft aus. Üblicherweise wird das Vorliegen der Ausschlussvoraussetzungen in einem gerichtlichen Verfahren überprüft. Erst mit der Entscheidung über den Ausschluss scheidet der Auszuschließende aus der Gesellschaft aus. Es folgt daraufhin die Auseinandersetzung mit dem Ausgeschlossenen.

Machen die Gesellschafter von ihrem Ausschlussrecht Gebrauch und schließen einen der ihren aus der Gesellschaft aus, so ist der auszuschließende Gesellschafter mittels Abfindung angemessen für den Verlust seiner Gesellschafterstellung zu entschädigen. An die Stelle seiner gesellschaftlichen Beteiligung tritt die Abfindung, deren Höhe sich nach dem „wahren“ Wert des Gesellschaftsanteils zu einem gesetzlich bestimmten Bewertungsstichtag bemisst. Bewertungsstichtag müsste an sich der Tag des Verlustes der Beteiligung, mithin der Tag des Ausscheidens aus der Gesellschaft sein. Kraft gesetzlicher Anordnung wird der Bewertungsstichtag in den Ausschlussfällen vom Tag der Entscheidung über den Verbleib in der Gesellschaft abgespalten und auf den Stichtag der Willensbildung bzw. der Klageerhebung vorverlagert. Bewertungsstichtag und Stichtag des Ausscheidens fallen auseinander. Die entsprechende Norm findet sich für die oHG in § 140 Abs. 2 HGB, der über die Verweisungsnorm § 161 Abs. 2 HGB auch auf die KG Anwendung findet. § 140 Abs. 2 HGB wird des Weiteren analog auf die GmbH angewendet. Für den Minderheitsausschluss aus der AG verlagert § 327 b Abs. 1 S. 1 AktG den Bewertungsstichtag vor. Den Wert des Gesellschaftsanteils wiederum gilt es nach betriebswirtschaftlichen Grundsätzen zu ermitteln. Die betriebswirtschaftlichen Bewertungskalküle zur Anteilswertermittlung gehen von der sofortigen Auszahlung der Abfindung zum Bewertungsstichtag aus. Tatsächlich aber erhält der Abzufindende die Abfindung in aller Regel erst zu einem sehr viel späteren Zeitpunkt ausbezahlt, denn die ausschließenden Gesellschafter werden erst dann gewillt sein, die Abfindung zu leisten, wenn das Ausschlussziel erreicht ist und der Auszuschließende aus der

Gesellschaft ausgeschieden ist. Mit den sich aus der Vorenthaltung der Abfindung resultierenden Unbilligkeiten während des gesamten Zeitraums zwischen Bewertungsstichtag und Abfindungszahlung beschäftigt sich die vorliegende Untersuchung.

Hinsichtlich der Vorenthaltung des in der Abfindung verkörperten Kapitals gilt es zwischen zwei Phasen zu unterscheiden. Der erste Zeitabschnitt, im Folgenden als „Schwebelage“[1] oder „Schwebephase“ bezeichnet, beschreibt den Zeitraum zwischen dem Bewertungsstichtag, auf den die Abfindung zu ermitteln ist, und dem Stichtag des Ausscheidens aus der Gesellschaft. Die sich daran anschließende zweite Phase umfasst den Zeitraum zwischen dem Ausscheiden und der vollständigen Leistung der Abfindung an den abzufindenden Gesellschafter. Siehe dazu die allgemeine Darstellung der Phasen bei Ausschluss aus einer Gesellschaft in Abbildung Nr. 1.

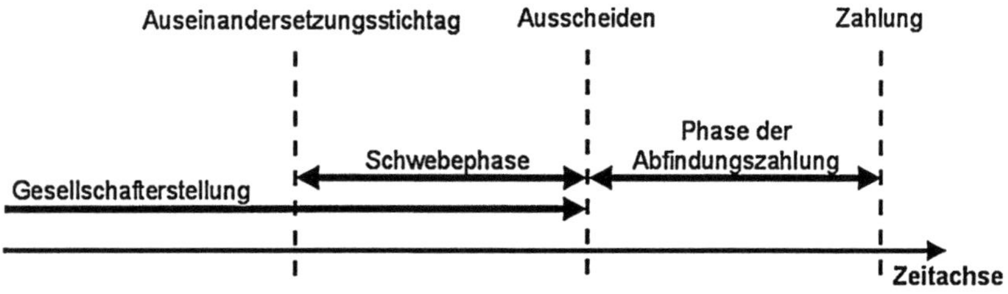

Abb. Nr. 1: Die Phasen bei Ausschluss und Auseinandersetzung

1. Die allgemeine Definition des Begriffs der Schwebephase

An dieser Stelle sei vorab der Begriff „Schwebephase“ definiert. Unter Schwebephase im Sinne dieser Untersuchung ist der Zeitraum zu verstehen, währenddessen die gerichtliche Entscheidung über den Verbleib in der Gesellschaft noch aussteht. Der Erfolg der Ausschlussmaßnahme ist während dieser Phase noch unsicher. Die Gesellschafterstellung des Auszuschließenden befindet sich mit anderen Worten in der „Schwebe“. Eine solche Schwebephase entsteht dann, wenn Stichtag der gesellschaftsinternen Entscheidung über den Ausschluss und Stichtag des Ausscheidens aus der Gesellschaft auseinander fallen. Bis zu seinem Ausscheiden aus der Gesellschaft bleibt der Auszuschließende grundsätzlich weiterhin Anteilsinhaber mit allen Rechten und Pflichten.

---

1 Zur Begrifflichkeit s. BGH NZG 2003, 871, 872 liSp; *Altmeppen* in Roth/Altmeppen, GmbHG, § 60 Rn. 102; **ähnlich:** *Wicke*, GmbHG, § 34 Rn. 8: „*Schwebezustand*“.

Das in dieser Arbeit zu untersuchende Problem der Verzögerung der Abfindungszahlung resultiert nun daraus, dass sich für die Ausschlussfälle – wie bereits oben erwähnt – stets eine Norm findet, die den Bewertungs- und Auseinandersetzungsstichtag fiktiv auf den Beginn der Schwebephase vorverlagert. Die Schwebephase beschreibt deshalb gleichzeitig den Zeitabschnitt zwischen dem Bewertungsstichtag, auf den die Abfindung zu berechnen ist, und dem Stichtag des Ausscheidens des Anteilseigners aus der Gesellschaft.

Für den Ausschluss aus der GmbH wird die Problematik der Schwebephase dadurch verschärft, dass der Tag des Ausscheidens nach herrschender Auffassung in Rechtsprechung und Lehre unter der aufschiebenden gesetzlichen Bedingung der vollständigen und fristgerechten Zahlung des Abfindungsguthabens stehen soll (sog. Bedingungslehre). Durch die aufschiebende Bedingung wird der Tag des Ausscheidens vom Tag der Entscheidung über die Wirksamkeit der Ausschlussmaßnahme abgekoppelt und in die Zukunft verlagert. Die schon bestehende prozessbedingte Schwebephase wird dadurch bis zum Eintritt der Bedingung – der Zahlung der Abfindung – ausgedehnt.

Aus allen Schwebephasen im oben genannten Sinne resultiert folgende Unbilligkeit: Der auszuschließende Gesellschafter bleibt während der gesamten Zeitspanne der Schwebephase zumindest formell betrachtet weiterhin Gesellschafter. Infolge der fortbestehenden Gesellschafterstellung bleibt sein Kapital in seinem Gesellschaftsanteil gebunden. Wie oben dargelegt, erfolgt die Auszahlung des Abfindungsguthabens in der Regel erst zu einem sehr viel späteren Zeitpunkt, nämlich frühestens mit dem Ausscheiden aus der Gesellschaft. Während dieses Zeitraums ist der ausscheidende Gesellschafter faktisch gezwungen, der Gesellschaft sein im Anteil verkörpertes Kapital zur Verfügung zu stellen, mit dem die Gesellschaft weiterhin wirtschaftet und – im Idealfalle – Gewinne erzielt, von denen die ausschließenden Gesellschafter profitieren. Eine spezielle gesetzliche Regelung, die für die Vorenthaltung des Kapitals während dieses Zeitraums einen gerechten Interessenausgleich herstellt, existiert jedoch für keines der Ausschlussverfahren. Es liegt damit in der Verantwortung von Rechtsprechung und Lehre, für einen gerechten Interessenausgleich zu sorgen. Der Meinungsstand dazu, wie der Ausgleich zwischen ausschließenden und auszuschließenden Gesellschaftern zu erfolgen hat, ist höchst umstritten und verworren und wird für die verschiedenen Gesellschaftsformen unterschiedlich beantwortet. Eine einheitliche, gesellschaftsformunabhängige und auf alle Schwebephasen übertragbare Lösung konnte sich bislang nicht etablieren. Insbesondere wird unterschiedlich beantwortet, ob der Auszuschließende an den nach dem Bewertungsstichtag konkret erwirtschafteten Gewinnen noch partizipiert oder

der Gesellschaft – und damit letztlich den Gesellschaftern, die den Ausschluss betreiben – in der Zwischenzeit ein „zinsloses Darlehen“[2] zu gewähren hat.

2. Die Phase zwischen Ausscheiden und Abfindungszahlung

Mit dem Ende der Schwebephase, dem Ausscheiden aus der Gesellschaft, erhält der bereits ausgeschlossene Gesellschafter seine Abfindung in aller Regel noch nicht sofort ausbezahlt. Der übliche, meist schon in der Satzung vorgesehene Abfindungsmodus ist die Leistung der Abfindung in mehreren Raten nach dem Ausscheiden aus der Gesellschaft. Erheblich verzögert wird die (vollständige) Zahlung der Abfindung auch durch gerichtliche Verfahren, in denen die Höhe der Abfindung überprüft wird. Diese Phase zwischen dem Ausscheiden und der vollständigen Abfindungszahlung kann sich über einen Zeitraum von mehreren Jahren erstrecken. Sie ist vom Zeitraum der Schwebephase im obigen Sinne strikt abzugrenzen, denn im Gegensatz zur Schwebephase hat der Ausgeschlossene seine Gesellschafterstellung und die daran anknüpfenden Rechte und Pflichten bereits endgültig eingebüßt. Auf diesen Zeitraum ist deshalb gesondert einzugehen.

Auch für diese Phase sieht der Gesetzgeber nur partiell spezielle Ausgleichsregelungen vor. Eine spezielle Regelung findet sich nur beim aktienrechtlichen Minderheitsausschluss in § 327 b Abs. 1 S. 2 AktG. Für den Ausschluss aus der oHG, der KG und der GmbH hat der Gesetzgeber keine Ausgleichsregelung vorgesehen. Gleichwohl stellt sich die Frage, wie der ausgeschlossene Gesellschafter hinsichtlich der andauernden Vorenthaltung seines Kapitals bis zur Auszahlung zu entschädigen ist.

II. Der Gang der Untersuchung

Wie eingangs dargelegt, beschäftigt sich die vorliegende Untersuchung mit den Unbilligkeiten, die aus der Vorenthaltung der Abfindung im Zeitraum zwischen dem Bewertungsstichtag und der Auszahlung resultieren. Die Arbeit differenziert dabei nach der Phase zwischen Bewertungsstichtag und Ausscheiden aus der Gesellschaft einerseits und der Phase zwischen dem Ausscheiden und der vollständigen Zahlung der Abfindung andererseits.

Mit der Frage der Abfindung der aus einer Gesellschaft ausscheidenden Gesellschafter untrennbar verknüpft sind die betriebswirtschaftlichen Grundlagen zur Anteilsbewertung. Es wird sich deshalb im Verlauf der Untersuchung zeigen, dass die betriebswirtschaftlichen Grundlagen zur Anteils- und Unterneh-

2 Vgl. OLG Hamburg NZG 2003, 978, 979 reSp – „Metropol/Volksfürsorge“.

mensbewertung von elementarer Bedeutung für die Argumentation und das Verständnis der hier vorgeschlagenen Lösung sind.

Die sog. Grundsätze der ordnungsgemäßen Anteils- und Unternehmensbewertung sind einem stetigen und noch andauernden Wandel unterworfen. Eine einheitliche Linie bzw. eine Paradeformel zur Unternehmens- und Anteilsbewertung konnte und wird sich nicht herauskristallisieren. Vielmehr sind die für den Juristen ohne betriebswirtschaftliche Vorkenntnisse oft nur schwer verständlichen Bewertungsgrundsätze im Detail höchst umstritten und mitunter noch unausgegoren.

Vor diesem Hintergrund ist es erforderlich, vorab im Einzelnen auf die Grundlagen der Anteils- und Unternehmensbewertung einzugehen. Der 2. Teil dieser Untersuchung beschäftigt sich dementsprechend ausschließlich damit, einen umfassenden Einblick in die Grundsätze der ordnungsgemäßen Anteils- und Unternehmensbewertung zu vermitteln, sowie die einzelnen Bewertungsverfahren darzustellen. Auf die Gesichtspunkte, die für Verständnis und Argumentation der vom Verfasser präferierten Lösung zentral sind, gilt es schon an dieser Stelle genauer einzugehen. Die Ausführungen zum 2. Teil sollen sich dabei nicht auf die bloße Darstellung der Bewertungsgrundsätze und der dazu vertretenen Ansichten beschränken, sondern gleichzeitig deren Schwächen aufzeigen sowie einen vom Verfasser favorisierten Weg der Anteilsbewertung darlegen.

Aufbauend auf dem 2. Teil beschäftigen sich der 3., 4. und 5. Teil der Untersuchung mit den Unbilligkeiten, die sich bei Ausschluss aus oHG, GmbH und AG aus der Vorenthaltung des Kapitals zwischen Bewertungsstichtag und Zahlung der Abfindung ergeben.

Im 3. Teil der Untersuchung soll dazu am Beispiel der oHG und unter Rückgriff auf die im 2. Teil zur Anteils- und Unternehmensbewertung gewonnenen Erkenntnisse ein allgemeingültiger und auf alle Gesellschaftsformen übertragbarer Lösungsansatz entwickelt werden.

Im Mittelpunkt der Untersuchung steht dabei die Behandlung der Schwebephase zwischen dem Stichtag der Anteilsbewertung und dem Stichtag des Ausscheidens. Zu klären ist die bisher höchst umstrittene und weitgehend ungeklärte Frage, ob und gegebenenfalls wie der ausscheidende Gesellschafter für die erzwungene Kapitalüberlassung während des Zeitraums der Schwebephase zu entschädigen ist. Hauptziel ist es, unter umfassender Würdigung der dazu vertretenen Ansichten einen einheitlichen, auf alle Schwebephasen und alle Gesellschaftsformen übertragbaren Lösungsansatz zu entwickeln. Besonderes Augenmerk gilt dabei der neuen, von *Altmeppen* vorgeschlagenen Lösung der Aufzinsung des Abfindungsguthabens vom Bewertungsstichtag auf den Tag des Ausscheidens. Abschließend ist zu klären, wie zu verfahren ist, wenn die Ausschlussmaßnahme im Ergebnis scheitert.

Der zweite Schwerpunkt dieser Arbeit befasst sich mit der auf die Schwebephase folgenden Phase zwischen dem Ausscheiden aus der Gesellschaft und der vollständigen Auszahlung der Abfindung. Auch für diese gesetzlich nur unvollständig speziell geregelte Phase werden verschiedene Lösungsansätze vorgeschlagen. Ziel dieser Arbeit ist auch hier, eine angemessene Lösung zu entwickeln.
Den zur oHG entwickelten allgemeinen Lösungsansatz gilt es im 4. Teil auf den Ausschluss aus der GmbH und im 5. Teil auf den Ausschluss aus der AG – den sog. Squeeze-Out – entsprechend zu übertragen. Dabei sind die sich aus den verschiedenen Schwebephasekonstellationen und den unterschiedlichen Rechtsformen ergebenden Besonderheiten speziell zu würdigen und entsprechend zu berücksichtigen.

Abschließend werden im 6. Teil die zentralen Ergebnisse der Untersuchung zusammengefasst. Die sich für die verschiedenen Phasen rechtsformbedingt ergebenden Unterschiede werden gegenübergestellt.

2. Teil Die Grundlagen der Anteils- und Unternehmensbewertung

Allen hier zu untersuchenden Fällen des zwangsweisen Ausscheidens aus einer Gesellschaft ist gemeinsam, dass, kraft gesetzlicher Anordnung, an die Stelle der Beteiligung an der Gesellschaft ein Anspruch auf Abfindung tritt. Von zentraler Bedeutung für die Auslegung der abfindungsregelnden Normen und die Anforderungen an eine „angemessene" Abfindung sind die verfassungsrechtlichen Vorgaben des Art. 14 GG. Die Höhe der Abfindung bemisst sich nach dem Wert der Beteiligung an der Gesellschaft und mithin nach dem Anteilswert. Um den Wert des Geschäftsanteils zu ermitteln, der den Anteil am Wert des gesamten Unternehmens repräsentiert, ist es grundsätzlich[3] erforderlich, den Wert des Unternehmens selbst zu ermitteln. Zu diesem Zweck gilt es das Unternehmen anhand anerkannter betriebswirtschaftlicher Methoden zu bewerten.

I. Die abfindungsregelnden Normen

Der Gesetzgeber selbst gibt die für die Anteilsbewertung maßgeblichen „Weichenstellungen" vor.[4] Die älteste – und deshalb auch als *„traditioneller Ausgangspunkt"*[5] der Unternehmensbewertung bezeichnete – abfindungsregelnde Norm findet sich mit § 738 Abs. 1 S. 2 BGB. In unmittelbarer Anwendung gilt dieser zwar ausschließlich für den wenig relevanten Ausschluss aus der GbR. Gleichwohl ist dessen Bedeutung nicht zu unterschätzen, denn über die Verweisungsnormen §§ 105 Abs. 3 und 161 Abs. 2 HGB findet dieser, modifiziert durch § 140 Abs. 2 HGB, auch auf die oHG und die KG Anwendung.[6] Darüber hinaus sind § 738 Abs. 1 S. 2 BGB und § 140 Abs. 2 HGB nach einhelliger Auffassung analog auf den gesetzlich nicht geregelten Ausschluss aus der GmbH anwendbar.[7] Für den Ausschluss aus einer AG (dem sog. Squeeze-Out) hingegen finden sich mit § 327 b Abs. 1 S. 1 HS. 2 und Abs. 2 AktG spezielle Abfindungsregelungen.

---

3 Zur sog. direkten Anteilswertermittlung s. unten III. 2.

4 Zum Zusammenspiel von Gesetzgebung, Betriebswirtschaftslehre und Rechtsprechung s. ausführlich unten IV.

5 So treffend *Großfeld*, Rn. 35.

6 So die einhellige Meinung, s. nur *K. Schmidt* in MünchKommHGB, § 140 Rn. 85; *Piehler/Schulte* in MünchHdbGesR I, § 75 Rn. 19; *Hopt* in Baumbach/Hopt, HGB, § 140 Rn. 24 mit § 131 Rn. 48.

7 *Strohn* in MünchKommGmbHG, § 34 Rn. 205; *Großfeld*, Rn. 61; *Ulmer* in GroßkommGmbHG, Anh. § 34 Rn. 41 f; *Hueck/Fastrich* in Baumbach/Hueck, GmbHG, § 34 Rn. 22; *Sosnitza* in Michalski, GmbHG, Anh. § 34 Rn. 34 mit § 34 Rn. 46; *Schröder* GmbHR 2002, 541.

II. Die verfassungsrechtlichen Vorgaben

1. Das Anteilseigentum als gesellschaftsrechtlich vermitteltes Eigentum

Von zentraler Bedeutung für die Auslegung der abfindungsregelnden Normen § 738 Abs. 1 S. 2 BGB, § 140 Abs. 2 HGB und § 327 b Abs. 1 S. 1 HS. 2 und Abs. 2 AktG sind die verfassungsrechtlichen Vorgaben des Art. 14 GG. Der verfassungsrechtliche Eigentumsbegriff i.S.d. Art. 14 Abs. 1 S. 1 GG umfasst allgemeiner Überzeugung nach alle vermögenswerten Rechtspositionen.[8] Dazu zählt nach ganz herrschender Meinung auch das Anteilseigentum,[9] genauer: Die durch die gesellschaftliche Beteiligung vermittelte Mitgliedschaft.[10] Dies gilt unabhängig von der Rechtsform der Beteiligung.[11] Das BVerfG selbst spricht diesbezüglich von *„gesellschaftsrechtlich vermitteltem Eigentum"*.[12] Im Einzelnen genießt sowohl die durch Aktien,[13] als auch die durch GmbH-, oHG- und GbR-Anteile[14] vermittelte Mitgliedschaft den Schutz des Art. 14 Abs. 1 S. 1 GG.

2. Das Erfordernis der wirtschaftlich vollen Entschädigung

Schafft der Gesetzgeber mit § 737 BGB, § 140 Abs. 1 HGB und §§ 327 a ff AktG die Möglichkeit, andere Gesellschafter zwangsweise aus einer Gesellschaft auszuschließen, ist darin keine Enteignung i.S.d. Art. 14 Abs. 3 GG zu sehen.[15] Weder ermächtigt der Gesetzgeber die ausschließenden Gesellschafter zu einer Enteignung,[16] noch handelt es sich um eine Enteignung durch Gesetz i.S.d. Art. 14 Abs. 3 S. 2 Alt. 1 GG. Für eine Enteignung i.S.d. Art. 14 Abs. 3 S. 2 Alt. 2 GG fehlt es daran, dass eine solche stets eine Änderung des Zuord-

---

8 S. statt aller *Papier* in Maunz/Dürig, GG, Art. 14 Rn. 55 jew. m.w.N.

9 *Papier* in Maunz/Dürig GG, Art. 14 Rn. 195; *Zöllner/Noack* AG 1991, 157, 158 liSp; *Depenheuer* in Mangoldt/Klein/Starck, Art. 14 Rn. 142; **a.A.:** *Leuschner* NJW 2007, 3248, 2349; *Mülbert/Leuschner* ZHR 170, 615 ff: richtiger Anknüpfungspunkt sei ausschließlich Art. 2 Abs. 1 GG.

10 *Bergbach*, S. 198 ff und 704; vgl. auch *Mülbert/Leuschner* ZHR 170, 615, 620 f.

11 *Bergbach*, S. 196; *Zöllner/Noack* AG 1991, 157, 158 liSp; *Meilicke*, S. 18.

12 BVerfG NJW 1962, 1667 liSp = BVerfGE 14, 263 – „Feldmühle".

13 BVerfG NZG 1999, 931 liSp = BVerfGE 100, 289 – „DAT/Altana"; NJW 1962, 1667 liSp = BVerfGE 14, 263 – „Feldmühle"; *Bergbach*, S. 196, 198 f; *Papier* in Maunz/Dürig, GG, Art. 14 Rn. 195.

14 So *Bergbach*, S. 197.

15 Bzgl. § 15 UmwG BVerfG NJW 1962, 1667 = BVerfGE 14, 263 – „Feldmühle"; bzgl. §§ 291 ff, 320 ff AktG BVerfG NZG 1999, 931 f = BVerfGE 100, 289 – „DAT/Altana"; zu §§ 327 a ff AktG BVerfG NZG 2007, 587, 588 reSp; allgemein *Bergbach*, S. 477 f.

16 BVerfG NJW 1962, 1667 liSp = BVerfGE 14, 263 – „Feldmühle".

nungsverhältnisses durch Hoheitsakt voraussetzt.[17] Eine Enteignung durch Gesetz liegt deshalb nicht vor, weil die ermächtigenden Normen selbst nicht unmittelbar in bestehende Rechte eingreifen.[18] Der Gesetzgeber ermächtigt die Gesellschafter ausschließlich zur Umgestaltung der privatrechtlichen Beziehungen zwischen den Gesellschaftern. Im Ergebnis sind die oben genannten Bestimmungen damit als an Art. 14 Abs. 1 S. 2 GG zu messende Schrankenbestimmungen zu qualifizieren.[19]

Zwar schließt Art. 14 Abs. 1 S. 1 GG den Verlust der im Anteil verkörperten Rechtsposition nicht aus.[20] Das „*Anteilseigentum als gesellschaftlich verbundenes Eigentum birgt stets das inhärente Risiko seines Entzugs in sich.*“[21] Der Gesetzgeber hat es grundsätzlich in der Hand, Gesellschaftern die Macht zu verleihen, andere Gesellschafter aus der Gesellschaft auszuschließen. Voraussetzung für die Zulässigkeit einer solchen gesetzgeberischen Wertung ist allerdings, dass die berechtigten Interessen der zum Ausscheiden gezwungenen Gesellschafter gewahrt werden.[22] Dies erfordert vor allem, dass der Gesetzgeber eine angemessene Entschädigung für den Verlust ihrer Rechtsposition sicherstellt.[23] Der Ausscheidende muss als Ersatz das erhalten, „*was seine gesellschaftliche Beteiligung an dem arbeitenden Unternehmen wert ist*“.[24]

---

17 BVerfG NJW 1962, 1667 liSp = BVerfGE 14, 263 – „Feldmühle“; *Bergbach*, S. 146 m.w.N.

18 BVerfG NJW 1962, 1667 reSp = BVerfGE 14, 263 – „Feldmühle“.

19 Bzgl. § 15 UmwG BVerfG NJW 1962, 1667 reSp = BVerfGE 14, 263 – „Feldmühle“; bzgl. §§ 291 ff, 320 ff AktG BVerfG NZG 1999, 931 f = BVerfGE 100, 289 – „DAT/Altana“; allgemein *Bergbach*, S. 477 f.

20 S. BVerfG NZG 1999, 931 reSp = BVerfGE 100, 289 – „DAT/Altana“; NJW 1962, 1667 ff = BVerfGE 14, 263 – „Feldmühle“; vgl. auch NZG 2007, 228, 229; *Bergbach*, S. 447 ff.

21 *Stumpf* NJW 2003, 9, 12 reSp; **ebenso:** *Hüffer/Schmidt-Aßmann* in Hüffer/Schmidt-Aßmann/Weber, S. 59; *Bergbach*, S. 451, 454.

22 BVerfG NJW 1962, 1667, 1668 = BVerfGE 14, 263 – „Feldmühle“; NZG 1999, 931, 931 reSp = BVerfGE 100, 289 – „DAT/Altana“.

23 BVerfG NJW 1962, 1667, 1669 = BVerfGE 14, 263 – „Feldmühle“; NZG 1999, 931, 931 = BVerfGE 100, 289 – „DAT/Altana“.

24 BVerfG NJW 1962, 1667, 1669 = BVerfGE 14, 263 – „Feldmühle“; **ebenso:** NZG 1999, 931, 931 reSp = BVerfGE 100, 289 – „DAT/Altana“; BGH NZG 2003, 1017, 1018; OLG Frankfurt a.M. AG 2011, 828. Entgegen des, insoweit missverständlichen Wortlauts ist auch für die Berechnung der Abfindung nach § 738 Abs. 1 BGB in der Regel der Fortführungswert des Unternehmens als Einheit maßgeblich. So schon RGZ 106, 128, 132; BGHZ 17, 130, 136; BGH NJW 1985, 192, 193; *Schulze-Osterloh* ZGR 1986, 545, 547 ff; *Großfeld*, Rn. 36 f; **a.A. nur:** *Schönle* DB 1959, 1427, 1428: die historische und teleologische Auslegung lasse keine, dem Wortlaut der Norm widersprechende, Deutung zu.

Das BVerfG verlangt in ständiger Rechtsprechung, dass der Ausscheidende für seinen Verlust *„wirtschaftlich voll entschädigt“*[25] werden muss. Diesen Rückschluss zieht das BVerfG aus Art. 14 Abs. 3 S. 3 GG. Nur Abs. 3 S. 3 lässt ausschließlich für Enteignungen eine geringere als die volle Entschädigung zu.[26] Der entscheidende Unterschied liegt auf der Hand: Anders als bei Enteignungen, die zum Wohl der Allgemeinheit erfolgen, ziehen in den hier zu untersuchenden Ausschlussfällen die in der Gesellschaft verbleibenden Gesellschafter den Nutzen aus dem Entzug der gesellschaftlichen Beteiligung. Da sich in den Ausschlussfällen somit „Gleichstehende“ gegenüberstehen, ist eine geringere als die „wirtschaftlich volle“ Entschädigung nicht gerechtfertigt.[27] Dem liegt der Gedanke zugrunde, dass sich der Übergang des Anteilseigentums zum Abfindungsanspruch dann lediglich als *„organische Wandlung des Eigentums“* darstellt, wenn sich Anteilswert und Abfindung wirtschaftlich entsprechen.[28]

3. Der Verkehrswert als Wertuntergrenze

Einhellige Ausgangsthese ist demnach, dass nur eine „wirtschaftlich volle“ Entschädigung mit Art. 14 Abs. 1 GG vereinbar ist.[29] Was unter „wirtschaftlich voller Entschädigung“ zu verstehen ist, hat das BverfG in der Feldmühle-Entscheidung nicht näher definiert. In der Entscheidung DAT/Altana hat das BVerfG seine Aussage dahingehend konkretisiert, dass die Werteinbuße des zwangsweise Ausscheidenden vollständig kompensiert werden muss. Die Abfindung kann die Einbuße nur dann vollständig kompensieren, wenn die Abfindung dem „wirklichen“ bzw. „wahren“ Anteilswert entspricht.[30]

---

25 BVerfG NJW 1962, 1667, 1669 = BVerfGE 14, 263 – „Feldmühle“; **ebenso:** BVerfG NZG 1999, 931, 931 reSp = BVerfGE 100, 289 – „DAT/Altana“; NZG 2000, 1117, 1118 f; NZG 2007, 228, 229; BVerfG NZG 2007, 587, 589 reSp; OLG Frankfurt a.M. AG 2011, 828.

26 BVerfG NJW 1962, 1667, 1669 reSp = BVerfGE 14, 263 – „Feldmühle“; **zustimmend:** *Bergbach*, S. 147 ff; *Meilicke*, S. 19; *Matschke* BFuP 1981, 115, 122 f; *Fleischer* ZGR 1997, 368, 385.

27 BVerfG NJW 1962, 1667, 1669 liSp = BVerfGE 14, 263 – „Feldmühle“; NZG 1999, 931, 931 reSp = BVerfGE 100, 289 – „DAT/Altana“.

28 Vgl. BVerfG NJW 1962, 1667, 1668 liSp = BVerfGE 14, 263 – „Feldmühle“.

29 **Aus der Rechtsprechung:** BVerfG NJW 1962, 1667, 1669 = BVerfGE 14, 263 – „Feldmühle“; NZG 1999, 931, 931 f = BVerfGE 100, 289 – „DAT/Altana“; NZG 2007, 228, 229; BGH NZG 2003, 1017, 1018 f; OLG Dresden NZG 2000, 1042, 1043; **aus der Literatur:** *Lutter* in Lutter/Hommelhoff, GmbHG, § 34 Rn. 78; *Sosnitza* in Michalski, GmbHG, Anh. § 34 Rn. 33, 61; *Hüffer/Schmidt-Aßmann* in Hüffer/Schmidt-Aßmann/Weber, S. 17; *Veil* in Spindler/Stilz, AktG, § 305 Rn. 45.

30 BVerfG NZG 1999, 931, 932 liSp = BVerfGE 100, 289 – „DAT/Altana“; NZG 2007, 228, 229.

Diese seit jeher[31] gängige und für alle Gesellschaftsformen[32] herangezogene Floskel der Abfindung zum „wirklichen" bzw. „wahren" Wert des Geschäftsanteils ist allerdings ebenso ausfüllungsbedürftig wie die Floskel Abfindung zum „vollen" Wert. Das BVerfG präzisiert, dass die von Art. 14 Abs. 1 GG geforderte „wirtschaftlich volle" Entschädigung jedenfalls nicht den Verkehrswert des Anteils, d.h. den Wert, den ein Dritter im allgemeinen Wirtschaftsverkehr zu zahlen bereit wäre, unterschreiten darf.[33] Hinter der Abfindung zum Verkehrswert steht folgender Gedanke: Der Ausscheidende muss so gestellt werden, wie er im Falle einer „*freien Deinvestitionsentscheidung*" stehen würde. Eine Abfindung, die hinter dem Verkehrswert zurückbleibt, würde der Dispositionsfreiheit des Ausscheidenden über den Eigentumsgegenstand nicht hinreichend Rechnung tragen.[34] Auch Rechtsprechung und Lehre gehen seit jeher ganz einhellig davon aus, dass der ausgeschlossene Gesellschafter als Ersatz mindestens den Verkehrswert seiner Beteiligung erhalten muss.[35]

Der Verkehrswert des Anteils bilde aber lediglich die Untergrenze der wirtschaftlich vollen Entschädigung.[36] Über die Abfindung zum Verkehrswert hinaus ist der ausgeschlossene Gesellschafter wirtschaftlich so zu stellen, dass dieser ohne Nachteil aus der Gesellschaft ausscheiden kann.[37] „*Zweck der Barabfindung ist es, jedes Opfer des ausscheidenden Gesellschafters zu vermeiden.*"[38]

31 So schon das RG, s. RGZ 106, 128, 132; s. auch BGHZ 17, 130, 136.

32 **Zur GbR:** OLG Naumburg NZG 2001, 658; *Sprau* in Palandt, § 738 Rn. 4 f; *Henze* in FS Lutter, S. 1101, 1104; **zur oHG:** BGH NJW 1985, 192, 193; *Hopt* in Baumbach/Hopt, HGB, § 131 Rn. 49; *Lorz* in Ebenroth/Boujong/Joost/Strohn, HGB, § 131, Rn. 64; **zur GmbH:** BGH NJW 1992, 892, 895; OLG Köln NZG 1999, 1222, 1228; *Altmeppen* in Roth/Altmeppen, GmbHG, § 34 Rn. 49; **zur AG:** OLG Düsseldorf AG 2008, 498, 499 reSp; *Krieger* in MünchHdbGesR IV, § 70 Rn. 127.

33 BVerfG NZG 1999, 931, 932 liSp = BVerfGE 100, 289 – „DAT/Altana"; NZG 2007, 228, 229.

34 BVerfG NZG 1999, 931, 932 liSp = BVerfGE 100, 289 – „DAT/Altana"; NZG 2007, 228, 229.

35 Dies gilt unabhängig von der Gesellschaftsform vgl. *Gerkan/Haas* in Röhricht/Westphalen, HGB, § 128 Rn. 33; *Sosnitza* in Michalski, GmbHG, Anh. § 34 Rn. 61; *Veil* in Spindler/Stilz, AktG, § 305 Rn. 46; BGH NJW 1992, 892, 895; s. auch § 209 Abs. 1 S. 1 des RegE zum GmbHG.

36 BVerfG NZG 1999, 931, 932 reSp = BVerfGE 100, 289 – „DAT/Altana"; NZG 2007, 228, 229.

37 **Aus der Rechtsprechung:** BGH NZG 1998, 379, 380 = NJW 1998, 1866 – „ABB II"; OLG München AG 2008, 461, 462 liSp; OLG München ZIP 2009, 2339, 2340 liSp; OLG Frankfurt a.M. AG 2011, 828; **aus der Literatur:** *Hüffer/Schmidt-Aßmann* in Hüffer/Schmidt-Aßmann/Weber, S. 18; *Hüffer*, AktG, § 305 Rn. 18; *Koppensteiner* in KölnerKommAktG, § 305 Rn. 63.

38 *Grossfeld* JZ 1981, 641 reSp; *Meilicke*, S. 51.

4. Zusammenfassung zu II.

Aus verfassungsrechtlicher Sicht ist zusammenfassend Folgendes festzuhalten: Alle den zwangsweisen Ausschluss betreffenden abfindungsregelnden Normen sind dergestalt verfassungskonform auszulegen, dass die Abfindung den ausscheidenden Gesellschafter „wirtschaftlich voll“ für seinen Rechtsverlust entschädigt. Diesem Erfordernis ist nur dann Genüge getan, wenn die Abfindung den „wirklichen“ bzw. „wahren“ Wert der Beteiligung widerspiegelt. Es entspricht einhelliger Meinung, dass der Verkehrswert des Anteils die Untergrenze des „wahren“ bzw. „wirklichen“ Werts der gesellschaftlichen Beteiligung bildet. Darüber hinaus erfordert Art. 14 Abs. 1 GG, dass der ausgeschlossene Gesellschafter ohne wirtschaftlichen Nachteil aus der Gesellschaft ausscheiden kann.

III. Die Unternehmensbewertung als Instrument der Anteilsbewertung

In den hier interessierenden Fällen gilt es, im Rahmen der Auseinandersetzung mit dem ausgeschlossenen Gesellschafter, die Höhe des Abfindungsguthabens zu ermitteln. Die Höhe der Abfindung bemisst sich nach dem Wert des vom Ausgeschlossenen gehaltenen Geschäftsanteils. Der Wert der Unternehmung als Ganzes hingegen ist somit nicht unmittelbar von Interesse. Allerdings wird der Anteilswert in der Regel vom Unternehmenswert abgeleitet. Der gesuchte Anteilswert lässt sich methodisch auf zwei Arten ermitteln: entweder direkt mittels der sog. direkten Methode oder indirekt über den Unternehmenswert mittels der sog. indirekten Methode.[39]

1. Die indirekte Methode

Die sog. indirekte Methode ermittelt den Anteilswert zweistufig bzw. „indirekt“ über den Unternehmenswert. Zunächst wird mittels der noch zu erörternden Unternehmensbewertungsverfahren der fiktive „Verkehrswert“ des gesamten Unternehmens ermittelt. In einem zweiten Schritt wird der sich auf alle Unternehmenseigner beziehende Unternehmenswert quotal auf die einzelnen Gesellschaftsanteile verteilt.[40] Der maßgebliche Verteilungsschlüssel ist abhängig von

---

39 *Schulze-Osterloh* ZGR 1986, 545, 556; *Großfeld*, Rn. 208; IDW S 1 2008, Tz. 13.

40 Vgl. OLG Köln NZG 1998, 779, 780 liSp sowie OLG München Beschl. v. 19.10.2006 – 31 Wx 92/05, 31 Wx 092/05, juris Tz. 45.

der jeweiligen Beteiligungsform.[41] Der Unternehmenswert fungiert damit lediglich als notwendiger Zwischenposten zur Ermittlung des Anteilswerts.

Die indirekte Anteilswertermittlung ist für alle Gesellschaftsformen anerkannt und gesetzlich verankert.[42] Für GbR, oHG, KG und GmbH findet sich ihr gesetzlicher Niederschlag in § 738 Abs. 2 BGB mit der Wendung „*Wert des Gesellschaftsvermögens*",[43] sowie in § 738 Abs. 1 S. 2 BGB, der auf die hypothetische Auseinandersetzung der Gesellschaft abstellt.[44] Auch für die AG ist im Wortlaut des § 327 b Abs. 1 S. 1 AktG mit der Formulierung „*Verhältnisse der Gesellschaft*" die Möglichkeit einer indirekten Wertermittlung angelegt.[45] Die gewählte Formulierung soll gerade klarstellen, dass es für die Bemessung der Abfindung nicht ausschließlich auf den Kurswert ankommt.[46] Die indirekte Wertermittlung kann als die „traditionelle" Methode[47] bezeichnet werden, denn § 738 BGB, als die älteste Abfindungsregelung, entspricht der ursprünglichen Vorstellung des Gesetzgebers von der Anteils- und Unternehmenswertermittlung.

2. Die direkte Methode

Nach der sog. direkten Methode wird der Anteilswert direkt, also ohne Umweg über den Unternehmenswert, ermittelt.[48] Unter Zugrundelegung des heute üblichen Ertragswertverfahrens,[49] das den Wert eines Unternehmens anhand der den Anteilseignern zufließenden Erträge ermittelt, bedeutet dies, dass unmittelbar

---

41 Für die GbR ist dies der Schlüssel für die Gewinnverteilung (§§ 738 Abs. 2 S. 2, 734 BGB), für oHG und KG das Verhältnis der Kapitalanteile (§§ 155 Abs. 1, 161 Abs. 2 HGB), für die GmbH das Verhältnis der Geschäftsanteile (§ 72 GmbHG) und für die AG das Verhältnis zwischen Grundkapital und Nominalwert der Aktien (§§ 60 Abs. 1, 271 Abs. 2 AktG), s. dazu *Großfeld*, Rn. 212, *Koppensteiner* in KölnerKommAktG, § 305 Rn. 47.

42 *Großfeld*, Rn. 209 ff; BGH NJW 1980, 229, 230 reSp; OLG Düsseldorf AG 2009, 907, 910; **kritisch:** *Nonnenmacher*, S. 33 ff und *Wagner/Nonnenmacher* ZGR 1981, 674, 676 f: die indirekte Methode soll „*zugunsten einer durchgängigen Anwendung der direkten Bewertung der Beteiligung ... aufgegeben werden*"; diese Forderung ausdrücklich ablehnend *Grossfeld* ZGR 1982, 141 f.

43 *Großfeld*, Rn. 209.

44 *Schulze-Osterloh* ZGR 1986, 545, 556.

45 Vgl. *Großfeld*, Rn. 210; OLG Düsseldorf AG 2009, 907, 910.

46 Vgl. den Ausschussbericht zu dem 1965 in § 305 AktG neu eingefügten Abs. 3 S. 2, abgedruckt in *Kropff*, S. 399.

47 *Großfeld*, Rn. 209.

48 *Großfeld*, Rn. 208 und 213.

49 Zum sog. Ertragswertverfahren s. ausführlich unten VII. 1.

die zu erwartenden Zahlungsströme zwischen dem Unternehmen und dem Anteilseigner zu bewerten sind.[50]

Zur direkten Berechnung des Anteilswerts bieten sich insbesondere die marktorientierten Bewertungsverfahren[51] an.[52] Diese ermitteln den Anteilswert anhand tatsächlich gezahlter Preise für Anteile des zu bewertenden oder eines vergleichbaren Unternehmens. Da sie allerdings denknotwendig einen funktionierenden Markt für die Geschäftsanteile voraussetzen, liegt ihre Relevanz vor allem bei der Bewertung von Anteilen an Aktiengesellschaften.

Die direkte Anteilswertermittlung ist nur für die AG in § 327 b Abs. 1 S. 1 AktG im Wortlaut mit der Wendung verankert, dass die Abfindung die Verhältnisse der Gesellschaft berücksichtigen muss.[53] Mit der Formulierung „*zu berücksichtigen*" wollte der Gesetzgeber verdeutlichen, dass neben den Verhältnissen der Gesellschaft, d.h. dem Unternehmenswert, auch andere Faktoren in die Anteilsbewertung einfließen können und müssen. Angesprochen ist damit insbesondere der Marktwert der Aktie, der Börsenkurs.[54]

Mit dem Wortlaut des § 738 BGB hingegen ist die direkte Methode nach praktisch einhelliger Auffassung an sich nicht vereinbar.[55] Die auf den Wert des Gesellschaftsvermögens abstellende Formulierung des § 738 Abs. 1 S. 2 und Abs. 2 BGB sei insoweit eindeutig. Ob eine direkte Bewertung – entgegen dem eindeutigen Wortlaut – dennoch möglich ist, ist umstritten.

Was die marktorientierten Bewertungsverfahren anbelangt, so scheitert eine direkte Bewertung für Personengesellschaften sowie für Gesellschaften mit beschränkter Haftung regelmäßig schon daran, dass sich rein tatsächlich kein Marktwert ermitteln lässt, denn in der Praxis werden Anteile dieser Gesellschaftsformen – in aller Regel – nicht in einer Weise am Markt gehandelt, die eine markorientierte Bewertung zulässt.[56] Sollte allerdings im (äußerst seltenen) Ausnahmefall ein entsprechender Markt vorhanden sein, so wird vereinzelt angenommen, dass eine direkte Ermittlung des Anteilswertes ausnahmsweise

50 *Großfeld*, Rn. 213; *Wagner/Nonnenmacher* ZGR 1981, 674, 677; *Nonnenmacher*, S. 35 f; IDW S 1 2008, Rn. 13.

51 Zu den sog. marktorientierten Bewertungsverfahren s. näher unten VII. 5.

52 *Großfeld*, Rn. 213 f.

53 Vgl. *Großfeld*, Rn. 214.

54 S. den Ausschlussbericht zu dem mit dem AktG von 1965 in § 305 AktG neu eingefügten Abs. 3 S. 2, abgedruckt in *Kropff*, S. 399.

55 *Schulze-Osterloh* ZGR 1986, 545, 556; *Piehler/Schulte* in MünchHdbGesR I, § 75 Rn. 28; *Hopt* in Baumbach/Hopt, HGB, § 131 Rn. 49; *K. Schmidt* in MünchKommHGB, § 131 Rn. 141; vgl. auch OLG Köln NZG 1999, 1222, 1225; **a.A.:** *Nonnenmacher*, S. 33 ff; *Wagner/Nonnenmacher* ZGR 1981, 674, 676 f; diese Ansicht ausdrücklich ablehnend *Grossfeld* ZGR 1982, 141 f.

56 *Großfeld*, Rn. 35, 213; *Hüffer/Schmidt-Aßmann* in Hüffer/Schmidt-Aßmann/Weber, S. 23; *Ulmer* in GroßkommGmbHG, § 34 Rn. 77.

möglich sein soll.[57] In diesem Spezialfall wird es unter dem Gesichtspunkt der verfassungsrechtlich geforderten „wirtschaftlich vollen“ Entschädigung[58] sogar geboten sein, den Anteilswert direkt zu ermitteln, wenn der Marktwert den mittels anderer Bewertungsverfahren indirekt ermittelten Wert übersteigt. Für eine generelle Zulässigkeit der indirekten Anteilswertermittlung spricht, dass die Vorschrift anerkanntermaßen völlig veraltet ist. Zum Zeitpunkt der Schaffung des § 738 BGB waren die ertrag- und marktorientierten Bewertungsverfahren in der Betriebswirtschaftslehre und damit auch dem Gesetzgeber noch völlig unbekannt.[59] Auch eine direkte, ertragswertorientierte Anteilswertermittlung erscheint deshalb prinzipiell zulässig.[60]

IV. Die Anteils- und Unternehmensbewertung als Schnittstelle zwischen Betriebswirtschaft und Rechtslehre

Die zur Bestimmung der Abfindung erforderliche Anteils- und Unternehmensbewertung beruht auf einem komplexen Zusammenspiel von Normgeber, Betriebswirtschaftslehre, Rechtsprechung und Rechtslehre.[61] Das Problemfeld der Unternehmensbewertung ist mithin eine „Schnittstelle zwischen Betriebswirtschaft und Rechtslehre“.[62] Von erheblicher praktischer Relevanz sind neben Gesetz, Rechtsprechung und Betriebswirtschaftslehre überdies die sog. Standards des Instituts der Wirtschaftsprüfer, kurz IDW S.[63]

1. Die Funktion des Gesetzgebers und der Betriebswirtschaftslehre

Dem Gesetzgeber kommt in diesem Zusammenhang die Aufgabe zu, die für die Anteilsbewertung maßgeblichen „Bewertungsvorgaben“ festzulegen.[64] Für die

57 *Ulmer* in GroßkommGmbHG, § 34 Rn. 77; *C. Schäfer* in Staub, HGB, § 131 Rn. 156; *Schröder* GmbHR 2002, 541, 542 liSp.

58 Zu den verfassungsrechtlichen Anforderungen an die Bemessung der Abfindung s. oben II.

59 Der Ertragswertgedanke entwickelte sich erst um 1960, s. dazu unten VII. 1. a).

60 So *Wagner/Nonnenmacher* ZGR 1981, 674, 676 f.

61 Vgl. *Matschke/Brösel*, S. 733.

62 Vgl. *Matschke/Brösel*, S. 733; *Großfeld*, Rn. 3; *Lorz* in Ebenroth/Boujong/Joost/Strohn, HGB, § 131, Rn. 69.

63 In den jährlich aktualisierten Verlautbarungen des IDW legen dessen Mitglieder, zumeist Wirtschaftsprüfer, ihre Berufsauffassungen dar. Der IDW Standard 1 befasst sich mit den Grundsätzen zur Durchführung von Unternehmensbewertungen. Wenngleich unverbindlich, so orientiert sich die Praxis entscheidend an den Richtlinien des IDW S 1. Zu Einzelheiten zum IDW S 1 s. *Großfeld*, Rn. 5 ff.

64 *Großfeld* JZ 1981, 641, 642.

Fälle des zwangsweisen Ausscheidens aus einer Gesellschaft sind dies § 738 Abs. 1 S. 2 BGB (i.V.m. §§ 105 Abs. 3 und 161 Abs. 2 HGB), § 140 Abs. 2 HGB und § 327 b Abs. 1 S. 1 HS. 2 und Abs. 2 AktG. Mit diesen Normen legt der Gesetzgeber die für jede Anteils- und Unternehmensbewertung unverzichtbaren Eckdaten fest. Dies sind insbesondere das generelle Erfordernis der „Angemessenheit" der Abfindung, die Methodik der (grundsätzlich) indirekten und (ausnahmsweise) direkten Anteilsbewertung[65] und, in zeitlicher Hinsicht, der Bewertungsstichtag. Ein bestimmtes Bewertungsverfahren hat der Gesetzgeber hingegen bewusst nicht vorgegeben.[66] Bei der Auslegung der oben genannten abfindungsregelnden Normen sind außerdem die verfassungsrechtlichen Vorgaben des Art. 14 GG zu beachten.[67]

Das „Bewertungsziel" ist demnach vom Gesetzgeber unter Berücksichtigung der verfassungsrechtlichen Vorgaben vorgegeben: Zu ermitteln gilt es den Wert der Beteiligung zu einem bestimmten Stichtag. Rechtlich zulässig sind nur diejenigen Bewertungsverfahren, die zur Erreichung dieses Ziels geeignet sind.[68]

Der Betriebswirtschaftslehre kommt nun die Aufgabe zu, möglichst stimmige und exakte Modelle zur Anteils- und Unternehmensbewertung zu ermitteln und diese auf den konkreten Bewertungsfall anzuwenden.[69] Die Betriebswirtschafslehre hat dazu die sog. Grundsätze ordnungsgemäßer Unternehmensbewertung[70] entwickelt, nach denen sich jede Anteils- und Unternehmensbewertung zu richten hat.

2. Die Anteils- und Unternehmensbewertung als Rechts- und Tatfrage

Unsicherheit und Uneinigkeit herrscht hinsichtlich der konkreten Rolle der mit der Überprüfung der Angemessenheit der Abfindung befassten Gerichte. Im Kern geht es um die Frage, ob bzw. inwieweit die mit dem Ausschluss befassten Gerichte die der Bemessung der Abfindung zu Grunde liegende Anteils- und Unternehmensbewertung auf ihre Richtigkeit hin überprüfen dürfen. Wo die Kompetenz der Gerichte anfängt und die betriebswirtschaftlichen Kompetenzen enden, soll mit der Frage verknüpft sein, wo die Trennlinie zwischen Tat- und

---

65 Zur sog. direkten und indirekten Methode der Anteilsbewertung, s. oben III.

66 S. die Begr. RegE zu § 30 UmwG, BT-Drucks. 12/6699 S. 94 f; *Krieger* in MünchHdbGesR IV, § 70 Rn. 129; *Hüffer*, AktG, § 305 Rn. 26; BayObLG NJW-RR 1997, 34, 35 liSp.

67 S. dazu ausführlich oben II.

68 So *K. Schmidt* in MünchKommHGB, § 131 Rn. 139; **ebenso:** *Piehler/Schulte* in MünchHdbGesR I, § 68 Rn. 23.

69 *K. Schmidt* in HandelsR, S. 70; OLG Celle AG 1979, 230, 231 reSp.

70 Der Begriff geht (vermutlich) auf *Moxter* zurück (s. *Matschke/Brösel*, S. 720). Er beschreibt ein möglichst widerspruchfreies System von Bewertungsnormen zur Steuerung des Prozesses der Unternehmensbewertung (s. *Matschke/Brösel*, S. 719 ff).

Rechtsfrage verläuft.[71] Soweit es sich um Tatsachenfragen handle, obliege die Anteils- und Unternehmensbewertung den Betriebswirten und sei der gerichtlichen Kontrolle weitgehend bzw. sogar völlig entzogen.[72]

a) Meinungsstand

In der älteren Literatur wird die Anteils- und Unternehmensbewertung mitunter – gestützt auf die ständige Rechtsprechung des BGH –[73] als reine Tatfrage qualifiziert, die sich nur auf Basis besonderer betriebswirtschaftlicher Sach- und Fachkunde entscheiden lasse.[74] Heute wird die Frage der Angemessenheit der Abfindung hingegen überwiegend als reine und damit voll überprüfbare Rechtsfrage eingeordnet.[75] Die dazu erforderliche Anteils- und Unternehmensbewertung wird mehrheitlich als Kombination aus Rechts- und Tatfrage angesehen.[76] Wo die Grenze zwischen Rechts- und Tatfrage verläuft, und inwieweit Tatfragen der gerichtlichen Überprüfung unterliegen ist weiterhin umstritten.

b) Stellungnahme

Richtig ist, dass jede Anteils- und Unternehmensbewertung zum einen Teil Tatsachen- und zum anderen Rechtsfragen betrifft. Richtig ist auch, dass die mit der Überprüfung der Abfindung befassten Gerichte aufgrund fehlender Sachkunde und Tatsachenkenntnis faktisch gezwungen sind, sich sachverständiger Hilfe zu bedienen.

---

71 Vgl. *Mertens* AG 1992, 321, 322 liSp; *Werner* in FS Steindorff, S. 303, 306.

72 *Werner* FS Steindorff, S. 303, 307: Schlüssigkeits- und Plausibilitätskontrolle; **ebenso:** LG Frankfurt a.M. AG 2007, 42, 43 liSp; **ähnlich:** *Piehler/Schulte* in MünchHdbGesR I, § 75 Rn. 23; *Mertens* AG 1992, 321, 322 ff.

73 Vgl. BGH NJW 1978, 1316 liSp – „Kali + Salz“: Es unterliege *„dem pflichtgemäßen Urteil der mit der Bewertung befaßten Fachleute, unter den in der Betriebswirtschaftslehre und der betriebswirtschaftlichen Praxis vertretenen Verfahren das im Einzelfall geeignet erscheinende auszuwählen. Das von ihnen gefundene Ergebnis hat dann der Tatrichter frei zu würdigen.*“; vgl. außerdem BGH WM 1977, 781, 782 liSp; NJW 1982, 2441; NJW-RR 1986, 1066, 1068; NJW 1991, 1547, 1548; NJW 1993, 2101, 2103; NZG 2006, 425, 426.

74 *Mertens* AG 1992, 321, 322 liSp; *Barz* DR 1941, 1303, 1304 liSp.

75 Vgl. *Meilicke* S. 26 ff; *Grossfeld* JZ 1981, 641, 643; *Kropff* DB 1962, 155 f; *W. Müller* FS Bezzenberger, S. 705, 712 f; *Lutter* ZGR 1979, 401, 416 ff; vgl. auch OLG München AG 2008, 461, 462 reSp: *„Die Frage nach der Angemessenheit ist nicht Tat-, sondern Rechtsfrage; dabei handelt es sich um einen unbestimmten Rechtsbegriff, dessen Ausfüllung der vollen gerichtlichen Nachprüfbarkeit unterliegt ... .*“

76 So *K. Schmidt* in MünchKommHGB, § 131 Rn. 139; *Piehler/Schulte* in MünchHdbGesR I, § 75 Rn. 23 f; *Hüttemann* ZHR 162, 563, 583 f; *Altmeppen* in Roth/Altmeppen, GmbHG, § 34 Rn. 49; *Schulze-Osterloh* ZGR 1986, 545, 562 ff; *Ränsch* AG 1984, 202, 203 f.

Was die gerichtliche Überprüfbarkeit der zu Grunde liegenden Anteils- und Unternehmensbewertung anbelangt, so ist zwischen Tatsacheninstanz und der Revisionsinstanz zu unterscheiden. Der BGH hatte sich in den oben zitierten Entscheidungen stets nur revisionsrechtlich mit der Unternehmensbewertung zu befassen.[77] Die revisionsrechtliche Nachprüfung beschränkt sich auf Rechtsfragen (§§ 545 Abs. 1 i.V.m. 546 ZPO). Tatfragen hingegen sind der revisionsrechtlichen Überprüfung (weitestgehend) entzogen.[78]

Die Nichtrevisibilität bedeutet aber nicht, dass Tatfragen nicht durch den Richter beantwortet werden dürfen.[79] In erster Instanz hat das Gericht die Bewertung des Unternehmens sowohl in tatsächlicher wie in rechtlicher Hinsicht zu prüfen. Der Tatrichter kann sich sachverständiger Hilfe bedienen, ist dazu aber weder gezwungen noch an die Feststellungen des Gutachters gebunden. Auch die der richterlichen Unternehmensbewertung zu Grunde liegenden Gutachten sind nach § 286 ZPO tatrichterlich frei zu würdigen.[80] Der Sachverständige fungiert – wie der BGH formuliert hat – lediglich als *„Berater des Tatrichters“*.[81]

Die Unterscheidung zwischen Tat- und Rechtsfrage ist allerdings auch in erster Instanz von Bedeutung. Während der Richter Rechtsfragen entscheidet ohne dass es auf das Parteivorbringen ankommt (*„jura novit curia“*)[82], urteilt er über Tatfragen nur auf Vorbringen der Parteien.[83] Was die der Anteils- und Unternehmensbewertung zu Grunde gelegten Tatsachen anbelangt, so wird die gerichtliche Prüfung durch den Sachvortrag begrenzt.[84]

Mit der vermittelnden Auffassung ist davon auszugehen, dass jede Unternehmensbewertung immer zugleich Rechts- als auch Tatfrage ist. Mit Recht weisen *Piehler* und *Schulte* darauf hin, dass auch der Gesetzgeber selbst die Wertermittlung als Tatfrage einordnet, denn § 738 Abs. 2 BGB ordnet an, dass der Unternehmenswert notfalls im Wege der Schätzung zu ermitteln ist. Rechtsfragen sind einer Schätzung nicht zugänglich.[85] Dass die Frage wo genau die Trennlinie zwischen Rechts- und Tatfrage verläuft uneinheitlich beantwortet

---

77 S. dazu die Nachweise oben Fn. 73.

78 *Wenzel* in MünchKommZPO, § 535 Rn. 1; *Ball* in Musielak, ZPO, § 546 Rn. 2.

79 So schon *Meilicke*, S. 36.

80 *Huber* in Musielak, ZPO, § 402 Rn. 12; *Schneider* in Beweis und Beweiswürdigung, Rn. 1481 ff; *Musielak* in Grundfragen des Beweisrechts, Rn. 156; *K. Schmidt* in MünchKommHGB, § 131 Rn. 139; **ebenso** der BGH in ständiger Rechtsprechung, BGH NJW 1978, 1316 liSp – „Kali + Salz“.

81 BGH NJW 1998, 3355, 3356 reSp; s. auch *Huber* in *Musielak*, ZPO, § 402 Rn. 1.

82 Das Recht ist dem Gericht bekannt und muss im Streitfall von den Parteien nicht dargetan werden, *Liebs*, J 167 (S. 116).

83 *Larenz*, S. 307.

84 LG Frankfurt a.M. AG 2007, 42 f; BGH NJW 2001, 2080, 2083 – „DAT/Altana“; *Leyendecker* NZG 2010, 927, 929.

85 *Piehler/Schulte* in MünchHdbGesR I, § 75 Rn. 24.

wird, verwundert angesichts der Tatsache nicht, dass es an einer überzeugenden und allgemein gültigen Abgrenzungsformel zwischen Tat- und Rechtsfrage fehlt.[86] Hinzu kommt, dass sich die materiell-rechtliche Unterscheidung zwischen Tat- und Rechtsfrage nicht mit der revisionsrechtlichen Einordnung zu decken braucht.[87] Nach allgemeinen Grundsätzen ist Tatfrage die Feststellung des Sachverhalts.[88] Rechtsfrage hingegen ist die rechtliche Würdigung dieses Sachverhalts. Letztere umfasst erstens die Heranziehung und Interpretation des Gesetzes, zweitens die Subsumtion unter die einschlägige Norm.[89]

Gemünzt auf die Unternehmensbewertung bedeutet dies: Den Gerichten fällt die Aufgabe zu, die abfindungsrelevanten Normen unter Beachtung der verfassungsrechtlichen Vorgaben auszulegen und zu konkretisieren.[90] Es gilt, die „rechtlichen Rahmenbedingungen“[91] bzw. die „normativen Weichenstellungen“[92] zu ermitteln, nach denen sich die zum Zwecke der Abfindungsermittlung erfolgende Anteils- und Unternehmensbewertung zu richten hat. Die Aufgabe der Gerichte erstreckt sich außerdem darauf, die Grundsätze ordnungsgemäßer Anteils- und Unternehmensbewertung auf ihre fachliche Richtigkeit und ihre Vereinbarkeit mit den Vorgaben der abfindungsregelnden Normen hin zu überprüfen.[93] Dazu zählt insbesondere die abstrakte – d.h. vom konkreten Bewertungsfall losgelöste – Frage, welches Bewertungsverfahren fachlich richtig und mit den abfindungsregelnden Normen im Einklang steht,[94] sowie das Verhältnis dieser Bewertungsverfahren zueinander. Tatfrage ist demgegenüber die Ermittlung und Überprüfung der Fakten, die der Wertermittlung zu Grunde liegen.[95] Dies sind insbesondere die Ertragshöhe, der Basiszinssatz sowie die Marktrisikoprämie und der Betafaktor. Gleiches gilt für die Auswahl und Anwendung des Bewertungsverfahrens im konkreten Einzelfall.[96]

---

86 *Ball* in Musielak, ZPO, § 546 Rn. 3.

87 *Larenz*, S. 307 ff; *Neuhaus*, S. 67.

88 *Wenzel* in MünchKommZPO, § 546 Rn. 3; vgl. auch *Larenz*, S. 307 ff.

89 *Wenzel* in MünchKommZPO, § 546 Rn. 3.

90 Vgl. *K. Schmidt* in HandelsR, S. 70 f; *Grossfeld* JZ 1981, 641, 643; OLG München AG 2008, 461, 462 reSp.

91 *Schulze-Osterloh* ZGR 1986, 545, 562 ff.

92 *Grossfeld* JZ 1981, 641, 643 reSp; *Ränsch* AG 1984, 202, 204 liSp.

93 *K. Schmidt* in MünchKommHGB, § 131 Rn. 139; *Grossfeld* JZ 1981, 641, 643.

94 *K. Schmidt* in MünchKommHGB, § 131 Rn. 139.

95 *K. Schmidt* in MünchKommHGB, § 131 Rn. 139; *Paulsen* in MünchKommAktG, § 305 Rn. 77; *Schulze-Osterloh* ZGR 1986, 545, 563; *Hüttemann* ZHR 162, 563, 584.

96 *Piehler/Schulte* in MünchHdbGesR I, § 75 Rn. 23; *Lorz* in Ebenroth/Boujong/Joost/Strohn, HGB, § 131 Rn. 73; **aus der Rechtsprechung:** BGH WM 1977, 781, 782 liSp; NJW 1991, 1547, 1548; NJW 1982, 2441; NJW-RR 1986, 1066, 1068; NJW 1993, 2101, 2103; NZG 2006, 425, 426; **a.A.:** *Lutter* ZGR 1979, 401, 416 f; *Gerkan/Haas* in Röhricht/Westphalen, HGB, § 131 Rn. 48.

V. Die personelle Bewertungsperspektive

1. Der Anteils- und Unternehmenswert als subjektiver Wert

Noch bis in die 1960er Jahre[97] herrschte in der Betriebswirtschaftslehre und ihr folgend, in der Rechtsprechung und Rechtslehre der Gedanke vor, dass die Anteils- und Unternehmensbewertung die Ermittlung *„objektiver Werte"* zum Gegenstand habe (sog. objektive Bewertungslehre).[98] Die objektive Bewertungslehre versuchte, eine absolute bzw. entpersonifizierte, d.h. von den subjektiven Interessen und Möglichkeiten der Parteien losgelöste und für jedermann gültige Größe zu ermitteln.[99] Zur Wertermittlung wurde dazu auf die Perspektive des Unternehmens selbst abgestellt.

Erst seit Mitte der 1960er Jahre hat sich die Erkenntnis durchgesetzt, dass es einen solchen objektiven, schlechthin richtigen Unternehmenswert nicht geben kann (sog. subjektive Bewertungslehre).[100] Vielmehr hängt der einem Unternehmen bzw. einem Anteil daran zugemessene Wert notwendigerweise von der Sicht des jeweiligen Betrachters ab (sog. Prinzip der Subjektivität).[101] Der einem Unternehmen beigemessene Wert ist maßgeblich von den individuellen Vorstellungen und Planungen des Bewertungsinteressenten abhängig.[102] Die unterschiedlichen Unternehmenswerte, die sich für die verschiedenen Bewertungsinteressenten ermitteln lassen, werden als sog. Grenzwerte bezeichnet.[103] Für Juristen ist diese Erkenntnis, wie *Großfeld* zu Recht feststellt, eine Selbstverständlichkeit, denn „Wert" ist keine einem Gegenstand anhaftende objektive Eigenschaft, vgl. § 119 Abs. 2 BGB.[104]

Als Zwischenergebnis ist festzuhalten, dass die heute einhellig akzeptierte subjektive Bewertungslehre zur Ermittlung des Wertes eines Unternehmens bzw. eines Anteils daran auf die Perspektive einer konkreten Person abstellt. Abhän-

97 *Matschke/Brösel*, S. 14, 18.

98 Vgl. z.B. *Mellerowicz*, S. 13, 59; sowie *Hagest* WPg 1950, 193, 194 f; s zum Ganzen *Jaensch*, S. 6 ff.

99 *Matschke/Brösel*, S. 14; *Grossfeld* JZ 1981, 641, 644 liSp.

100 So die heute **allgM:** *Moxter*, S. 6; *Großfeld*, Rn. 131; *Colbe*, S. 16 ff; *Dielmann/König* AG 1984, 57, 58; *Ränsch* AG 1984, 202, 205 reSp. Dem folgend auch die **Rechtsprechung**, die feststellt, dass es nicht möglich ist, *„mathematisch einen exakten oder „wahren" Unternehmenswert am Stichtag festzustellen."* Die Verfahrensbeteiligten müssen vielmehr hinnehmen, dass eine *„Bandbreite von unterschiedlichen Werten als angemessene Abfindung existiert"*, s. OLG München AG 2007, 411, 411 f.

101 *Matschke/Brösel*, S. 18; *Großfeld*, Rn. 131 f: *„Werte sind Meinungen"*; *ders.* JZ 1981, 641, 644; vgl. auch *Moxter*, S. 23 f, 32.

102 *Matschke/Brösel*, S. 18.

103 *Großfeld*, Rn. 133; *Matschke/Brösel*, S. 31.

104 *Großfeld*, Rn. 132; *ders.* JZ 1981, 641, 644.

gig davon, auf wessen personelle Perspektive abgestellt wird, lassen sich völlig unterschiedliche Unternehmenswerte ermitteln.

2. Die maßgebliche personelle Bewertungsperspektive

Wie soeben unter V. 1. dargelegt, sind Anteils- und Unternehmenswerte nach der heute herrschenden subjektiven Bewertungslehre subjektsbezogen und aus der Perspektive einer bestimmten Person zu ermitteln. Will man nun zur Abfindung eines zwangsweise ausscheidenden Gesellschafters den Wert einer Unternehmung ermitteln, so stellt sich die entscheidende Frage, auf welche Person es abzustellen gilt. Diese Frage wird bis heute völlig uneinheitlich beantwortet. Die Rechtsprechung entzieht sich dieser Frage weitgehend dadurch, dass sie auf den „wahren", „inneren" bzw. „objektivierten" Wert der Beteiligung abstellt.[105] Dabei ist die aufgeworfene Frage des Bewertungsfixpunktes von zentraler Bedeutung für die der Unternehmensbewertung zu Grunde zu legenden Bewertungsfaktoren.

Grundsätzlich kommen beim Ausschluss aus einer Gesellschaft drei Personen in Betracht, auf deren Perspektive abgestellt werden kann: Der zwangsweise Ausscheidende, die ausschließenden Gesellschafter und ein außenstehender Dritter.

a) Die Perspektive des ausscheidenden Gesellschafters

Vorwiegend nach der juristischen Literatur[106] sowie der aktuellen Rechtsprechung[107] soll das Unternehmen aus der Perspektive des ausgeschlossenen Gesellschafters zu bewerten sein. Die Abfindung sei nach dem Grenzwert zu bemessen, zu dem der auszuschließende Gesellschafter ohne Nachteil aus der Gesellschaft ausscheiden kann. Dieser Ansatz fußt wohl auf der Formulierung des BVerfG, dass der Gesellschafter voll *„entschädigt"* werden und das erhalten müsse, *„was seine gesellschaftliche Beteiligung ... wert ist"*[108].[109] *Meilicke* führt dazu näher aus, dass *„die Barabfindung alleine aus dem Schaden der ausschei-*

105 *Hüttemann* ZHR 162, 563, 574.

106 *Meilicke*, S. 53 f, *Hüffer*, AktG, § 305 Rn. 18; *Strohn* in MünchKommGmbHG, § 34 Rn. 208; *Paulsen* in MünchKommAktG, § 305 Rn. 72; *Ränsch* AG 1984, 202, 206 reSp; *Sieben* AG 1966, 6, 9 liSp; *Lutter* ZGR 1979, 401, 417; *Nonnenmacher*, S. 152 f; **differenzierend:** *Hommelhoff* JbFStR 1987/88, 179, 184 f.

107 BGH NZG 1998, 379, 380 = NJW 1998, 1866 – „ABB II"; OLG München AG 2008, 461, 462 liSp; OLG München ZIP 2009, 2339, 2340 liSp.

108 BVerfG NJW 1962, 1667, 1669 liSp = BVerfGE 14, 263 – „Feldmühle".

109 *Fleischer* ZGR 1997, 368, 385.

denden Gesellschafter – in der Sprache der Betriebswirte an ihrem subjektiven Wert – zu berechnen ist“.[110]

Prägend für diesen Ansatz ist mithin der Entschädigungsgedanke.[111] Die Abfindung soll den Gesellschafter für den Verlust seiner Gesellschafterstellung entschädigen. Um den Schaden des Ausgeschlossenen zu ermitteln, ist das Unternehmen aus seiner subjektiven Sicht zu bewerten. Keine Relevanz für die Bemessung der Abfindung hat demnach eine etwaige Bereicherung der ausschließenden Gesellschafter.[112]

b) Die Perspektive der ausschließenden Gesellschafter

Dem Rechtsverlust auf Seiten des ausscheidenden Gesellschafters steht immer ein Rechtszuwachs auf Seiten der verbleibenden Gesellschafter gegenüber. Während der Rechtsverlust des Ausgeschlossenen dessen Schaden darstellt, beschreibt der Rechtszuwachs bei den verbleibenden Gesellschaftern deren Bereicherung.[113] Stellt man also auf die subjektive Sicht der Ausschließenden ab, so gleicht man nicht lediglich den Schaden des Ausgeschlossen aus, sondern schöpft darüber hinaus die Bereicherung der Ausschließenden ab.

Soweit ersichtlich spricht sich kaum ein Autor explizit dafür aus, den Unternehmenswert ausschließlich aus der Perspektive der ausschließenden Gesellschafter zu beurteilen.[114] Tatsächlich stellen aber sowohl Rechtsprechung als auch Literatur vielfach implizit auf die Perspektive der ausschließenden Gesellschafter ab. Dies ist insbesondere dann der Fall, wenn man den Liquidationswert nur dann als Wertuntergrenze ansehen will, wenn eine Liquidation der Gesellschaft tatsächlich geplant ist.[115] Schließlich hängt die Entscheidung, ob das Unternehmen liquidiert werden soll oder nicht, ausschließlich von den verbleibenden Gesellschaftern ab. Auf deren Perspektive wird auch dann abgestellt, wenn man die konkrete zukünftige Geschäftsplanung, Unternehmenspolitik und Ausschüttungsquote für maßgeblich hält. Denn diese wird durch die Politik der Mehrheit bestimmt, die der Minderheitsgesellschafter hinzunehmen hat.[116]

---

110 *Meilicke*, S. 53, der seine Aussage aber dahingehend relativiert, dass er auf die „bestmögliche Verwertung“ des Gesellschaftsvermögens abstellt (S. 54).

111 So *Meilicke*, S. 53; vgl. dazu *Hüttemann* ZHR 162, 563, 571.

112 So ausdrücklich *Meilicke*, S. 53 f.

113 *Bergbach*, S. 474; vgl. dazu *Hüttemann* ZHR 162, 563, 570.

114 Vgl. aber *Hommelhoff* JbFStR 1987/88, 179, 185.

115 S. dazu ausführlich unten VIII. 1 b) cc).

116 *Meilicke*, S. 75; OLG Frankfurt a.M. ZIP 2010, 729, 731 liSp.

c) Die Maßgeblichkeit des Einigungs- oder Mittelwertes

Vorwiegend in der Bewertungslehre hält man die Abfindung nur dann für „angemessen", wenn der ausscheidende Gesellschafter auch an der Bereicherung der ausschließenden Gesellschafter partizipiert.[117] Auf den Grenzwert des Ausscheidenden soll nur ausnahmsweise abgestellt werden dürfen, nämlich ausschließlich dann, wenn der Grenzwert der verbleibenden Gesellschafter kleiner oder gleich dem Grenzwert des ausscheidenden Gesellschafters ist.[118] Der Grenzwert des Ausscheidenden fungiert damit als zwingende Wertuntergrenze.[119] Übersteigt der Grenzpreis der Ausschließenden aber denjenigen des Ausscheidenden, so soll der Ausscheidende an diesem Mehrwert teilhaben.[120] Der für die Abfindung maßgebliche Wert ist dann zwischen den ermittelten Grenzwerten der beiden Parteien zu suchen.[121] Einer älteren Auffassung zufolge soll der zwischen den Grenzwerten liegende Mittelwert maßgeblich sein (sog. Mittelungsprinzip).[122] Nach heute überwiegender Meinung soll hingegen im Wege eines gerechten Interessenausgleichs ein sog. Einigungswert[123] bestimmt werden.[124] Die Grenzwerte der sich gegenüberstehenden Parteien dienen demnach heute ausschließlich als Größen zur Ermittlung dieses Mittel- bzw. Einigungswertes.

Dem Bestreben, einen Mittel- bzw. Einigungswert zu suchen, liegt folgende Überlegung zu Grunde: Im Grundfall der freiwilligen Anteils- oder Unternehmensübertragung bestimmen die Vertragsparteien den Wert des Anteils bzw. des Unternehmens im Rahmen der Kaufverhandlungen selbst. Grundlage der Verhandlung über den Kaufpreis sind der Grenzpreis des Käufers als Ober- und der Grenzpreis des Verkäufers als Untergrenze. Fehlt es aber, wie im Falle des zwangsweisen Ausscheidens, an einer entsprechenden Parteiabrede, so muss die

---

117 Vgl. *Großfeld*, Rn. 134 ff; *ders* JZ 1981, 641, 645 reSp; ; *Moxter*, S. 10 ff; *Matschke* BFuP 1981, 115, 123 f; *Colbe* ZGR 1994, 595, 598 ff.

118 *Moxter*, S. 10 f, 15; *Großfeld*, Rn. 134 ff; *Matschke* BFuP 1981, 115, 123 f.

119 *Großfeld*, Rn. 134; *ders* JZ 1981,641, 645 reSp; *Moxter*, S. 90.

120 *Moxter*, S. 10 f, 14 f; *Großfeld*, Rn. 135.

121 *Großfeld*, Rn. 137; *ders.* JZ 1981, 641, 645 reSp; *Colbe* ZGR 1994, 595, 598; *Jaensch*, S. 17.

122 *Moxter*, S. 22; so auch noch *Grossfeld* JZ 1981, 641, 645 reSp; *ders* JZ 1981, 769, 773 liSp m.w.N.

123 Auch **Vermittlungs- Schiedsspruch-** oder **Arbitriumwert** genannt. Diesen Einigungswert gilt es abzugrenzen vom sog. **Entscheidungswert**. Während der Begriff Einigungswert einen für eine oder mehrere Beteiligte verbindliche Wertfeststellung (Schiedsgutachten/ Urteilsspruch) betrifft, spricht man demgegenüber in den Fällen der freiwilligen Investitionsentscheidung (Unternehmenskauf) vom sog. Entscheidungswert. Dazu *Grossfeld* JZ 1981, 641, 645 liSp; *Moxter*, S. 19 ff.

124 *Großfeld*, Rn. 137; *Moxter*, S. 16 f mit 22; *Colbe* ZGR 1994, 595, 598 und 607 f; *Matschke/Brösel*, S. 467 ff; *Matschke* BFuP 1981, 115, 123 f.

Kaufverhandlung simuliert werden.[125] Dabei sind alle Parameter einer Kauf- bzw. Verkaufssituation zu berücksichtigen.[126] Der Mittel- bzw. Einigungswert ist demnach ein fiktiver „Kompromiss" zwischen den subjektiven Wertvorstellungen des ausscheidenden und denjenigen der übernehmenden Gesellschafter.

d) Die Perspektive eines „markttypischen" Dritten

Wenngleich ein Großteil der Literaturstimmen Typisierungen bzw. Objektivierungen im Hinblick auf die Bewertungsperspektive für erforderlich hält,[127] so stellen diese dennoch auf die Perspektive der am Rechtsverhältnis konkret beteiligten Parteien ab. Nur vereinzelt wird die Auffassung vertreten, dass auf am Rechtsverhältnis unbeteiligte Dritte abzustellen sei. So schlägt insbesondere *Hüttemann* vor, den Unternehmenswert nicht aus der Perspektive der am Ausschluss konkret beteiligten Parteien zu ermitteln.[128] Stattdessen sei ausschließlich auf die Perspektive eines rational handelnden, „markttypischen" Unternehmensträgers abzustellen, der ausschließlich finanzielle Ziele verfolgt.[129] *Hüttemann* begründet seine These mit der ratio legis des § 738 Abs. 1 S. 2 BGB. Dieser stelle, ebenso wie § 327 b Abs. 1 S. 1 HS. 2 AktG, gerade nicht auf eine fiktive Kaufsituation ab. Nach der gesetzlichen Wertung des § 738 Abs. 1 S. 2 BGB soll sich die Höhe der Abfindung vielmehr nach einer fiktiven Liquidation der Gesellschaft bestimmen. In der Liquidation aber hat jeder Gesellschafter ein Recht auf die vorteilhafteste Verwertung.[130] Dieses Prinzip der vorteilhaftesten Verwertung soll ebenso für die AG Geltung beanspruchen, denn es sei kein Grund ersichtlich, wieso für die AG andere Grundsätze gelten sollten.[131] Eine im Ansatz ähnliche Lösung postuliert *Grunewald*, die auf einen fiktiven, vernünftigen Käufer des gesamten Unternehmens abstellen will. Allerdings soll dafür die von den verbleibenden Mitgliedern beabsichtigte Unternehmensplanung zu Grunde zu legen sein.[132] Der Ausgeschlossene hätte demnach die konkrete Unternehmensplanung der ausschließenden Gesellschafter hinzunehmen.

---

125 *Mertens* AG 1992, 321, 324; *W. Müller* FS Bezzenberger, S. 705, 713.

126 *W. Müller* FS Bezzenberger, S. 705, 713.

127 *Colbe* ZGR 1994, 595, 598; *Großfeld* JZ 1981, 641, 646; *Mertens* AG 1992, 321,325 ff; s. auch OLG Stuttgart AG 2008, 510, 512 reSp.

128 *Hüttemann* ZHR 162, 563, 582.

129 *Hüttemann* ZHR 162, 563, 585, 588; **tendenziell:** *Wagner* in WP-Handbuch II, A Rn. 27 ff; *Ulmer* in GroßkommGmbHG, § 34 Rn. 77.

130 *Hüttemann* ZHR 162, 563, 577; *ders.* WPg 2007, 812, 814 f; *Meilicke*, S. 54 f und 74 ff; vgl. auch *Drukarczyk* AG 1973, 357, 364 liSp; *K. Schmidt* in MünchKommHGB, § 131 Rn. 145; BGH NJW 1967, 1464.

131 *Hüttemann* ZHR 162, 563, 578 f; *ders.* WPg 2007, 812, 814 f.

132 *Grunewald* S. 87 ff; **ähnlich:** BGH WM 1971, 1450; WM 1984, 1506.

e) Stellungnahme

Wie oben festgestellt, verbirgt sich hinter dem Grenzpreis der ausschließenden Gesellschafter nichts anderes als deren Bereicherung. Der Grenzwert des Ausgeschlossenen hingegen beschreibt dessen Schaden. Die Frage, auf wessen Perspektive abgestellt werden muss, hängt entscheidend von der Frage ab, was man dem Ausscheidenden als Ausgleich für den Verlust seiner Gesellschafterstellung zubilligen will. Soll die Abfindung die Bereicherung der Ausschließenden ausgleichen, so ist auf deren Perspektive abzustellen. Soll hingegen dem Ausscheidenden ausschließlich dessen Schaden ersetzt werden, so ist auf seine Perspektive abzustellen.[133] Was der Abzufindende erhalten muss, ist keine betriebswirtschaftliche, sondern ausschließlich eine rechtliche Frage.

Das BVerfG selbst trifft in dieser Hinsicht keine Vorgabe. In der Feldmühle-Entscheidung stellt es lediglich die Ausgangsthese auf, dass der Ausscheidende das erhalten muss, „*was seine gesellschaftliche Beteiligung ... wert ist*“. In personeller Hinsicht lässt diese Formulierung keine konkreten Rückschlüsse zu.[134] Außerdem lag der Feldmühle-Entscheidung noch die seinerzeit dem Stand der Wissenschaft entsprechende objektive Bewertungslehre zugrunde, sodass auch das BVerfG wohl noch von einem objektiven Unternehmenswert ausging.[135] Missverständlich ist die Formulierung des BVerfG auch insofern, als es von einer vollen „*Entschädigung*“[136] spricht. Eine Entschädigung im schadensersatzrechtlichen Sinne ist darunter aber sicher nicht zu verstehen.

Auf die subjektive Sicht des Ausscheidenden abzustellen ist schon deshalb verfehlt, weil der Entschädigungsgedanke im Gesetz keinen Niederschlag gefunden hat.[137] Der Ausscheidende ist eben nicht zu entschädigen, sondern abzufinden. Eine bloße Entschädigung für den Rechtsverlust würde auch der Dispositionsfreiheit nicht ausreichend Rechnung tragen.[138]

Stellt man hingegen auf die Bereicherung der Ausschließenden ab, so würde der Ausgeschlossene nach seinem Ausschluss im Regelfall wirtschaftlich besser stehen als vor seinem Ausschluss. Wieso der Gesellschafter besser gestellt wer-

---

133 S. dazu *Hüttemann* ZHR 162, 563, 570.

134 Insbesondere fehlt es im Hinblick auf die Perspektive des Ausscheidenden an dem Zusatz „für ihn“, so *Hüttemann* ZHR 162, 563, 579; *Fleischer* ZGR 1997, 368, 385; *Matschke* BFuP 1981, 115, 123.

135 *Ränsch* AG 1984, 202, 205 liSp.

136 BVerfG NJW 1962, 1667, 1669 = BVerfGE 14, 263 – „Feldmühle“; NZG 1999, 931, 931 reSp = BVerfGE 100, 289 – „DAT/Altana“; NZG 2000, 1117, 1119 liSp; NZG 2007, 228, 229.

137 *Hüttemann* ZHR 162, 563, 579.

138 S. dazu die verfassungsrechtlichen Anforderungen an die Bemessung der Abfindung, oben II.

den sollte, als er vor seinem Ausscheiden stand, ist nicht nachvollziehbar.[139] Die Abfindung soll dem Gesellschafter ein Ausscheiden ohne wirtschaftlichen Nachteil ermöglichen.[140] Einen Vorteil soll dieser aus dem Ausschluss nicht ziehen. Dass die überschießende Bereicherung der Ausschließenden abzuschöpfen ist, findet im Gesetz ebenfalls keinen Niederschlag. Eine Bereicherung der verbleibenden Gesellschafter ist jedenfalls dann zumutbar und hinzunehmen, wenn der Ausgeschlossene seinen Ausschluss in irgendeiner Weise zurechenbar veranlasst hat.[141] Die Bereicherung der Ausschließenden ist dann nicht Ziel, sondern bloße Nebenfolge der Ausschlussmaßnahme.

Auch die herrschende Auffassung, die einen irgendwie gearteten Mittel- bzw. Einigungswert ansetzen will, vermag nicht zu überzeugen. Diesem Ansatz wird teilweise schon entgegengehalten, dass das Verfahren, einen Mittelwert zwischen Schaden und Bereicherung zu bilden, schon logisch nicht nachvollziehbar sei.[142]

Auch die in der Literatur geäußerten Bedenken im Hinblick auf die Durchführbarkeit der Mittel- bzw. Einigungswertbildung scheinen vollauf berechtigt.[143] Versucht man einen Einigungswert zu ermitteln, so kumulieren die Unsicherheiten. Zunächst bestehen im Hinblick auf die subjektiven Einschätzungen der Parteien bei der Bestimmung der Grenzpreise erhebliche Unsicherheiten. Die subjektiven Vorstellungen der konkreten Parteien lassen sich faktisch nicht ermitteln, sodass sich die herrschende Auffassung zu Recht zu Typisierungen gezwungen sieht.[144] Schon die Grenzwerte sowohl des Ausscheidenden als auch der Ausschließenden sind damit nur grobe Schätzungen. Aber auch wie der „gerechte" Ausgleich zwischen diesen Grenzwerten vorzunehmen sein soll, ist im Ergebnis völlig willkürlich, denn die Stärke der tatsächlichen Verhandlungspositionen und das Verhandlungsgeschick der Parteien lassen sich nicht simulieren.[145] Auch die abfindungsregelnden Vorschriften der § 738 Abs. 1 S. 2 BGB und § 327 b Abs. 1 S. 1 HS. 2 AktG stellen gerade nicht auf eine fiktive Kaufsituation, d.h. auf einen fiktiven Kompromiss zwischen ausscheidenden und ausschließenden Gesellschaftern, ab.[146]

---

139 *Meilicke*, S. 53.

140 S. dazu den Nachweis oben Fn. 37.

141 Vgl. *Grunewald*, S. 88.

142 *Meilicke*, S. 53; **ähnlich:** *Grunewald*, S. 88.

143 *Hüttemann* ZHR 162, 563, 580; vgl. auch *Colbe* ZGR 1994, 595, 598; *Mertens* AG 1992, 321, 325.

144 S. hierzu den Nachweis oben Fn. 127.

145 **Ähnlich:** *Hüttemann* und *Mertens* die die Durchführbarkeit der Mittelwertmethode anzweifeln, *Hüttemann* ZHR 162, 563, 580; *Mertens* AG 1992, 321, 325.

146 **Ebenso:** *Hüttemann* ZHR 162, 563, 577.

Gegen alle drei oben genannten Ansätze spricht gleichermaßen die in Rechtsprechung und Lehre allgemein anerkannte Prämisse der Abfindung zum Verkehrswert des Geschäftsanteils, der vom Verkehrswert des Unternehmens abzuleiten ist.[147] Der Verkehrswert lässt sich nicht vom Standpunkt einer bestimmten Partei des betroffenen Rechtsverhältnisses aus ermitteln. Der Verkehrswert beschreibt gerade einen auf dem Markt, d.h. unter Dritten, erzielbaren Wert.[148] Weder die subjektiven Vorstellungen des Ausscheidenden noch diejenigen der Ausschließenden, noch eine Mittel- oder Einigungswertbildung zwischen den subjektiven Werten der konkreten Parteien ist geeignet, den Verkehrswert abzubilden.[149] Taugliche Perspektive zur Ermittlung des Verkehrswertes ist demnach alleine die subjektive Perspektive eines „markttypischen" Dritten. Ein rational handelnder, ausschließlich wirtschaftliche Ziele verfolgender Dritter wird das Unternehmen möglichst optimal verwerten. Entscheidend ist das Potential des Unternehmens. Dass die Ausschließenden das Unternehmenspotential nur suboptimal nutzen, kann nicht zu Lasten der Ausgeschlossenen gehen.

Besonders strenge Anforderung an die Bemessung der Abfindung sind beim Minderheitsausschluss aus der AG gem. §§ 327 a ff AktG zu stellen, denn dort berechtigt einzig und alleine die Kapitalmehrheit von 95 % zum Ausschluss. Wenn man dem Hauptaktionär die Möglichkeit einräumt, die Minderheitsaktionäre anlassunabhängig aus der Gesellschaft zu drängen und sich um deren Anteile zu bereichern, dann muss man auch dessen potentielle Bereicherung abschöpfen.

Keine geringeren Anforderungen sind an die Abfindung der aus einer Personenhandelsgesellschaft bzw. GmbH ausgeschlossenen Gesellschafter zu stellen. Zwar bedarf der Ausschluss dort im Gegensatz zum Minderheitsausschluss eines wichtigen Grundes. Allerdings hat der Ausschluss auch dort anerkanntermaßen keinen Strafcharakter.[150] Eine Schlechterstellung des aus wichtigem Grund Ausscheidenden lässt sich deshalb nicht rechtfertigen. Die Abfindung steht nach § 738 Abs. 1 S. 2 BGB unter der Hypothese der Liquidation der Gesellschaft. Diese steht unter der Prämisse der bestmöglichen Verwertung des Gesellschaftsvermögens.[151]

---

147 S. dazu oben II.

148 *Strohn* in MünchKommGmbHG, § 34 Rn. 208; *Rowedder/Bergmann* in Rowedder/Schmidt-Leithoff, GmbHG, § 34 Rn. 105; OLG Köln NZG 1998, 779, 780 liSp; vgl. § 209 Abs. 1 S. 1 des RegE zum GmbHG von 1971/73.

149 *Hüttemann* ZHR 162, 563, 575 ff.

150 So die ganz **einhM**, BGHZ 9, 157, 167 = NJW 1953, 780; *Hueck/Fastrich* in Baumbach/Hueck, GmbHG, Anh. § 34 Rn. 11; s. auch BT-Drucks. VI/3088, S. 200 reSp = BT-Drucks. 7/253, S. 200 reSp.

151 S. dazu die Nachweis oben Fn. 130.

Richtigerweise ist zur Ermittlung des Anteils- und Unternehmenswertes auf die Perspektive eines fiktiven, rational handelnden Dritten abzustellen, der seine unternehmerischen Entscheidungen ausschließlich an finanziellen Zielen ausrichtet. Zu suchen ist der Wert, der sich bei bestmöglicher Verwertung des Unternehmens ermitteln lässt.[152] Die Bewertung hat unter dem Prinzip der Gewinnmaximierung zu erfolgen.[153] Dem Verlust der privatautonomen Entscheidung über den Verbleib in der Gesellschaft ist nicht durch Simulation einer Einigung, sondern unter Umständen durch einen Zuschlag auf den Verkehrswert Rechnung zu tragen.

Das Bewertungsziel der Abfindung zum Verkehrswert des Anteils darf aber nicht darüber hinwegtäuschen, dass der aus der Perspektive eines objektiven Dritten ermittelte Wert den „realen" Verkehrswert der Beteiligung nicht abzubilden vermag. Der so ermittelte Wert gibt lediglich einen Wert wieder, den Marktteilnehmer zur Grundlage ihrer Verhandlungen machen würden. Der tatsächliche Marktwert lässt sich rechnerisch nicht ermitteln, s. dazu näher unten VIII. 2. a).

3. Zusammenfassung zu V.

Mit der heute einhelligen Meinung ist davon auszugehen, dass es einen „objektiven" Anteils- und Unternehmenswert nicht geben kann. Der Wert eines Unternehmens bzw. eines Anteils daran ist vielmehr stets aus der subjektiven Sicht eines Unternehmenseigners zu ermitteln. Dazu ist entgegen der herrschenden Meinung nicht auf die, wenn auch typisierte, Perspektive der am Rechtsverhältnis konkret beteiligten Personen abzustellen. Maßgebliche Beurteilungsperspektive ist diejenige eines fiktiven, rational handelnden, „markttypischen" Unternehmensinhabers, der mit der Beteiligung ausschließlich finanzielle Ziele verfolgt.[154]

VI. Die zeitliche Bewertungsperspektive

1. Das Stichtagsprinzip

Losgelöst von der Frage des richtigen Bewertungsverfahrens hat die Anteils- und Unternehmensbewertung stets die Ermittlung eines Wertes zu einem be-

---

152 *Hommelhoff* JbFStR 1987/88, 179, 185; RGZ 106, 128, 132; **ebenso**, aber mit anderer Begründung: *Meilicke*, S. 54 f. und 74 ff; BGH NJW 1947, 1464.

153 Vgl. *Hüttemann* ZHR 162, 563, 577, 588; *Meilicke*, S. 75; *Engels*, S. 54 ff; *Ballwieser*, S. 15; **a.A.:** OLG Frankfurt a.M. ZIP 2010, 729, 731 liSp.

154 *Hüttemann* ZHR 162, 563, 573 ff; *Wagner* in WP-Handbuch II, A Rn. 29,32.

stimmten Zeitpunkt, dem sog. Bewertungsstichtag, zum Gegenstand. Das Unternehmen ist so zu bewerten, „*wie es am Stichtag steht und liegt*“[155]. Das Prinzip, einen Wert zu einem bestimmten Zeitpunkt zu ermitteln, bezeichnet man als Stichtagsprinzip.[156] Die Notwendigkeit, den Bewertungszeitpunkt auf einen bestimmten Tag zu fixieren, wird in der Betriebswirtschaftslehre als selbstverständlich vorausgesetzt.[157] Der Grund dafür liegt auf der Hand: Der Wert eines Unternehmens ist auch in zeitlicher Hinsicht keine absolute und konstante Größe. Werte sind vielmehr ihrer Natur nach zeitabhängig.[158] Auch Anteils- und Unternehmenswerte sind in zeitlicher Hinsicht dynamisch und verändern sich im Laufe der Zeit. Sie schwanken abhängig von einer Vielzahl interner und externer Faktoren.[159]

Allgemein gesprochen kommt dem Stichtagsprinzips damit die Funktion zu, den für die Bemessung der Abfindung maßgeblichen Anteils- und Unternehmenswert aus einer Vielzahl möglicher, zeitabhängiger Werte herauszufiltern.[160] Der Bewertungsstichtag legt fest, welche tatsächlichen Verhältnisse für die Bewertung maßgeblich sind, und welche Umstände und Erkenntnisse unberücksichtigt bleiben müssen.[161]

2. Die sog. Wurzeltheorie und die sog. Wertaufhellung

In den hier zu untersuchenden Fällen des zwangsweisen Ausscheidens aus einer Gesellschaft müssen sich die Gerichte ex post – d.h. nach dem Bewertungsstichtag – mit der Frage der Angemessenheit der Abfindung, und damit der Anteils- und Unternehmensbewertung auseinandersetzen. Nach dem Stichtagsprinzip gilt es allerdings den Wert des Unternehmens aus der Sicht ex ante zum Bewertungsstichtag zu beurteilen.[162] „*Für die Gerichte bedeutet dies in einem u.U. langjährigen Spruchstellenverfahren, dass die Ertragsaussichten der ... Gesellschaft rückblickend von einem längst vergangenen Zeitraum aus zu beurteilen sind, ohne dass zwischenzeitliche Entwicklungen berücksichtigt werden dürfen ...* .“[163]

Was bei dieser ex post Bewertung zu berücksichtigen ist und was unberücksichtigt bleiben muss, leitet sich aus dem Stichtagsprinzip ab. Es wird zwischen

155 BGH NZG 2003, 1017, 1019.
156 *Moxter*, S. 168; *Großfeld*, Rn. 262; vgl. IDW S 1 2008, Tz. 22 f.
157 *Moxter*, S. 173.
158 *Großfeld*, Rn. 262; *Riegger/Wasmann* in FS Goette, S. 433, 434.
159 *Komp*, S. 141.
160 *Moxter*, S. 171.
161 *Großfeld*, Rn. 263.
162 OLG Stuttgart ZIP 2004, 712, 714 liSp.
163 OLG Stuttgart ZIP 2004, 712, 714 reSp.

Erkenntnissen und Ereignissen differenziert.[164] Das Stichtagsprinzip verbietet nicht per se, aus später gewonnenen Erkenntnissen Rückschlüsse auf den Wert zum Bewertungsstichtag zu ziehen.[165] Allerdings dürfen nur solche Umstände berücksichtigt werden, die den Wert zum Bewertungsstichtag beeinflussen konnten. Den Wert zu einem Stichtag können nur solche Informationen beeinflussen, die bekannt waren oder bekannt sein mussten.[166] Entscheidend ist damit nicht, wann Erkenntnisse tatsächlich gewonnen werden, sondern ob die Information bei Anwendung angemessener Sorgfalt am Bewertungsstichtag hätte bekannt sein können (sog. Prinzip der Wertaufhellung).[167] Das Gericht hat seine Entscheidung auf Grundlage der Erkenntnisquellen zu treffen, wie sie fiktiv ex ante am Bewertungsstichtag zur Verfügung standen.[168] Was spätere Ereignisse bzw. Entwicklungen anbelangt, so geht die überwiegende Meinung pauschal davon aus, dass solche Ereignisse, die am Stichtag schon „in der Wurzel angelegt" waren, bei der Bewertung berücksichtigt werden können und müssen (sog. Wurzeltheorie).[169] Daneben wird man zusätzlich fordern müssen, dass diese auch schon zum Bewertungsstichtag absehbar waren.[170] Spätere Ereignisse bzw. Entwicklungen, deren Wurzeln in der Zeit nach dem Bewertungsstichtag liegen, dürfen jedenfalls nicht mehr in die Bewertung einfließen.[171]

3. Der maßgebliche Bewertungsstichtag

Im Falle der freiwilligen Anteilsveräußerung bestimmen die Parteien den maßgeblichen Bewertungszeitpunkt im Rahmen der Kaufpreisverhandlungen selbst. In den hier interessierenden Fällen des zwangsweisen Ausscheidens fehlt es

164 Vgl. BGH WM 1981, 452, 453 liSp; OLG Zweibrücken WM 1995, 980, 982 reSp.

165 Vgl. BGH WM 1981, 452, 453 liSp; OLG Zweibrücken WM 1995, 980, 982 reSp; *Moxter*, S. 168 ff; *Lorz* in Ebenroth/Boujong/Joost/Strohn, HGB, § 131 Rn. 74; *Hopt* in Baumbach/Hopt, HGB, § 131 Rn. 50; *K. Schmidt* in MünchKommHGB, § 131 Rn. 146.

166 *Riegger/Wasmann* in FS Goette, S. 433, 435.

167 **Aus der Literatur:** *Moxter*, S. 168 f; *Großfeld*, Rn. 268; **aus der Rechtsprechung:** BayObLG NZG 2001, 1033, 1034 reSp; OLG München BB 2007, 2395, 2398.

168 LG Dortmund NZG 2004, 723, 725 reSp; *Großfeld*, Rn. 268, 270.

169 **Aus der Rechtsprechung:** BGH NZG 1998, 379, 380 liSp = NJW 1998, 1866 – „ABB II"; OLG Stuttgart AG 2008, 510, 514; OLG Stuttgart NZG 2007, 112, 115; OLG Zweibrücken WM 1995, 980, 982 reSp; **aus der Literatur:** *Hüffer*, AktG, § 304 Rn. 10; *Piehler/Schulte* in MünchHdbGesR I, § 75 Rn. 27; *Veil* in Spindler/Stilz, AktG, § 304 Rn. 53; **ähnlich:** *Großfeld*, Rn. 268, 270; LG Dortmund NZG 2004, 723, 725 reSp: retrospektive Plausibilitätskontrolle; **a.A.:** *Lorz* in Ebenroth/Boujong/Joost/Strohn, HGB, § 131 Rn. 74.

170 So *Riegger/Wasmann* in FS Goette, S. 433, 435; BayObLG NZG 2001, 1033,1034 reSp; OLG Stuttgart ZIP 2004, 712, 714; OLG Zweibrücken WM 1995, 980, 982 reSp.

171 BGH NJW 1973, 509, 511.

demgegenüber an einer entsprechenden Parteivereinbarung, auf die als zeitlicher Bezugspunkt zurückgegriffen werden könnte.[172]

Scheidet ein Gesellschafter aus einer Gesellschaft aus, so muss es sowohl aus rechtlicher wie aus bewertungstheoretischer Sicht im Grundsatz auf die Vermögenslage am Tag des Ausscheidens des Gesellschafters ankommen, denn zu diesem Stichtag verliert dieser seine Beteiligung.[173] Die Bewertungskalküle gehen deshalb (fiktiv) davon aus, dass mit dem Ausscheiden die Abfindung Zug um Zug an die Stelle der Beteiligung tritt.[174] Eben diese Wertung spiegelt sich auch in § 738 Abs. 1 S. 2 BGB sowie Art. 130 Abs. 1 Alt. 1 ADHGB[175] wider.

Für die Fälle des zwangsweisen Ausscheidens aus einer Gesellschaft hat der Gesetzgeber den Bewertungsstichtag in der Regel abweichend von diesem allgemeinen Grundsatz geregelt, und mit § 140 Abs. 2 HGB und § 327 b Abs. 1 S. 1 HS 2 AktG auf den Beginn der Schwebephase vorverlagert.[176] Nur für den Ausschluss aus der GbR und die Zwangseinziehung von GmbH-Anteilen bleibt es demgegenüber beim Stichtag des Ausscheidens (§ 738 Abs. 1 S. 2 BGB). Fällt der Bewertungsstichtag auf den Beginn der Schwebephase, so hat es im Ergebnis nur eine Partei – nämlich die, den Ausschluss betreibenden Gesellschafter – in der Hand, den Bewertungsstichtag zu bestimmen. Es steht damit mitunter in der Macht der Ausschließenden einen für sie günstigen Zeitpunkt zu wählen.[177]

VII. Die Bewertungsverfahren

Vorab ist festzuhalten, dass zur Ermittlung des Anteils- und Unternehmenswertes eine Vielzahl völlig unterschiedlicher Bewertungsverfahren in verschiedensten Ausprägungen zur Verfügung stehen. Wenngleich es Ziel jedes Bewertungsverfahrens ist, den „Wert“ einer Unternehmung zu bestimmen, so führen diese dennoch in der Regel zu völlig unterschiedlichen Ergebnissen.[178] Der

---

172 *Großfeld*, Rn. 265.

173 Vgl. *Hueck*, OHG, S. 445; *K. Schmidt*, GesR, S. 1477; *Kropff* DB 1962, 155, 157 liSp; *Soufleros*, S. 198 ff; *Ulmer*/Schäfer in MünchKommBGB, § 738 Rn. 19; *C. Schäfer* in Staub, HGB, § 131 Rn. 144; OLG Hamm AG 1961, 74; vgl. auch Art. 130 Abs. 1 ADHGB und § 658 Abs. 1 des ersten BGB Entwurfs.

174 *Meilicke*, S. 99

175 Abgedruckt unten Fn. 780.

176 Vgl. außerdem § 209 Abs. 1 S. 2 des RegE zum GmbHG von 1971/73 und Art. 130 Abs. 1 Alt. 1 ADHGB, sowie §§ 305 Abs. 3 S. 2 und 320b Abs. 1 S. 5 AktG und § 30 Abs. 1 S. 1 UmwG. Zu den dafür ausschlaggebenden Gründen s. eingehend unten 3. Teil II. 3. a).

177 *Großfeld*, Rn. 265, der diesen Vorteil als „Zeitvorsprung“ bezeichnet.

178 *F. Wagner*, S. 50; *Dielmann/König* AG 1984, 57, 58 liSp; OLG Düsseldorf AG 1977, 168, 169 reSp.

einem Unternehmen zugeschriebene Wert hängt damit ganz entscheidend von dem gewählten Bewertungsverfahren ab. Festzuhalten ist des Weiteren, dass die Bewertungsverfahren und die Grundsätze der ordnungsgemäßen Anteils- und Unternehmensbewertung keinesfalls unumstößlich festgeschrieben sind. Im Gegenteil, die Grundsätze der Unternehmensbewertung sind – abhängig vom Stand der Forschung und den derzeitig vorherrschenden Bewertungsvorlieben – ständig im Fluss.[179]

Die Bewertungsverfahren lassen sich systematisch in vier Kategorien einteilen: Die Gesamtbewertungsverfahren, die Einzelbewertungsverfahren, die Mischverfahren und schließlich die Überschlagsrechnungen.[180]

1. Das Ertragswertverfahren

Das heute allgemein anerkannte und vorherrschende Ertragswertverfahren ist eines der sog. Gesamtbewertungsverfahren.[181] Die Gesamtbewertungsverfahren bewerten das Unternehmen als Einheit und nicht, wie die sog. Einzelbewertungsverfahren, als Saldo aus den Werten der im Unternehmen vorhandenen einzelnen Aktiva und Passiva.[182] Die Gesamtbewertung führt in der Regel zu deutlich höheren Unternehmenswerten als die Einzelbewertung, denn gerade das Zusammenspiel der einzelnen Teile erhöht den Wert. Das ganze Unternehmen ist üblicherweise mehr wert als die Summe seiner einzelnen Bestandteile.[183]

a) Der Ertragswertgedanke

Erst seit Mitte des 20. Jahrhunderts hat der Ertragswertgedanke seinen Siegeszug gegenüber dem zuvor vorherrschenden Substanzwertgedanken angetreten. Dem Ertragswertverfahren liegt der nachvollziehbare Gedanke zugrunde, dass der maßgebliche, den Unternehmenswert prägende Vorteil eines Unternehmens die Fähigkeit ist, in Zukunft finanzielle Überschüsse zu erzielen.[184] Seitdem sich diese Erkenntnis durchgesetzt hat, wird als entscheidender Faktor für die Be-

179 Vgl. *Matschke/Brösel*, S. 721; *Kropff* DB 1962, 155, 156 liSp.

180 S. dazu anschaulich *Ballwieser*, S. 8.

181 *Ballwieser*, S. 8; *Großfeld*, Rn. 256; IDW S 1 2008, Tz. 18 f.

182 *Ballwieser*, S. 9; *Matschke/Brösel*, S. 20.

183 Vgl. *Matschke/Brösel*, S. 4; IDW S 1 2008, Tz. 18.

184 S. *Mellerowicz*, S. 47, der als einer der ersten (deutschen) Betriebswirte diesen Gedanken aufgreift; ähnlich schon das RG, s. RGZ 19, 111, 121; s. auch *Schmalenbach*, S. 39 f; *Moxter*, S. 75; *Schulze-Osterloh* ZGR 1986, 545, 551; **aus der Rechtsprechung:** BGH NJW 1978, 1316 liSp – „Kali + Salz“; OLG Köln NZG 1999, 1222, 1225; OLG Celle AG 1979, 230, 231 reSp.

messung des Unternehmenswertes nicht mehr die vorhandene Vermögenssubstanz angesehen, sondern die mit dem Unternehmen verknüpften zukünftigen Zahlungsströme. Uneinheitlich beantwortet wurde ursprünglich lediglich die Frage, an welche Zahlungsströme es anzuknüpfen gilt; an diejenigen zwischen Umwelt und Unternehmen oder an diejenigen zwischen Unternehmen und Anteilseigner.

Der Bewertungsblick ist beim Ertragswertverfahren in die Zukunft gerichtet, sog. Prinzip der Zukunftsbezogenheit[185], denn *„für das Vergangene gibt der Kaufmann nichts.“*[186] Es gilt, den sog. Zukunftserfolgswert der Unternehmung zu ermitteln.[187] Da der Blick gerade auf die Zukunft gerichtet ist, setzt eine Unternehmenswertermittlung auf Basis des Ertragswertgedankens denknotwendig eine Fortführung des Unternehmens – d.h. einen „Going Concern“ – voraus.[188] Ermittelt wird mittels des Ertragswertverfahrens damit stets ein Fortführungswert.

aa) Der „klassische“ Ertragswertgedanke

Die „Väter“ des Ertragswertverfahrens gingen noch davon aus, dass der Wert einer Unternehmung durch die vom Unternehmen zukünftig erwirtschafteten Überschüsse (bzw. dem Reinertrag oder Ergebnis)[189] geprägt sei.[190] Nach dem auf dem objektiven Wertverständnis beruhenden klassischen Ertragswertgedanken war also auf die Zahlungsströme zwischen der Außenwelt und dem Unternehmen abzustellen.

bb) Der Ertragswertgedanke i.S.d. Investitionstheorie

Im Grundsatz beansprucht der ursprüngliche Ertragswertgedanke auch heute noch Gültigkeit. Lediglich der Anknüpfungspunkt hat sich gewandelt. Nach heute praktisch einhelliger Meinung werden nicht die Zahlungsströme zwischen Umwelt und Unternehmen, sondern diejenigen zwischen Unternehmen und dem Anteilsinhaber als wertbestimmend erachtet.[191] Unternehmen werden als Investi-

185 *Moxter*, S. 102.

186 *Großfeld*, Rn. 243; so schon *Schmalenbach*, S. 39: *„Derjenige, der eine Unternehmung kaufen will, ist wirtschaftlich an nichts anderem interessiert als daran, was eine Unternehmung ihm in der Zukunft erbringen wird*“; **ebenso** schon *Mellerowicz*, S. 47.

187 IDW S 1 2008, Tz. 7.

188 *Ballwieser*, S. 10; *Großfeld*, Rn. 36 f; vgl. schon RGZ 106, 128, 132; BGHZ 17, 130,136.

189 *Mellerowicz*, S. 49.

190 Vgl. *Mellerowicz*, S. 47; *Schmalenbach*, S. 39 ff; *Engels*, S. 138; *Hagest* WPg 1950, 193, 194 liSp.

191 Als eine der ersten *Williams*, S. 54, 55 ff; s. auch *Moxter*, S. 81; *König* WPg 1970, 72 ff; *W. Müller* JuS 1974, 424 liSp; IDW S 1 2008, Tz. 25, 28.

tionsobjekte angesehen (sog. Investitionstheorie),[192] deren maßgeblicher Zweck letztlich darin besteht, für den Anteilseigner in Zukunft Gewinne abzuwerfen (sog. Shareholder Value).[193] Es mache *„keinen Sinn, Zahlungsströme zu bewerten, die dem Eigentümer nicht zufließen"*[194]. Grund für diesen dogmatischen Wandel war seinerzeit außerdem das Ziel, mit der Anknüpfung an die Zahlungsströme an den Anteilseigner Doppelzählungen zu vermeiden. Doppelzählungen drohen bei der gewinnbezogenen Ertragswertermittlung, wenn und weil Überschüsse nicht (voll) ausgeschüttet, sondern reinvestiert werden.[195] In die Wertermittlung würden dann sowohl die nicht ausgeschütteten Gewinne als auch die aus der Wiederanlage resultierenden zukünftigen Mehrgewinne einfließen.[196]

Bewertungsgrundlage sind demnach nach heutigem Verständnis nicht mehr die Überschüsse des Unternehmens, sondern ausschließlich die den Anteilseignern in Zukunft zufließenden Ausschüttungen bzw. Entnahmen, d.h. die Erträge der Beteiligung.

Nach dem sog. Zuflussprinzip bilden ausschließlich die den Anteilseignern tatsächlich zufließenden Ausschüttungen die Bewertungsgrundlage.[197] Dies sind die Nettoeinnahmen, die der Eigentümer mit seiner Beteiligung in Zukunft zu erzielen in der Lage ist.[198]

Mit der Anknüpfung an ein bestimmtes Bewertungssubjekt – nämlich den Anteilseigner – ist der Ertragswertgedanke letztlich (zwingende) Konsequenz des heute herrschenden subjektiven Wertverständnisses[199][200].

Die vom Unternehmen erwirtschafteten Überschüsse sind selbstverständlich auch heute noch von erheblicher Relevanz für die Ermittlung des Ertragswertes. Sie dienen weiterhin als Ausgangsgröße zur Ermittlung der an die Anteilseigner fließenden Erträge.[201]

b) Der Ertragswert

Dem Ertragswertverfahren liegt die Ausgangsthese zugrunde, dass wertprägend für ein Unternehmen die aus dem Unternehmen resultierenden Zukunftserfolge sind. Ermittelt wird der Zukunftserfolgswert des Unternehmens. Dieser ent-

---

192 *Ballwieser*, S. 8.

193 *Williams*, S. 57: *„... a stock is worth only what you can get out of it."*; **a.A.:** *Miller/Modigliani* The Journal of Business 1961, 411, 412 liSp.

194 So *Ballwieser*, S. 197.

195 Ausführlich dazu *Moxter*, S. 79 f mit 83.

196 Nach der Abkehr von der Vollausschüttungshypothese stellt sich dieses Problem nach **h.M.** gleichermaßen, s. dazu unten VII. 1. d) aa) ccc) (1).

197 *Moxter*, S. 79 ff mit 85 ff; IDW S 1 2008, Tz. 25.

198 *Ballwieser*, S. 16 f; vgl. auch *Moxter*, S. 79.

199 Zum Anteils- und Unternehmenswert als subjektivem Wert s. oben V. 1.

200 *Matschke/Brösel*, S. 20; *F. Wagner*, S. 112.

201 Zur Ermittlung der Bemessungsgrundlage s. ausführlich unten VII. 1. d).

spricht dem Barwert[202] aller zukünftigen Erfolge. Dies sind nach heutigem Verständnis ausschließlich die den Anteilseignern zufließenden Erträge. Unter dieser Prämisse entspricht der Ertragswert des Unternehmens dem auf den Bewertungsstichtag abdiskontierten „Gesamtertrag"[203] der Anteilseigner.[204]

c) Das Zusammenspiel von Bewertungsstichtag und Ertragswertverfahren

aa) Die Zuordnung der Erträge in zeitlicher Hinsicht

Nach dem Stichtagsprinzip gilt es, den Unternehmenswert zu einem bestimmten Bewertungsstichtag zu ermitteln.[205] Gemünzt auf das Ertragswertverfahren ergibt sich folgendes: Nach dem Ertragswertgedanken bestimmt sich der Wert einer Unternehmung aus der Summe der zukünftigen Erträge.[206] Wann die „Zukunft" beginnt, klärt das Stichtagsprinzip.[207] Unmittelbar legt der Bewertungsstichtag damit fest, welche Erträge in die Ertragswertermittlung einfließen dürfen und welche unberücksichtigt bleiben müssen. In die Unternehmenswertermittlung dürfen nur diejenigen Erträge einfließen, die zeitlich nach diesem Stichtag erwirtschaftet werden. Vor diesem Stichtag erwirtschaftete Überschüsse müssen außer Betracht bleiben.

bb) Die Zuordnung der Erträge in personeller Hinsicht

Mittelbar resultiert aus dieser zeitlichen Zuordnung auch eine Zuordnung in personeller Hinsicht. In Kombination mit dem Ertragswertgedanken führt das Stichtagsprinzip nämlich dazu, dass die konkreten Erträge bis zum Bewertungsstichtag dem Ausscheidenden zuzurechnen sind. An den zukünftigen, d.h. nach diesem Stichtag erwirtschafteten konkreten Erträgen, nimmt dieser nicht mehr unmittelbar teil.[208] Diese sind ausschließlich den an seine Stelle tretenden, in der Gesellschaft verbleibenden Gesellschaftern zuzuordnen.[209] Allerdings partizipiert der ausgeschiedene Gesellschafter über die Abfindung insoweit „mittelbar"

202 Zur Barwertermittlung durch Abzinsung der zukünftigen Zahlungsströme s. ausführlich unten VII. 1. d) cc).

203 *Moxter*, S. 75 ff.

204 *Großfeld*, Rn. 982; IDW S 1 2008, Tz. 4. Zu den mathematischen Formeln zur Ertragswertermittlung s. z.B. *Großfeld*, Rn. 518 ff.

205 Zum Stichtagsprinzip und dem Bewertungsstichtag allgemein s. näher oben VI. 1.

206 S. dazu oben VII. 1. b).

207 *Moxter*, S. 171.

208 *K. Schmidt*, GesR, S. 1477; *Großfeld*, Rn. 263.

209 LG Frankfurt a.M. Beschl. v. 4.8.2010 – 3-5 O 73/04, 3-05 O 73/04, 5 O 73/04, juris Tz. 31.

an den zukünftigen Erträgen, als sich der Unternehmenswert nach dem Ertragswertgedanken maßgeblich von den zukünftigen Erträgen ableitet.[210]

cc) Die Berücksichtigung des Zuflussprinzips

Bei der zeitlichen und personellen Zuordnung der Ausschüttungen ist zu berücksichtigen, dass die Gewinnausschüttung in regelmäßigen Abständen erfolgt und der Bewertungsstichtag den Vorgang der Gewinnbeteiligung künstlich unterbricht. Nach nahezu einhelliger Meinung ist zwischen dem abstrakten Gewinnanspruch (dem Stammrecht) und dem konkreten Recht auf Beteiligung am Jahresgewinn zu differenzieren. An den vor dem Ausscheiden erwirtschafteten Gewinnen soll der ausgeschlossene Gesellschafter nur noch insofern partizipieren, als sich der Gewinnanspruch noch vor seinem Ausscheiden durch entsprechenden Gewinnverwendungsbeschluss – der üblicherweise erst Monate nach dem Ablauf des Geschäftsjahres gefasst wird – zu einem selbstständigen Forderungsrecht verselbständigt hat.[211] Ist der Auseinandersetzungsstichtag dem Tag des Ausscheidens vorgelagert, so muss dieser Stichtag für die Verselbständigung maßgeblich sein. Nach dem Zuflussprinzip dürfen nur solche Zahlungsströme in die Bewertung einbezogen werden, die dem Rechtsnachfolger tatsächlich zufließen.[212] Zur Veranschaulichung soll die nachfolgende Abbildung Nr. 2 dienen.

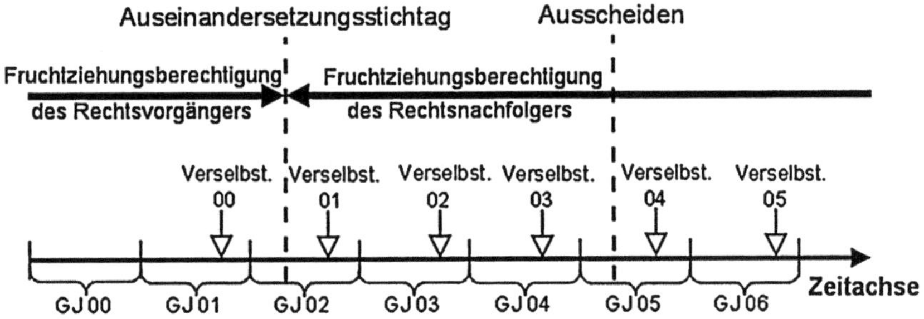

Abb. Nr. 2: Die Aufteilung der konkreten Nutzung

Verselbst. = Verselbständigung
GJ = Geschäftsjahr

210 *K. Schmidt*, GesR, S. 1477.
211 S. dazu unten 4. Teil II. 2. a) aa) und 5. Teil II. 2. b) bb).
212 S. dazu oben VII. 1. a) bb).

Zu berücksichtigen ist zunächst, dass sich der Dividendenanspruch des Ausgeschlossenen durch die Anspruchsentstehung zu einem selbstständigen Forderungsrecht verselbständigen kann. Solche Dividendenansprüche gehen nicht auf den Anteilserwerber über, sondern stehen weiterhin dem ausgeschlossenen Gesellschafter zu. Dass die Ausschüttung der Gewinne erst nach dem Ausscheiden aus der Gesellschaft erfolgt, ist ohne Belang.[213] Ist der Abzufindende so zu stellen, als wäre er am Bewertungsstichtag aus der Gesellschaft ausgeschieden, so dürfen nicht alle nach dem Bewertungsstichtag ausgeschütteten Gewinne in die Bewertung einfließen, sondern nur solche, die sich zum Bewertungsstichtag noch nicht verselbständigt haben. Wertbildend für den Erwerber sind nach dem Zuflussprinzip ausschließlich diejenigen Ausschüttungen, die diesem in Zukunft tatsächlich zufließen. Anderenfalls würde der Abzufindende doppelt begünstigt, denn neben das selbständige Forderungsrecht würde die Berücksichtigung des Zahlungsstroms bei der Bemessung der Abfindung treten.[214]

Andererseits ist zu berücksichtigen, dass Ausschüttungen, die sich erst nach dem Bewertungsstichtag verselbständigen, aber voll oder zeitanteilig auf den Zeitraum der Geschäftsjahre vor demselben entfallen, gem. § 101 Nr. 2 HS. 2 BGB schuldrechtlich dem Rechtsvorgänger (dem Ausgeschlossenen) zuzuordnen sind. Soweit die ausschließenden Gesellschafter als Rechtsnachfolger die Früchte der Beteiligung in Form einer Dividendenausschüttung tatsächlich ziehen, sind diese dem Rechtsvorgänger gem. § 101 Nr. 2 HS. 2 BGB schuldrechtlich zur Herausgabe verpflichtet.[215]

Im Ergebnis verbleiben dem Anteilserwerber (den Ausschließenden) ausschließlich diejenigen zukünftigen Ausschüttungen, die sich weder vor dem Bewertungsstichtag verselbständigt haben, noch voll oder anteilig auf den Zeitraum vor diesem Stichtag entfallen. Nur diese Zahlungsströme sind für den Erwerber werthaltig und anteilswertbestimmend.

Streng genommen müsste dem Rechtsvorgänger neben der Abfindung ein Anspruch auf Herausgabe der gezogenen Früchte gewährt werden. Um eine Doppelbegünstigung zu vermeiden, müssten diese dann aus der Reihe der zukünftigen Ausschüttungen eliminiert werden. Sinnvoller erscheint es jedoch, diese (zeitanteilige) Gewinnbeteiligung stattdessen in die Bewertung einfließen zu lassen. Die dem Rechtsvorgänger schuldrechtlich zuzuordnenden Ausschüttungen sind dann in prognostizierter Form in die Ermittlung der Abfindung mit „eingepreist".[216] Die prognostizierte Erfassung hat den Vorteil, dass sich die tat-

213 Zur Verselbständigung des Dividendenanspruchs s. zur GmbH unten 4. Teil II. 2. a) aa) sowie zur AG unten 5. Teil II. 2. a) bb).

214 Vgl. auch *Meilicke* AG 2010, 561, 566 reSp.

215 S. dazu ausführlich unten 5. Teil II. 2. b) bb) aaa) (4) (a).

216 *Stresemann* in MünchKommBGB, § 101 Rn. 11; vgl. auch *Müller-Michaels* in Hölters, AktG, § 327 b Rn. 7; *Meilicke* AG 2010, 561, 565 f; *Tebben* AG 2003, 600, 607 reSp;

sächliche Konjunktur- und Unternehmensentwicklung und das Ausschüttungsverhalten nach dem Bewertungsstichtag nicht mehr auf die Auseinandersetzung auswirken kann.

dd) Zusammenfassung zu c)

Wird die Abfindung mittels des Ertragswertverfahrens ermittelt, kommt dem Bewertungsstichtag eine doppelte Bedeutung zu. Unmittelbar hat er die Funktion, festzulegen, welche Erträge in die Wertermittlung einfließen müssen und dürfen. In die Bewertung fließen alle nach dem Bewertungsstichtag ausgeschütteten Erträge ein, sofern sich der Gewinnanspruch zu diesem Zeitpunkt noch nicht verselbständigt hat. Mittelbar bestimmt dieser Stichtag, welchem Anteilseigner die konkreten Erträge zuzuordnen sind. Den ausschließenden Aktionären sind alle Erträge zuzuordnen, die sich nach dem Bewertungsstichtag verselbständigen.

d) Die Ertragswertermittlung

Nach dem Ertragswertverfahren ermittelt sich der Gesamtwert eines Unternehmens nach folgender Formel: Zunächst wird der Wert des betriebsnotwendigen Vermögens (der reine Ertragswert) ermittelt, indem alle zukünftigen, auf den Bewertungsstichtag abgezinsten Ausschüttungen addiert werden. Gegebenenfalls ist der so ermittelte Wert des betriebsnotwendigen Vermögens um Vermögensposten zu ergänzen, die vom Ertragswert nicht erfasst sind.[217]

Der Ertragswert eines Unternehmens wird demnach maßgeblich von drei Faktoren geprägt: Der Höhe und der Anzahl der zukünftigen Erträge sowie dem Kapitalisierungszinssatz.[218] Diese drei Faktoren gilt es im Folgenden näher zu erörtern.

aa) Die Höhe der Erträge

Zentrale Ausgangsgröße zur Berechnung des Ertragswerts sind die zukünftigen Erträge. Ertrag in diesem Sinne sind die erwarteten, aus dem Unternehmen resultierenden Zahlungsmittelzuflüsse beim Eigentümer;[219] mit anderen Worten, die Ausschüttungen an die Anteilseigner. Nicht direkt maßgeblich sind insofern die erwarteten Überschüsse des Unternehmens. Allerdings liefern die zu erwartenden Unternehmensüberschüsse das entscheidende „Rohmaterial“ für die Be-

---

Beier/Bungert BB 2002, 2627, 2629 liSp; *Riehmer* in Schüppen/Schaub, AktG, § 44 Rn. 18.

217 Zur Ergänzung des Ertragswerts s. unten VII. 1. d) dd).

218 *Mellerowicz* S. 49.

219 *Ballwieser*, S. 47. S. dazu schon oben VII. 1. b).

stimmung der Erträge,[220] denn die Höhe der möglichen Ausschüttungen hängt von den erwirtschafteten Überschüssen ab. Es gilt deshalb zunächst, die Höhe der Unternehmensüberschüsse zu ermitteln, um anschließend den Zufluss beim Anteilseigner bestimmen zu können.[221] Was dem Anteilseigner in Zukunft fiktiv an Ertrag zufließt, hängt dann von der ebenfalls zu prognostizierenden Ausschüttungsquote ab.[222]

aaa) Die Überschussprognose

Aus dem Prinzip der Zukunftsbezogenheit resultiert denknotwendig, dass sich über die Überschüsse keine exakten Aussagen treffen lassen.[223] Diese können nur mehr oder weniger präzise prognostiziert werden. Mit zeitlicher Entfernung vom Bewertungsstichtag nimmt die Prognoseunsicherheit stetig zu, die Prognosegenauigkeit entsprechend ab.[224]

Die Prognoseentscheidung hängt von einer Vielzahl von Faktoren ab. Sie stellt sich als eine Kombination aus Geschäftspolitik und Umweltentwicklung dar.[225] Diese „Ertragsfaktoren" gilt es zu ermitteln, um realistische Vorhersagen über die Höhe der Überschüsse treffen zu können (sog. Ertragsfaktorenprinzip)[226]. Ermittelt werden die Ertragsfaktoren durch Analyse der Vergangenheit und der Zukunft.[227]

(1) Das Prinzip der Vergangenheitsanalyse

Eine wesentliche Quelle zur Erlangung von Informationen hinsichtlich der Prognose der zukünftigen Überschüsse ist die Vergangenheit (sog. Prinzip der vergangenheitsorientierten Zukunftsertragsbewertung), denn die Zukunft beruht auf der Herkunft.[228] Aus den Überschüssen der Vergangenheit lassen sich Rückschlüsse über die zukünftigen Überschüsse ziehen. Dazu sind die Überschüsse

---

220 *Ballwieser*, S. 53; *W. Müller* JuS 1974, 424 liSp; IDW S 1 2008, Tz. 25.

221 *Lorz* in Ebenroth/Boujong/Joost/Strohn, HGB, § 131 Rn. 76; *Wagner* in WP-Handbuch II, A Rn. 60.

222 Zur Bestimmung der Ausschüttungsquote s. unten VII. 1. d) aa) ccc) (2).

223 Vgl. *Großfeld*, Rn. 253.

224 *Großfeld*, Rn. 379 f; IDW S 1 2008, Tz. 76.

225 *Moxter*, S. 102 ff; *Ballwieser*, S. 47 ff; *W. Müller* JuS 1974, 424 reSp; IDW S 1 2008, Tz. 70 ff.

226 So die heute **h.M.**, s. *Moxter*, S. 102 ff mit 106; IDW S 1 2008, Tz. 32. Die vormals herrschende Auffassung wollte die bereinigten Durchschnittserfolge der Vergangenheit ansetzen, s. dazu ausführlich *Colbe*, S. 27 ff.

227 OLG Düsseldorf AG 2008, 498; OLG Düsseldorf NZG 2005, 280, 282; vgl. auch *Moxter*, S. 97 ff und 102 ff; IDW S 1 2008, Tz. 68.

228 *Großfeld*, Rn. 254 und Rn. 335 f: Unternehmen sind „*pfadabhängig*".

der Vergangenheit zu analysieren (sog. Vergangenheitsanalyse).[229] Es gilt aber zu betonen, dass es nicht Zweck dieser Vergangenheitsanalyse ist, eine in die Zukunft extrapolierbare Ertragsreihe abzuleiten. Zweck ist ausschließlich, die Determinanten zu ermitteln, mittels derer sich die zukünftigen Überschüsse prognostizieren lassen.[230]

Von zentraler Bedeutung für die Vergangenheitsanalyse sind insbesondere Gewinn- und Verlustrechnungen, Bilanzen und Kapitalflussrechnungen der vergangenen Jahre.[231] Diese Vergangenheitsrechnungen sind um solche Aufwendungen und Überschüsse zu bereinigen, die keine Rückschlüsse auf die zukünftigen Überschüsse zulassen, weil sie in Zukunft nicht oder anders anfallen werden.[232] Insbesondere sind personenbezogene und andere spezifische Überschussfaktoren zu eliminieren.[233] Zu eliminieren sind auch Aufwendungen und Überschüsse des nicht betriebsnotwendigen Vermögens, denn der Ertragswert soll nur den Wert des betriebsnotwendigen Vermögens abbilden.[234] Der Ertragswert ist anschließend um den getrennt ermittelten Wert des nicht betriebsnotwendigen Vermögens zu ergänzen.[235] Periodenfremde Aufwendungen und Überschüsse sind periodengerecht zuzuordnen.[236] Außerdem können es besondere konjunkturelle Einflüsse erforderlich machen, ganze Perioden auszublenden.[237] Wie viele Jahre der Analysezeitraum umspannt, lässt sich nicht pauschal beantworten. In der Regel werden die letzten fünf bis sechs Jahre vor dem Bewertungsstichtag zu analysieren sein.[238] Einzelfallabhängig kann allerdings sowohl ein längerer als auch ein kürzerer Zeitraum geboten sein.[239]

(2) Das Prinzip der Vorschauanalyse

Die Vergangenheitsanalyse ist zwar eine wesentliche Determinante für die Prognose der Überschüsse, sie ist aber nicht die einzige.[240] Weitere überschussbe-

---

229 *Moxter*, S. 100; *Großfeld*, Rn. 335; BGH NZG 2003, 1017, 1018.

230 *Moxter*, S. 101; *Großfeld*, Rn. 336; IDW S 1 2008, Tz. 70.

231 *Ballwieser*, S. 23; *Großfeld*, Rn. 337; IDW S 1 2008, Tz. 73.

232 *Großfeld*, Rn. 343; *W. Müller* JuS 1974, 424, 425 liSp; IDW S 1 2008, Tz. 73 mit 103; s. auch LG Dortmund NZG 2004, 723, 725 liSp.

233 *Großfeld*, Rn. 989; IDW S 1 2008, Tz. 103.

234 *Großfeld*, Rn. 343; *Aha* AG 1997, 26, 29 liSp; IDW S 1 2008, Tz. 103; s. auch LG Dortmund NZG 2004, 723, 725 liSp.

235 S. dazu unten VII. 1. d) dd) aaa).

236 *Aha* AG 1997, 26, 29 liSp; IDW S 1 2008, Tz. 103; s. auch LG Dortmund NZG 2004, 723, 725 liSp.

237 LG Dortmund NZG 2004, 723, 725 liSp.

238 *Ballwieser*, S. 23; OLG Zweibrücken WM 1995, 980, 981 liSp; LG Dortmund NZG 2004, 723, 725 liSp; **a.A.:** *Moxter*, S. 99; *Großfeld*, Rn. 337 sowie OLG Stuttgart ZIP 2004, 712, 714 liSp: nur 3–5 Jahre.

239 Zu den Risiken kürzerer oder längerer Zeiträume s. *Ballwieser*, S. 23 f.

240 *Moxter*, S. 98.

einflussenden Faktoren lassen sich mittels Betrachtung der Zukunft gewinnen. Aus diesem Grund ist die Zukunft nach dem Bewertungsstichtag zu analysieren (sog. Prinzip der Vorschauanalyse).[241] Es gilt, die künftigen Unternehmens-, Markt- und Umweltentwicklungen sowie die Stärken, Schwächen, Chancen und Risiken des Unternehmens zu ermitteln.[242]

bbb) Das Prognoseverfahren

Anhand der aus der Vergangenheits- und Zukunftsanalyse gewonnenen Ertragsfaktoren sind die zukünftigen Überschüsse zu prognostizieren. Prinzipiell stehen verschiedene, auch als „Ertragswertformeln"[243] bezeichnete Möglichkeiten offen, um die Überschüsse zu prognostizieren: Das unendliche Rentenmodell, das variable Ausschüttungsmodell, das unendliche Wachstumsmodell und das Phasenmodell.

(1) Das unendliche Rentenmodell

Das früher übliche[244] unendliche Rentenmodell, auch als Pauschalmethode bezeichnet,[245] setzt in jeder Periode (sc. Geschäftsjahr) der Höhe nach gleiche bzw. „uniforme"[246] Überschüsse an.[247] Angesetzt wird der Durchschnittswert der auf Dauer nachhaltig erzielbaren Überschüsse.[248]

Dieses Modell ist in der Regel nicht geeignet, die Bewertungsrealität sachgerecht abzubilden, denn Unternehmen, die sich in einem derartigen „eingeschwungenen Zustand" befinden, existieren kaum.[249] Soweit sich für die nähere Zukunft genauere Aussagen treffen lassen, ist der Ansatz eines Durchschnittswertes auch nicht angemessen, denn aufgrund der Abzinsung haben die zeitlich näheren Ausschüttungen einen deutlich größeren Einfluss auf den Barwert als die zeitlich ferneren.[250] Nur in Ausnahmefällen kann die Annahme von identi-

241 *Moxter*, S. 102 ff.
242 *Moxter*, S. 102 ff mit 106; IDW S 1 2008, Tz. 75.
243 *Ballwieser*, S. 60.
244 *Großfeld*, Rn. 529; so z.B. noch *Hagest* WPg 1950, 193, 194 liSp mit 196 liSp; s. dazu die Zusammenstellung der Rechtsprechung bei *Ballwieser*, S. 128.
245 *Großfeld*, Rn. 529; OLG Zweibrücken WM 1995, 980, 981 reSp.
246 *Ballwieser*, S. 60 mit 63.
247 *Ballwieser*, S. 60 mit 63; *Wagner* in WP-Handbuch II, A Rn. 177.
248 *Ballwieser*, S. 60; *Großfeld*, Rn. 529; *Hagest* WPg 1950, 193, 196 liSp.
249 *Ballwieser*, S. 61.
250 Zur Abzinsung und dem abnehmenden Einfluss der ferneren Überschüsse auf den Unternehmenswert s. unten VII. 1. d) cc).

schen Überschüssen interessengerecht sein, nämlich dann, wenn eine periodengenaue Berechnung wegen starker Unsicherheiten unmöglich ist.[251]

(2) Das variable Ausschüttungsmodell

Nach dem sog. variablen Ausschüttungsmodell werden nicht durchschnittliche, uniforme, sondern der Höhe nach unterschiedliche Überschüsse in Ansatz gebracht. Es wird versucht, für jedes Geschäftsjahr eine konkrete Vorhersage zu treffen und die Überschüsse für jede Periode periodenspezifisch zu ermitteln.[252]

Regelmäßig wird dieses Modell schon allein deshalb nicht realitätsgerecht sein, weil Unternehmen typischerweise eine unbegrenzte Lebensdauer haben.[253] Die Prognose variabler Erträge muss aber aus praktischen Gründen auf eine endliche Zeit begrenzt werden.[254] Dieses Modell versagt auch deshalb, weil sich hinsichtlich der ferneren Zukunft keine konkreten Aussagen, sondern allenfalls noch globale bzw. generelle Annahmen treffen lassen.[255] Sollte das zu bewertende Unternehmen ausnahmsweise nur eine begrenzte Lebensdauer aufweisen, greifen diese Bedenken unter Umständen nicht.[256]

(3) Das unendliche Wachstumsmodell

Das sog. unendliche Wachstumsmodell unterstellt ein unendliches Wachstum der Überschüsse mit konstanter Wachstumsrate.[257] Ausgehend von einem Startwert – dem Überschuss der ersten auf den Stichtag folgenden Periode – erhöhen sich die Überschüsse jährlich entsprechend der Wachstumsrate. Anderer – heute wohl herrschender – Ansicht zufolge soll dem Unternehmenswachstum nicht durch einen Zuschlag auf die Überschüsse, sondern durch einen Abschlag vom Kapitalisierungszinssatz Rechnung getragen werden.[258] Das Verfahren ist insofern pauschal, als die Unternehmensüberschüsse nicht konkret ermittelt werden, sondern – wie bei der Pauschalmethode –[259] ein Durchschnittswert angesetzt wird.

---

251 *Ballwieser*, S. 62. S. auch die Phase II des Zweiphasenmodells unten VII. 1. d) cc) bbb) (4) sowie die Bewertung bei Bestehen eines Beherrschungs- und Gewinnabführungsvertrages unten VII. 1. f).
252 *Ballwieser*, S. 60 mit 62 f.
253 S. dazu unten VII. 1. d) bb).
254 *Ballwieser*, S. 61.
255 *Großfeld*, Rn. 378; IDW S 1 2008, Tz. 76.
256 *Ballwieser*, S. 60.
257 *Ballwieser*, S. 60 mit 63.
258 S. dazu unten VII. 1. d) cc) bbb) (4).
259 S. dazu unten VII. 1. d) aa) bbb) (1).

Schwäche dieses Modells ist – neben den Schwächen der Pauschalmethode –,[260] dass die Annahme einer konstanten Wachstumsrate für einen unendlichen Zeitraum offensichtlich eine völlig realitätsfremde Fiktion ist.[261]

(4) Das Zweiphasenmodell

In der Bewertungspraxis durchgesetzt haben sich die sog. Mehrphasenmodelle.[262] Diese sollen dem Faktum Rechnung tragen, dass die Genauigkeit in der Vorhersage künftiger Überschüsse mit zunehmender zeitlicher Entfernung stark abnimmt.[263] Die Bewertungsunsicherheiten kumulieren und die Gefahr von Prognosefehlern steigt. Während sich für die nähere Zukunft noch Aussagen mit gewisser Sicherheit treffen lassen, können hinsichtlich der ferneren Zukunft nur noch generelle Aussagen getroffen und die Überschüsse nur noch grob geschätzt werden.

Der unterschiedlichen Prognosegenauigkeit tragen die Phasenmodelle dadurch Rechnung, dass sie die Zukunft in verschiedene Phasen unterteilen, für die verschiedene Prognoseannahmen getroffen werden können. Mittels der verschiedenen Phasen lassen sich die oben unter (1)–(3) dargelegten Modelle miteinander kombinieren und deren Schwächen minimieren.[264] Heute üblich ist das sog. Zweiphasenmodell,[265] welches die Zukunft in zwei Phasen (die Phase I und die Phase II)[266] unterteilt. Unter besonderen Umständen kann auch das sog. Dreiphasenmodell in Betracht zu ziehen sein.[267]

(a) Die Phase I

Wie bereits dargelegt, lassen sich für die nähere Zukunft noch vergleichsweise genaue Aussagen über die zukünftigen Überschüsse treffen. Deshalb werden für die Phase I die Überschüsse (meistens) – wie beim variablen Ausschüttungsmo-

260 S. dazu unten VII. 1. d) aa) bbb) (1).

261 *Ballwieser*, S. 61.

262 *Großfeld*, Rn. 379 f.

263 *Großfeld*, Rn. 379 f; IDW S 1 2008, Tz. 76 f; vgl. BGH BB 1991, 17, 18; OLG Zweibrücken WM 1995, 980, 981.

264 *Ballwieser*, S. 61 mit 63 ff.

265 So *Großfeld* Rn. 380; **vgl. aus der Literatur:** *Ballwieser*, S. 63 ff; IDW S 1 2008, Tz. 77; **vgl. aus der Rechtsprechung:** BGH BB 1991, 17, 18; BayObLG NZG 2006, 156, 158 f; OLG Düsseldorf NZG 2006, 911, 912 resp; OLG Düsseldorf WM 2009, 2220, 2224 liSp; LG Dortmund WM 2007, 938, 942.

266 Häufig auch als **nähere** bzw. **Detailplanungsphase** und **fernere Phase** bezeichnet.

267 Zum Dreiphasenmodell s. *Ballwieser*, S. 65 m.N. in Fn. 217; *Korth* BB Beilage 1992, Nr. 19, 13; *Aha* AG 1997, 26, 30 reSp; vlg. außerdem OLG Düsseldorf NZG 2006, 911, 912 reSp; OLG Zweibrücken WM 1995, 980, 981; LG Frankfurt a.M. WM 1987, 559, 560 reSp.

dell –[268] für jede Periode einzeln und konkret ermittelt, sog. „Einzelplanansatz“.[269] Aus diesem Grund wird die Phase I auch als „nähere“ oder Detailplanungsphase bezeichnet.[270] Wenngleich konkrete Werte ermittelt und angesetzt werden, so bleibt der ermittelte Überschuss eine, wenn auch präzisere, Prognose.

Der Phasenzeitraum ist abhängig von den Gegebenheiten des konkreten Bewertungsfalls und lässt sich nicht pauschal festlegen.[271] In der Regel umfasst die Detailplanungsphase drei bis fünf Jahre.[272] Im Einzelfall kann sowohl eine deutlich kürzere Phase von nur einem bzw. zwei Jahren[273] als auch eine längere Phase anzusetzen sein[274].

(b) Die Phase II

In zeitlicher Hinsicht umfasst die Phase II, auch „fernere“ Phase genannt,[275] alle Perioden, die auf die Detailplanungsphase folgen. Im Regelfall des Unternehmens mit unbegrenzter Lebensdauer[276] wird eine unendliche Reihe an Überschüssen anzusetzen sein.[277] Infolge dieser zeitlichen Unbegrenztheit wird sie von der Rechtsprechung auch treffend als *„Phase der ewigen Rente“*[278] bezeichnet. Für die Überschüsse wird – wie bei der Pauschalmethode –[279] ein und derselbe Betrag „ad infinitum“ konstant angesetzt. Maßgeblich sind ausschließlich die durchschnittlich erzielbaren nachhaltigen Überschüsse,[280] denn *„alle Verfeinerung ist „Horoskop“*“[281]. Das für die ewige Rente zugrunde gelegte Ergebnis muss *„dem eines „durchschnittlichen“ Jahres entsprechen, weil andernfalls Boom- oder Rezessionsphasen des* [Konjunktur-]*Zyklus als Dauerzustand in die*

268 S. dazu unten VII. 1. d) aa) bbb) (2).
269 *Großfeld*, Rn. 381; IDW S 1 2008, Tz. 77.
270 *Großfeld*, Rn. 381; IDW S 1, 2008, Tz. 76 f.
271 IDW S 1 2008, Tz. 76.
272 Vgl. *Großfeld*, Rn. 381; IDW S 1 2008, Tz. 77; BGH BB 1991, 17, 18; LG Dortmund WM 2007, 938, 942 liSp.
273 *Großfeld*, Rn. 381; BGH NZG 2003, 1017, 1018; OLG Stuttgart AG 2007, 596, 598 liSp; BayObLG NZG 2001, 1137, 1138.
274 IDW S 1 2008, Tz. 77.
275 Vgl. *Großfeld* Rn. 383.
276 S. dazu unten VII. 1. d) bb).
277 Vgl. LG Dortmund WM 2007, 938, 942 lisp; LG Dortmund NZG 2004, 723, 725.
278 Vgl. z.B.: OLG Stuttgart Beschl. v. 17.10.2011 – 20 W 7/11, juris Tz. 12; OLG Stuttgart Beschl. v. 14.9.2011 – 20 W 4/10, juris Tz. 82; OLG Frankfurt a.M. Beschl. v. 7.6.2011 – 21 W 2/11, juris Tz. 63.
279 S. dazu oben VII. 1. d) aa) bbb) (1).
280 *Großfeld*, Rn. 323 ff und 529; OLG München 31.03.2008 – 31 Wx 88/06, 31 Wx 088/06, juris Tz. 23.
281 *Großfeld*, Rn. 378.

Zukunft fortgeschrieben werden, was zu unrealistischen Ergebnissen führt".[282] Prognostizierte Wachstumssteigerungen werden entweder gemäß dem Wachstumsmodell berücksichtigt[283] oder – wie in der heutigen Praxis üblich – durch einen Wachstumsabschlag im Kapitalisierungszinssatz korrigiert.[284]

(5) Die im konkreten Bewertungseinzelfall maßgebliche Formel

Rechtlich ist keine Formel zwingend vorgeschrieben.[285] Welche Ertragswertformel auf den konkreten Bewertungsfall anzuwenden ist, hängt von den jeweiligen Eigenarten des zu bewertenden Unternehmens ab.[286] Das Zweiphasenmodell ist heute Standard und wird sich im Regelfall am besten eignen.[287] Sinnvoll und üblich ist es, in der Phase I variable Überschüsse und in der Phase II eine unendliche Reihe konstanter oder konstant anwachsender Überschüsse anzusetzen.[288] In Spezialfällen kann auf andere Ertragswertformeln zurückzugreifen sein.

ccc) Die Ausschüttungsannahme

Nach heute einhelliger Auffassung bestimmt sich der Ertragswert eines Unternehmens gemäß dem Zuflussprinzip ausschließlich nach den Ausschüttungen, die den Anteilseignern tatsächlich zufließen.[289] Das Abstellen auf die Ausschüttungen macht es erforderlich, eine fiktive Annahme über das zukünftige Ausschüttungsverhalten zu treffen. Soweit Überschüsse nicht ausgeschüttet werden, sondern im Unternehmen verbleiben, stellt sich die Frage, wie sich die Thesaurierung dieser Überschüsse auf den Unternehmenswert auswirkt.

(1) Die Thesaurierung von Überschüssen

Spricht man von thesaurierten Überschüssen, so versteht man darunter Überschüsse des Unternehmens, die nicht ausgeschüttet oder entnommen, sondern im Unternehmen einbehalten werden. Stellt man nun mit der herrschenden Meinung auf den Zufluss beim Anteilseigner ab, so fließen thesaurierte Überschüsse

---

282 OLG München 31.03.2008 – 31 Wx 88/06, 31 Wx 088/06, juris Tz. 23.
283 Vgl. *Ballwieser*, S. 64; IDW S 1 2008, Tz. 77. Zum sog. Wachstumsmodell s. oben VII. 1. d) aa) bbb) (3).
284 Vgl. *Großfeld*, Rn. 962; IDW S 1 2008, Tz. 98. Zum Wachstumsabschlag s. näher unten VII. 1. d) cc) bbb) (4).
285 *Großfeld*, Rn. 381.
286 *Ballwieser*, S. 60 f.
287 *Ballwieser*, S. 59 ff; IDW S 1 2008, Tz. 77.
288 *Ballwieser*, S. 62; *Wagner* in WP-Handbuch II, A Rn. 178.
289 S. dazu oben VII. 1. a) bb).

nicht direkt in die Bewertung ein, denn Bewertungsgrundlage sind ausschließlich die Ausschüttungen bzw. Entnahmen.[290]

Es darf aber nicht übersehen werden, dass auch die im Unternehmen einbehaltenen Überschüsse wirtschaftlich werthaltig sind. Sie können zur Tilgung von Fremdkapital oder für Investitionen verwendet werden.[291] Im Extremfall, nämlich dann, wenn die Gesellschafter keine Ausschüttungen planen, würde sich trotz erwirtschafteter Unternehmensgewinne ein Ertragswert von Null ergeben. Diese Konsequenz, dass Gesellschaften, deren Gesellschafter keine Ausschüttungen bzw. Entnahmen planen, nichts wert wären, wird mit Recht, als „offensichtlich absurd"[292] bezeichnet.[293] Der verfassungsrechtlich gebotenen Abfindung zum „vollen" Unternehmenswert ist es geschuldet, auch den in den thesaurierten Überschüssen verkörperten Wert abzubilden.[294] Es steht damit im Grundsatz außer Frage, dass die thesaurierten Überschüsse nicht „unterschlagen"[295] werden dürfen und sich im Unternehmenswert niederschlagen müssen. Anderenfalls wäre der Unternehmenswert nur unvollständig abgebildet. Umstritten ist lediglich die Art und Weise ihrer Erfassung.

Sofern eine konkrete Verwendung der thesaurierten Überschüsse am Bewertungsstichtag noch nicht vorgesehen ist, stehen methodisch zwei Vorgehensweisen offen, um den Wert der thesaurierten Überschüsse in den Unternehmenswert einfließen zu lassen.[296]

(a) Die Reinvestitionsannahme

Die erste Möglichkeit besteht darin, fiktiv anzunehmen, dass sämtliche einbehaltenen Überschüsse zum unternehmensindividuellen Kapitalisierungszinssatz angelegt werden (sog. Reinvestitionsannahme).[297] Infolge der fiktiven Reinvestition erhöhen sich die prognostizierten Überschüsse der folgenden Perioden und damit auch die folgenden Ausschüttungen (sog. thesaurierungsbedingtes

---

290 *Wagner* in WP-Handbuch II, A Rn. 60; IDW S 1 2008, Tz. 24.

291 *Großfeld*, Rn. 503; IDW S 1 2008, Tz. 26.

292 *F. Wagner*, S. 112; *Engels*, S. 138.

293 Vgl. auch *Miller/Modigliani* The Journal of Business 1961, 411, 412 liSp: „ ... *investors ... are indifferent as to whether a given increment to their wealth takes the form of cash payments or an increase in the market value of their holding of shares.*".

294 Zu den verfassungsrechtlichen Anforderungen an die Bemessung der Abfindung s. oben II.

295 Vgl. OLG Stuttgart Beschl. v. 18.12.2009 – 20 W 2/08, juris Tz. 191 f.

296 *Wagner/Jonas/Ballwieser/Tschöpel* WPg 2006, 1005, 1011 liSp; *Großfeld*, Rn. 504 ff; IDW S 1 2008, Tz. 36.

297 *Wagner/Jonas/Ballwieser/Tschöpel* WPg 2006, 1005, 1011 f; *Großfeld*, Rn. 505; IDW S 1 2008, Tz. 36 und 37; OLG Stuttgart Beschl. v. 18.12.2009 – 20 W 2/08, juris Tz. 195.

Wachstum).[298] Bewertungsrelevant werden dann ausschließlich die zukünftigen Mehrausschüttungen. Dieses „Gewinnwachstum" kann direkt in der Prognose der Überschüsse der auf die Thesaurierung folgenden Jahre berücksichtigt werden. Alternativ kann dem Gewinnwachstum durch einen entsprechenden Wachstumsabschlag auf den Kapitalisierungszinssatz Rechnung getragen werden.[299] Die ansonsten sofort zu versteuernden Ausschüttungen werden in Ausschüttungen transformiert, die erst in Zukunft als Mehrausschüttung zu versteuern sind. Das Hinausschieben der Besteuerung wirkt sich barwerterhöhend aus.[300]

(b) Die fiktive Zurechnung an die Anteilseigner

Die zweite Möglichkeit, thesaurierte Überschüsse bei der Bewertung des Unternehmens zu berücksichtigen, besteht darin, die einbehaltenen Überschüsse den Anteilseignern fiktiv und unmittelbar zuzurechnen und auf den Bewertungsstichtag abzuzinsen.[301] Diese Vorgehensweise wird aufgrund ihrer Einfachheit, Durchsichtigkeit und Plausibilität in der Praxis bevorzugt.[302] Seit Einführung der Abgeltungssteuer zum 1.1.2009 unterliegen die thesaurierungsbedingten Wertzusätze der effektiven (jährlichen) Veräußerungsgewinnbesteuerung.[303] Da der effektive Kursgewinnsteuersatz von der Haltedauer der Aktien abhängig ist, sind Annahmen hinsichtlich der Haltedauer erforderlich. Dementsprechend wird der Steuersatz typisierend mit 13,2 % (hälftige Abgeltungssteuer zuzüglich Solidaritätszuschlag) angesetzt.[304]

(2) Die Bestimmung der Ausschüttungsquote

Unter Zugrundelegung des modernen Ertragswertgedankens ist es erforderlich, aus den Unternehmensüberschüssen die Höhe der Ausschüttungen bzw. der Entnahmen zu ermitteln. Ob und in welcher Höhe die Unternehmensüberschüs-

298 *Wagner/Jonas/Ballwieser/Tschöpel* WPg 2006, 1005, 1011 und 1020; *Großfeld* Rn. 505 und 492; vgl. auch IDW S 1 2008, Tz. 26; *Beyer* FB 2008, 256, 257 ff.

299 Vgl. OLG Frankfurt a.M. AG 2011, 828. Zur Berücksichtigung des Wachstums im Kapitalisierungszinssatz s. unten VII. 1. d) cc) bbb) (4).

300 *Wagner/Jonas/Ballwieser/Tschöpel* WPg 2006, 1005, 1011; *Großfeld*, 5. Aufl., Rn. 384.

301 *Wagner/Jonas/Ballwieser/Tschöpel* WPg 2006, 1005, 1012 f; *Großfeld*, 5. Aufl., Rn. 491 ff; vgl. IDW S 1 2008, Tz. 36; OLG Stuttgart AG 2011, 795, 798 liSp.

302 *Großfeld*, 5. Aufl., Rn. 492, 496; *Emmerich* in Emmerich/Habersack, Konzernrecht, § 305 Rn. 60 a.

303 Bisher waren für thesaurierte Wertzuwächse keine persönlichen Ertragssteuern anzusetzen, s. *Großfeld*, 5. Aufl., Rn. 491; *Wagner/Saur/Willershausen* WPg 2008, 731, 735.

304 *Bukowski/Suerbaum* in Santelmann/Hoppe/Suerbaum/Bukowski, Squeeze out, Rn. 678; *Großfeld*, Rn. 508 mit 431 ff, *Wagner/Saur/Willershausen* WPg 2008, 731, 735 f.

se ausgeschüttet oder thesauriert werden, steht (weitgehend) im Ermessen der Anteilseigner.

Herkömmlich ging man von der Vollausschüttung der Überschüsse aus, sog. Vollausschüttungshypothese.[305] Die Vollausschüttungshypothese fingierte, dass die Überschüsse nicht reinvestiert, sondern voll an die Anteilseigner ausgeschüttet werden.[306] Diese Fiktion wurzelte im sog. Anrechnungsverfahren, das Ausschüttungen steuerlich begünstigte.[307]

Seit Einführung des – mittlerweile ebenfalls überholten – Halbeinkünfteverfahrens im Jahr 2000 geht man allgemein nicht mehr von einer Vollausschüttung, sondern einer der Höhe nach einzelfallabhängigen Teilausschüttung aus.[308] Das Halbeinkünfteverfahren begünstigte statt der Ausschüttung die Einbehaltung von Gewinnen, sodass die Annahme einer Vollausschüttung nicht mehr angebracht war.[309] Die Annahme der Vollausschüttung ist auch deshalb nicht schlüssig, weil Unternehmen in der Regel nur dann auf Dauer lebensfähig sind und der Fluss der Überschüsse gesichert ist, wenn ein Teil der Überschüsse reinvestiert wird. Die Teilausschüttungsannahme ist deshalb realitätsgerechter.[310]

Derzeit geht man nur hinsichtlich solcher Überschüsse von einer Ausschüttung aus, *„die nach Berücksichtigung des zum Bewertungsstichtag dokumentierten Unternehmenskonzepts und rechtlicher Restriktionen ... zur Ausschüttung zur Verfügung stehen“*[311]. Entscheidendes Kriterium ist demnach die Ausschüttungsquote.[312] Für die Phase I wird das Ausschüttungsverhalten nach dem zum Bewertungsstichtag absehbaren individuellen Unternehmenskonzept konkret prognostiziert.[313] Für die Phase II wird typisierend auf das durchschnittliche Ausschüttungsverhalten der Unternehmen einer Vergleichsgruppe, der sog. Peer Group, abgestellt.[314]

---

305 So noch *Moxter*, S. 90; *Grossfeld* JZ 1981, 769, 770 f; *Korth* BB Beilage 1992, Nr. 19, 1, 6; *Piltz* S. 22 f, IDW S 1 2000, Tz. 44; OLG Stuttgart NZG 2000, 744, 747 reSp; BayObLG ZIP 2000, 885, 886 reSp; vgl. dazu auch *Großfeld*, Rn. 434.

306 So noch IDW S 1 2000, Tz. 44.

307 *Großfeld*, Rn. 435; *Wagner/Jonas/Ballwieser/Tschöpel* WPg 2006, 1005, 1007.

308 **Aus der Literatur:** *Großfeld*, Rn. 434 ff; *Wagner/Jonas/Ballwieser/Tschöpel* WPg 2006, 1005, 1007 liSp und 1009; *Wagner* in WP-Handbuch II, A Rn. 86 ff; sowie IDW S 1 2008, Tz. 26; **aus der Rechtsprechung:** OLG Stuttgart AG 2011, 795, 797 f; OLG München AG 2007, 411, 412 reSp.

309 *Großfeld*, Rn. 435 ff; vgl. OLG München AG 2007, 411, 412 reSp.

310 *Wagner/Jonas/Ballwieser/Tschöpel* WPg 2006, 1005, 1007 liSp und 1009.

311 IDW S 1 2008, Tz. 35; **ebenso:** *Großfeld*, Rn. 437; *Lorz* in Ebenroth/Boujong/Joost/Strohn, HGB, § 131 Rn. 76; *Wagner/Jonas/Ballwieser/Tschöpel* WPg 2006, 1005, 1008.

312 *Großfeld*, Rn. 437.

313 IDW S 1 2008, Tz. 35 f; *Großfeld*, Rn. 438, 496; **relativierend:** *Wagner/Jonas/Ballwieser/Tschöpel* WPg 2006, 1005, 1008 liSp: sofern diese plausibel erscheint.

314 *Wagner/Jonas/Ballwieser/Tschöpel* WPg 2006, 1005, 1009; *Großfeld*, Rn. 438, 497; IDW S 1 2008, Tz. 37.

(3) Zusammenfassende Stellungnahme zu ccc)

Stellt man zur Bewertung auf die Sicht eines „markttypischen" Dritten ab, so lässt sich das dokumentierte Ausschüttungsverhalten nicht korrekturlos übernehmen.[315] Zum Zweck der Abfindung zwangsweise ausscheidender Gesellschafter steht die Anteils- und Unternehmensbewertung unter der Prämisse der bestmöglichen Verwertung des Gesellschaftsvermögens. In welchem Verhältnis die erwirtschafteten Überschüsse ausgeschüttet und thesauriert werden, bestimmt sich mithin danach, welches Verhältnis dem Dritten den höchsten Gesamtnutzen verspricht. Zu ermitteln gilt es damit das optimale Verhältnis zwischen dem unmittelbaren Nutzen aus den Ausschüttungen und dem mittelbaren Nutzen aus der Reinvestition bzw. der fiktiven Zurechnung.[316] Gleiches gilt für die Verwendung der thesaurierten Überschüsse. Wie mit diesen zu verfahren ist, bestimmt sich nach der bestmöglichen Verwertung und hängt grundsätzlich nicht von den Plänen der Gesellschafter ab. Ziel der Thesaurierung ist die Nutzenoptimierung. Die einbehaltenen Überschüsse sollen den Fluss zukünftiger Überschüsse sicherstellen, bzw. künftige Mehrgewinne ermöglichen. Würde man demgegenüber auf das, wenngleich bereits dokumentierte, zukünftige Ausschüttungsverhalten zurückgreifen, so würde man auf die subjektive Sicht der ausschließenden Gesellschafter abstellen. Das Ziel, den Unternehmenswert bei bestmöglicher Verwertung des Gesellschaftsvermögens zu ermitteln, wäre dann nicht sichergestellt.

Als Ergebnis ist damit festzuhalten, dass sowohl die Ausschüttungsquote als auch die Verwendung der thesaurierten Überschüsse unter dem Blickwinkel der bestmöglichen bzw. optimalen Verwertung des Unternehmens zu ermitteln sind. Überschüsse sind nur insoweit als thesauriert anzunehmen, als sich infolge der Reinvestition ein höherer Unternehmenswert einstellt. In diesem Fall schlagen sich die thesaurierten Überschüsse nicht unmittelbar in den Erträgen derjenigen Jahre nieder, in denen sie anfallen, sondern beeinflussen nur mittelbar die Erträge der Folgejahre bzw. sind den Anteilseignern unmittelbar zuzurechnen.

ddd) Der Nachsteueransatz

Der moderne Ertragswertgedanke basiert auf dem sog. Zuflussprinzip.[317] Bewertungsgrundlage ist ausschließlich das, was den Anteilseignern tatsächlich zufließt und ihnen zur Disposition steht. Zur Disposition steht dem Anteilseigner nicht das, was das Unternehmen brutto erwirtschaftet, sondern alleine die

315 S. dazu oben V. 2. d) und e).
316 Vgl. *Hüttemann* ZHR 162, 563, 588 f und 592.
317 S. dazu oben VII. 1. a) bb).

Nettoausschüttungen.[318] Konsequenterweise fließen nach heute herrschender Meinung nur die Ausschüttungen bzw. Entnahmen nach Abzug der Steuern in die Bewertung ein (sog. Nachsteueransatz).[319]

Bei Kapitalgesellschaften als selbständigen Steuersubjekten sind zunächst auf Unternehmensebene die Überschüsse und anschließend auf Anteilseignerebene die Ausschüttungen zu versteuern. Auf Gesellschaftsebene unterliegen die Gewinne der Körperschaftssteuer und werden pauschal mit einem Steuersatz von 15 % (§§ 1 Abs. 1 Nr. 1, 23 Abs. 1 KStG) zuzüglich des Solidaritätszuschlages (§ 1 Abs. 1 SolZG) besteuert.[320] Soweit die Überschüsse ausgeschüttet werden, sind diese um die persönlichen Steuern einer inländischen, unbeschränkt steuerpflichtigen natürlichen Person zu kürzen.[321] Seit Einführung der Abgeltungssteuer beträgt der (typisierte) Steuersatz als Summe von Abgeltungssteuer und Solidaritätszuschlag 26,375 % (§§ 20 Abs. 1 Nr. 1, 32 d Abs. 1 EStG, § 1 Abs. 1 SolZG).[322]

Bei Personengesellschaften hingegen, die selbst keine selbständigen Steuersubjekte sind, unterliegen ausschließlich die Anteilseigner der Ertragsbesteuerung (§ 15 Abs. 1 EStG). Auf eine Ausschüttung der Überschüsse kommt es hier nicht an.[323]

Zu beachten ist allerdings, dass die Steuern gleichfalls den Vergleichsstrom, der durch den Kapitalisierungszinssatz repräsentiert wird,[324] mindern müssen (sog. Steueräquivalenz). Der Faktor Steuer steht somit – mathematisch betrachtet – sowohl im Nenner (dem Ertrag) als auch im Zähler (dem Kapitalisierungszinssatz) und kann sich unter bestimmten Voraussetzungen, die allerdings höchst umstritten sind, herauskürzen.[325]

---

318 IDW S 1 2008, Tz. 28.

319 IDW S 1 2008, Tz. 28 und 43 ff; **aus der Literatur:** *Ballwieser*, S. 9, 47; *Großfeld*, Rn. 406; *F. Wagner* WPg 2007, 929, ; *Wagner/Jonas/Ballwieser/Tschöpel* WPg 2006, 1005, 1013 f; **vgl. aus der Rechtsprechung:** OLG München AG 2007, 287, 290 reSp; OLG München ZIP 2007, 375, 376 liSp – „N-Ergie"; **anders** die vormals **h.M.**, die den Unternehmenswert vor Steuern ermittelte, sog. Vorsteueransatz, s. dazu statt aller *Großfeld*, Rn. 402 ff m.w.N.

320 *Großfeld*, Rn. 441 ff.

321 *Ballwieser*, S. 9; *Großfeld*, Rn. 420, 446; IDW S 1 2008, Tz. 46.

322 *Großfeld*, Rn. 420 ff, insbes. 429; vgl. IDW S 1 2008, Tz. 31 und 46.

323 IDW S 1 2008, Tz. 47; *Großfeld*, Rn. 444.

324 S. dazu unten VII. 1. d) cc) bbb) (3).

325 Im Einzelnen ist die These von der Irrelevanz der Besteuerung strittig, s. dazu *Jonas* FB 2006, 479, 481; *Richter* in FS Drukarczyk, S. 307 ff; *Hommel/Dehmel*, Unternehmensbewertung, S. 163 ff; *Großfeld*, 5. Aufl., Rn. 384. Paradoxerweise kann der Nachsteueransatz sogar zu einem höheren Unternehmenswert führen als der Vorsteueransatz (sog. Steuerparadoxon), zur ökonomischen Erklärung für dieses Phänomen s. *Hommel/Dehmel*, Unternehmensbewertung, S. 160 ff m.w.N.

bb) Die Anzahl der Erträge

Der Gesamtertragswert eines Unternehmens setzt sich zusammen aus der Summe der Einzelertragswerte.[326] Faktor von entscheidender Relevanz ist damit die Anzahl der zukünftigen Erträge. Zwar sinkt der Barwert der zukünftigen Zahlungen mit zeitlicher Entfernung zum Bewertungsstichtag.[327] Allerdings kann die bloße Anzahl der Erträge ins Gewicht fallen. Die Frage der Anzahl der Erträge hängt entscheidend von der Dauer des Zahlungsstromes ab, die ihrerseits durch die Lebensdauer des Unternehmens bestimmt wird.[328] Unternehmen haben ihrer Natur nach keine zeitlich begrenzte Lebensdauer.[329] Sie können theoretisch[330] zeitlich unbegrenzt existieren und Erträge für die Anteilseigner abwerfen. Dieser Vorstellung von einer grundsätzlich unendlichen Lebensdauer trägt die zeitlich unbegrenzte Phase II – die Phase der ewigen Rente – Rechnung. Die Annahme einer unbegrenzten Lebensdauer trifft aber nicht für jedes Unternehmen zu. Es gilt realitätsgerecht zwischen Unternehmen mit begrenzter und unbegrenzter Lebensdauer zu differenzieren und bei ersteren deren konkrete Lebensdauer abzuschätzen.

Auf den ersten Blick scheint die Anzahl der Überschüsse bei einer unendlichen Laufzeit von essentieller Bedeutung für den Unternehmenswert zu sein. Bei genauerer Analyse relativiert sich deren Bedeutung, wenn man sich verdeutlicht, dass die Erträge um so weniger wert sind, je ferner sie in der Zukunft liegen. Schon bei einer Lebensdauer von nur ca. 30–34 Perioden[331] entspricht der Unternehmenswert praktisch demjenigen eines Unternehmens mit unendlicher Lebensdauer.[332] Wirklich relevant wird die Unterscheidung demnach nur dann, wenn die erwartete Lebensspanne deutlich unterhalb der oben genannten Schwelle liegt.

326 Zum Ertragswert s. oben VII. 1. b).

327 Zur Barwertermittlung s. ausführlich unten VII. 1. d) cc).

328 Vgl. *Mellerowicz*, S. 49; *W. Müller* JuS 1974, 424, 425 reSp.

329 Vgl. *Großfeld*, Rn. 383, 522, 527; IDW S 1 2008, Tz. 85; auch die Rechtsprechung geht grundsätzlich von einer unbegrenzten Lebensdauer aus, vgl. OLG Stuttgart Beschl. v. 17.10.2011 – 20 W 7/11, juris Tz. 365; OLG Düsseldorf Beschl. v. 13.03.2008 – 26 W 8/07 AktE26, W 8/07, juris Tz. 22; LG Frankfurt a.M. Beschl. v. 22.06.2005 – 3/8 O 171/02, 3-8 O 171/02, juris Tz. 45.

330 **Anmerkung:** Dabei handelt es sich natürlich nur um eine theoretische Modellannahme. Betrachtet man die Praxis, so kann von einer unendlichen Lebensdauer offensichtlich nicht die Rede sein, s. *Frühling* FB 2009, 200 ff; *Großfeld* Rn. 527. Da die Lebensdauer eines Unternehmens aber regelmäßig weder bekannt noch abschätzbar ist, bietet sich diese Annahme zwecks Vereinfachung an, *Großfeld* Rn. 527.

331 So *Großfeld*, Rn. 528; vgl. auch *W. Müller* JuS 1974, 424, 526 liSp: 40–50 Jahre; *Colbe*, S. 142: 20–40.

332 Die Zeitspanne hängt entscheidend von der Höhe des Kapitalisierungszinssatzes im Einzelfall ab (s. dazu unten VII. 1. d) cc) bbb)), und lässt sich daher nur schwer abschätzen.

cc) Die Abzinsung der Zukunftserträge

Gesucht wird stets der Barwert des Unternehmens zu einem bestimmten Bewertungsstichtag.[333] Dazu werden zunächst alle zukünftigen Erträge des betriebsnotwendigen Vermögens[334] einzeln und ihrer zeitlichen Entfernung entsprechend auf den Stichtag abgezinst (auch Kapitalisierung oder Abdiskontierung genannt). Die so ermittelten Barwerte werden anschließend addiert.[335] Die Summe aller Barwerte der künftigen Erträge entspricht dem Barwert des betriebsnotwendigen Vermögens des Unternehmens.

Der sog. Kapitalisierungszinssatz beschreibt den Abzinsungsfaktor, mit anderen Worten, den Zinssatz, mit dem die Abzinsung zu erfolgen hat. Je höher der Kapitalisierungszinssatz angesetzt wird, umso höher ist die Abzinsung und umso niedriger ist der Barwert.[336] Die Höhe des Kapitalisierungszinssatzes ist deshalb ein Bewertungsfaktor, der den Unternehmenswert ganz entscheidend beeinflusst.[337] In der Praxis werden für das in der Regel einschlägige Phasenmodell in Phase I und II unterschiedliche Kapitalisierungszinssätze angesetzt.[338]

aaa) Der Sinn und Zweck der Abzinsung

Von zentraler Bedeutung für das Verständnis des Kapitalisierungszinssatzes ist der Sinn und Zweck der Abzinsung. Der Abzinsung liegt das Problem zu Grunde, dass die zu bewertenden Zahlungsströme am Bewertungsstichtag noch nicht existieren, sondern erst nacheinander in gleichen zeitlichen Abständen entstehen. Diese unterschiedliche zeitliche Verfügbarkeit bedingt eine unterschiedliche Werthaltigkeit. Ein präsenter, verfügbarer Zahlungsstrom ist mehr wert als ein zukünftiger. Der zeitliche Vorsprung birgt einen erheblichen Vorteil in sich, den Zinsvorteil. Im Gegensatz zu Zahlungen, die erst in Zukunft anfallen und erst dann zur Disposition der Anteilseigner stehen, kann eine gegenwärtige und damit verfügbare Zahlung bereits am Markt reinvestiert werden, um Rendite zu erzielen.[339] Die Abzinsung ist damit letztlich nichts anderes als ein „*Abschlag*

333 S. dazu oben VI. 1.

334 Den Wert des nicht betriebsnotwendigen Vermögens gilt es gesondert zu ermitteln, s. dazu unten VII. 1. d) dd) aaa).

335 Vgl. *Großfeld*, Rn. 540.

336 *Korth* BB Beilage 1992, Nr. 19, 13; *Reuter* AG 2007, 1, 2 liSp.

337 *Gansweid* AG 1977, 334, 339 liSp; *Großfeld*, Rn. 545 ff, insbes. 627, der treffend von „Zinsmacht" spricht.

338 Vgl. BayObLG 2006, 156, 158 reSp; *Aha* AG 1996, 26, 32 liSp; *Großfeld*, Rn. 575, 663, 966.

339 *Großfeld*, Rn. 128 und 512; *Meilicke*, S. 95; s. OLG Düsseldorf AG 1988, 275, 278 liSp: „*Der Abzinsung der zukünftigen Erträge auf den Stichtag liegt die Vorstellung zugrunde, den Betrag zu ermitteln, der bei einem realistischen Zins (Kapitalisierungszins) Erträge bringt, die den zu erwartenden Unternehmensgewinnen entsprechen ...* ".

für den Renditeausfall“[340]. Konsequenz dieser Überlegung ist nun, dass ein Überschuss umso stärker abzuzinsen ist, je weiter er in der Zukunft liegt. Für jedes Jahr, das bis zu seiner Verfügbarkeit verstreicht, ist ein Abschlag in Höhe des Kapitalisierungszinssatzes vorzunehmen. Die Abzinsung kumuliert mit jedem Jahr, bis der Barwert der zukünftigen Überschüsse, je nach Höhe des Zinssatzes, gegen Null geht.

Als Zwischenergebnis ist damit festzuhalten: Die Abzinsung ist das bewertungstheoretische Instrument, das die zukünftigen Zahlungsströme vertikal, d.h. im Hinblick auf den Zeitindex vergleichbar macht.[341]

Gleichzeitig stellt der Kapitalisierungszinssatz die horizontale Vergleichbarkeit der Zahlungsströme her. Die horizontale Vergleichbarkeit beschreibt das Verhältnis der Zahlungsströme des zu bewertenden Unternehmens zu den Zahlungsströmen des Vergleichsobjekts. Der horizontale Vergleich ist mit anderen Worten ein Erfolgsvergleich.[342] *Wüstemann* führt dazu aus, dass bei der Unternehmensbewertung (nur) „*in formaler Hinsicht abgezinst*“ wird. „*Materiell bewertet (vergleicht) man ihn* [sc. den Zahlungsstrom] *dadurch mit einer Alternativanlage*“.[343] Will man den Unternehmenswert mittels der Ertragswertmethode ermitteln, so gilt es, die für die Bewertung maßgebliche Ausgangsgröße, die Erträge, zu vergleichen („*Ertragsvergleich*“)[344]. Zu vergleichen gilt es die Erträge des zu bewertenden Unternehmens mit denen einer alternativen Geldanlage. „*Um die beiden Zahlungen vergleichen zu können, müssten beide Zahlungsströme die gleichen qualitativen Eigenschaften haben, also in ihrer Fristigkeit, Unsicherheit, Verfügbarkeit und Kaufkraft äquivalent sein.*“[345] Das Vergleichsobjekt – die alternative Geldanlage – wird vereinfachend durch den Kapitalisierungszinssatz ersetzt. Der Kapitalisierungszinssatz muss die Rendite widerspiegeln, die sich bei einer vergleichbaren anderen Investition mit der Barabfindung erzielen ließe.[346] Spiegelbildlich zur bestmöglichen Verwertung des Unternehmens ist die bestmögliche Wiederanlage zu wählen.[347] Von zentraler

340 *Großfeld*, Rn. 512; **ähnlich:** *Meilicke*, S. 95: „*Vorteilsausgleich*“.
341 *Bröhl*, S. 41 ff; *F. Wagner*, S. 121.
342 *Bröhl*, S. 43 f; *F. Wagner*, S. 122 f.
343 *Wüstemann* BB 2007, 2223 reSp; grundlegend dazu *Moxter*, S. 123: „*Bewerten heißt vergleichen: Ein „Bewertungsobjekt“ wird einem „Vergleichsobjekt“ gegenübergestellt; aus dem bekannten Preis des Vergleichsobjekts wird auf den unbekannten Preis (Wert) des Bewertungsobjekts geschlossen. Das Vergleichsobjekt dient als Bewertungsmaßstab;*“.
344 *Moxter*, S. 9.
345 OLG Düsseldorf NZG 2006, 911, 913 liSp.
346 *Ballwieser*, S. 15; *Großfeld*, Rn. 128 und 247; *Meilicke*, S. 95; *Sieben* AG 1966, 6, 11 liSp; IDW S 1 2008, Tz. 4.
347 *Meilicke*, S. 98.

Bedeutung zur Bestimmung des Kapitalisierungszinssatzes ist damit der sog. Äquivalenzgrundsatz.

bbb) Der Kapitalisierungszinssatz

Es wurde bereits ausführlich dargelegt, dass im Mittelpunkt der Kapitalisierungszinsermittlung der Äquivalenzgrundsatz steht. Der Zinssatz muss dem entsprechen, was der ausscheidende Gesellschafter bei bestmöglicher Wiederanlage seines Kapitals in einem vergleichbaren Unternehmen hätte erzielen können.

Aus welchen Elementen sich der Kapitalisierungszinssatz zusammensetzt und wie sich diese Elemente ermitteln lassen, ist wohl das umstrittenste Themenfeld im Rahmen der Unternehmensbewertung. Die zwei zentralen Elemente, aus denen sich der Kapitalisierungszinssatz zusammensetzt, sind der Basiszinssatz und der Risikozuschlag. Darüber hinaus werden zusätzliche Zu- und Abschläge, insbesondere für das Unternehmenswachstum, diskutiert. Der so ermittelte Bruttokapitalisierungszinssatz ist um die persönliche Steuerbelastung zu kürzen.[348]

(1) Der Basiszinssatz

Ausgangsgröße und damit zentrales, wesensbestimmendes Element zur Ableitung des Kapitalisierungszinssatzes ist der sog. Basiszinssatz.[349] Als Basiszins ist die Rendite einer landesüblichen, risikolosen – besser „quasisicheren“[350] – Anlagemöglichkeit am Kapitalmarkt anzusetzen.[351] Als solche „quasisichere“ Anlagemöglichkeit gelten nur inländische[352] Staatsanleihen.[353] Hinsichtlich Währung, Zeitpunkt und Höhe der Zinszahlungen besteht keine Unsicherheit.[354] Wählt man den Staat als Schuldner, so ist auch das zu erwartende Ausfallrisiko vernachlässigbar gering. Die Kapitalanlage ist mit anderen Worten „quasisicher“.[355]

348 S. dazu unten VII. 1. d) cc) bbb) (3).

349 *Metz*, S. 22; IDW S 1 2008, Tz. 116.

350 *Moxter*, S. 146: *„Es gibt keinen Schuldner von „absoluter“ Bonität.*“; *Wiese/Gampenrieder* BB 2008, 1722; *Großfeld*, Rn. 573; IDW S 1 2008, Tz. 116.

351 *Großfeld*, Rn. 574; OLG Stuttgart AG 2010, 510, 512 liSp.

352 Zweifelnd, ob man im Euroraum auf Staatsanleihen der Bundesrepublik Deutschland beschränkt ist, z.B. *Ballwieser* in FS Drukarczyk, S. 19, 23.

353 *Großfeld*, Rn. 574; *Moxter*, S. 154; *Ballwieser* in FS Drukarczyk, S. 19, 23; IDW S 1 2008, Tz. 116; so auch die ständige Rechtsprechung vgl. NGH NJW 1982, 575, 576; OLG Düsseldorf AG 1988, 275, 278 liSp; OLG Frankfurt a.M. DK 2011, 179, 185 reSp; OLG München ZIP 2007, 375, 378 reSp – „N-Ergie“.

354 *Ballwieser* in FS Drukarczyk, S. 19, 23.

355 *Großfeld*, Rn. 574; *Ballwieser*, S. 85; OLG Stuttgart NZG 2007, 112, 115.

Von besonderer Bedeutung für die Bemessung der Höhe des Basiszinssatzes ist die Laufzeitäquivalenz,[356] denn je höher die Laufzeit, desto höher der Zins.[357] Der gewählte Zinssatz muss für denselben Zeitraum gelten, für den die zukünftigen Ertragsströme prognostiziert werden.[358] Im Regelfall eines Unternehmens mit unbegrenzter Lebensdauer muss eine unendliche Laufzeit angenommen werden. Da aber eine solche bei öffentlichen Anleihen nicht existiert, wird ersatzhalber auf Anleihen mit mindestens zehnjähriger Laufzeit und Wiederanlage abgestellt.[359]

Maßgeblich ist nicht der Basiszinssatz zum Bewertungsstichtag,[360] sondern, wie bei den Überschüssen, der auf Dauer erzielbare zukünftige Zins. Abzustellen ist auch nicht auf die Durchschnittsverzinsung der Vergangenheit,[361] denn die Fortschreibung der historischen Werte spiegelt die am Bewertungsstichtag herrschenden Kapitalmarktverhältnisse nur zufällig wieder.[362] Nach neuerer Bewertungslehre ist der Basiszinssatz von der sog. Zinsstrukturkurve[363] für Staatsanleihen abzuleiten, sog. Nelson/Siegel/Svensson-Methode.[364] Für beide Phasen kann jeweils ein unterschiedlicher Basiszinssatz angesetzt werden.[365] Der risikolose Basiszinssatz beträgt in etwa zwischen 5 und 7 %.[366]

---

356 S. OLG München Beschl. v. 26.10.2006 – 31 Wx 12/06, juris Tz. 29. Umfassend zu den Äquivalenzprinzipien *Ballwieser*, S. 84 ff.

357 OLG Stuttgart NZG 2007, 112, 116 liSp.

358 *Ballwieser* in FS Drukarczyk, S. 19, 21 f; IDW S 1 2008, Tz. 117.

359 S. *Großfeld*, Rn. 574, 581; *Ballwieser* in FS Drukarczyk, S. 19, 25 ff; *Wiese/Gampenrieder* BB 2008, 1722, 1723; OLG München ZIP 2006, 1722, 1725 liSp; OLG München Beschl. v. 26.10.2006 – 31 Wx 12/06, juris Tz. 29; BayObLG NZG 2001, 1033, 1035 liSp.

360 Exemplarisch das OLG Stuttgart NZG 2007, 112, 115: nicht maßgeblich ist der aktuelle Zinssatz zum Bewertungsstichtag, „*der mehr oder weniger zufällig ist, je nach dem, ob der Stichtag in eine Hochzinsphase oder eine Niedrigzinsphase fällt. Zu ermitteln ist vielmehr der aus der Sicht des Stichtags von kurzfristigen Einflüssen bereinigte, künftig auf Dauer zu erzielende Nominalzinssatz*“; OLG Stuttgart AG 2010, 510, 512 liSp; *Wüstemann* BB 2007, 2223, 2224 liSp; *Großfeld*, Rn. 583.

361 Vgl. dazu *Ballwieser* in FS Drukarczyk, S. 19, 32 m.N. aus der Rechtsprechung.

362 *Wiese/Gampenrieder* BB 2008, 1722, 1723.

363 Als Zinsstruktur wird die Abhängigkeit der Zinshöhe von der Laufzeit eines Festbetragsanspruchs bezeichnet, *Schneider*, S. 110; OLG Stuttgart NZG 2007, 112, 116 liSp.

364 *Wiese/Gampenrieder* BB 2008, 1722 ff; *Wüstemann* BB 2007, 2223, 2224; *Großfeld*, Rn. 585 ff; *Wagner/Saur/Willershausen* WPg 2008, 731, 737; **s. aus der Rechtsprechung:** OLG München ZIP 2007, 375, 378 reSp – „N-Ergie“; OLG Stuttgart NZG 2007, 112, 116 liSp; vgl. auch IDW S 1 2008, Tz. 117.

365 Vgl. BayObLG 2006, 156, 158 reSp; OLG München BB 2007, 2395, 2396; *Aha* AG 1996, 26, 32 liSp; s. auch *Großfeld*, Rn. 575, 663, der selbst einen einheitlichen Zinssatz präferiert.

366 Zur Bandbreite in der Rechtsprechung s. die umfassende Zusammenstellung bei *Großfeld*, Rn. 576 ff.

Angemerkt sei an dieser Stelle noch, dass der Basiszinssatz i.S.d. Unternehmensbewertung und der Basiszinssatz i.S.d. § 247 BGB nicht identisch sind.[367] Referenzgröße des Basiszinssatzes i.S.d. § 247 BGB ist nach Abs. 1 S. 3 desselben der Zinssatz für die jüngste Hauptrefinanzierungsoperation der Europäischen Zentralbank. Der laufzeitadäquate Basiszinssatz i.S.d. Unternehmensbewertung liegt deutlich über dem Basiszinssatz i.S.d. BGB.[368]

(2) Der Risikozuschlag

Nach heute herrschender Meinung ist das Unternehmensrisiko im Kapitalisierungszinssatz durch Zuschlag auf den Basiszins zu erfassen, sog. Risikozuschlags- oder Zinszuschlagsmethode[369].[370] Dieser Zuschlag in Form von Risikozuschlag oder Risikoprämie[371] ist neben dem Basiszinssatz das zweite zentrale Element des Kapitalisierungszinssatzes.

(a) Der Hintergrund der Erfassung des Unternehmensrisikos

Die Berücksichtigung des Risikos ist eine spezielle Ausprägung des Äquivalenzgrundsatzes.[372] Der Vergleichszahlungsstrom muss hinsichtlich des Faktors Risiko mit dem zu bewertenden Unternehmen vergleichbar sein (sog. Risikoäquivalenz).[373] Der Zuschlag soll dem Umstand Rechnung tragen, dass der Basiszinssatz alleine die konkreten Unternehmensverhältnisse nicht realitätsgerecht abbildet. Der Basiszinssatz ist, wie oben erläutert, (quasi-)risikofrei,[374] und damit nicht risikoäquivalent zum konkreten Unternehmen.[375] Die Kapitalanlage in einem privaten Unternehmen ist immer mit deutlich höheren Risiken verbunden als die Anlage in öffentlichen Anleihen.[376] Zahlungsströme aus privaten Unternehmen sind gerade nicht „quasisicher". Der typische Marktteilnehmer ist

367 Vgl. *Metz*, S. 21.

368 Während sich der Basiszinssatz i.S.d. § 247 BGB zwischen 1.1.2002 und 1.1.2012 zwischen 2,57 % und aktuell 0,12 % bewegte (s. die Bekanntmachung der Deutschen Bundesbank), lag der für die Unternehmensbewertung maßgebliche Basiszinssatz im selben Zeitraum bei ca. 5 % (s. oben Fn. 366).

369 IDW S 1 2008, Tz. 89.

370 Zum Streitstand um die Erfassung des Unternehmensrisikos s. sogleich VII. 1. d) cc) bbb) (2) (b).

371 Ausführlich zur Unterscheidung von Risikozuschlag und Risikoprämie unten VII. 1. d) cc) bbb) (2) (b) (dd) und (ee).

372 Zum Äquivalenzgrundsatz s ausführlich oben VII. 1. d) cc) aaa).

373 IDW S 1 2008, Tz. 114.

374 Zum quasirisikofreien Basiszinssatz s. oben VII. 1. d) cc) bbb) (1).

375 *Ballwieser*, S. 93; *Großfeld*, Rn. 601 f.

376 *Großfeld*, Rn. 601 f; OLG Köln NZG 1999, 1222, 1227.

aber risikoavers und scheut Risiken (sog. Gedanke der Risikoaversion).[377] Für ein höheres Unternehmensrisiko verlangt ein typischer Anleger auch eine dementsprechend höhere Renditechance.[378]

Der Zuschlag auf den Basiszinssatz für das Unternehmensrisiko steht also unter der Prämisse der Risikoaversion der Marktteilnehmer. Wäre das Unternehmen aus der subjektiven Sicht der konkreten Parteien zu bewerten,[379] so wäre ein Zuschlag dann nicht gerechtfertigt, wenn die konkrete Partei risikoneutral oder sogar risikofreudig wäre.[380] Richtigerweise ist aber auf die Sicht eines markttypischen und vernünftigen Dritten abzustellen.[381]

(b) Der Streitstand um die Erfassung des Unternehmensrisikos

Die Problematik der Erfassung des Unternehmensrisikos ist wohl das umstrittenste Themenfeld im Rahmen der Unternehmensbewertung. Analysiert man die Diskussion, so lassen sich fünf Streitpunkte unterscheiden: 1. Die Definition des Begriffs „Risiko", 2. Die Zulässigkeit der Berücksichtigung des Risikos, 3. Die Ebene (Ertrag oder Kapitalisierung) auf der die Risiken zu berücksichtigen sind, 4. Die Art der Risiken, welche Berücksichtigung finden und 5. Die Ermittlung des konkreten Risikozuschlages.

(aa) Der Begriff „Risiko"

Eine fundierte Auseinandersetzung mit der Frage der Berücksichtigung des Unternehmensrisikos setzt zuallererst eine exakte Definition des Begriffs „Risiko" voraus.

Einleitend ist festzuhalten, dass der Begriff „Risiko" uneinheitlich verstanden wird.[382] Eine allgemeingültige Definition des Risikobegriffs ist mithin nicht möglich. Überwiegend werden unter dem Begriff „Risiko" sowohl die Risikofolgen als auch die diese Folgen auslösenden Risikofaktoren verstanden. Festzuhalten ist außerdem, dass das hier zu untersuchende Risiko ausschließlich die potenziellen Risiken betrifft, nicht hingegen die konkreten, welche in die Ertragsprognose einfließen.[383]

377 OLG Stuttgart NZG 2007, 112, 117 liSp; IDW S 1 2008, Tz. 88.
378 *Großfeld*, Rn. 603; vgl. auch IDW S 1 2008, Tz. 88.
379 So aber die ganz **h.M.**, s. oben V. 2. a), b) und c).
380 *Moxter*, S. 156.
381 S. dazu ausführlich oben V. 2. d) und e).
382 S. dazu *Metz*, S. 78 ff mit 82, 91 ff und 103 ff; *Seicht* in FS Rückle, S. 97, 98.
383 Vgl. *Aha* AG 1997, 26, 33 reSp.

(aaa) Die Risikofaktoren

Im Hinblick auf die Risikofaktoren unterscheidet man herkömmlich zwischen den sog. allgemeinen[384] und besonderen[385] Risiken.[386] Wo die Trennlinie zwischen allgemeinen und besonderen Risiken genau verläuft, ist strittig.[387]

Unter dem sog. allgemeinen Risiko sind nur außergewöhnliche Risiken zu verstehen, die jedes Unternehmen unabhängig von seinen konkreten Spezifikationen treffen können.[388] Außergewöhnliche Risiken entziehen sich regelmäßig der Berücksichtigung und werden deshalb in die Ertragsprognose nicht mit einbezogen.[389] Beispielhaft lassen sich dazu insbesondere anführen: Betriebsstörungen durch höhere Gewalt, Konjunktur, Politik, Substanzverluste aus Betriebsstilllegungen, Aufwendungen für Umstrukturierungsmaßnahmen, Insolvenzen wichtiger Abnehmer, Belegschaftsveränderungen.[390]

Demgegenüber ist unter dem sog. besonderen Risiko das einem konkreten Unternehmen anhaftende Risiko zu verstehen.[391] Solche speziellen Risikofaktoren sind etwa: Die Konkurrenzsituation, die Finanzierungs- und Kapitalstruktur, das Alter und die Eignung des Betriebsvermögens, die Forschung und Entwicklung sowie Forderungsausfälle.[392]

(bbb) Die Risikofolgen

Unter dem Blickwinkel der Risikofolgen betrachtet ist unter Risiko zunächst die Volatilität der Überschüsse zu verstehen.[393] Die Volatilität der Überschüsse meint die Gefahr, dass die in Zukunft tatsächlich erzielten Überschüsse negativ oder auch positiv von den prognostizierten Überschüssen abweichen.[394] Unter Risiko im Sinne dieser Arbeit ist damit nicht nur das „Risiko" im Sinne einer negativen, unter der Prognose liegenden Abweichung zu verstehen (Risiko im engeren Sinne), sondern gleichfalls die „Chance" im Sinne einer positiven, über der Prognose liegenden Abweichung.[395]

384 Auch als generelle Risiken bezeichnet, s. *Großfeld*, Rn. 604.
385 Auch als spezielle Risiken oder Einzelwagnisse bezeichnet, s. *Großfeld*, Rn. 604; *Colbe*, S. 107.
386 *Großfeld*, Rn. 604 ff; *Colbe*, S. 107 ff; s. auch noch der IDW, s. HFA 2/1983, WPg 1983, 468, 472.
387 Vgl. IDW S 1 2008, Tz. 90; BayObLG NZG 2001, 1137, 1139.
388 S. dazu ausführlich *Metz*, S. 92 ff m.w.N.
389 OLG Köln NZG 1999, 1222, 1227; vgl. auch OLG Celle NZG 1998, 987, 989.
390 OLG Köln NZG 1999, 1222, 1227; *Großfeld*, Rn. 630.
391 S. dazu näher *Metz*, S. 91 f m.w.N.
392 S. *Großfeld*, Rn. 606; *Metz*, S. 91 f; *Colbe*, S. 107.
393 *Metz*, S. 81.
394 *Siepe* WPg 1998, 325, 326; *Metz*, S. 81; *Munkert*, S. 199.
395 *Siepe* WPg 1998, 325, 326; *Seicht* in FS Rückle, S. 97, 98.

Übertragen auf den Risikozuschlag bedeutet dies: Der Begriff Volatilitätsrisiko beschreibt nicht nur die Gefahr, zeitweilig oder dauernd eine niedrigere als die erwartete oder sogar gar keine Verzinsung seines Kapitals zu erhalten, sondern gleichzeitig auch die Chance, Gewinne zu erzielen, die über die Verzinsung hinausgehen, die eine Investition in risikoarme Anlagen erbringt.[396]

Neben das Volatilitätsrisiko tritt die Gefahr eines Totalverlustes der Kapitalanlage, also das Insolvenzrisiko der Kapitalanlage selbst.[397]

(bb) Die grundsätzliche Zulässigkeit der Berücksichtigung des Risikos

Mitunter wird schon die grundsätzliche Zulässigkeit von Risikoabschlägen in Frage gestellt. Es wird kritisiert, dass der Möglichkeit, Verluste zu erleiden, die Chance gegenübersteht, Mehrerträge zu erwirtschaften. Chance und Risiko stünden sich aber grundsätzlich in gleicher Wertigkeit gegenüber.[398] Alleine das „Risiko" wertmindernd zu berücksichtigen – sei es im Risikozuschlag, sei es in den Erträgen – entbehre jeglicher Begründung.[399] Mit gleichem Recht könne man einen Chancenzuschlag verlangen. Die einseitige Berücksichtigung des „Risikos" führe zu einer einseitigen Begünstigung der verbleibenden Gesellschafter, oder anders gewendet, zu einer einseitigen Benachteiligung des ausscheidenden Gesellschafters.[400] Ein Risikozuschlag müsse demnach ganz unterbleiben bzw. dürfe allenfalls soweit erfolgen, als das „Risiko" die Chancen übersteige.[401] Ganz überwiegend hingegen wird die Berücksichtigung des Unternehmensrisikos für zwingend erforderlich gehalten.

Letzterem ist beizupflichten. Richtig ist zwar, dass dem „Risiko" in der Regel eine (gleich hohe) Chance gegenüberstehen wird. Die Abwägung steht allerdings nicht unter der Prämisse der Gleichwertigkeit von Chance und „Risiko". Der Markt bewertet Chance und „Risiko" nicht gleich. Der typisierte Marktteilnehmer ist risikoavers und gewichtet Risiko und Chance unterschiedlich.[402] Das für den Markt entscheidende Moment ist die (Planungs-)Sicherheit. Allerdings darf selbst angesichts der Risikoscheu die Chance höherer Überschüsse nicht unberücksichtigt bleiben.[403] Chance und „Risiko" sind zwar gegeneinander ab-

---

396 *Colbe*, S. 109.

397 *Großfeld*, Rn. 606 mit Hinweis auf LG Frankfurt a.M. AG 2007, 42, 45; *Seicht* in FS Rückle, S. 97, 125 f; OLG Düsseldorf NZG 2003, 588, 595 liSp – „SNI".

398 *Jaensch* S. 97; *W. Müller* JuS 1974, 424, 429 liSp; *Olbrich*, S. 67, 95; OLG Celle AG 1979, 230, 232 reSp.

399 *Jaensch*, S. 97; *W. Müller* JuS 1974, 424, 429.

400 So schon *Jaensch*, S. 97; **ebenso:** *W. Müller* JuS 1974, 424, 429 reSp.

401 *W. Müller* JuS 1974, 424, 429; *Meilicke*, S. 101; OLG Celle AG 1979, 230, 232 reSp; LG Frankfurt a.M. AG 2007, 42, 45 reSp.

402 *Seicht* in FS Rückle, S. 97, 103; *Großfeld*, Rn. 603 und 612; *Knoll* DStR 2007, 1053 liSp; OLG Stuttgart AG 2010, 510, 512 liSp; vgl. auch IDW S 1 2008, Tz. 88.

403 *Großfeld*, Rn. 636.

zuwägen, es verbietet sich aber, Risiko und Chance pauschal als gleichwertig anzusetzen. Der Gegenansicht liegt zum Teil auch die Fehlvorstellung zu Grunde, Risiko sei ausschließlich die Gefahr, dass die tatsächlichen Überschüsse unter den prognostizierten Überschüssen liegen. Tatsächlich beschreibt der Begriff Risiko die Volatilität der Überschüsse, d.h. die Gefahr der positiven wie negativen Abweichung an sich.[404]

Unbestritten ist jedenfalls das Verbot der Doppelerfassung des Unternehmensrisikos.[405] Keinesfalls darf dasselbe Risiko (i.S.v. Risikofaktoren) gleichzeitig auf Ertragsebene und auf Kapitalisierungsebene in Ansatz gebracht werden. Anderenfalls würden dieselben Risikofaktoren zwei mal zu Lasten des Ausscheidenden berücksichtigt werden.

Klar ist auch, dass das Vorsichtsprinzip, anders als im Bilanzrecht (vgl. § 252 Abs. 1 Nr. 4 HGB), keine Anwendung finden darf. Eine vorsichtige Wertermittlung nimmt eine zu niedrige Bewertung gezielt in Kauf und würde sich damit einseitig zu Lasten des Ausscheidenden auswirken.[406]

(cc) Die Erfassung des Risikos auf Ertrags- oder Kapitalisierungsebene

Das Unternehmensrisiko ist nicht zwingend im Kapitalisierungszinsfuß mittels Zuschlag auf den Basiszinssatz zu erfassen. Zur Risikoerfassung stehen methodisch zwei Möglichkeiten offen. Das Unternehmensrisiko kann entweder auf Ertragsebene oder alternativ auf Kapitalisierungsebene in die Bewertung einfließen.[407] Auf Ertragsebene kann dem Risiko durch Abschläge von den Überschüssen, auf Kapitalisierungsebene durch eine höhere Abzinsung infolge eines um einen Zuschlag auf den Basiszinssatz vermehrten Kapitalisierungszinsfußes Rechnung getragen werden.[408]

(aaa) Die Sicherheits- oder Risikoäquivalenzmethode

Vorwiegend in der älteren Literatur[409] und dem folgend, in der älteren Rechtsprechung[410] wurde dafür plädiert, das Unternehmensrisiko auf Ertragsebene zu berücksichtigen (sog. Sicherheits- oder Risikoäquivalenzmethode). Aus dem risikobehafteten Ertrag sollte durch Abschläge für bestimmte Risiken ein sog.

404 *Wagner* in WP-Handbuch II, A Rn. 182.
405 *Colbe*, S. 108; *Meilicke*, S. 100; *Großfeld*, Rn. 618; *Ballwieser*, S. 221.
406 *Meilicke*, S. 121; *Großfeld*, Rn. 323, 346; IDW S 1 2008, Tz. 64 f.
407 *Knoll* DStR 2007, 1053 ff; IDW S 1 2008, Tz. 89.
408 *Ballwieser*, S. 93; *Großfeld*, Rn. 614; *Knoll* DStR 2007, 1053 ff; OLG Stuttgart NZG 2007, 112, 117; so schon *Mellerowicz*, S. 49 f.
409 Vgl. *Moxter*, S. 146 ff, 154 f; *Meilicke*, S. 100.
410 So z.B. OLG Stuttgart ZIP 2004, 712, 716 reSp.

sicherheitsäquivalenter Ertrag ermittelt werden. Der so ermittelte sicherheitsäquivalente Ertrag wird anschließend ausschließlich mit dem (risikolosen) Basiszins diskontiert.[411] Eine höhere Diskontierung durch einen Risikozuschlag auf den Basiszinssatz muss unterbleiben, da das Risiko anderenfalls fälschlicherweise doppelt, nämlich auf Ertrags- und auf Abzinsungsebene berücksichtigt werden würde.[412]

(bbb) Die Risikozuschlagsmethode

Nach der heute[413] allgemein anerkannten[414] Risikozuschlagsmethode wird das (gesamte) Unternehmensrisiko dadurch erfasst, dass man den risikolosen Basiszins um einen Zuschlag für das Unternehmensrisiko erhöht.[415] Auch der Risikozuschlagsmethode liegt der Gedanke der Risikoaversion vernünftiger Marktteilnehmer zu Grunde.[416] Welche Risiken i.S.v. Risikofaktoren im Risikozuschlag zu erfassen sind, wird ebenso uneinheitlich beantwortet wie die Methode der Ermittlung des Zuschlags (Risikozuschlag oder Risikoprämie).

Die Frage, wo das Unternehmensrisiko zu berücksichtigen ist, ist – zumindest in der Theorie – ausschließlich eine rechentechnische Frage. Ertrag und Kapitalisierungszinssatz verändern sich im gleichen Verhältnis zueinander. Einem höheren Ertrag steht ein entsprechend höherer Kapitalisierungszinssatz gegenüber und umgekehrt. Auf das Bewertungsergebnis, sprich auf den Unternehmenswert, hat der methodische Ansatz keinen Einfluss, solange keine Doppelberücksichtigung des Risikos erfolgt.[417]

(dd) Die im Risikozuschlag zu erfassenden Risiken

(aaa) Zuschlag nur für das allgemeine Risiko

Bisher gingen Rechtsprechung, Schrifttum und IDW davon aus, dass im Risikozuschlag (allenfalls) das allgemeine Risiko zu berücksichtigen sei.[418] Dem be-

---

411 *Ballwieser*, S. 93.

412 Zum Doppelberücksichtigungsverbot s. die Nachweise oben Fn. 405.

413 Früher war die Risikozuschlagsmethode als solche in der Rechtsprechung heftig umstritten, vgl. OLG Köln NZG 1999, 1222, 1227 liSp: „*die Rechtsprechung schwankt zwischen völliger Ablehnung eines Risikozuschlags … und Risikozuschlägen*".

414 *Großfeld*, Rn. 617; *Metz*, S. 16; IDW S 1 2008, Tz. 90; vgl. auch OLG München ZIP 2007, 375, 378 reSp – „N-Ergie".

415 *Ballwieser*, S. 93.

416 *Matschke/Brösel*, S. 34; vgl. IDW S 1 2008, Tz. 88.

417 *Moxter*, S. 156 f; *Meilicke*, S. 100.

418 **Aus der Rechtsprechung:** BGH NZG 2003, 1017, 1018; OLG Köln NZG 1999, 1222, 1227; BayObLG AG 1996, 127, 129 reSp – „Paulaner"; OLG Celle NZG 1998, 987, 989; OLG Düsseldorf v. 31.3.2006 – I-26 W 5/06, juris Tz. 48; OLG Düsseldorf NZG

sonderen Unternehmensrisiko sei schon durch eine sorgfältige Prognose der Zukunftserfolge Rechnung zu tragen.[419] Diese Risikofaktoren dürfen dann nicht zusätzlich – nämlich doppelt wertmindernd – im Risikozuschlag berücksichtigt werden.[420] Die außergewöhnlichen Risiken hingegen könnten nicht schon bei der Ermittlung der Unternehmensüberschüsse berücksichtigt werden.[421] Es galt damit zwischen den besonderen und den allgemeinen Risiken zu differenzieren.[422] Es wird in Rechtsprechung und Lehre betont, dass dieses Verfahren der Risikoerfassung nicht überholt sei.[423]

(bbb) Die Erfassung des gesamten Risikos im Risikozuschlag

Heute hingegen soll nach Auffassung des IDW[424] und der überwiegenden betriebswirtschaftlichen Lehre[425] das gesamte Unternehmensrisiko ausschließlich im Risikozuschlag zu erfassen sein.[426] Methodisch soll dies mittels des marktorientierten[427] Capital Asset Pricing Modeles (im Folgenden mit CAPM abgekürzt) geschehen. Die Rechtsprechung hat diese Vorgehensweise, nach anfänglichen Zweifeln,[428] ausdrücklich gebilligt. *„Es ist anerkannt und auch sinnvoll, das Unternehmensrisiko (ausschließlich) als Zuschlag im Rahmen des Kapitalisierungszinssatzes zu erfassen.“*[429] Will man das gesamte Unternehmensrisiko erfassen, welches dann sowohl das allgemeine als auch das besondere Risiko

---

2003, 588, 594 f – „SNI“; **aus der Literatur:** *W. Müller* JuS 1974, 424, 428; *Colbe*, S. 107; *Korth* BB Beilage 1992, Nr. 19, 1, 12 m.w.N. So noch IDW Stellungnahme HFA 2/1983, WPg 1983, 468, 472.

419 *Colbe*, S. 107; *W. Müller* JuS 1974, 424, 428 liSp.

420 *Großfeld*, Rn. 618.

421 OLG Köln NZG 1999, 1222, 1227.

422 Zur Abgrenzung von allgemeinem und besonderem Risiko s. oben VII. 1. d) cc) bbb) (2) (b) (aa) (aaa).

423 So z.B. *Großfeld*, Rn. 640, 674, mit Hinweis auf IDW S 1 2008, Tz. 92: Der Risikozuschlag könne „insbesondere“ auf Basis des CAPM oder des Tax-CAPM ermittelt werden; OLG München WM 2009, 1848, 1849.

424 So IDW S 1 2008, Tz. 90.

425 *Siepe* WPg 1998, 325, 327 ff; *Wagner*. in WP-Handbuch II, A Rn. 186.

426 **Kritisch**: *Reuter* AG 2007, 1, 5 f; *Großfeld*, Rn. 625; *Munkert*, S. 238 ff.

427 Anders als die Sicherheitsäquivalenzmethode stellt das CAPM nicht auf individuelle Risikopräferenzen, sondern auf „marktmäßig objektivierte“ Risikoeinschätzungen ab, indem man die am Markt geforderte Überrendite betrachtet, s. *Knoll* DStR 2007, 1053, 1054 liSp.

428 Das CAPM noch vehement **ablehnend** LG Frankfurt a.M. AG 2007, 42, 45 f; **kritisch** auch OLG München 31.03.2008 – 31 Wx 88/06, 31 Wx 088/06, juris Tz. 31 ff; BayObLG NZG 2006, 156, 157 f; OLG München AG 2007, 411, 412 f.

429 So BayObLG NZG 2006, 156, 159 liSp; vgl. auch die die ständige Rechtsprechung: OLG Karlsruhe AG 2009, 47, 50 f; OLG Düsseldorf WM 2009, 2220, 2223 ff; OLG München Beschl. v. 31.03.2008 – 31 Wx 88/06, 31 Wx 088/06, Tz. 30 ff.

abdeckt, so wird eine Differenzierung zwischen den Risikofaktoren obsolet.[430] Allerdings sollen nun „systematische" Risiken erfasst sein.[431] Aus der Kombination und Erfassung beider Risiken auf der Kapitalisierungsebene resultiert ein deutlich höherer Kapitalisierungszinssatz als bisher.[432]

(ee) Die Erfassung des Risikos mittels der Risikozuschlagsmethode

Methodisch lässt sich der Risikozuschlag auf den Basiszinssatz auf zwei Arten ermitteln, entweder durch Anleihe- bzw. Fremdkapitalzinsvergleich oder mittels des CAPM.

(aaa) Der Anleihe- bzw. Fremdkapitalzinsvergleich und die „pauschale" Methode

Nach der älteren Auffassung, die ausschließlich das allgemeine bzw. generelle Unternehmensrisiko im Risikozuschlag erfassen will,[433] wird die Höhe des Risikozuschlags durch Vergleich mit Fremdkapitalzinsen bzw. Zinsen bei Unternehmensanleihen ermittelt. Zur Ermittlung des Risikozuschlags vergleicht man den (quasi-)risikolosen Basiszinssatz mit dem am Markt erhältlichen höheren (risikobehafteten) Zinssatz von Bankkrediten an Unternehmen. Die Differenz bezeichnet man als sog. „Credit Spread", der entsprechend dem Risiko im Einzelfall nach oben oder unten anzupassen ist.[434] In der Praxis wurde der Risikozuschlag häufig „pauschal" anhand von Erfahrungswerten, d.h. unabhängig vom Risiko des konkret zu bewertenden Unternehmens, gegriffen. Die Methode wird aus diesem Grund auch als „pauschale" Methode bezeichnet.[435]

(bbb) Das CAPM[436]

Nach der heute herrschenden Auffassung, die das gesamte Unternehmensrisiko im Kapitalisierungszins erfassen will,[437] soll der Risikozuschlag mittels des

430 *Großfeld*, Rn. 621 ff; *Siepe* WPg 1998, 325, 327 reSp; *Komp*, S. 128 f: die Aufteilung in allgemeine und spezielle Risiken sei künstlich und daher abzulehnen; vgl. auch IDW S 1 2008, Tz. 90.

431 *Matschke/Brösel*, S. 34 und *Metz*, S. 106 f m.w.N.

432 *Großfeld*, 5. Aufl., Rn. 616 m.N.

433 S. dazu oben VII. 1. d) cc) bbb) (2) (b) (dd) (aaa).

434 *Großfeld*, Rn. 644; BayObLG AG 1996, 127, 129 f – „Paulaner".

435 Vgl. z.B. OLG Stuttgart NZG 2007, 302, 307; OLG Karlsruhe AG 2009, 47, 50 reSp; OLG München 31.03.2008 – 31 Wx 88/06, 31 Wx 088/06, juris Tz. 31.

436 Das Capital Asset Pricing Modell geht zurück auf die Amerikaner *William Sharpe* und *Harry Markowitz*, die dafür den Wirtschaftsnobelpreis erhielten, s. *Großfeld*, Rn. 680.

437 S. dazu oben VII. 1. d) cc) bbb) (2) (b) (dd) (bbb).

CAPM ermittelt werden.[438] Die Rechtsprechung hat das CAPM mittlerweile akzeptiert.[439] Das CAPM arbeitet nicht mehr mit Zuschlägen auf den Basiszinssatz, sondern mit einem „Kapitalrisikoaufschlag" auf den Basiszinssatz. Der Kapitalrisikozinssatz errechnet sich nach der CAPM aus einer Marktrisikoprämie, die mit dem Betafaktor zu multiplizieren ist.[440]

Zunächst gilt es, die sog. Marktrisikoprämie zu ermitteln. Diese ergibt sich aus der Differenz zwischen der Rendite eines Marktportfolios und dem risikolosen Basiszinssatz.[441] Das möglichst breit gefächerte Marktportfolio beinhaltet alle gehandelten risikobehafteten Wertpapiere und ist unabhängig von der Risiko-Rendite-Präferenz der Investoren.[442] Die Marktrisikoprämie bildet damit nicht das unternehmensindividuelle Risiko ab, sondern das mit einer nicht quasisicheren Kapitalanlage verbundene, generell höhere Marktrisiko.[443]

In einem zweiten Schritt wird durch Betrachtung des Risikos des konkret zu bewertenden Unternehmens der unternehmensspezifische Risikozuschlag errechnet. Dazu wird die durchschnittliche Risikoprämie mit dem unternehmensspezifischen Beta-Faktor multipliziert.[444] Der sog. Beta-Faktor beschreibt das Verhältnis der Volatilität der Renditen des zu bewertenden Unternehmens zu derjenigen des Marktportfolios. Man nimmt also einen Volatilitätsvergleich vor.[445] Mittels des Beta-Faktors lässt sich aus dem allgemeinen Marktrisiko (der Marktrisikoprämie) das unternehmensindividuelle Risiko ermitteln.[446] Dem liegt die Annahme zu Grunde, dass die Kursschwankungen der Anteile des zu bewertenden Unternehmens (die Volatilität) ein Maßstab für das unternehmensindividuelle Risiko ist. Je geringer die Volatilität, desto niedriger ist das Risiko. Je höher die Volatilität, desto höher das Risiko.[447] Entsprechen sich Markt- und Unternehmensrisiko, so beträgt der Beta-Faktor 1, übersteigt das Unternehmens-

---

438 Vgl. IDW S 1 2008, Tz. 90 ff; *Aha* AG 1997, 26, 34 f; *Wagner/Jonas/Ballwieser/Tschöpel* WPg 2006, 1005, 1016 ff; *Wagner/Saur/Willershausen* WPg 2008, 731, 737 ff; **kritisch:** *Ballwieser* WPg 1995, 119, 126; *Großfeld*, Rn. 813 ff; *Knoll* DStR 2007, 1053 ff.

439 OLG Düsseldorf NZG 2006, 911, 913; OLG Düsseldorf WM 2009, 2220, 2225 ff; OLG Celle ZIP 2007, 2025, 2027 f; OLG Stuttgart NZG 2007, 112, 116 f; **kritisch:** OLG München 31.03.2008 – 31 Wx 88/06, 31 Wx 088/06, juris Tz. 31 ff; BayObLG NZG 2006, 156, 157 f.

440 *Großfeld*, Rn. 703; *Matschke/Brösel*, S. 663; *Reuter* AG 2007, 1, 3.

441 *Metz*, S. 212; *Matschke/Brösel*, S. 34.

442 S. *Ballwieser*, S. 97. Herangezogen werden z.B. folgende Indizes: DAX oder MDAX, EURO STOXX, Dow Jones, Standard & Poor's 500, s. *Metz*, S. 213; *Großfeld/Stöver* BB 2004, 2799.

443 *Großfeld*, Rn. 736.

444 OLG München AG 2007, 411, 412 f.

445 *Großfeld* NZG 2009, 1204, 1206; OLG Stuttgart NZG 2007, 112, 117; LG Frankfurt a.M. AG 2007, 42, 45; IDW S 1 2008, Tz. 121.

446 *Großfeld*, Rn. 736; *ders.* NZG 2009, 1204, 1206 f; LG Frankfurt a.M. AG 2007, 42, 45.

447 *Großfeld* NZG 2009, 1204, 1206 f.

risiko dasjenige des Marktes, liegt der Beta-Faktor über 1, unterschreitet das Unternehmensrisiko dasjenige des Marktes, liegt der Beta-Faktor unter 1.[448]

Die marktorientierte Ermittlung des Betafaktors anhand der Kursschwankungen setzt grundsätzlich voraus, dass das zu bewertende Unternehmen am Bewertungsstichtag an der Börse notiert ist.[449] Für nicht börsennotierte Gesellschaften soll der Betafaktor dadurch ermittelt werden, dass auf eine Vergleichsgruppe börsennotierter Unternehmen, eine sog. Peer Group, abgestellt wird, deren Betafaktoren bekannt sind.[450]

Erforderlich ist außerdem eine hinreichende Marktaktivität der Anteile des Unternehmens. Dies kann beim Ausschluss von Minderheitsaktionären gem. §§ 327 a ff AktG problematisch sein, weil infolge der erforderlichen Kapitalmehrheit von 95 % maximal 5 % der Aktien am Markt gehandelt werden.[451] Fehlt es an einer hinreichenden Marktaktivität, so ist ebenfalls auf eine Vergleichsgruppe abzustellen.

(ff) Zusammenfassende Stellungnahme zu (2)

Die Erfassung des unternehmerischen Risikos ist eine Ausprägung des Äquivalenzgrundsatzes. Der Vergleichsstrom muss auch hinsichtlich des Faktors Risiko mit dem zu bewertenden Unternehmen übereinstimmen.

Der Risikozuschlag deckt zwei Risikofolgen ab. Erstens die Gefahr der Volatilität der Überschüsse (das sog. Volatilitätsrisiko) und zweitens die Gefahr, die Investition vollständig zu verlieren (das sog. Ausfallrisiko).

Risiko in diesem Sinne ist dabei nicht Gegenbegriff zur „Chance“, sondern meint die Möglichkeit der positiven wie negativen Abweichung von der Prognose. Das bedeutet nicht, dass die „Chance“ Überschüsse zu erzielen, die über der Prognose liegen, unberücksichtigt bleibt. Zu beachten ist aber, dass ausgehend von der Sicht eines markttypischen Dritten von der Risikoaversion der Anteilseigner auszugehen ist, und das „Risiko“ eines Mindererträges höher gewichtet wird als die „Chance“ eines Mehrertrags.

Zur Berücksichtigung des Risikos stehen verschiedene Methoden offen. Die Risikoäquivalenzmethode und die ältere Risikozuschlagsmethode, die lediglich das allgemeine Risiko im Kapitalisierungszinssatz erfassen will, sind nicht

448 S. dazu *Großfeld*, Rn. 739; *ders.* NZG 2009, 1204, 1206 f; *Großfeld/Stöver* BB 2004, 2799, 2802; LG Frankfurt a.M. AG 2007, 42, 45 reSp.

449 *Komp*, S. 191; *Großfeld*, Rn. 757; *Großfeld/Stöver* BB 2004, 2799, 2808; vgl. IDW S 1 2000, Tz. 135 f.

450 *Wagner/Jonas/Ballwieser/Tschöpel* WPg 2006, 1005, 1019 reSp; vgl. OLG Düsseldorf NZG 2006, 911, 913; OLG Stuttgart Beschl. v. 18.12.2009 – 20 W 2/08, juris Tz. 13; OLG München ZIP 2009, 2339, 2341 reSp; vgl. IDW S 1 2008, Tz. 114; **kritisch:** *Großfeld*, Rn. 757; *Großfeld/Stöver* BB 2004, 2799, 2808.

451 *Großfeld*, Rn. 757.

überholt.[452] Dominierend in Rechtsprechung und Praxis ist mittlerweile allerdings die Erfassung des gesamten Risikos im Kapitalisierungszinssatz mittels des CAPM. Im Idealfall unterscheiden sich die verschiedenen Ansätze nur in der Art und Weise, wie das Unternehmensrisiko bei der Bewertung berücksichtigt wird. Auf das Bewertungsergebnis soll die Methodik keinen Einfluss haben.

Die Erfassung des gesamten Risikos im Kapitalrisikozinssatz hat den großen Vorteil, dass die äußerst schwierige Differenzierung zwischen allgemeinen und besonderen Risikofaktoren obsolet wird.[453] Das CAPM hat außerdem den entscheidenden Vorteil, dass es auf überprüfbaren Tatsachen basiert. Der Risikozuschlag beruht nicht mehr auf einer freien, praktisch nicht überprüfbaren Schätzung wie die „pauschale Methode", sondern auf in der Vergangenheit eingetretenen, objektiven Marktdaten.[454]

Die Höhe des Zuschlags für das Unternehmensrisiko hängt im Einzelfall von dem zu bewertenden Unternehmen sowie von der gewählten Methode zur Erfassung des Risikos ab und schwankt daher erheblich. Analysiert man die Rechtsprechung, so schwankt der Risikozuschlag zwischen 0,5 und 4 %.[455] Der Risikozuschlag macht damit einen beträchtlichen Anteil des Kapitalisierungszinssatzes, nämlich bis zu 45%, aus[456] und hat erheblichen Einfluss auf die Höhe der Abzinsung und damit auf den Barwert.

(3) Der Nachsteueransatz

Berücksichtigt man die Steuerbelastung auf Ertragsebene,[457] so erfordert es der Äquivalenzgrundsatz[458], die Steuerbelastung auch auf der Kapitalisierungsebene zu berücksichtigen (sog. Steueräquivalenz).[459] Maßgeblich kann auch hinsichtlich der hypothetischen Alternativanlage ausschließlich das sein, was dem Anleger tatsächlich zufließen würde. Die persönlichen Ertragssteuern des Anteils-

452 **Aus der Literatur:** *Großfeld*, Rn. 625, 640, 674; *Metz*, S. 15 f, 96; *Reuter* AG 2007, 1, 5 und 12: der Nachweis, eine der beiden Methoden „*sei der anderen überlegen oder sei weniger willkürlich als die andere, lässt sich beim gegenwärtigen Erkenntnisstand nicht führen.*"; **aus der Rechtsprechung:** OLG München ZIP 2009, 2339, 2341; OLG München BB 2007, 2395, 2396 reSp: „*Es besteht von Rechts wegen keine Verpflichtung auf das CAPM zur Ermittlung des Risikozuschlags zu wechseln, da sich nach dem derzeitigen Erkenntnisstand nicht der Nachweis führen lässt, dieses Modell sei der bisherigen Zu-/Abschlagsmethode überlegen und weniger willkürlich ... .*".

453 Vgl. IDW S 1 2008, Tz. 90.

454 *Hüttemann* WPg 2007, 812, 820; *Jonas* BFuP 1995, 83, 95 f; OLG Düsseldorf WM 2009, 2220, 2226 reSp; OLG Stuttgart NZG 2007, 112, 117 liSp.

455 Zur Schwankungsbreite vgl. umfassend *Großfeld*, Rn. 658 ff.

456 Vgl. *Großfeld*, Rn. 649.

457 S. dazu oben VII. 1. d) aa) ddd).

458 S. dazu oben VII. 1. d) cc) aaa).

459 IDW S 1 2008, Tz. 114.

eigners sind deshalb auch beim Kapitalisierungszinssatz zu erfassen (sog. Nachsteueransatz).[460] Methodisch geschieht dies mittels des Tax-CAPM (= Nachsteuer CAPM).[461] Allerdings kann sich die Steuerbelastung im Kapitalisierungszinssatz unter Umständen mit derjenigen auf Ertragsebene herauskürzen.[462]

(4) Der Wachstumsabschlag

Die Unternehmensüberschüsse wachsen typischerweise mit fortlaufender Zeit. Dieses Wachstum lässt sich sowohl auf inflationsbedingte, als auch auf nicht inflationsinduzierte Gründe zurückführen.[463] Der Wachstumsabschlag hat die Funktion, die wachstumsbedingt zu erwartenden Veränderungen der Überschüsse abzubilden.[464] Er muss sowohl das inflationsbedingte als auch das reale („organische")[465] Wachstum erfassen.[466] Bei festverzinslichen Anleihen wirkt sich die Geldentwertung stärker aus als bei einer Unternehmensbeteiligung. Unternehmen haben in der Regel die Möglichkeit, die Geldentwertung durch Preiserhöhungen aufzufangen, während die Anleihe ohne Inflationsausgleich zum Nominalbetrag zurückgezahlt wird.[467] Allerdings führt die Inflationserwartung nicht ohne weiteres zu einem Wachstum der Erträge. Es ist vielmehr in jedem Fall eine Einzelfallbetrachtung erforderlich.[468] Neben diesen Abschlag für das „organische" Wachstum kann gegebenenfalls ein Abschlag für „thesaurierungsbedingtes" Wachstum treten.[469]

Eines Wachstumsabschlages bedarf es nur für die Phase II[470], in der uniforme, gleich bleibende Überschüsse angesetzt werden.[471] In der Phase I[472], in der die Überschüsse noch konkret ermittelt werden, wird das Wachstum schon bei

460 *Großfeld*, Rn. 449 f, 639; IDW S 1 2008, Tz. 93, 122; OLG Karlsruhe AG 2009, 47, 49 reSp und 51 reSp. Nicht zu berücksichtigen ist hingegen die Steuerbelastung auf Unternehmensebene.

461 Zum Tax-CAPM s. IDW S 1 2008, Tz. 92, 118 ff sowie *Großfeld*, Rn. 925 ff: Das Tax-CAPM berücksichtigt typisierend die persönlichen Ertragssteuern. Es summiert den Basiszinssatz nach Ertragssteuern und die Marktrisikoprämie nach Ertragsteuern.

462 S. dazu oben VII. 1. d) aa) ddd).

463 *Großfeld*, Rn. 963.

464 OLG Stuttgart AG 2008, 510, 515; OLG München BB 2007, 2395, 2397.

465 *Wagner/Jonas/Ballwieser/Tschöpel* WPg 2006, 1005, 1020.

466 *Großfeld*, Rn. 963; OLG Stuttgart AG 2008, 783, 788 f.

467 OLG Düsseldorf WM 2009, 2220, 2227 liSp.

468 *Wüstemann* BB 2010, 1715, 1719 reSp; OLG Stuttgart AG 2010, 42, ; IDW S 1 2008, Tz. 96.

469 *Wagner/Jonas/Ballwieser/Tschöpel* WPg 2006, 1005, 1020 reSp. Zum thesaurierungsbedingten Wachstum s. oben VII. 1. d) aa) ccc) (1) (a).

470 Zur Phase II s. oben VII. 1. d) aa) bbb) (4) (b).

471 *Metz*, S. 12; *Großfeld*, Rn. 962 ff; IDW S 1 2008, Tz. 98; OLG Karlsruhe AG 2009, 47, 49 reSp.

472 Zur Phase I s. oben VII. 1. d) aa) bbb) (4) (a).

der Prognose berücksichtigt. Einer gesonderten bzw. zusätzlichen Berücksichtigung im Kapitalisierungszins bedarf es somit für die Phase I nicht.[473] Allerdings könnte dem Faktor Wachstum auch bzgl. Phase II schon auf Ertragsebene Rechnung getragen werden.[474] Grund für die Erfassung des Wachstums auf Kapitalisierungsebene ist letztlich die rechentechnische Vereinfachung.[475] Von der Folge her betrachtet, vermindert der Wachstumsabschlag den Kapitalisierungszinssatz und infolgedessen die Abzinsung. Er wirkt sich damit im Ergebnis barwerterhöhend aus. In der Praxis werden Prozentsätze zwischen 0,5% und 3,0 % angesetzt.[476]

ccc) Zusammenfassung zu cc)

Die Abzinsung macht die Zahlungsströme des zu bewertenden Unternehmens in zeitlicher Hinsicht vertikal und mit Zahlungsströmen einer alternativen Geldanlage horizontal vergleichbar. Den für die Abzinsung maßgeblichen Abzinsungsfaktor liefert der Kapitalisierungszinssatz. Dieser setzt sich nach heute herrschender Ansicht zusammen aus dem Basiszinssatz und dem Risikozuschlag. Der Bruttokapitalisierungszinssatz ist um die (typisierte) persönliche Steuerbelastung zu kürzen. Für die Phase II ist gegebenenfalls ein Abschlag für das Unternehmenswachstum anzusetzen.

dd) Die Ergänzung des Ertragswertes

Wie im Folgenden zu zeigen sein wird, bildet der Ertragswert des Unternehmens den Gesamtunternehmenswert nicht vollständig ab. Der Ertragswert steht lediglich im Vordergrund.[477] Gesucht wird aber der „volle" bzw. „wahre" Unternehmenswert,[478] sodass der Ertragswert gegebenenfalls um zusätzliche Posten zu ergänzen ist.

473 IDW S 1 2008, Tz. 98; *Wagner/Jonas/Ballwieser/Tschöpel* WPg 2006, 1005, 1020 liSp.
474 S. dazu oben VII. 1. d) aa) bbb) (3).
475 *Metz*, S. 12.
476 S. dazu *Großfeld*, Rn. 969 mit zahlreichen Nachweisen aus der Rechtsprechung.
477 BayObLG NZG 2006, 156 f; OLG München ZIP 2007, 375, 377 reSp – „N-Ergie"; OLG Düsseldorf WM 1984, 732, 733 liSp.
478 S. dazu oben II.

aaa) Der Wert des nicht betriebsnotwendigen Vermögens

(1) Die Abgrenzung zwischen betriebsnotwendigem und nicht betriebsnotwendigem Vermögen

Das Ertragswertverfahren basiert auf dem Gedanken, dass für den Unternehmenswert die mit dem Unternehmen in Zukunft erzielbaren Erträge maßgebend sind.[479] Zu den Unternehmensüberschüssen, aus denen sich die Erträge ableiten, tragen aber nicht alle Vermögensgegenstände gleichermaßen bei. Die Überschüsse entspringen maßgeblich dem betriebsnotwendigen Vermögen. Daneben besitzen Unternehmen aber regelmäßig auch nicht betriebsnotwendiges Vermögen, das nicht oder kaum zu den Überschüssen beiträgt.

Betriebsnotwendiges und nicht betriebsnotwendiges Vermögen werden nach praktisch einhelliger Auffassung anhand des funktionalen Zusammenhanges eines Gegenstands mit dem Betriebsgeschehen voneinander abgegrenzt (sog. funktionale Abgrenzung).[480] Betriebsnotwendig sind alle Vermögensgegenstände, die das Unternehmen benötigt, um weiterhin die unternehmensspezifischen finanziellen Überschüsse erzielen zu können.[481] Überwiegend wird ausschließlich auf die tatsächliche Verwendung abgestellt.[482] Unter dem Gesichtspunkt der „bestmöglichen Verwertung" ist die Unternehmenspolitik nicht starr zu übernehmen, sondern zu „optimieren".[483] Für Finanzmittel soll stets die (widerlegliche) Vermutung der Betriebsnotwendigkeit gelten.[484] Nicht betriebsnotwendig sind hingegen solche Vermögensgegenstände, deren hypothetische Veräußerung ohne Einfluss auf den Unternehmensablauf, die Unternehmensziele und den erzielten Überschuss ist. Weil ihr Vorhandensein den Ertragswert nicht oder nur unwesentlich beeinflusst, sind diese Gegenstände für den Ertragswert „neutral" und werden deshalb auch als neutrales Vermögen bezeichnet.[485] Klassische Beispiele sind unternehmenseigene Gaststätten einer Brauerei[486] sowie Beteiligun-

---

479 Zum Ertragswertgedanken s. oben VII. 1. b).

480 *Großfeld*, Rn. 327, 1066; *Weiss* in FS Semler, S. 631, 640 ff; *Aha* AG 1977, 26, 35 reSp; IDW S 1 2008, Tz. 59; BayObLG AG 1996, 127, 128 reSp – „Paulaner"; **a.A.:** maßgeblich sei der Einfluss auf die Überschüsse, sog. ertragsbezogene Abgrenzung, vgl. *Hüttemann* ZHR 162, 563, 592; *ders.* WPg 2007, 812, 816; OLG Celle AG 1979, 230, 232 reSp.

481 BayObLG NZG 2006, 156, 159.

482 *Großfeld*, Rn. 327, 1066; *Weiss* in FS Semler, S. 631, 643 f; *Aha* AG 1977, 26, 35 reSp; *Forster* in FS Claussen, S. 91, 93 f.

483 **Ebenso:** *Hüttemann* ZHR 162, 563, 592; *ders.* WPg 2007, 812, 816; BayObLG AG 1996, 127, 128 reSp – „Paulaner"; vgl. auch IDW S 1 2008, Tz. 61.

484 OLG München BB 2007, 2395, 2399 reSp; BayObLG NZG 2006, 156, 159.

485 *Großfeld*, Rn. 327, 1062 f; BayObLG AG 1996, 127, 128 reSp – „Paulaner".

486 BayObLG AG 1996, 127, 128 reSp – „Paulaner".

gen an anderen Unternehmen und Grundstücken, die nicht dem Betriebszweck dienen.[487]

(2) Die Erforderlichkeit der gesonderten Erfassung

Da das nicht betriebsnotwendige Vermögen gerade keinen oder nur einen geringen Beitrag zu den Überschüssen leistet, würde der Ertragswert des Gesamtunternehmens praktisch ausschließlich den Wert des betriebsnotwendigen Vermögens abbilden. Der Ertragswert des nicht betriebsnotwendigen Vermögens – soweit dieses überhaupt Überschüsse produziert – bleibt hinter dem höheren Veräußerungswert zurück.[488] Das zentrale Problem wurzelt damit darin, dass die Erfassung über den Ertragswert den tatsächlichen Wert des neutralen Vermögens nicht oder jedenfalls nur unzureichend abbildet. Vor dem Hintergrund der von Art. 14 GG erforderlichen wirtschaftlich vollen Entschädigung steht völlig außer Frage, dass sich das neutrale Vermögen im Unternehmenswert niederschlagen muss. Im Ausgangspunkt anerkannt ist deshalb, dass der Wert des nicht betriebsnotwendigen Vermögens gesondert zu ermitteln und dann als zusätzlicher Posten anzusetzen ist, wenn dessen Liquidationswert seinen Ertragswert übersteigt.[489] Die gesonderte Erfassung ist letztlich der bestmöglichen Verwertung des Gesellschaftsvermögens geschuldet.

(3) Der Wertansatz

Das nicht betriebsnotwendige Vermögen ist stets mit dem Liquidationswert[490] anzusetzen.[491] Auf eine konkrete Veräußerungsabsicht kommt es richtiger Auffassung zufolge nicht an.[492] Anderenfalls würde man auf die subjektive Sicht der ausschließenden Gesellschafter abstellen. Abzustellen ist aber darauf, wie und auch wann ein vernünftiger Dritter handeln würde. Der Grundsatz der bestmöglichen Verwertung[493] kann es auch erforderlich machen, zunächst weiterhin Überschüsse aus dem neutralen Vermögen zu ziehen und dieses erst nach einiger Zeit zu liquidieren. Soweit die Liquidationserlöse erst in Zukunft anfal-

487 *Ballwieser*, S. 10.

488 *Großfeld*, Rn. 1062; IDW S 1 2008, Tz. 61.

489 *Ballwieser*, S. 10; *Großfeld*, Rn. 367 und 1062; IDW S 1 2008, Tz. 60; so auch die Rechtsprechung: OLG München ZIP 2007, 375, 377 reSp – „N-Ergie"; OLG Düsseldorf NZG 2006, 911, 912 liSp; OLG Düsseldorf NZG 2003, 588, 592 reSp – „SNI".

490 Zum Liquidationswert näher unten VII. 3. b).

491 *Großfeld*, Rn. 1071; IDW S 1 2008, Tz. 60; OLG München WM 2009, 1848, 1849 liSp; BayObLG AG 1996, 127 reSp – „Paulaner"; **anders:** OLG Stuttgart NZG 2007, 112, 119: anzusetzen sei der Substanzwert m.w.N.

492 So *Großfeld*, Rn. 1063; BayObLG AG 1996, 127, 128 reSp – „Paulaner".

493 S. dazu oben V. 2. d) und e).

len, müssen diese – mit dem für die Kapitalisierung der zukünftigen Erträge angesetzten Zinssatz – auf den Bewertungsstichtag abgezinst werden.[494]

bbb) Der Liquidationswert des betriebsnotwendigen Vermögens

Auch das betriebsnotwendige Vermögen[495] wird über den Ertragswert nicht (stets) vollständig abgebildet. Mittels des Ertragswertverfahrens werden ausschließlich die aus dem betriebsnotwendigen Vermögen resultierenden Erträge bewertet. Unberücksichtigt bleibt damit der Wert des betriebsnotwendigen Vermögens selbst. Um den „vollen" Unternehmenswert abzubilden, kann es erforderlich sein, den Ertragswert um den Liquidationswert[496] des betriebsnotwendigen Vermögens zu ergänzen.[497] Ob dies geboten ist, hängt von der Lebensdauer des Unternehmens und der Höhe der Abzinsung ab. Das Ertragswertverfahren steht unter der Prämisse der Fortführung des Unternehmens.[498] Solange das Unternehmen fortgeführt wird und damit das betriebsnotwendige Vermögen zur Erzielung von Überschüssen eingesetzt wird, kann dessen Wert nicht realisiert werden.

Unternehmen mit einer (typischerweise) unbegrenzten Lebensdauer werden theoretisch zeitlich unbegrenzt fortgesetzt. Eine Veräußerung des betriebsnotwendigen Vermögens fände streng genommen gar nicht statt. Jedenfalls geht der Barwert des Liquidationserlöses bei einer Unternehmensaufgabe in nicht absehbarer zeitlicher Ferne gegen Null und kann deshalb hier vernachlässigt werden.[499]

Anders hingegen ist dies bei Unternehmen mit begrenzter Lebensdauer. Der aus der Veräußerung resultierende Barwert kann dann durchaus noch werthaltig sein. Zum Barwert der Überschüsse aus der operativen Tätigkeit ist dann der Barwert aus der Unternehmensaufgabe zu addieren.[500]

e) Zusammenfassung zum Ertragswertverfahren

Dem Ertragswertgedanken i.S.d. heute herrschenden Investitionstheorie liegt die Vorstellung zu Grunde, dass ausschlaggebend für den Wert eines Unternehmens seine Fähigkeit ist, den Anteilseignern in Zukunft finanzielle Zuflüsse zukommen zu lassen.

---

494 *Wagner* in WP-Handbuch II, A Rn. 277.
495 Zum Begriff s. oben VII. 1. d) dd) aaa) (1).
496 Zum Liquidationswert näher unten VII. 3. b).
497 *Großfeld*, Rn. 367, 519 ff; IDW S 1 2008, Tz. 86 f.
498 S. dazu oben VII. 1.
499 *Großfeld*, Rn. 524; IDW S 1 2008, Tz. 86.
500 *Großfeld*, Rn. 367, 519 ff; IDW S 1 2008, Tz. 87.

Nach dem Zuflussprinzip sind Bewertungsgrundlage ausschließlich die dem Anteilseigner tatsächlich zufließenden Ausschüttungen und Entnahmen. Der Zufluss bei den Anteilseignern leitet sich aus den Unternehmensüberschüssen ab, die auf Grundlage einer Analyse der Vergangenheit und der Zukunft zu prognostizieren sind. Die Ausschüttungsquote sowie die Verwendung der thesaurierten Gewinne ist aus der Sicht eines vernünftigen Dritten zu bestimmen, der seinen Nutzen optimiert.

Der Gesamtertragswert eines Unternehmens ist gleich der Summe aller auf den Bewertungsstichtag abgezinsten Erträge. Die Abzinsung macht die zukünftigen Zahlungsströme in zeitlicher Hinsicht vertikal und mit den Zahlungsströmen einer Alternativanlage horizontal vergleichbar. Abzinsungsfaktor ist der Kapitalisierungszinssatz, der sich aus dem Basiszinssatz und dem mit Hilfe des CAPM ermittelten Risikozuschlag zusammensetzt.

Der so ermittelte Ertragswert des betriebsnotwendigen Vermögens ist um den Liquidationswert des nicht betriebsnotwendigen Vermögens und bei Unternehmen mit zeitlich begrenzter Lebensdauer um den Liquidationswert des betriebsnotwendigen Vermögens zu ergänzen.

f) Exkurs: Die Anteilsbewertung bei Bestehen eines Beherrschungs- und Gewinnabführungsvertrages

Besonders gelagert sind die Ausschlussfälle, in denen es Aktiengesellschaften zu bewerten gilt, für die ein Beherrschungs- und Gewinnabführungsvertrag i.S.d. § 291 AktG besteht. Die Besonderheit dieser Fälle liegt darin, dass an die Stelle der sonst von der AG zu leistenden Dividende die vom beherrschenden Unternehmen zu leistenden Ausgleichszahlungen gem. § 304 Abs. 1 S. 1 AktG treten. Grundsätzlich wird gem. § 304 Abs. 2 S. 1 AktG ein fester, gewinnunabhängiger Ausgleich – gelegentlich auch missverständlich als Dividendengarantie bezeichnet –[501] geschuldet, sofern nicht die Voraussetzungen für einen variablen Ausgleich gem. § 304 Abs. 2 S. 2 AktG vorliegen.[502] Die tatsächlich erwirtschafteten finanziellen Überschüsse des Unternehmens sind dann für den Abzufindenden ohne Belang, denn die Ausgleichszahlungen sind unabhängig vom jeweils erwirtschafteten Jahresergebnis zu leisten.[503]

---

501 Diese Bezeichnung strikt ablehnend: *Hüffer*, AktG, § 304 Rn. 5; *Paulsen* in MünchKommAktG, § 304 Rn. 43.

502 S. dazu statt aller *Paulsen* in MünchKommAktG, § 304 Rn. 40 ff.

503 *Bödeker/Fink* NZG 2011, 816, 818; vgl. dazu schon *Hengeler* in FS Möhring, S. 197, 216 ff.

aa) Die modifizierte Bewertungsgrundlage

Weil die Ausgleichszahlungen an die Stelle der Dividende treten, wird der Wert der Aktienbeteiligung in diesen Fällen in der Bewertungspraxis aus der Summe der auf den Bewertungsstichtag abdiskontierten zukünftigen Nettoausgleichszahlungen ermittelt.[504] Das Ertragswertverfahren wird mithin hinsichtlich der Bewertungsgrundlage modifiziert. An Stelle der prognostizierten Dividendenausschüttungen werden die zukünftigen, der Höhe nach bereits fest stehenden Ausgleichszahlungen angesetzt. Der Anteilswert wird mithin direkt, d.h. ohne Umweg über den Unternehmenswert, aus den an die Aktionäre fließenden Zahlungsströmen ermittelt.[505] Diese sollen bis zum prognostizierten Ende des Unternehmensvertrages anzusetzen sein. Für die Zeit danach sollen dann gegebenenfalls wieder die prognostizierten Ausschüttungen zu bewerten sein. Im Einzelfall können die Ausgleichszahlungen – sofern eine Vertragsbeendigung nicht absehbar und unter ökonomischen Gesichtpunkten unwahrscheinlich erscheint – als unendliche Reihe anzusetzen sein.[506]

Da nach diesem Anteilsbewertungsverfahren ausschließlich die zukünftigen Ausgleichszahlungen wertprägend sind und das nicht betriebsnotwendige Vermögen für die Bemessung der Höhe der Ausgleichszahlungen keine Rolle spielt,[507] bildet der Barwert der Ausgleichszahlungen ausschließlich den Wert des betriebsnotwendigen Vermögens ab.[508]

bb) Der modifizierte Kapitalisierungszinssatz

Als Zukunftserfolgswert ist auch hier, ebenso wie im Rahmen des Ertragswertverfahrens, eine Abzinsung der zukünftigen Zahlungsströme erforderlich.[509] Bei der Ermittlung des für die Abzinsung anzusetzenden Kapitalisierungszinssatzes müssen die Besonderheiten des festen Ausgleichs berücksichtigt werden.

---

504 Vgl. OLG München WM 2007, 937; OLG Frankfurt a.M. Urt. v. 29.09.2009 – 5 U 69/08 – „Wella AG“, juris Tz. 84; OLG Frankfurt a.M. Urt. v. 29.9.2009 – 5 U 107/08, juris Tz. 72 ff; OLG Köln ZIP 2010, 519, 520 liSp – „Bayer Schering AG“.

505 Zur direkten und indirekten Anteilswertermittlung s. ausführlich oben III.

506 *Austmann* in MünchHdbGesR IV, § 74 Rn. 90; *Tebben* AG 2003, 600, 606 f; LG Mannheim DK 2007, 457, 460 liSp; s. auch die gutachterliche Stellungnahme zu LG München Urt. v. 16.3.2006 – 5 HK O 18005/05, S. 23 ff (unter 4.1 und 4.3) und zu LG Köln Urt. v. 13.3.2009 – 82 O 93/08, S. 10 ff (unter 4.3); **anders:** *Hengeler* in FS Möhring, S. 197, 2118: bis zum frühestmöglichen normalen Vertragsende.

507 S. statt aller *Veil* in Spindler/Stilz, AktG, § 304 Rn. 59.

508 Vgl. *Popp* AG 2010, 1, 8; *dens.* WPg 2006, 436, 444 f; *Großfeld*, Rn. 89; *Veil* in Spindler/Stilz, AktG, § 327 b Rn. 4.

509 Zur Abzinsung allgemein s. oben VII. 1. d) cc).

Wie bei der Ertragswertermittlung setzt sich der Kapitalisierungszinssatz zusammen aus dem risikolosen Basiszinssatz und einem Risikozuschlag.[510] Für die Bemessung des Basiszinssatzes ergeben sich keine Besonderheiten. Die Risikolage eines Unternehmens, das verpflichteter Teil eines Beherrschungs- und Gewinnabführungsvertrages ist, unterscheidet sich jedoch gravierend von derjenigen eines nicht beherrschten Unternehmens. Im Gegensatz zu den zukünftigen Dividendenausschüttungen, die sich nur mehr oder weniger präzise prognostizieren lassen, steht die Höhe der gewinnunabhängigen, festen Ausgleichszahlungen i.S.d. § 304 Abs. 2 S. 1 AktG zum Bewertungsstichtag bereits fest. Einer Prognose bedarf es nicht. Mangels Prognose tragen die abzufindenden Aktionäre kein Volatilitätsrisiko, das es im Risikozuschlag zu berücksichtigen gäbe. Risiko und Chance der Unternehmens- und Konjunkturentwicklung nach dem Bewertungsstichtag trägt ausschließlich das herrschende Unternehmen. Während des Bestehens des Unternehmensvertrages tragen die Minderheitsaktionäre auch nicht das Ausfallrisiko der eigenen Gesellschaft, sondern ausschließlich das Insolvenzrisiko des beherrschenden Unternehmens.[511] In der Praxis wird der Basiszinssatz deshalb lediglich um einen minimalen Risikozuschlag erhöht, der sich nach dem Insolvenzrisiko des beherrschenden Unternehmens bemisst.[512]

2. Das Discounted Cashflow-Verfahren

Das aus dem angloamerikanischen Raum stammende Discounted Cashflow-Verfahren[513] (im Folgenden mit DCF-Verfahren abgekürzt) beschreibt kein einheitliches Verfahren. Vielmehr werden unter dem Oberbegriff DCF-Verfahren verschiedene Spielarten zusammengefasst.[514] Einerseits die Equity-Methode[515], andererseits die Entity-Methoden[516] mit dem WACC-[517] und APV-Ansatz[518].

---

510 Zur Ermittlung des Kapitalisierungszinssatzes in einem nicht beherrschten Unternehmen s. oben VII. 1. cc) bbb).

511 **Ebenso** die gutachterliche Stellungnahme zu LG München Urt. v. 16.3.2006 – 5 HK O 18005/05, S. 24 f (unter 4.3) und zu LG Köln Urt. v. 13.3.2009 – 82 O 93/08, S. 9 f (unter 4.2.2).

512 S. z.B. die gutachterliche Stellungnahme zu LG München Urt. v. 16.3.2006 – 5 HK O 18005/05, S. 24 f (unter 4.3): **1,25 %** sowie die gutachterliche Stellungnahme zu LG Köln Urt. v. 13.3.2009 – 82 O 93/08, S. 11 ff (unter 4.3): **0,6 %**. S. im Vergleich dazu die übliche Schwankungsbreite des Risikozuschlags, oben VII. 1. d) cc) bbb) (2) (b) (ff).

513 Zu Deutsch, abgezinster Zahlungsstrom.

514 Zu den verschiedenen Spielarten des DCF-Verfahrens umfassend *Ballwieser*, S. 132 ff; *Großfeld*, Rn. 1004 ff und IDW S 1 2008, Tz. 124 ff.

515 Zu Deutsch, Eigenkapitalansatz.

516 Zu Deutsch, Gesamtkapitalansatz.

517 Weighted Average Cost of Capital, zu Deutsch, gewichteter durchschnittlicher Kapitalkostensatz.

Ein vorherrschendes Verfahren soll sich bislang noch nicht herauskristallisiert haben.[519]

Im Grunde basiert das DCF-Verfahren auf demselben investitionstheoretischen Gedanken wie das Ertragswertverfahren, nämlich dem Kapitalwertkalkül.[520] Für ein Unternehmen als Investitionsobjekt liegt der wertprägende Vorteil vor allem darin, den Anteilsinhabern zukünftige finanzielle Überschüsse zufließen zu lassen.[521] Die Bewertung steht damit unter der Prämisse der Unternehmensfortführung. Anders als das Ertragswertverfahren stellen die DCF-Verfahren überwiegend nicht auf die den Anteilseignern zufließenden Zahlungsströme ab. Bewertungsgrundlage sind nicht die den Anteilseignern tatsächlich zufließenden Erträge, sondern die sog. Free Cashflows. Unter Free Cashflows sind alle potentiell entziehbaren bzw. ausschüttbaren Zahlungsüberschüsse zu verstehen.[522] Abzustellen ist damit ausschließlich auf die Zahlungsströme zwischen der Umwelt und dem Unternehmen.[523] Hinter dem Begriff „Cashflow" verbirgt sich letztlich nichts anderes als der Unternehmensüberschuss. Das DCF-Verfahren kann deshalb letztlich als eine Variante des Ertragswertverfahrens angesehen werden.[524] Im Übrigen ähnelt das DCF-Verfahren dem Ertragswertverfahren. Gleich dem Ertragswertverfahren werden zukünftige Geldströme, die Cashflows, auf den Bewertungsstichtag abgezinst.

3. Das Substanz- und Liquidationswertverfahren

Das Substanzwertverfahren sowie das Liquidationswertverfahren sind sog. Einzelbewertungsverfahren. Die Einzelbewertungsverfahren ermitteln den Wert des gesamten Unternehmens dadurch, dass der Wert der vorhandenen einzelnen Vermögensobjekte addiert wird[525]

Entscheidender Unterschied zwischen dem Substanzwert und dem Liquidationswert ist die Prämisse der Unternehmensfortführung. Nur der Substanzwert steht unter der Prämisse der Fortführung des Unternehmens und ist in dieser Hinsicht streng vom Liquidationswert zu unterscheiden.[526] Gerade das Zusammenspiel bzw. die Verzahnung der einzelnen Vermögensgegenstände (Ver-

518 Adjusted Present Value, zu deutsch, Risikobarwert.

519 So *Großfeld*, Rn. 1004.

520 *Siepe* WPg 1998, 325; *Lorz* in Ebenroth/Boujong/Joost/Strohn, HGB, § 131 Rn. 91; IDW S 1 2008, Tz. 124 ff.

521 *Ballwieser*, S. 8 f und 195 ff.

522 Vgl. *Großfeld*, Rn. 1007; IDW S 1 2008, Tz. 124, 127.

523 Vgl. *Miller/Modigliani* The Journal auf Business 1961, 411, 415 reSp.

524 *K. Schmidt* in MünchKommHGB, § 131 Rn. 143; **ähnlich:** *Ballwieser*, S. 195 ff.

525 *Moxter*, S. 35.

526 *Ballwieser*, S. 11; *Moxter*, S. 41; *Dielmann/König* AG 1984, 57, 62 reSp; IDW S 1 2008, Tz. 170.

bundeffekte) wirkt sich im Falle der Unternehmensfortführung werterhöhend aus. In der Regel wird der Liquidationswert deshalb hinter dem Substanzwert zurückbleiben.[527] In Rechtsprechung und Literatur werden Substanz- und Liquidationswert dennoch häufig fälschlicherweise gleichgestellt.[528]

a) Der Substanzwert

Dem Substanzwertverfahren liegt der Gedanke zugrunde, dass ein Unternehmen so viel wert sein muss, wie das, *„was ein potentieller Käufer bei seinem Erwerb an Ausgaben für einen sonst gebotenen Nachbau erspart.“*[529] Der Substanzwert beschreibt also den Betrag, der hypothetisch für eine identische Reproduktion des zu bewertenden Unternehmens aufzuwenden wäre. Aus diesem Grund wird der Substanzwert auch treffend als „Rekonstruktions-“ bzw. „Reproduktionswert“ bezeichnet.[530] Der so ermittelte Betrag – der Bruttosubstanzwert – ist um die Summe sämtlicher bilanzierter Schulden zu mindern[531] und um den Liquidationswert des nicht betriebsnotwendigen Vermögens zu ergänzen.[532] Die Kosten der Reproduktion werden stichtagsbezogen ermittelt,[533] was eine Abzinsung entbehrlich macht.

b) Der Liquidationswert

Der Liquidationswert eines Unternehmens ist die Summe aus den Barwerten der Nettoerlöse, die sich aus der bestmöglichen Einzelveräußerung der Vermögensgegenstände ergibt.[534] Der Verkauf der Gegenstände steht unter der Prämisse der Beendigung des Unternehmens. Anzusetzen sind die Zerschlagungswerte.[535] Das Zusammenspiel der einzelnen Vermögensgegenstände wird ausgeblen-

527 *Dielmann/König* AG 1984, 57, 62 reSp.

528 So z.B.: OLG Düsseldorf NZG 2003, 588, 592 reSp – „SNI“; OLG Düsseldorf AG 1988, 275 reSp; *Ulmer* in GroßkommGmbHG, § 34 Rn. 77; *K. Schmidt* in MünchKommHGB, § 131 Rn. 145; *C. Schäfer* in Staub, HGB, § 131 Rn. 148; *Korth* BB Beilage 1992, Nr. 19, 1, 5; vgl. auch §§ 11 Abs. 2 S. 3 i.V.m. 9 Abs. 2 S. 1 BewG (s. dazu unten VIII. 2. b) bb) aaa)). Diese Gleichstellung kritisierend: *Ballwieser*, S. 11.

529 *Ballwieser*, S. 200.

530 *Ballwieser*, S. 190; *Großfeld*, Rn. 239; *Moxter*, S. 41, 54; *Wagner* in WP-Handbuch II, A Rn. 437; IDW S 1 2008, Tz. 170; s. auch BGH NJW 1977, 949 liSp.

531 *Dielmann/König* AG 1984, 57, 63.

532 *Dielmann/König* AG 1984, 57, 63 reSp; *Gansweid* AG 1977, 334, 336 liSp; *Wagner* in WP-Handbuch II, A Rn. 443.

533 Vgl. *Wagner* in WP-Handbuch II, A Rn. 443; IDW S 1 2008, Tz. 172.

534 *Wagner* in WP-Handbuch II, A Rn. 385; *Großfeld*, Rn. 1152; IDW S 1 2008, Tz. 5, 141; s. auch OLG Stuttgart Beschl. v. 14.2.2008 – 20 W 9/06, Tz. 96 f; LG Dortmund AG 1994, 85, 86 f.

535 *Wagner* in WP-Handbuch II, Rn. 385; IDW S 1 2008, Tz. 170.

det.[536] Die Summe der Verkaufserlöse ist um die Schulden und die Liquidationskosten zu vermindern[537] und um die Ertragssteuern zu kürzen.[538] Maßgeblich ist auch hier der Barwert zum Bewertungsstichtag. Erstreckt sich die Liquidation über einen längeren Zeitraum und fallen die Liquidationserlöse erst in Zukunft an, so ist eine Abzinsung der Erlöse auf den Bewertungsstichtag erforderlich.[539]

4. Die Kombinationsverfahren (Mischverfahren)

Die mittlerweile als überholt angesehenen[540] sog. Kombinationsverfahren, auch Mischverfahren genannt, gehen vom Substanzwert als Basis aus und kombinieren ihn mit dem Ertragswert.[541] Unter die Kategorie der Mischverfahren fallen das Mittelwertverfahren, das Übergewinnverfahren sowie das Stuttgarter Verfahren.

Das Mittelwertverfahren, auch Berliner oder Praktikerverfahren genannt,[542] ermittelt den Mittelwert zwischen Substanz- und Ertragswert.[543] Das Übergewinnverfahren ergänzt den Substanzwert um den Geschäftswert, den sog. Goodwill.[544] Das von den Finanzbehörden zur Ermittlung des Anteilswertes von nicht börsennotierten Kapitalgesellschaften entwickelte „Stuttgarter Verfahren" ist lediglich ein modifiziertes Übergewinnverfahren.[545]

536 *Großfeld*, Rn. 1152 f.
537 *Wagner* in WP-Handbuch II, A Rn. 387; *Großfeld*, Rn. 1152; IDW S 1 2008, Tz. 141.
538 *Wagner* in WP-Handbuch II, A Rn. 388; *Großfeld*, Rn. 1153, 1157 f; IDW S 1 2008, Tz. 141; s. auch OLG Stuttgart Beschl. v. 14.2.2008 – 20 W 9/06, juris Tz. 95, 109.
539 *Wagner* in WP-Handbuch II, A Rn. 385; *Großfeld*, Rn. 1153, 1158; vgl. auch IDW 2008 S 1, Tz. 141.
540 S. dazu näher unten VIII. 1. b) bb).
541 *Ballwieser*, S. 10, 202; BGH NJW 1978, 1316 liSp – „Kali + Salz" m.w.N.
542 *Piltz/Wissmann* NJW 1985, 2673; 2674; *Dielmann/König* AG 1984, 57, 64 liSp.
543 *Moxter*, S. 56 ff; *Ballwieser*, S. 202; *Dielmann/König* AG 1984, 57, 64 reSp.
544 *Ballwieser*, S. 202 f; *Piltz/Wissmann* NJW 1985, 2673; 2674.
545 *Dielmann/König* AG 1984, 57, 64 f; *Ballwieser*, S. 203.

5. Die marktorientierten Bewertungsverfahren

a) Die marktorientierte Anteils- und Unternehmenswertermittlung

Der Anteils- und Unternehmenswert lässt sich auch mittels der sog. marktorientierten Bewertungsverfahren[546] gewinnen. Diese Verfahren basieren auf Marktdaten und stellen zur Anteils- und Unternehmensbewertung auf tatsächlich erzielte oder potentiell erzielbare Preise für Anteile oder vergleichbare Unternehmen ab.[547] Die dazu erforderlichen Marktdaten werden insbesondere aus vergangenen Transaktionen für Anteile des zu bewertenden Unternehmens (sog. Transactions Approach) oder aus Preisen für Anteile vergleichbarer Unternehmen (sog. Comparable Approach) gewonnen.[548]

Was die Unternehmensbewertung anbelangt, so dienen die gewonnenen Marktdaten vor allem der Überprüfung der Plausibilität des mittels anderer Bewertungsverfahren fiktiv ermittelten Unternehmenswertes. Eine eigenständige Unternehmensbewertung vermögen diese nach wohl einhelliger Auffassung allerdings nicht zu ersetzen.[549]

b) Der Börsenwert

Von besonderer Bedeutung ist die marktorientierte Anteilsbewertung für den Minderheitsausschluss aus börsennotierten Aktiengesellschaften. Über den Börsenkurs lässt sich der Anteilswert direkt und ohne Umweg über den Unternehmenswert ermitteln (sog. direkte Methode).[550] Das Verhältnis zum fiktiv ermittelten Anteilswert war lange Zeit heftig umstritten. Nach heute einhelliger Auffassung muss der Börsenkurs bei der Bemessung der Abfindung berücksichtigt werden und bildet zumindest die Wertuntergrenze.[551]

Die Ermittlung des maßgeblichen Börsenwertes wirft einige höchst umstrittene Fragen auf. Unentbehrliche Mindestvoraussetzung für den Preisbildungsprozess am Markt ist denknotwendig das Bestehen eines liquiden Marktes.[552] Daran kann es im Falle des Minderheitsausschlusses gem. §§ 327 a ff AktG fehlen, denn in diesem Fall sind nur maximal 5 % der Aktien tatsächlich am Markt verfügbar (Marktenge).[553]

---

546 Um zu verdeutlichen, dass mit diesen Verfahren Bewertungsungenauigkeiten in Kauf genommen werden, spricht *Ballwieser* von Überschlagsrechnungen, s. *Ballwieser*, S. 11, 208.

547 *Großfeld*, Rn. 1088.

548 *Ballwieser*, S. 10 mit 208 ff.

549 IDW S 1 2008, Tz. 13; *Großfeld*, Rn. 1086 ff und 1095.

550 Vgl. *Großfeld*, Rn. 214. Zur direkten Anteilswertermittlung s. oben III. 2.

551 Ausführlich dazu unten VIII. 1. b) dd) und 2. a).

552 *Großfeld*, Rn. 1115 ff; IDW S 1 2008, Tz. 16.

553 S. dazu die Nachweise unten Fn. 646.

Als weitgehend geklärt angesehen werden kann, dass richtigerweise nicht auf den Börsenkurs zum Bewertungsstichtag (den Stichtagskurs),[554] sondern auf einen geeigneten Durchschnittskurs abzustellen ist.[555] Das in § 327 b Abs. 1 S. 1 HS. 2 AktG verankerte Stichtagsprinzip steht einer Anknüpfung an einen Durchschnittskurs nicht per se entgegen. Zu den Verhältnissen der Gesellschaft am Tag der Beschlussfassung zählt nicht nur der Tageskurs, sondern auch ein auf diesen Tag bezogener Durchschnittswert.[556] Zur Vermeidung stichtagsbedingt zufälliger und unter Umständen sogar gestaltbarer Ergebnisse ist es vielmehr geboten, auf einen Durchschnittskurs abzustellen.[557]

Uneinheitlich beantwortet wird hingegen die Frage der Referenzperiode sowie des Referenzzeitpunktes. Dem BGH zufolge soll auf die letzten drei Monate vor dem Bewertungsstichtag abzustellen sein. Außergewöhnliche Tagesausschläge oder kurzfristige, sich nicht verfestigende, sprunghafte Entwicklungen sollen unberücksichtigt bleiben.[558] Was den Referenzzeitpunkt anbelangt, so ist dem BGH mit der starken Gegenmeinung zu widersprechen. Entgegen der Auffassung des BGH ist nicht auf den Bewertungsstichtag, sondern auf den zeitlich vorgelagerten Tag der Bekanntgabe der Maßnahme abzustellen.[559] Die Bekanntgabe hat zwar keinen Einfluss auf den Ertragswert, vermag aber das Anlegerverhalten und damit den Börsenkurs nachhaltig zu beeinflussen. Auch der vom BGH vorgeschlagene Referenzzeitraum ist auf Kritik gestoßen und als zu kurz bemessen gerügt worden. Soweit für einen deutlich längeren Zeitraum von

554 **So aber:** *Bilda* in MünchKommAktG, 2. Aufl., § 305 Rn. 68; *ders.* NZG 2000, 296, 299 f; *Hüttemann* ZGR 2001, 454, 463; *W. Müller* in FS Röhricht, S 1015, 1031 f; OLG Düsseldorf NZG 2000, 1075, 1076 f.

555 *Emmerich* in Emmerich/Habersack, Konzernrecht, § 305 Rn. 46 f; *Paulsen* in MünchKommAktG, § 305 Rn. 85; *Hüffer*, AktG, § 305 Rn. 24 d; *Großfeld*, Rn. 1096; *Wilm* NZG 2000, 234, 238 f; **ebenso:** IDW S 1 2008, Tz. 16; **aus der Rechtsprechung:** BGH NJW 2001, 2080, 2082 – „DAT/Altana"; KG NZG 2007, 71; OLG Düsseldorf NZG 2007, 36, 37; OLG Stuttgart NZG 2000, 744, 745.

556 BVerfG NJW 1999, 3769, 3772 liSp – „DAT/Altana"; BGH NJW 2001, 2080, 2082 – „DAT/Altana".

557 So die Befürchtung des BVerfG NJW 1999, 3769, 3772 liSp – „DAT/Altana" sowie des BGH NJW 2001, 2080, 2082 – „DAT/Altana".

558 BGH NJW 2001, 2080, 2082 – „DAT/Altana"; **zustimmend:** OLG Frankfurt a.M. AG 2007, 403, 404 liSp; OLG Hamburg AG 2002, 406, 407 reSp; OLG Hamburg NZG 2003, 89, 90 liSp; OLG München ZIP 2006, 1722, 1723 reSp.

559 **Aus der Literatur:** *Paulsen* in MünchKommAktG, § 305 Rn. 88 f; *Stephan* in Schmidt/Lutter, AktG, § 305 Rn 104 f; *Krieger* in MünchHdbGesR IV, § 70 Rn 136; *Emmerich* in Emmerich/Habersack, Konzernrecht, § 305 Rn 46 f; *Wasmann* BB 2007, 680, 681 f; *Pluskat* NZG 2008, 365, 366 f; *M. Weber* ZGR 2004, 280, 284; **aus der Rechtsprechung:** KG NZG 2007, 71 f; OLG Stuttgart AG 2007, 209, 210 ff; OLG Stuttgart AG 2007, 705, 710 liSp; vgl. auch § 5 Abs. 1 WpÜG-AngebVO.

mindestens einem halben Jahr und länger plädiert wird,[560] ist dem mit dem BGH entgegenzuhalten, dass der Börsenkurs den Anteilswert zum Bewertungsstichtag nur dann abbilden kann, wenn ein relativ kurzer Zeitraum gewählt wird. Ein Zeitraum von drei Monaten – wie er auch in § 5 Abs. 1 WpÜG-AngebVO vorgesehen ist – erscheint angemessen.[561]

VIII. Das im Einzelfall anzuwendende Bewertungsverfahren

1. Meinungsstand

a) Der Grundsatz der Methodenoffenheit

Die Gerichte betonen in ständiger Rechtsprechung die rechtliche Methodenoffenheit der Anteils- und Unternehmensbewertung. Aus rechtlicher Sicht sei insbesondere im Hinblick auf Art. 14 Abs. 1 GG kein bestimmtes Bewertungsverfahren vorgeschrieben.[562] Zu § 30 UmwG, der dem im UmwBerG mit beschlossenen § 327 b Abs. 1 S. 1 HS. 2 AktG praktisch wörtlich entspricht, führt der Gesetzgeber dazu aus: „*Allerdings soll nicht mehr wie im geltenden Recht* (sc. vor 1994) *die Berücksichtigung bestimmter Bewertungsmethoden vorgeschrieben werden. Dies hat sich nicht bewährt, weil die Berücksichtigung und die Gewichtung der verschiedenen Methoden je nach Natur und Gegenstand des Unternehmens verschieden sein kann.*“[563] Die Methodenoffenheit der abfindungsregelnden Normen ermöglicht es, flexibel auf den einzelnen Bewertungsfall abzustellen, denn nicht jedes Bewertungsverfahren eignet sich gleichermaßen für alle Gesellschaftsformen und alle Unternehmenssituationen. Dementsprechend betonen Rechtsprechung und Lehre einstimmig, dass keines der anerkannten Bewertungsverfahren für alle Bewertungsfälle allgemeine Gültigkeit beanspruchen kann.[564]

560 BayObLG NZG 1998, 946, 949 – „März/EKU; OLG Stuttgart NZG 2000, 744, 745; *Luttermann* ZIP 1999, 45, 51 liSp; *Hüffer*, AktG, § 305 Rn 24 f; *Veil* in Spindler/Stilz, AktG, § 305 Rn 62.

561 *Paulsen* in MünchKommAktG, § 305 Rn. 90; OLG Düsseldorf NZG 2003, 588, 591 reSp – „SNI“; OLG Stuttgart NZG 2007, 112, 119; OLG München ZIP 2006, 1722, 1723 reSp.

562 BGH NJW 1993, 2101, 2103; BVerfG NZG 1999, 931, 932 reSp = BVerfGE 100, 289 – „DAT/Altana“.

563 BT-Drucks. 12/6699, S. 94 reSp.

564 Vgl. BGH NJW 1978, 1316, 1319 liSp – „Kali + Salz“; BGH NJW 1993, 2101, 2103; *Strohn* in MünchKommGmbHG, § 34 Rn. 209; IDW S 1 2008, Tz. 7, 101.

b) Zur Bedeutung der einzelnen Bewertungsverfahren

aa) Das Ertragswert- und DCF-Verfahren

Sowohl das Ertragswert- als auch das DCF-Verfahren sind heute allgemein anerkannt. Beide Verfahren sind unabhängig von der Gesellschaftsform und deshalb grundsätzlich auf alle Bewertungsfälle anwendbar. Bevorzugtes Bewertungsverfahren bleibt in Rechtsprechung und Rechtslehre bisher das Ertragswertverfahren.[565] Das BVerfG hat das Ertragswertverfahren ausdrücklich als verfassungsrechtlich unbedenklichen Ansatz anerkannt.[566]

Entgegen der Präferenz in Rechtsprechung und Rechtslehre setzt sich in der Bewertungslehre und Bewertungspraxis das DCF-Verfahren immer stärker durch und soll in der Praxis mittlerweile schon eine dominierende Stellung vor dem Ertragswertverfahren einnehmen.[567]

Wenngleich dem Ertragswertverfahren keine Allgemeingültigkeit beigemessen werden kann,[568] so ist in Literatur und Rechtsprechung ebenso anerkannt, dass die Unternehmensbewertung *„in vielen, wenn nicht in den meisten Fällen auf die Ertragsbewertung hinauslaufen wird.“*[569] Das Abstellen auf den Ertragswert *„entspricht der nahezu durchgängigen Praxis der Gerichte.“*[570] Nur in begründeten Ausnahmefällen könne auf andere Bewertungsverfahren zurückgegriffen werden, nämlich dann, wenn der Ertragswert den Substanz-, Liquidations- oder Börsenwert unterschreite. Substanz- und Liquidationswert sowie der Börsenwert sollen ausschließlich als Wertuntergrenze fungieren, siehe dazu sogleich ausführlich unter b) bb) – dd). Anderen Bewertungsverfahren als dem Ertragswertverfahren komme ausschließlich eine „Korrekturfunktion“ zu.[571]

bb) Das Substanzwertverfahren und die Kombinationsverfahren

Es entspricht heute ganz einhelliger Meinung in Rechtsprechung und Schrifttum, dass das Substanzwertverfahren im Regelfall aus bewertungstheoretischer

---

565 Vgl. BGH NJW 1993, 2101, 2103; BayObLG AG 1996, 127 reSp – „Paulaner“; IDW S 1 2008, Tz. 7; OLG Köln NZG 1998, 779, 780 liSp; *Sosnitza* in Michalski, GmbHG, § 34 Rn. 47; Stephan in Schmidt/Lutter, AktG, § 305 Rn. 47 f.

566 BVerfG NZG 1999, 931, 932 reSp = BVerfGE 100, 289 – „DAT/Altana.

567 So *Lorenz*, S. 13 ff; vgl. auch *Peemöller/Kunowski/Hillers* WPg 1999, 621, 623.

568 Zum Grundsatz der Methodenoffenheit s oben VIII. 1. a).

569 BGH NJW 1993, 2101, 2103; s. auch BGH NJW 1985, 192, 193; *Strohn* in MünchKommGmbHG, § 34 Rn. 209; *Krieger* in MünchHdbGesR IV, § 70 Rn. 129.

570 BGH NJW 1993, 2101, 2103.

571 BGH NZG 2003, 1017, 1018.

Sicht überholt und nicht mehr lege artis ist.[572] Bei der Substanzwertermittlung bleibt der Geschäfts- bzw. Firmenwert – der sog. Goodwill – unberücksichtigt. Der Substanzwert sei deshalb grundsätzlich nicht geeignet, den Fortführungswert des Unternehmens vollständig abzubilden.[573]

Ganz einhellig abgelehnt und damit aus der wissenschaftlichen Diskussion verschwunden sind mittlerweile die Kombinationsverfahren, d.h. die Mittel- und Übergewinnverfahren. Diese basieren auf dem Substanzwert und modifizieren diesen lediglich. Die Modifikationen sind aber nicht geeignet, die Nachteile des Substanzwertes vollständig zu eliminieren. Vielmehr kumulieren die theoretischen Mängel beider Bewertungsverfahren.[574]

Konsens besteht aber auch insoweit, als der Substanzwert seine Bedeutung für die Bewertung von Unternehmen nicht vollständig verloren hat. Mittelbar bleibt der Substanzwert für die Ertragswertermittlung – insbesondere für die Einschätzung der Chancen und Risiken des Unternehmens – von Bedeutung. Man spricht insofern von der Hilfsfunktion des Substanzwertes.[575]

Welche Bedeutung dem Substanzwert heute darüber hinaus noch zukommt, ist umstritten. Teilweise wird angenommen, dem Substanzwert komme neben dem Ertrags- und Liquidationswert keine eigenständige Bedeutung mehr zu.[576] Anderer Auffassung zufolge soll in besonderen Ausnahmefällen weiterhin auf den Substanzwert abzustellen sein.[577] Allerdings ist an dieser Stelle anzumerken, dass Rechtsprechung und Literatur die Begriffe Substanz- und Liquidationswert häufig irrtümlich gleichsetzen.[578] Auf den Substanzwert soll insbesondere (stets) bei ertragsschwachen Unternehmen, deren Substanzwert den Ertragswert unterschreitet, abzustellen sein.[579] Gleiches soll auch für Unternehmen mit einem überdurchschnittlich hohen Anteil an nicht betriebsnotwendigem Vermögen,[580] für Freiberufler-Gesellschaften, deren Ertragskraft maßgeblich

---

572 *Lorz* in Ebenroth/Boujong/Joost/Strohn, HGB, § 131 Rn. 70 f; *K. Schmidt* in MünchKommHGB, § 131 Rn. 143.

573 *Ballwieser*, S. 200; *Großfeld*, Rn. 240.

574 *Ballwieser*, S. 203; *Großfeld*, Rn. 234; *Dielmann/König* AG 1984, 57, 64 reSp; *K. Schmidt* in MünchKommHGB, § 131 Rn. 144.

575 S. dazu ausführlich *Wagner* in WP-Handbuch II, A Rn. 441; vgl. auch *Großfeld*, Rn. 1173.

576 IDW S 1 2008, Tz. 6, 171; *Wagner* in WP-Handbuch II, A Rn. 440; *Großfeld*, Rn. 130, 1172; *Koppensteiner* in KölnerKommAktG, § 305 Rn. 91; BGH NJW 1985, 192, 193; OLG Düsseldorf AG 1999, 321, 324; OLG Celle DB 1979, 1031.

577 *Gehrlein*, Rn. 534.

578 S. dazu die Nachweise oben Fn. 528.

579 *Gehrlein*, Rn. 534; *Ulmer* in GroßkommGmbHG, § 34 Rn. 77; *Lutter* in Lutter/Hommelhoff, GmbHG, § 34 Rn. 79; *Wicke*, GmbHG, Anh. § 34 Rn. 14; *C. Schäfer* in Staub, HGB, § 131 Rn. 148.

580 BGH NJW 1993, 2101, 2103; *Lutter* in Lutter/Hommelhoff, GmbHG, § 34 Rn. 79.

durch die persönliche Mitarbeit der Gesellschafter geprägt wird[581] sowie für Holdinggesellschaften, die sich (im Wesentlichen) auf die Verwaltung von Beteiligungen beschränken, gelten.[582]

cc) Der Liquidationswert

Unbestritten ist im Grundsatz, dass dem Liquidationswert ausschließlich als Wertuntergrenze Bedeutung zukommt.[583] Auf den Liquidationswert sei nur dann abzustellen, wenn dieser den Ertragswert übersteigt. Ist das zu bewertende Unternehmen börsennotiert, so soll der Liquidationswert von einem höheren Börsenwert verdrängt werden.[584]

Uneinheitlich beantwortet wird aber die Frage, ob zusätzlich erforderlich ist, dass die Liquidation des Unternehmens tatsächlich geplant ist. Nach der auf dem subjektiven Wertverständnis basierenden Auffassung der älteren Rechtsprechung[585] sowie der wohl überwiegenden Meinung im Schrifttum[586] soll sich ein Rückgriff auf den Liquidationswert dann verbieten, wenn das konkrete Unternehmenskonzept die Fortführung des Unternehmens vorsieht. Andere halten eine Liquidationsabsicht zwar grundsätzlich für erforderlich, die Entscheidung zur Fortführung des Unternehmens soll aber einer Vertretbarkeitsprüfung unterliegen. Erforderlich sei, dass wirtschaftlich vertretbare Gründe für die Unternehmensfortführung sprechen.[587] Die Gegenansicht im Schrifttum und in der Rechtsprechung[588] sowie das IDW[589] gehen hingegen davon aus, dass es auf

581 *Gehrlein*, Rn. 534; *Ulmer* in GroßkommGmbHG, § 34 Rn. 77; BGH WM 1961, 1384, 1385; NJW 1991, 1547 f.

582 *Gehrlein*, Rn. 534; *Ulmer* in GroßkommGmbHG, § 34 Rn. 77.

583 **Aus der Literatur:** *Meilicke*, S. 125; *Großfeld*, Rn. 1155; *Koppensteiner* in KölnerKommAktG, § 305 Rn. 91; *Dielmann/König* AG 1984, 57, 62 reSp; *Hüttemann* ZHR 162, 563, 585; *Schulze-Osterloh* ZGR 1986, 545, 554; s. auch IDW S 1 2008, Tz. 16; **aus der Rechtsprechung:** BGH WM 1973, 306, 307; NJW 1982, 2441 reSp; OLG Hamburg NZG 2001, 471, 473 liSp; OLG Düsseldorf WM 2009, 2220, 2223 reSp.

584 *Großfeld*, Rn. 1155; vgl. auch OLG Düsseldorf WM 2009, 2220, 2223 reSp.

585 BGH NJW 1973, 509, 510 f; BGH NJW 1982, 2441 reSp; OLG Düsseldorf AG 1988, 275, 276; OLG Düsseldorf AG 1990, 397, 399.

586 *Sosnitza* in Michalski, GmbHG, § 34 Rn. 48; *Strohn* in MünchKommGmbHG, § 34 Rn. 214; *Grunewald*, S. 91; *Lutter* in Lutter/Hommelhoff, GmbHG, § 34 Rn. 79; *Bartke* BFuP 1981, 393, 398 ff; *Bukowski/Suerbaum* in Santelmann/Hoppe/Suerbaum/Bukowski, Squeeze out, Rn. 522 f; *Kaum* WiB 1997, 527.

587 OLG Düsseldorf NZG 2005, 280, 284; **ebenso:** *Großfeld*, Rn. 1155.

588 *Hüttemann* ZHR 162, 563, 585; *ders.* WPg 2007, 812, 816; *Neuhaus*, S. 92 ff; *Munkert*, S. 59; *Piltz*, S. 8, 16 f, 31, 189 ff; *Wagner* in WP-Handbuch II, A Rn. 384; *Dielmann/König* AG 1984, 57, 62 reSp; *Meilicke*, S. 125; *Piltz/Wissmann* NJW 1985, 2673; 2674; *Koppensteiner* in KölnerKommAktG, § 305 Rn. 90; **aus der Rechtsprechung:** BayObLG AG 1996, 127, 128 reSp – „Paulaner“ ; BayObLG NJW-RR 1997, 34, 35 ff; OLG Hamm AG 1963, 218, 220; BGH WM 1978, 401, 405.

die konkrete Liquidationsabsicht nicht ankommen kann. Auf den Liquidationswert könne nur ausnahmsweise dann nicht abgestellt werden, wenn ein rechtlicher oder tatsächlicher Zwang zur Unternehmensfortführung bestehe.[590]

dd) Der Börsenwert

Sowohl die Rechtsprechung als auch die überwiegende Lehre standen dem Börsenwert lange Zeit äußerst kritisch gegenüber und haben es lange strikt abgelehnt, den Börsenkurs der Aktie für die Bemessung der Abfindung heranzuziehen. Im Vordergrund standen die Zweifel um die Aussagekraft des Börsenkurses. Der Börsenkurs könne aufgrund von gezielten sowie zufälligen Vorgängen beeinflusst sein, die ihn verfälschen und vom „wahren" Anteilswert lösen.[591] Im Urteil vom 30.3.1967 hat der BGH die Zweifel an der Aussagekraft des Börsenkurses exemplarisch zusammengefasst:

> „*Der Börsenkurs kann sich mit dem wahren Wert der Aktien decken, er kann aber auch niedriger oder höher sein. Er ergibt sich aus dem im Augenblick der Kursbildung vorhandenen Verhältnis von Angebot und Nachfrage, das von der Größe oder Enge des Marktes, von zufallsbedingten Umsätzen, von spekulativen Einflüssen und sonstigen nicht wertbezogenen Faktoren wie politischen Ereignissen, Gerüchten, Informationen, psychologischen Momenten oder einer allgemeinen Tendenz abhängt. Außerdem unterliegt der Börsenkurs unberechenbaren Schwankungen und Entwicklungen, wie die Aktienkurse der letzten Jahre besonders deutlich gemacht haben.*"[592]

Mittlerweile hat sich in Rechtsprechung und Lehre die Erkenntnis durchgesetzt, dass der Anteilswert bei börsennotierten Unternehmen nicht ohne Rücksicht auf den Börsenkurs festgesetzt werden kann.[593] Welche Rolle dieser Wert spielt, wird weiterhin unterschiedlich beantwortet.

---

589 IDW S 1 2008, Tz. 140.

590 S. z.B. LG Dortmund Beschl. v. 16.07.2007 – 18 AktE 23/03, juris Tz. 26.

591 **Aus der Literatur:** *Meilicke*, S. 58; *Olbrich*, S. 92; *Kindermann* AG 1964, 178 ff; *Dielmann/König* AG 1984, 57, 65 f; *Schumacher* DB 1970, 1940, 1942 liSp; **aus der Rechtsprechung:** BGH NJW 1967, 1464; BayObLG AG 1996, 127, 128 liSp – „Paulaner"; OLG Düsseldorf WM 1984, 732, 733 liSp; OLG Düsseldorf AG 1977, 168, 169 reSp.

592 BGH NJW 1967, 1464.

593 BVerfG NZG 1999, 931, 932 ff = BVerfGE 100, 289 – „DAT/Altana"; s. auch IDW S 1 2008, Tz. 15 f, 142: der Börsenkurs ist insbesondere zur Beurteilung der Plausibilität des ermittelten Anteils- und Unternehmenswertes heranzuziehen.

aaa) Der Börsenkurs als Wertuntergrenze

Der heute vorherrschenden Auffassung zufolge soll der Börsenkurs zwingend die Wertuntergrenze für die Bemessung der Abfindung bilden.[594] Entscheidend für die Anteilsbemessung sei der Verkehrswert, welcher bei börsennotierten Unternehmen nicht ohne Rücksicht auf den Börsenkurs festgesetzt werden könne. Erforderlich sei aber, dass der Börsenkurs „aussagekräftig" ist. Aussagekräftig sei dieser nur dann, wenn er nicht von einem zu engen Markt oder von Manipulationen beeinflusst ist.[595]

Andererseits soll der Börsenkurs ausschließlich als Untergrenze fungieren. Übersteigt der mittels eines anderen Bewertungsverfahrens ermittelte Anteilswert den Börsenkurs, so trete der Börsenkurs hinter diesen höheren Wert zurück.[596]

Im Ergebnis unterwirft die ganz herrschende Auffassung den mittels des Ertragswertverfahrens indirekt über den Unternehmenswert gewonnenen Anteilswert einer Korrekturprüfung anhand des Börsenkurses.[597]

bbb) Die Theorie des absoluten Vorrangs

Die auch als „Mindestwert- oder Meistbegünstigungstheorie"[598] bezeichnete herrschende Auffassung ist in letzter Zeit zunehmend auf Kritik gestoßen. Der Marktwert des Anteils – und damit vor allem der Börsenkurs – soll nicht lediglich die Wertuntergrenze bilden, sondern absoluten Vorrang vor den Bewertungskalkülen genießen und die Obergrenze für die Bemessung der Abfindung bilden.[599]

---

594 So schon *Drukarczyk* AG 1973, 357, 361 ff.

595 BayObLG NZG 1998, 946, 948 reSp – „März/EKU".

596 **Aus der Literatur:** *Hüffer*, AktG, § 305 Rn. 24 c; *Paulsen* in MünchKommAktG, § 305 Rn. 83; *Koppensteiner* in KölnerKommAktG, § 305 Rn. 100; *Großfeld*, Rn. 1095, 1111; *Bilda* NZG 2000, 296, 297 f; **ebenso:** IDW S 1 2008, Tz. 16; **aus der Rechtsprechung:** BVerfG NZG 1999, 931, 932 reSp = BVerfGE 100, 289 – „DAT/Altana"; NZG 2007, 228, 229; BGH NJW 2001, 2080, 2081 reSp – „DAT/Altana"; OLG Düsseldorf NZG 2000, 1075, 1076 reSp; OLG Düsseldorf NZG 2003, 588, 590 – „SNI"; OLG Düsseldorf AG 2004, 212, 214 liSp; OLG Frankfurt a.M. AG 2002, 404, 405 liSp; OLG Frankfurt a.M. AG 2003, 581, 582 reSp; OLG Frankfurt a.M. AG 2007, 403 f; OLG Hamburg AG 2001, 479, 480 reSp; OLG Karlsruhe AG 2005, 45, 46 f; OLG Stuttgart NZG 2000, 744, 745.

597 BGH NZG 2003, 1017, 1018; so i.E. auch das IDW, s. IDW S 1 2008, Tz. 15 f, 142.

598 *W. Müller* in FS Roth, S. 517, 522.

599 *W. Müller* in FS Roth, S. 517 ff; *Stilz* in FS Goette, S. 529, 537 ff; *Krieger* in MünchHdbGesR IV, § 70 Rn. 135; *Veil* in Spindler/Stilz, AktG, § 305 Rn. 55; *Emmerich* in Emmerich/Habersack, Konzernrecht, § 305 Rn. 44; *Colbe* in FS Lutter, S. 1053, 1066 f; **tendenziell:** OLG Frankfurt a.M. NZG 2010, 1141, 1142 f; vgl. auch: OLG Stuttgart NUG 2009, 950 f; *Luttermann* ZIP 1999, 45, 51.

Soweit ein funktionierender Markt existiert, sei stets auf den Marktpreis abzustellen. Nur subsidiär, d.h. falls ein Marktwert nicht vorhanden ist, soll es zulässig sein, die Marktsituation zu simulieren. Real *„sei alleine der Preis, der sich am Markt tatsächlich bildet. Es bedürfe einer besonderen Begründung, wenn man bei einem vorhandenen Preis für einen Gegenstand auf einen (abweichenden) Wert dieses Gegenstandes ausweichen will.“*[600] Dies soll grundsätzlich für alle Gesellschaftsformen gelten.[601] Deshalb sei nicht der Börsenkurs, sondern der anteilige Ertragswert die Ersatzgröße und Ausweichlösung zur Ermittlung des Anteilswertes, auf den notgedrungen zurückgegriffen werden muss.[602]

Teilweise wird ergänzend angemerkt, dass der aus der Ertragswertermittlung resultierende Erkenntnisgewinn in keinem Verhältnis zu dem damit verbundenen Bewertungsaufwand stehe.[603]

Aufgrund der Unsicherheit, welcher Wert Vorrang genießt, wird in der Literatur zunehmend eine dem § 39 a Abs. 3 S. 3 WpÜG entsprechende gesetzliche Regelung gefordert.[604]

ee) Der Barwert der Ausgleichszahlungen

Für die Bewertungssonderfälle, in denen es Aktiengesellschaften zu bewerten gilt, für die ein Beherrschungs- und Gewinnabführungsvertrag besteht, ist umstritten, ob auf den Barwert der an die Stelle der Dividende tretenden Ausgleichszahlungen abgestellt werden kann.[605]

aaa) Die Ungeeignetheit des Barwertes der Ausgleichszahlungen

Einem nicht unerheblichen Teil der Rechtsprechung und Lehre zufolge sei der Barwert der Ausgleichsansprüche schlechthin ungeeignet, den Anteilswert abzubilden.[606]

Zweifel hinsichtlich der rechtlichen Zulässigkeit dieses Verfahrens bestünden zunächst im Hinblick auf den Wortlaut der abfindungsregelnden Norm § 327 b

600 *W. Müller* in FS Roth, S. 517, 520 f; vgl. auch OLG Stuttgart ZIP 2004, 712, 714 reSp.

601 *W. Müller* FS Bezzenberger S. 705, 714 ff: der nach betriebswirtschaftlichen Methoden ermittelte Wert habe nur eine Korrekturfunktion.

602 OLG Frankfurt a.M. Beschl. v. 3.9.2010 – 5 W 57/09, juris Tz. 58 im Anschluss an *Colbe* in FS Lutter, S. 1053, 1062; vgl. auch KG Berlin Beschl. v. 16.10.2006 – 2 W 148/01, juris Tz. 29.

603 OLG Frankfurt a.M. Beschl. v. 3.9.2010 – 5 W 57/09, juris Tz. 175.

604 So z.B. *W. Müller* in FS Roth, S. 517, 526, 532; **ähnlich:** *Stilz* in FS Goette, S. 529, 543.

605 Zur Bewertung von Aktiengesellschaften, für die ein Beherrschungs- und Gewinnabführungsvertrag besteht s. oben VII. 1. f).

606 *Großfeld*, Rn. 88 ff; *Veil* in Spindler/Stilz, AktG, § 304 Rn. 34; OLG München ZIP 2007, 375, 376 f – „N-Ergie“.

Abs. 1 S. 1 AktG, die anordnet, dass bei der Bemessung der Abfindung die „Verhältnisse der Gesellschaft" zum Zeitpunkt der Beschlussfassung zu berücksichtigen sind. Aus diesem Wortlaut wird gefolgert, dass die Ausgleichsberechtigung grundsätzlich nicht in die Bewertung einzubeziehen sei.[607] Die Höhe der Barabfindung bestimme sich prinzipiell nach dem Unternehmenswert (sog. indirekte Methode)[608]. Der Wert des Unternehmens bemesse sich nach den Ausschüttungen der Gesellschaft.[609] Die Ausgleichszahlungen des beherrschenden Dritten stehen aber nicht der Gesellschaft, sondern unmittelbar den außenstehenden Aktionären zu und beeinflussen den Unternehmenswert deshalb nicht.[610]

Auf den Barwert der Ausgleichsansprüche abzustellen widerspräche außerdem dem im Recht der Unternehmensbewertung fest verankerten Stichtagsprinzip.[611] Für die Bemessung der Höhe der Ausgleichsansprüche ist nach wohl einhelliger Auffassung der Tag der Beschlussfassung über den Unternehmensvertrag maßgeblicher Bewertungsstichtag, vgl. § 304 Abs. 1 S. 3 und Abs. 3 S. 2 AktG.[612] Maßgeblicher Bewertungsstichtag für die Bemessung der Barabfindung der ausscheidenden Minderheitsaktionäre sei aber gem. § 327 b Abs. 1 S. 1 HS. 2 AktG der Tag der Beschlussfassung über die Ausschlussmaßnahme. Die Summe der Ausgleichszahlungen könne folglich nicht den Anteilswert zum Stichtag des Ausschlussbeschlusses abbilden.[613]

Im Übrigen würde in systemwidriger Weise das nicht betriebsnotwendige Vermögen[614] außer Betracht gelassen werden. Denn das neutrale Vermögen wird bei der Bemessung des Ausgleichsanspruchs gemäß § 304 AktG nicht berücksichtigt und fließt deshalb auch nicht in den, aus den Ausgleichszahlungen abgeleiteten Anteilswert ein.[615]

607 *Tebben* AG 2003, 600, 605 reSp; *Wackerbarth* EWiR 2010, 377, 378; *Meilicke* AG 2010, 561, 565 liSp; *Naraschewski* DB 1997, 1653, 1656 reSp; *Bredow/Tribulowsky* NZG 2002, 841, 845; *Popp* AG 2010, 1, 9; *ders.* WPg 2006, 436, 444 liSp; OLG Düsseldorf Beschl. v. 29.7.2009 – I-26 W 1/08 (AktE), 26 W 1/08 juris Tz. 51.

608 S. dazu oben III. 1.

609 S. dazu oben VII. 1. b).

610 *Tebben* AG 2003, 600, 605 reSp; *Hengeler* in FS Möhring, S. 197, 215 f.

611 Zum Stichtagsprinzip s. oben VI. 1.

612 S. statt aller *Paulsen* in MünchKommAktG, § 304 Rn. 72 m.w.N.

613 **Aus der Literatur:** *Popp* AG 2010, 1, 13 f; *ders.* WPg 2006, 436, 444 reSp; *Großfeld*, Rn. 88; *Veil* in Spindler/Stilz, AktG, § 327 b Rn. 4; **aus der Rechtsprechung:** OLG Düsseldorf Beschl. v. 29.7.2009 – I-26 W 1/08 (AktE), 26 W 1/08 juris Tz. 53; OLG München ZIP 2007, 375, 376 f – „N-Ergie".

614 Zur Definition des nicht Betriebsnotwendigen Vermögens und seiner Bedeutung s. oben VII. 1. d) dd) aaa).

615 **Aus der Literatur:** *Popp* AG 2010, 1, 8; *ders.* WPg 2006, 436, 444 f; *Großfeld*, Rn. 89; *Veil* in Spindler/Stilz, AktG, § 327 b Rn. 4; **aus der Rechtsprechung:** OLG Düsseldorf Beschl. v. 29.7.2009 – I-26 W 1/08 (AktE), 26 W 1/08 juris Tz. 55; OLG München ZIP 2007, 375, 376 f – „N-Ergie".

bbb) Der Barwert der Ausgleichszahlungen als Wertuntergrenze

Die Bewertungspraxis hingegen geht davon aus, dass der Barwert der zukünftigen Ausschüttungen bei der Bemessung der Abfindung zu berücksichtigen ist.[616] Rechtsprechung und Literatur befürworten den Ansatz der Ausgleichszahlungen mehrheitlich.[617] Auch der BGH hat das oben geschilderte Verfahren im Fall Wella AG gebilligt.[618]

Hinsichtlich des Rangverhältnisses zum Ertragswert und zum Börsenwert geht die herrschende Auffassung davon aus, die verfassungsrechtlich gebotene wirtschaftlich volle Entschädigung gebiete es, dass der Barwert der zukünftigen Ausschüttungen – ebenso wie der Börsenkurs – die Wertuntergrenze bilde.[619] Im Ergebnis sind damit alle drei Werte zu berechnen und miteinander zu vergleichen.

ccc) Die Irrelevanz des anteiligen Unternehmenswertes

Eine Minderheit hingegen hält den mit Hilfe des Ertragswertverfahrens ermittelten anteiligen Unternehmenswert neben dem Barwert der Ausgleichszahlungen sogar für irrelevant. Die angemessene wirtschaftliche Entschädigung könne aus Sicht der Aktionäre nicht durch den wirtschaftlich irrelevanten Unternehmenswert, sondern ausschließlich durch die Erträge geprägt sein, die sie zukünftig tatsächlich erhalten.[620] Demnach sei auch dann auf den Barwert der Ausschüttungen abzustellen, wenn der indirekt ermittelte Anteilswert diesen Wert übersteigt.

2. Stellungnahme zu VIII.

a) Der Anteils- und Unternehmenswert als Fiktion

In einer freien Marktwirtschaft mit funktionierendem Markt ist der von den Marktteilnehmern tatsächlich gezahlte Marktpreis der „objektive", reale Wert eines Gegenstandes. Ein Bewertungsproblem stellt sich nicht. Schwieriger hin-

616 S. dazu die Nachweise oben Fn. 504.

617 **Aus der Literatur:** *Tebben* AG 2003, 600, 605 ff; *Austmann* in MünchHdbGesR IV, § 74 Rn. 90; *Leyendecker* NZG 2010, 927 ff; **aus der Rechtsprechung:** OLG Frankfurt a.M. NZG 2010, 664, 665 f; LG Mannheim DK 2007, 457, 460 liSp.

618 BGH NZG 2011, 701, 704 Tz. 24 = ZIP 2011, 1097 – „Wella AG".

619 *Tebben* AG 2003, 600, 606; vgl. BGH NZG 2011, 701, 704 Tz. 24 = ZIP 2011, 1097 – „Wella AG"; **a.A.:** *Bödeker/Fink* NZG 2011, 816, 818, maßgeblich sei der Höchstwert.

620 *Leyendecker* NZG 2010, 927, 928; *Austmann* in MünchHdbGesR IV, § 74 Rn. 90; OLG Frankfurt a.M. Beschl. v. 30.03.2010 – 5 W 32/09, juris Tz. 52 ff; KG NZG 2003, 644 f – „Spinne Zehlendorf".

gegen ist die Situation dann, wenn kein Marktpreis existiert. Fehlt es an einem Marktpreis, so muss ein Ersatzwert gefunden werden, den die Parteien als Ausgangsbasis benutzen, um sich auf einen Preis einigen zu können. Ausgangsbasis der Verhandlungen ist dann ein errechneter (fiktiver) Unternehmenswert. Der daraufhin tatsächlich vereinbarte Preis ist dann, ebenso wie der Marktpreis, ein „realer" Wert.[621]

Übertragen auf die hier interessierenden Ausschlussfälle ergibt sich folgendes: Existiert ein funktionierender Markt für die zu bewertenden Gesellschaftsanteile, wie im Falle börsennotierter Unternehmen, und werden die Anteile tatsächlich gehandelt, so existiert ein Marktwert und damit ein „realer" Wert.[622] Fehlt es an einem entsprechenden Markt für die Gesellschaftsanteile, so bleibt nichts anderes übrig, als den Anteilswert indirekt über den Unternehmenswert zu ermitteln. Die Bewertungsverfahren sind ausschließlich „Hilfsverfahren" zur Ermittlung des gesuchten Wertes.[623] Zwar lässt sich ein fiktiver Unternehmenswert mathematisch stets ermitteln. „Real" wird dieser fiktive Wert aber erst dann und nur dann, wenn er durch eine Einigung erprobt wird. An diesem zentralen Element fehlt es in den hier zu untersuchenden Fällen des zwangsweisen Ausscheidens stets. Mangels einer tatsächlichen Einigung bleibt der Unternehmenswert eine Fiktion. Diese Einigung zu simulieren – ein an sich nachvollziehbarer Schritt – scheitert an der Komplexität des Einigungsvorgangs.[624] Aber selbst dann, wenn man einen Einigungswert simulieren möchte, bleibt der so ermittelte Einigungswert dennoch nichts anderes als eine Fiktion.[625] Einen Verkehrswert ohne ein reales Verkehrsgeschäft kann es nicht geben.[626] Der „tatsächliche" bzw. „reale" Marktpreis pendelt um den fiktiv ermittelten Marktwert. Er liegt abhängig von einer Vielzahl von Faktoren, insbesondere von Angebot und Nachfrage, über oder unter dem so ermittelten Wert.[627]

Zusammenfassend ist damit festzuhalten, dass der mittels der Unternehmensbewertungsverfahren gewonnene Unternehmenswert stets eine Fiktion bleibt, solange es – wie es in den hier zu untersuchenden Fällen des zwangsweisen Ausscheidens immer der Fall ist – an einer Einigung fehlt. Wird der Anteilswert indirekt aus dem fiktiven Unternehmenswert ermittelt, so ist zwangsläufig auch der Anteilswert nicht mehr als eine Fiktion. Ein realer Anteilswert zur Bemes-

---

621 So schon mit bestechender Klarheit *Colbe*, S. 9 f.

622 **Ebenso:** *Hüttemann* ZGR 2001, 454, 468 f; *Stilz* in FS Goette, S. 529, 537: Jeder Aktienhandel sei ein *„realer, wirtschaftlich determinierter Geschäftsvorgang"*; *W. Müller* in FS Roth, S. 517, 523: *„Faktum"*.

623 *W. Müller* in FS Roth, S. 517, 522 ff.

624 S. dazu oben V. 2. d) und e).

625 **Ebenso:** *Stilz* in FS Goette, S. 529, 534 ff: *„Konstrukt und Fiktion"*; **treffend auch:** *W. Müller* in FS Roth, S. 517, 522: *„synthetischer Wert"*.

626 *Stilz* in FS Goette, S. 529, 540.

627 *Hagest* WPg 1950, 193, 194 reSp.

sung der Abfindung existiert nur ausnahmsweise dann, wenn ein funktionsfähiger Markt für die Anteile des zu bewertenden Unternehmens vorhanden ist. Von besonderer Relevanz ist insoweit der Börsenkurs. Fehlt es an einem funktionierenden Markt, so ist die Prämisse der „Abfindung zum Verkehrswert" ungenau. Die Abfindung bemisst sich nach der Fiktion des Verkehrswertes.

b) Die Maßgeblichkeit des Höchstwertes

Die verschiedenen Bewertungskalküle liefern eine ganze Reihe der Höhe nach verschiedener[628] und fiktiver[629] Anteils- und Unternehmenswerte. Neben diesen fiktiv errechneten Anteilswerten steht mitunter ein realer Marktwert. Will man das Verhältnis dieser verschiedenen Werte zueinander klären, so sind zwei Fragen gedanklich zu trennen: Erstens das Verhältnis zwischen dem realen Marktwert des Anteils und dem fiktiv ermittelten Anteilswert. Zweitens die Frage mittels welchen Bewertungsverfahrens der fiktive Anteilswert zu bestimmen ist.

aa) Das Verhältnis zwischen Marktwert und fiktivem Anteilswert

Besonders gelagert sind die Bewertungsfälle, in denen ein Marktwert für die zu bewertenden Gesellschaftsanteile des Unternehmens existiert. Dies betrifft insbesondere den Minderheitsausschluss aus einer börsennotierten Aktiengesellschaft. Dann und nur dann existiert in den hier zu untersuchenden Fällen ausnahmsweise ein realer Verkehrswert des Anteils. Die Besonderheit dieser Fälle besteht darin, dass der fiktiv ermittelte Anteilswert mit einem realen Anteilswert konkurriert. Zu klären gilt es dann das Verhältnis zwischen dem fiktiven und dem realen Wert.

Die heute einhellige Meinung geht richtigerweise davon aus, dass der Anteilswert nicht ohne Rücksicht auf den Marktwert festgesetzt werden kann. Für die AG ist die Berücksichtigungsfähigkeit des Marktwertes in § 327 b Abs. 1 S. 1 HS. 1 AktG gesetzlich verankert. Bei der Bemessung der Abfindung sind die Verhältnisse der Gesellschaft zu berücksichtigen. Der Börsenkurs spiegelt gerade die Verhältnisse der Gesellschaft wider.[630] Die Wortwahl „*Verhältnisse der Gesellschaft*" verdeutlicht gleichzeitig, dass es für die Abfindung nicht alleine auf den Börsenwert ankommt.[631]

Die oben angeführten anfänglichen Bedenken, der Marktwert stehe unter dem Einfluss von „nicht wertbezogenen" Faktoren wie Angebot und Nachfrage, spekulativen Einflüssen, politischen Ereignissen, Gerüchten, Informationen, psy-

628 S. dazu die Nachweise oben Fn. 178.
629 S. dazu ausführlich oben VIII. 2. a).
630 *W. Müller* in FS Roth, S. 517, 525 f.
631 S. den Ausschussbericht zu § 305 Abs. 3 S. 2, abgedruckt in *Kropff*, AktG, S. 399.

chologischen Momenten und allgemeinen Tendenzen, gehen fehl.[632] Diese Sichtweise verkennt, dass gerade diese Faktoren den „realen“ Anteilswert ausmachen und damit wertbezogen sind.[633] Wenn der BGH im Urteil vom 30.3.1967, stellvertretend für die damals ganz herrschende Meinung[634] ausführt, „[*d*]*er Börsenkurs kann sich mit dem wahren Wert der Aktien decken, er kann aber auch niedriger oder höher sein*“[635], dann liegt dem ein Zirkelschluss zu Grunde. Die Ermittlung des „wahren“ Anteilswertes steht gerade in Frage.[636] Mit „wahrem Wert“ soll wohl der errechnete Anteilswert gemeint sein. Der errechnete Anteilswert ist aber gerade nicht der „wahre“ Unternehmenswert, sondern ausschließlich ein errechneter, fiktiver Wert.[637] Demgegenüber ist der Börsenkurs am Markt geprüft und war am Bewertungsstichtag tatsächlich realisierbar. Der errechnete Unternehmenswert hingegen ist nichts anderes als eine Simulation, die bestimmen soll, wie viel am Markt gezahlt werden sollte. Einen realeren Wert als den Marktwert gibt es nicht.[638]

Unproblematisch sind zunächst diejenigen Fälle, in denen der fiktive Anteilswert den realen nicht überschreitet. Für diese Fälle entspricht es einhelliger Auffassung, dass zwingend auf den höheren Marktwert abzustellen ist. Die Annahme, der Börsenkurs fungiere (ausschließlich) als Wertuntergrenze, basiert wohl auf der Vorstellung, dass die indirekte Wertermittlung nach dem Wortlaut der §§ 738 BGB und 327 b Abs. 1 S. 1 HS. 2 AktG gegenüber der direkten Wertermittlung der Aktie vorrangig ist. Ein Rangverhältnis zwischen direkter und indirekter Wertermittlung lässt sich dem Wortlaut des § 327 b Abs. 1 AktG aber nicht entnehmen.

Problematisch sind vielmehr die Fälle, in denen der fiktive Wert den „realen“ Marktwert überschreitet. Fraglich ist dann, welcher von beiden Werten den Vorrang genießt.

Der herrschenden Auffassung ist insoweit zuzustimmen, als dem Börsenkurs kein absoluter Vorrang vor dem „fiktiven“ Anteilswert gebührt.

Zwar wird der fiktiv ermittelte Anteilswert nicht aussagekräftiger als der Marktwert sein,[639] denn der mittels der Bewertungskalküle fiktiv ermittelte Wert

632 Anschaulich BGH NJW 1967, 1464. S. auch die weiteren Nachweise oben Fn. 591.
633 *Aha* AG 1997, 26, 27 f; *W. Müller* in FS Roth, S. 517, 520.
634 S. dazu den Nachweis oben Fn. 591.
635 BGH NJW 1967, 1464; **ähnlich:** OLG Düsseldorf AG 1995, 84, 85.
636 *Aha* AG 1997, 26, 27 f; vgl. auch *Wenger* ZIP 1993, 321, 329.
637 S. dazu oben VIII. 2. a).
638 *W. Müller* FS Bezzenberger, S. 705, 710 ff.
639 Treffend das BayObLG NZG 1998, 946, 947 reSp – „März/EKU“: Der Börsenkurs wird *„in der Regel den "Verkehrswert" mindestens ebenso zutreffend angeben, wie eine langwierige Berechnung des Unternehmenswertes durch Sachverständige nach der Ertragswertmethode ...* “.

ist eine Rechnung mit Unbekannten.[640] Ermittelt man den Anteilswert – wie im Regelfall üblich – mit Hilfe des Ertragswertverfahrens, so sind schon die unternehmenswertbestimmenden Faktoren – der Überschuss, die Ausschüttungsquote und der Kapitalisierungszinssatz – unbekannte Größen, die sich nur mehr oder weniger genau schätzen lassen. Insbesondere die Bestimmung der Höhe des Risikozuschlags ist, wie schon *Mellerowicz* trefflich formuliert hat, „*eine Sache von Temperament und Glauben*“[641]. Gleiches gilt für den Wachstumszuschlag. Auch der wachsende Komplexitätsgrad der Berechnungsmodelle führt nur zu wachsenden Schwierigkeiten bei der Nachvollziehbarkeit.[642]

Allerdings darf der Börsenwert nicht die Wertobergrenze bilden. Aus verfassungsrechtlicher Sicht ist eine Abfindung zum vollen Wert der gesellschaftlichen Beteiligung geboten.[643] Der Ausscheidende soll ohne wirtschaftlichen Nachteil aus der Gesellschaft ausscheiden können. Entgegen dem Markttest auf einen höheren fiktiven Anteilswert abzustellen ist der Tatsache geschuldet, dass rechtlich gesehen auch der Kleinaktionär „quotaler Träger des Unternehmens“ ist.[644] Dass die Anteile an der Börse gehandelt werden, vermag nichts an dieser Eigenschaft zu ändern.[645] Der Marktwert pendelt um den fiktiven Anteilswert. Unterschreitet der Marktwert den fiktiven Wert, so wird der Ausscheidende der Chance beraubt, mit dem Verkauf der Anteile zu warten. Der Dispositionsfreiheit wäre nur unzureichend Rechnung getragen.

Voraussetzung dafür, dass auf den Marktwert und damit insbesondere auf den Börsenkurs abgestellt werden kann, ist jedenfalls, dass dieser – wie es das BayObLG im Beschluss vom 29.9.1998 formuliert hat – „aussagekräftig“ ist (sog. bereinigter Börsenwert).[646] Der Börsenkurs ist nur dann aussagekräftig, wenn er weder manipuliert noch durch eine Marktenge verzerrt ist. Ist der Marktwert hingegen nicht aussagekräftig, so muss ersatzweise auf einen fiktiven Anteilswert zurückgegriffen werden.

Zum Verhältnis zwischen fiktivem und „realem“ Anteilswert ist im Ergebnis festzuhalten, dass auf den Marktwert und damit den Börsenkurs immer dann zwingend abzustellen ist, wenn dieser den fiktiven Anteilswert überschreitet und aussagekräftig ist. Konkurriert der Marktwert mit einem höheren fiktiven An-

640 *Stilz* in FS Goette, S. 529, 531 ff.

641 *Mellerowicz*, S. 79.

642 *W. Müller* in FS Roth, S. 517, 524; die Schwächen des Ertragswertverfahrens exemplarisch aufzeigend, LG Frankfurt a.M. NZG 2009, 553, 557 ff.

643 Zu den verfassungsrechtlichen Anforderungen an die Abfindung s. oben II.

644 *Hüffer/Schmidt-Aßmann* in Hüffer/Schmidt-Aßmann/Weber, S. 26; vgl. auch *Hüffer*, AktG, § 305 Rn. 24 c.

645 **Anders:** *W. Müller* in FS Roth, S. 517, 531: an der Börse würden „*keine quotalen Unternehmenswerte gehandelt, sondern Vermögensgegenstände ganz eigener Art*“.

646 BayObLG NZG 1998, 946, 947 reSp – „März/EKU“; *Fleischer* in Henssler/Strohn, AktG, § 327 b Rn. 3.

teilswert, so muss der Marktwert hinter dem fiktiven Wert zurücktreten. Maßgeblich ist demnach stets der Höchstwert.

bb) Die Verfahren zur Ermittlung des fiktiven Anteilswertes

aaa) Die Alternativität von Fortführungs- und Zerschlagungswert

Während Ertragswert-, DCF- und Substanzwertverfahren den Fortführungswert des Unternehmens abbilden, bildet das Liquidationsverfahren den Zerschlagungswert ab.[647] Zu klären gilt es damit zunächst, ob der Bewertung der Fortführungs- oder der Zerschlagungswert des Unternehmens zu Grunde zu legen ist. Dieses Problem wird allgemein an anderer Stelle, nämlich unter der Frage erörtert, ob das Abstellen auf den Liquidationswert das Vorhandensein einer konkreten Liquidationsabsicht erfordert.[648]

Genau betrachtet steht hinter dieser Frage nichts anderes als die Frage nach der richtigen Bewertungsperspektive. Ob das Unternehmen fortgeführt oder zerschlagen werden soll, hängt entscheidend von den Entscheidungen des Unternehmensinhabers ab. Nach der hier vorgeschlagenen Lösung ist nicht auf die Perspektive der am Rechtsverhältnis konkret beteiligten Parteien abzustellen, sondern auf die Perspektive eines rational handelnden, markttypischen Dritten.[649] Ein solcher rational handelnder Unternehmensinhaber, der ausschließlich finanzielle Ziele verfolgt und eine bestmögliche Verwertung des Gesellschaftsvermögens anstrebt, wird ein Unternehmen immer dann fortführen, wenn der Fortführungswert den aus der Unternehmensaufgabe resultierenden Vorteil übersteigt.[650]

Auf den Liquidationswert darf nur dann abgestellt werden, wenn dieser den Fortführungswert übersteigt. Infolge der Zerschlagung des Unternehmens und dem daraus resultierenden Verlust der Synergieeffekte wird der Liquidationswert in aller Regel unter dem Ertrags- und Substanzwert liegen und nur ausnahmsweise von Bedeutung sein. Liefert die Liquidation aber ausnahmsweise den höchsten Wert, so ist der Liquidationswert unabhängig von der konkreten Liquidationsabsicht der verbleibenden Gesellschafter in Ansatz zu bringen. „*Die Interessen derer, deren Anspruch vom Wert des Unternehmens abhängt, dürfen nicht dadurch beeinträchtigt werden, daß sich der Unternehmer freiwillig unökonomisch verhält.*“[651] Auch sind die verbleibenden Gesellschafter nicht gehindert, nach der Abfindung des Ausgeschlossenen ihre Fortführungsabsicht

647 Zum Ertragswertverfahren s. oben VII. 1. a), zum DCF-Verfahren oben VII. 2. und zum Substanz- und Liquidationswertverfahren s. oben VII. 3.

648 S. dazu oben VIII. 1. b) cc).

649 S. dazu oben V. 2. d) und e).

650 Vgl. *Wagner* in WP-Handbuch II, A Rn. 383.

651 So treffend *Piltz*, S. 190.

aufzugeben und den höheren Liquidationswert zu realisieren.[652] Eine Ausnahme gilt nur dann, wenn die Fortführung aus rechtlichen oder tatsächlichen Gründen geboten ist.[653] Maßgeblich ist somit auch hier wieder der erzielbare Höchstwert.

bbb) Der Fortführungswert

Zur Ermittlung des Fortführungswertes des Unternehmens konkurrieren die ertragsorientierten Verfahren (Ertragswert- und DCF-Verfahren) mit dem am Reproduktionswert orientierten Substanzwertverfahren und, im Falle der AG für die ein Beherrschungs- und Gewinnabführungsvertrag besteht, mit dem Barwert der Ausgleichszahlungen.

(1) Das Verhältnis von Ertragswert- und DCF-Verfahren

Will man, wie die herrschende Meinung,[654] auf die subjektive Sicht der konkret beteiligten Personen abstellen, so müsste man konsequenterweise auf das von den Bewertungssubjekten präferierte Verfahren abstellen. Nach der vorherrschenden Praxis wäre das in der Regel das DCF-Verfahren. Spielraum für wertungsmäßige Korrekturen bestünde dann nicht.[655] Abzustellen ist aber nicht auf die Perspektive der am Verfahren konkret beteiligten Personen, sondern auf diejenige eines rationalen, markttypischen Dritten. Das Erfordernis der Abfindung zum vollen Wert garantiert dem Ausscheidenden eine Abfindung bei bestmöglicher Verwertung des Unternehmens.[656]

Der hinter dem DCF-Verfahren stehende Gedanke entspricht exakt demjenigen des klassischen Ertragswertgedankens.[657] Abgesehen von verschiedenen verfahrenstechnischen Unterschieden ist der einzige, wirklich wesentliche, feststellbare Unterschied die abweichende Terminologie. Das DCF-Verfahren dem Ertragswertverfahren vorzuziehen, obwohl letzteres sich über sechs Jahrzehnte hinweg bewährt hat und ständig verbessert wurde, widerspricht jedweder Logik. Hinzu kommt, dass sich aus den verschiedenen Spielarten des DCF-Verfahrens auch auf internationaler Ebene bislang noch kein dominantes Verfahren herauskristallisieren konnte.[658] Als Zwischenergebnis kann daher festgehalten werden,

652 *Hüttemann* WPg 2007, 812, 816.
653 *Munkert*, S. 59.
654 S. dazu oben V. 2. a), b) und c).
655 Vgl. *Meilicke*, S. 60.
656 S. dazu ausführlich oben V. 2. d) und e).
657 S. dazu oben VII. 2.
658 Man muss allerdings kein Prophet sein, um zu erkennen, dass sich das DCF-Verfahren letztendlich auch in der Gerichtspraxis, welche der Bewertungspraxis stets einige Jahre hinterherhinkt, durchsetzen wird.

dass dem erprobten Ertragswertverfahren gegenüber dem DCF-Verfahren der Vorzug zu geben ist.[659]

(2) Das Verhältnis von Ertragswert und Substanzwert

Soll das Unternehmen fortgeführt werden, so stellt sich die Frage nach dem Verhältnis zwischen dem Ertragswert und dem Substanzwert, denn beide Verfahren dienen dazu, den Fortführungswert zu ermitteln. Lediglich der Ermittlungsmodus unterscheidet sich.

Sieht man den Zweck einer Unternehmung ausschließlich darin, den Anteilseignern in Zukunft finanzielle Zuflüsse zukommen zu lassen,[660] so ist fraglich, ob dem Substanzwert überhaupt eine eigene Bedeutung zukommen kann. Wird das Unternehmen fortgeführt, so ist der Substanzwert nicht realisierbar. Kein rational handelnder Marktteilnehmer würde unter dieser Prämisse ein Unternehmen zu einem Wert erwerben, dessen Gesamtnutzen (sc. Ertragswert) den Kaufpreis nicht erreicht. Das Substanzwertverfahren ist (grundsätzlich) auch nicht geeignet, den Fortführungswert vollständig abzubilden und deshalb aus bewertungstheoretischer Sicht überholt.

Nur in Ausnahmefällen kann auf den Substanzwert abzustellen sein. Zwar mag der Substanzwert ausnahmsweise den Ertragswert übersteigen. Auf den Substanzwert darf aber jedenfalls nicht alleine deshalb – ähnlich dem Börsenkurs – als Wertuntergrenze zurückgegriffen werden, weil er den Ertragswert übersteigt.[661] In Betracht zu ziehen ist dann ausschließlich der wesensverschiedene und vom Substanzwert streng zu unterscheidende Liquidationswert.[662]

Deshalb ist aus bewertungstheoretischer Sicht nicht nachvollziehbar, weshalb §§ 11 Abs. 2 S. 3 i.V.m. 9 Abs. 2 S. 1 BewG den Substanzwert trotz Annahme der Unternehmensfortführung generell als Wertuntergrenze bestimmt.[663] Untergrenze der Bewertung bildet allenfalls der Liquidationswert. Die Literatur behilft sich damit, dass sie den „Liquidationswert als besondere Ausprägung des Substanzwerts" versteht.[664]

Auf den Substanzwert kann ausschließlich dann abzustellen sein, wenn das Ertragswertverfahren ausnahmsweise nicht geeignet ist, den Fortführungswert abzubilden. Dies kann wohl bei personell geprägten Unternehmen sowie bei

659 Äußerst **kritisch** auch *Schneider* DB 1998, 1473 ff.

660 S. dazu oben VII. 1. a) bb) und cc).

661 Vgl. *Großfeld*, Rn. 1161 f; IDW S 1 2008, Tz. 149 ff.

662 Die Begriffe Substanzwert und Liquidationswert werden häufig fälschlich gleichgesetzt, s. dazu oben VII. 3.

663 In diesem Sinne schon *Ballwieser*, S. 11 in Fn. 43; *Creutzmann* Stbg 2008, 148, 153 f; **kritisch auch:** *Eisele* in Rössler/Troll, BewG, § 11 Rn. 39; *Riedel* in Daragan/Halaczinsky/Riedel, ErbStG und BewG, § 11 BewG Rn. 42 f.

664 *Eisele* in Rössler/Troll, BewG, § 11 Rn. 40.

Holdinggesellschaften der Fall sein. Zweifelhaft erscheint, ob alleine deshalb auf den Substanzwert abzustellen ist, weil das Unternehmen einen überdurchschnittlich hohen Anteil an nicht betriebsnotwendigem Vermögen besitzt. Schließlich ist der Ertragswert stets um den Wert des neutralen Vermögens zu ergänzen.[665]

(3) Der Barwert der Ausgleichszahlungen

Richtig ist zwar, dass die Aktie die Teilhabe an der Aktiengesellschaft und dem von ihr gehaltenen Unternehmen vermittelt und sich der Wert der Aktien deshalb im Regelfall vom Unternehmenswert ableitet. Allerdings kann der Wert der einzelnen Aktien vom anteiligen Unternehmenswert abweichen. Für die AG ist eine indirekte Wertermittlung nicht zwingend vorgeschrieben und die Möglichkeit der direkten Anteilswertermittlung anerkannt.[666] Dem Ansatz der Ausgleichszahlungen als direktem Wertmaßstab steht der Wortlaut des § 327 b Abs. 1 S. 1 HS. 2 AktG – ebenso wie dem Börsenkurs – demnach nicht entgegen.[667] Zu den Verhältnissen der Gesellschaft zu diesem Zeitpunkt gehört auch der bestehende und nicht gekündigte Beherrschungs- und Gewinnabführungsvertrag.[668]

Als Investitionsobjekt leitet eine Unternehmensbeteiligung ihren Wert von seiner Fähigkeit ab, dem Anteilseigner in Zukunft finanzielle Überschüsse zufließen zu lassen (Zuflussprinzip).[669] Treten die Ausgleichszahlungen an die Stelle der Dividendenbeteiligung, so sind für den Inhaber fortan ausschließlich diese wertbestimmend. Der Ertragswert hingegen beträgt, sofern eine Vertragsaufhebung nicht absehbar ist, mangels prognostizierter Dividendenausschüttung null. Andererseits kann auch nicht auf den Liquidationswert abgestellt werden, denn die Unternehmensaufgabe ist (im Regelfall) weder geplant noch aus wirtschaftlicher Sicht sinnvoll. Vor diesem Hintergrund und der vom BVerfG geforderten wirtschaftlich vollen Entschädigung (Art. 14 GG)[670] ist eine Berücksichtigung der Ausgleichsberechtigung bei der Festsetzung der Abfindung von Verfassungs wegen geboten.[671]

Aus diesem Grund ist, wie das OLG Frankfurt festgestellt hat, unschädlich, dass das neutrale Vermögen in der Bewertungsgrundlage nicht repräsentiert ist. Während der Vertragslaufzeit haben die Minderheitsaktionäre keine Möglichkeit, auf das nicht betriebsnotwendige Vermögen zuzugreifen oder ihren Anteil

665 S. dazu oben VII. 1. d) dd) aaa).
666 *Leyendecker* NZG 2010, 927, 928. S. dazu die oben III. 2.
667 *Leyendecker* NZG 2010, 927, 928.
668 LG Frankfurt a.M. DK 2006, 553.
669 Zum Ertragswertgedanken s. ausführlich oben VI. 1. a).
670 Zu den verfassungsrechtlichen Vorgaben s. oben II.
671 *Tebben* AG 2003, 600, 606 liSp.

daran zu realisieren. „*Die insoweit allein aus formaler Sicht bestehende Teilhabe am nicht betriebsnotwendigen Vermögen ist aus Sicht des Minderheitsaktionärs daher wertlos.*“[672] Zum Bewertungsstichtag bestimmt sich der wirtschaftliche Nutzen der Beteiligung – sofern eine Vertragsbeendigung nicht absehbar ist – ausschließlich nach den Ausgleichszahlungen.

Hinzu kommt, dass sich die zur Anteilswertbestimmung zu treffenden hypothetischen Annahmen deutlich verringern. Im Beschluss vom 30.3.2010 führt das OLG Frankfurt deshalb zu Recht aus, dass der Ansatz des Barwertes der Ausgleichszahlungen „*zu einer nicht unerheblichen Rechtsvereinfachung, Rechtsklarheit und damit zugleich zu einer allen Beteiligten zugute kommenden erhöhten Rechtssicherheit*“ führt.[673]

Andererseits darf – ebenso wie beim Ansatz des Börsenkurses – nicht unberücksichtigt bleiben, dass es sich bei der Beteiligung trotz des Bestehens eines Beherrschungs- und Gewinnabführungsvertrages um eine quotale Beteiligung am Unternehmen handelt.[674] Deshalb ist nicht stets auf den Barwert der Ausgleichszahlungen, sondern auf den sich ergebenden Höchstwert abzustellen. Auch aus diesem Grund sind die Bedenken hinsichtlich des Stichtagsprinzips und des nicht betriebsnotwendigen Vermögens nicht gerechtfertigt, denn der Barwert der Ausgleichszahlungen bildet im Ergebnis ausschließlich die Wertuntergrenze.

c) Ergebnis und Zusammenfassung zu VIII.

Der reale Marktwert und damit insbesondere der Börsenkurs ist dem fiktiv ermittelten Anteilswert gleichwertig. Die verfassungsrechtlich geforderte Abfindung zum vollen Wert sowie das Erfordernis der bestmöglichen Verwertung des Unternehmens machen es erforderlich, stets auf den höchsten Anteilswert abzustellen. Dies gilt unabhängig davon, ob sich dieser aus dem Ertrags-, Börsen-, oder Liquidationswert oder dem Barwert der Ausgleichszahlungen ableitet. Dem Substanzwert hingegen kommt grundsätzlich keine eigenständige Bedeutung mehr zu. Da der Ertragswert in aller Regel den höchsten Wert liefern wird, wird in der Regel auf den Ertragswert abzustellen sein. Zwingend ist dies allerdings nicht. Soweit der Ertragswert ausnahmsweise hinter dem Barwert der Ausgleichszahlungen, dem Liquidations- oder dem Börsenwert zurückbleibt, ist zwingend auf den höheren Wert abzustellen.[675]

Vom Ergebnis her betrachtet entspricht der hier vorgeschlagene Ansatz des Höchstwertes der Vorgehensweise von Rechtsprechung und Lehre, die den anderen Bewertungsverfahren ausschließlich eine Korrekturfunktion zumessen

672 OLG Frankfurt a.M. Beschl. v. 30.03.2010 – 5 W 32/09, juris Tz. 58.
673 OLG Frankfurt a.M. Beschl. v. 30.03.2010 – 5 W 32/09, juris Tz. 86.
674 S. dazu die Nachweise oben Fn. 644.
675 **Ähnlich:** *Lutter* ZGR 1979, 401, 417 f.

und nur subsidiär als Wertuntergrenze auf den Substanz-, Liquidations- und Börsenwert abstellen wollen.

IX. Die Zu- und Abschläge auf den Anteilswert

1. Meinungsstand

Für die betriebswirtschaftliche Anteils- und Unternehmensbewertung anlässlich des Kaufs oder Verkaufs von Geschäftsanteilen entspricht es der gängigen Praxis, dass der (fiktiv) ermittelte Anteilswert um Zu- und Abschläge zu korrigieren ist.[676] Begründet werden solche Zu- und Abschläge damit, dass die Unternehmensanteile wirtschaftlich nicht für alle Gesellschafter den gleichen Wert besitzen. Der Anteilswert für den einzelnen Gesellschafter würde entscheidend von seinem Einfluss auf die Unternehmensführung abhängen. Diese Modifikation sollte mithin der Stellung als Mehrheits- oder Minderheitsgesellschafter Rechnung tragen. Auch im Steuerrecht sei völlig anerkannt, dass die Einflussnahmemöglichkeiten der Gesellschafter zu berücksichtigen seien (sog. Paketzuschlag).[677]

Für die Abfindung zwangsweise ausscheidender Gesellschafter hingegen werden nur sehr vereinzelt Zu- und Abschläge für erforderlich gehalten.[678] Die ganz herrschende Auffassung geht demgegenüber davon aus, dass sich minderheitsbedingte Abschläge aus rechtlicher Sicht verbieten.[679] Im Vordergrund der Argumentation steht der Grundsatz der Gleichbehandlung aller Gesellschafter.[680] Für die Aktiengesellschaft ist dieser mit §§ 53 a und 60 Abs. 1 AktG[681] ausdrücklich normiert und im Übrigen für alle Gesellschaftsformen anerkannt.[682]

---

676 S. dazu *Großfeld*, Rn. 1188; *Piltz*, S. 61 f; *Warneke* WPg 1964, 446, 452.

677 Vgl. *Kropff* DB 1962, 155, 158; *Großfeld*, Rn. 1188.

678 So **z.B.:** *Strohn* in MünchKommGmbHG, § 34 Rn. 208; *Warneke* WPg 1964, 446, 452; OLG Celle Beschl. v. 6.1.1961 – Wx 2/59, abgedruckt bei *Koppenberg*, S. 54, 55; OLG Hamm Beschl. v. 23.1.1963 – 8 AR 1/60, abgedruckt bei *Koppenberg*, S. 99, 106 f.

679 **Aus der Literatur:** *Hüffer*, AktG, § 305 Rn. 24; *Emmerich* in Emmerich/Habersack, Konzernrecht, § 305 Rn. 75; *Paulsen* in MünchKommAktG, § 305 Rn. 141; *Koppensteiner* in KölnerKommAktG, § 305 Rn. 95; *Meilicke*, S. 55 f; *Großfeld*, Rn. 217, 1189; *ders.* JZ 1981, 641, 646 f; *ders* JZ 1981, 769, 771 f und 773; *Kropff* DB 1962, 155, 158; **aus der Rechtsprechung:** OLG Köln NZG 1999, 1222, 1227; OLG Düsseldorf AG 1987, 315, 317.

680 *Ränsch* AG 1984, 202, 207 reSp; *Großfeld*, Rn. 1189 f; *ders.* JZ 1981,641, 646 f; *ders* JZ 1981, 769, 770; *Meilicke*, S. 56.

681 *Meilicke*, S. 56; *Hüffer*, AktG, § 305 Rn. 24; *Emmerich* in Emmerich/Habersack, Konzernrecht, § 305 Rn. 75.

682 *Großfeld*, Rn. 1187, 1189; zu den **Personengesellschaften** s. *Enzinger* in MünchKommHGB, § 109 Rn. 20; *Hopt* in Baumbach/Hopt, HGB, § 109 Rn. 29; zur **GmbH** s. *Altmeppen* in Roth/Altmeppen, GmbHG, § 13 Rn. 60 ff; BGH GmbHR 1992, 257, 261.

Der Gleichbehandlungsgrundsatz verbiete eine Differenzierung nach der Höhe der Beteiligung. Im Verhältnis der Gesellschafter zueinander ist ein einheitlicher Unternehmenswert zu Grunde zu legen. Allen gebühre der gleiche Abfindungsbetrag.[683] Eine unterschiedliche Stimmrechtsausstattung soll hingegen berücksichtigt werden dürfen.[684]

Herrschender Auffassung zufolge soll Gleiches auch für Minderheitsaufschläge gelten.[685] Zwar werde dem Ausgeschlossenen die Entscheidung über seinen Verbleib in der Gesellschaft genommen. Eine Entschädigung für den Verlust der Privatautonomie soll dieser aber dennoch nicht erhalten, denn der Minderheitsaufschlag beschreibe nichts anderes als den „Lästigkeitswert“.[686]

Mitunter wird hervorgehoben, dass der Ausscheidende gerade keine Enteignungsentschädigung oder Schadensersatz erhalte, sondern eine Abfindung. Bei der Bemessung der Abfindung seien ausschließlich vermögensrechtliche Gesichtspunkte zu berücksichtigen.[687] Wenn nichtvermögensrechtliche Gesichtspunkte nicht zu seinen Gunsten berücksichtigt werden können, dann können diese auch nicht zu seinen Ungunsten berücksichtigt werden.

2. Stellungnahme

Der herrschenden Meinung ist mit obiger Begründung insoweit vollauf beizupflichten, als die Höhe der Beteiligung weder Zu- noch Abschläge rechtfertigt. Zumindest für den aktienrechtlichen Minderheitsausschluss gem. §§ 327 a ff AktG aber macht eine völlig andere Tatsache einen Zuschlag erforderlich. Wollte man den Gesellschafter zum Verkehrswert abfinden, so würde man unterstellen, dass der Ausgeschlossene zu diesem Wert verkauft hätte. Wenngleich der ermittelte Unternehmens- und Anteilswert eine reine Fiktion ist, so steht doch ein Faktum außer Frage. In der Vergangenheit hat der Ausscheidende gerade dem Verbleib in der Gesellschaft gegenüber dem Ausscheiden zum fiktiven Verkehrswert den Vorzug gegeben.[688] Freilich wäre der Verkehrswert nicht immer tatsächlich realisierbar gewesen. Dennoch wäre es in der Regel völlig ab-

683 *Grossfeld* JZ 1981, 769, 770 reSp.

684 *Hüffer*, AktG, § 305 Rn. 24; *Paulsen* in MünchKommAktG, § 305 Rn. 142; *Koppensteiner* in KölnerKommAktG, § 305 Rn. 97; OLG Düsseldorf AG 1987, 315, 317; LG Frankfurt a.M. AG 1987, 315, 317 reSp.

685 *Großfeld*, Rn. 1190; *Emmerich* in Emmerich/Habersack, Konzernrecht, § 305 Rn. 75; *Koppensteiner* in KölnerKommAktG, § 305 Rn. 95; *Meilicke*, S. 55 f; *Komp*, 405; *Kort* ZGR 1999, 402, 412 ff.

686 *Großfeld*, Rn. 1190; *ders* JZ 1981, 769, 773; *Kort* ZGR 1999, 402, 412 ff; vgl. auch *Komp*, S. 405; *Meilicke*, S. 57 f; vgl. auch OLG Hamburg NZG 2001, 471, 473.

687 *Kropff* DB 1962, 155, 158.

688 Vgl. *Meilicke*, S. 60 f; *Großfeld*, Rn. 218, 1190.

surd anzunehmen, der Ausgeschlossene habe seinen Geschäftsanteil lediglich deshalb nicht veräußert, weil ihm die Veräußerungsmöglichkeit gefehlt hat. Vielmehr hätte der Ausscheidende einen Aufschlag auf den Verkehrswert verlangt. Im Ergebnis heißt das, dass man einen Wert ermittelt, der erwiesenermaßen nicht mit dem Wert übereinstimmt, den der Anteilseigner seinem Anteil beimisst. Bei Abfindung zum Verkehrswert steht der Ausscheidende aus seiner Sicht niemals so, wie er vor seinem Ausscheiden stand, sondern immer schlechter. Den Aufpreis für den Verlust der privatautonomen Entscheidung über den Verbleib in der Gesellschaft unberücksichtigt zu lassen mag zwar dann gerechtfertigt sein, wenn der Gesellschafter sein Ausscheiden aus wichtigem Grund zurechenbar veranlasst hat. Wenn aber der Hauptaktionär die Minderheitsaktionäre zur Durchsetzung seiner eigenen wirtschaftlichen Interessen anlassunabhängig aus der Gesellschaft drängen kann, so erscheint es nur angemessen, wenn dieser auch den Preis für den Verlust der Privatautonomie zahlt. Der grundlos ausgeschlossene Minderheitsaktionär soll – so das BVerfG – eben so stehen, wie er bei freier Deinvestitionsentscheidung stehen würde.[689]

Dem BVerfG ist deshalb beizupflichten, dass der Gesellschafter mindestens zum Verkehrswert abzufinden ist.[690] Das OLG Düsseldorf sowie das OLG München haben sich für einen solchen Zuschlag auf den Verkehrswert entschieden.[691] Um der viel betonten Dispositionsfreiheit des Ausscheidenden gerecht zu werden, steht es im billigen Ermessen des Gerichtes, dem Ausscheidenden einen Zuschlag zu gewähren.[692]

X. Die Schätzung des Unternehmenswertes

Die ständige Rechtsprechung betont völlig zu Recht, dass „*jede Unternehmens- und Anteilsbewertung naturgemäß nur eine mit Unsicherheiten behaftete Schätzung und keine punktgenaue Messung sein kann.*“[693] Schon die den Unternehmenswert ermittelnden Gutachten sind nicht in der Lage, einen mathematisch exakten oder „wahren“ Unternehmenswert zum Bewertungsstichtag abzubilden. Auch das gutachtliche Ergebnis stellt letztlich nur eine Schätzung des Unternehmenswertes dar.[694] „*Dem Gericht kommt somit die Aufgabe zu,*

689 S. dazu oben II. 3.

690 BVerfG NZG 1999, 931, 932 reSp = BVerfGE 100, 289 – „DAT/Altana“; NZG 2007, 228, 229.

691 S. OLG Düsseldorf AG 1964, 246, 247 reSp; OLG München AG 1965, 139, 140 liSp;OLG Hamm Beschl. v. 23.1.1963 – 8 AR 1/60, abgedruckt bei *Koppenberg*, S. 99, 106 f.

692 **A.A.:** *Großfeld*, Rn. 1190; *Komp*, S. 405; *Kort* ZGR 1999, 402, 412 ff.

693 OLG Stuttgart AG 2008, 510, 512 reSp.

694 OLG München BB 2007, 2395, 2396 liSp.

unter Anwendung anerkannter betriebswirtschaftlicher Methoden den Unternehmenswert, der Grundlage für die Abfindung ist, im Wege der Schätzung nach § 287 Abs. 2 ZPO zu bestimmen ... .“[695] Gesetzlich verankert ist die Wertermittlung der Abfindung im Wege der Schätzung in § 738 Abs. 2 BGB (i.V.m. § 105 Abs. 3 HGB) und § 260 Abs. 2 S. 3 AktG.[696] Schätzungsgrundlage ist der anhand der Grundsätze ordnungsgemäßer Unternehmensbewertung ermittelte Wert, regelmäßig also der Ertragswert.[697]

XI. Zusammenfassung zum 2. Teil

1. Ein Anteils- und Unternehmensbewertungsverfahren mit „ultimativem Richtigkeitsanspruch“[698] gibt es nicht. Der Wert einer Unternehmung lässt sich mittels verschiedener Bewertungsverfahren ermitteln, die divergierende Unternehmenswerte liefern. Um dem verfassungsrechtlichen Gebot der Abfindung zum „vollen“ Anteilswert gerecht zu werden, ist immer auf den sich ergebenden Höchstwert aus den verschiedenen Unternehmenswerten abzustellen.

2. In der Regel wird das Ertragswertverfahren den höchsten Wert liefern. Nur für den Ausnahmefall, dass ein höherer Markt- oder Liquidationswert existiert, ist auf diesen abzustellen. Dem Substanzwert kommt als Fortführungswert neben dem Ertragswert grundsätzlich keine eigenständige Bedeutung für die Unternehmensbewertung zu.

3. Der Ertragswert einer Unternehmung errechnet sich aus der Summe der für die Zukunft prognostizierten, auf den Bewertungsstichtag abgezinsten Ausschüttungen bzw. Entnahmen. Er wird ergänzt um den Wert des nicht betriebsnotwendigen Vermögens. Die Abzinsung erfolgt mit dem Kapitalisierungszinssatz, welcher sich aus dem (quasi) risikolosen Basiszinssatz und dem Risikozuschlag zusammensetzt. Der Risikozuschlag berücksichtigt einerseits das Volatilitätsrisiko – das Risiko schwankender Überschüsse – andererseits das Ausfallrisiko.

---

695 OLG München BB 2007, 2395, 2396 liSp; so auch die ständige und unbestrittene Rechtsprechung, vgl. BGH NJW 1993, 2101, 2103; ZIP 2001, 734, 736 reSp; s. auch OLG Koblenz Urt. v. 20.2.2009 – 10 U 57/05, juris Tz. 61: *„Die Schätzung selbst ist und bleibt Sache des Gerichts, nicht etwa eines Sachverständigen.“*.

696 *Großfeld*, Rn. 38.

697 OLG Stuttgart ZIP 2004, 712, 714 reSp; *Ulmer/Schäfer* in MünchKommBGB, § 738 Rn. 32 f.

698 *W. Müller* in FS Bezzenberger S. 705.

4. Soweit es Aktiengesellschaften zu bewerten gilt, für die ein Beherrschungs- und Gewinnabführungsvertrag besteht, ist auf den Barwert der diskontierten Ausgleichszahlungen abzustellen.

5. Der Börsenkurs ist im Gegensatz zu dem mittels der Bewertungskalküle fiktiv errechneten Anteilswert ein realer, tatsächlich realisierbarer Wert und den fiktiven Werten gleichwertig. Der Börsenwert ist aus dem Durchschnittskurs der vergangenen drei Monate vor dem Tag der Bekanntgabe der Maßnahme zu ermitteln.

3. Teil Der Ausschluss aus der oHG[699]

I. Die Phasen bei Ausschluss aus einer oHG

Ausschluss und Auseinandersetzung mit dem auszuschließenden Gesellschafter vollziehen sich in zwei Phasen, der Schwebephase und der Phase zwischen Ausscheiden und Auszahlung der Abfindung.[700] Siehe dazu die Darstellung der Phasen in Abbildung Nr. 3.

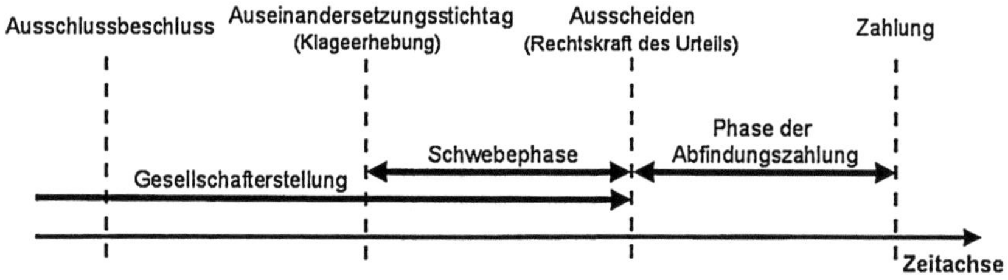

Abb. Nr. 3: Die Phasen bei Ausschluss aus einer oHG

Nach obiger Definition liegt eine Schwebephase stets dann vor, wenn die zwei Referenzpunkte – Zeitpunkt der gesellschaftsinternen Entscheidung über den Ausschluss und Zeitpunkt des Ausscheidens – auseinanderklaffen.[701] Wollen die Gesellschafter einer oHG einen Mitgesellschafter aus der Gesellschaft ausschließen, so müssen sie – sofern keine abweichende Vereinbarung im Gesellschaftsvertrag getroffen wurde –[702] gem. § 140 Abs. 1 S. 1 HGB Ausschlussklage gegen den Mitgesellschafter erheben. Das Ausschlussurteil hat rechtsgestaltende Wirkung. Erst mit Rechtskraft des Ausschlussurteils scheidet der Auszuschließende aus der Gesellschaft aus und verliert ex nunc seine Gesellschafterstellung.[703] Wegen der endgültigen Wirkung der Entscheidung kann der sofortige Ausschluss auch nicht durch einstweilige Verfügung erreicht werden.[704]

699 Nachfolgende Überlegungen gelten entsprechend für den Ausschluss aus der KG.

700 S. dazu oben 1. Teil I.

701 S. dazu oben 1. Teil I. 1.

702 Abweichend von § 140 Abs. 1 HGB kann gesellschaftsvertraglich ein Ausschluss durch einfachen Gesellschafterbeschluss vereinbart werden, s. statt aller *K. Schmidt* in MünchKommHGB, § 140 Rn. 91 m.w.N.

703 So die einhellige Meinung, s. *Hopt* in Baumbach/Hopt, HGB, § 140 Rn. 22; *K. Schmidt* in MünchKommHGB, § 140 Rn. 83, 85; *Koller* in Koller/Roth/Morck, HGB, § 140 Rn. 3.

704 *Emmerich* in Heymann, HGB, § 140 Rn. 28; *C. Schäfer* in Staub, HGB, § 140 Rn. 44

Das Erfordernis einer konstitutiven Ausschlussklage und die daraus resultierende Schwebephase selbst bedingen noch keine (fiktive) Zahlungsverzögerung, denn nach allgemeinem Grundsatz zur Bemessung der Abfindung wäre im Falle des Ausscheidens aus einer Gesellschaft auf den Zeitpunkt des Ausscheidens abzustellen.[705] Verlust der Gesellschafterstellung und Bewertungsstichtag müssen aus bewertungstheoretischer Sicht im Grunde zusammenfallen.[706] Dies gilt gem. § 738 Abs. 1 S. 2 BGB insbesondere für den Ausschluss aus einer GbR,[707] für das Ausscheiden aus der oHG aus sonstigen Gründen (vgl. § 131 Abs. 3 HGB)[708] sowie dann, wenn gesellschaftsvertraglich der Ausschluss durch einfachen Gesellschafterbeschluss zugelassen ist.[709]
Das hier zu untersuchende Problem einer Zahlungsverzögerung stellt sich erst dann, wenn Bewertungsstichtag und Stichtag der Abfindungszahlung auseinander fallen. Im Widerspruch zum Grundsatz der Kongruenz von Bewertungsstichtag und Verlust der Gesellschafterstellung ist der Bewertungsstichtag bei Ausschluss aus einer oHG in § 140 Abs. 2 HGB abweichend gesetzlich geregelt. Gem. § 140 Abs. 2 HGB ist zur Bewertung des Gesellschaftsvermögens zwecks Abfindung auszuschließender Gesellschafter nicht auf den Tag der Rechtskraft des Ausschlussurteils, sondern auf den Tag der Klageerhebung abzustellen. Eine „Rückwirkung“ der Ausschlusswirkung ist damit nicht verbunden,[710] sodass der Tag des Ausscheidens unberührt bleibt. § 140 Abs. 2 HGB spaltet lediglich den Stichtag der Auseinandersetzung vom Tag des Ausscheidens ab und verlagert diesen fiktiv auf den Stichtag der Klageerhebung vor. Ausbezahlt wird die Abfindung aber frühestens mit der gerichtlichen Entscheidung über den Verbleib in der Gesellschaft, nämlich Zug um Zug mit Ausscheiden aus der Gesellschaft.
Erfolgt der Ausschluss hingegen durch einen, im Gesellschaftsvertrag zugelassenen, einfachen Gesellschafterbeschluss, so stellt sich vor dem Ausscheiden aus der oHG das Problem einer Zahlungsverzögerung nicht.[711]

705 Vgl. *Flechtheim* in Hachenburg, HGB, § 140 Anm. 10.
706 Zur Kongruenz von Verlust der Mitgliedschaft und Bewertungsstichtag s. oben 2. Teil VI. 3.
707 *Sprau* in Palandt, BGB, § 737 Rn. 5.
708 S. *Hopt* in Baumbach/Hopt, HGB, § 131 Rn. 49 f; *C. Schäfer* in Staub, HGB, § 131 Rn. 144; *K. Schmidt* in MünchKommHGB, § 131 Rn. 146.
709 S. dazu oben Fn. 702.
710 *K. Schmidt* in MünchKommHGB, § 140 Rn. 83; *Hueck*, OHG, S. 444.
711 Vgl. unten II. 3. a) bb).

Mit Rechtskraft des Urteils büßt der Auszuschließende seine Gesellschafterstellung endgültig ein. Die an die Stelle seiner gesellschaftlichen Beteiligung tretende Abfindung erhält er dennoch üblicherweise nicht unmittelbar mit dem Ausscheiden ausbezahlt. Eine zusätzliche Ausdehnung der Schwebephase infolge einer Verknüpfung von Ausscheiden und Abfindungszahlung, wie sie beim Ausschluss aus der GmbH überwiegend angenommen wird – die sog. Bedingungskonstruktion –,[712] wird für den Ausschluss aus der oHG weder vertreten noch überhaupt diskutiert. Durch den Wegfall der Gesellschafterstellung ist die Situation in der Phase zwischen dem Ausscheiden aus der Gesellschaft und der (vollständigen) Zahlung der Abfindung anders gelagert als die Situation in der Schwebephase. Auf diesen Zeitraum gilt es deshalb gesondert einzugehen.

II. Die Behandlung der Schwebephase

Die nachfolgenden Ausführungen stehen unter der Prämisse, dass die Ausschlussklage Erfolg hat. Zum Scheitern der Ausschlussmaßnahme siehe unten V.

1. Die gesetzliche Ausgangslage

a) Kein Ausgleich durch die Abfindung

Aus dem stichtagsbezogenen Anteils- und Unternehmensbewertungsmodus folgt zwangsläufig, dass ein angemessener Ausgleich für die Kapitalüberlassung für den Zeitraum nach dem Bewertungsstichtag nicht per se in der Abfindung enthalten sein kann.

Die Abfindung wird stets stichtagsbezogen ermittelt.[713] Legt man das im Regelfall einschlägige Ertragswertverfahren zu Grunde, so bedeutet dies, dass die zukünftigen Zahlungsströme auf den Bewertungsstichtag abzuzinsen sind. Der Abzufindende erhält nur den Barwert zum Bewertungsstichtag.[714] Dementsprechend gehen die Bewertungskalküle fiktiv von einer sofortigen Auszahlung der Abfindung zu diesem Stichtag aus.[715] Tatsächlich aber bleibt die Gesellschafterstellung des Auszuschließenden während der gesamten Schwebephase unberührt. Erst mit Rechtskraft des Urteils scheidet er aus der Gesellschaft aus und verliert automatisch seinen Geschäftsanteil.[716] Ersatz für das in seinem Ge-

712 S. dazu ausführlich unten 4. Teil I. 3.
713 S. dazu oben 2. Teil VI. 1.
714 Zur Abzinsung im Rahmen der Ertragswertermittlung s. oben 2. Teil VII. 1. d) cc).
715 S. dazu oben 2. Teil VI. 1.
716 S. die Nachweise oben Fn. 703.

schäftsanteil verkörperte Kapital erhält der Ausscheidende erst über die Abfindung. Bis zur Zahlung der Abfindung bleibt das Kapital des Auszuschließenden somit in seinem Gesellschaftsanteil gebunden. Er kann zwar (theoretisch) weiterhin über seinen Anteil verfügen, nicht aber über das darin verkörperte Kapital als solches. Während die Gesellschaft in der Schwebephase weiterhin auch mit dem Kapital des Auszuschließenden wirtschaftet und Gewinne erzielen kann, ist es dem Ausscheidenden unmöglich, sein Kapital selbst gewinnbringend am Markt anzulegen.[717] Sofern sich der Auszuschließende nicht sofort mit dem Ausschluss einverstanden erklärt, resultiert aus der klagebedingten Zahlungsverzögerung und dem einhergehenden Nutzungsausfall zwangsläufig und unbestreitbar eine „Zinslücke".[718]

Anders wäre die Situation nur dann, wenn die Gesellschaft dem Ausscheidenden die Abfindung „vorsorglich" schon zum Bewertungsstichtag ausbezahlen würde.[719] Der Auszuschließende hätte dann keinen finanziellen Nachteil, denn mit der Auszahlung hätte er es in der Hand, sein Abfindungskapital am Markt anderweitig gewinnbringend zu investieren. Eines zusätzlichen Ausgleichs für die Vorenthaltung des Kapitals bedürfte es in diesem Fall nicht.

Die Annahme, eine Gesellschaft würde die Abfindung nicht Zug um Zug, sondern schon vor Ausscheiden an den noch Auszuschließenden auszahlen, ist jedoch realitätsfremd.[720] Erst mit Rechtskraft des Ausschlussurteils steht überhaupt fest, dass der Ausschluss geglückt ist, und erst mit dem Ausscheiden entsteht der Anspruch auf Abfindung.[721]

b) Kein gesetzlicher Ausgleich für die Zahlungsverzögerung

Denkbar wäre zunächst, dass der Gesetzgeber selbst für einen entsprechenden finanziellen Ausgleich Vorsorge getroffen hat. Sollte sich eine solche Vorschrift finden lassen, so wäre ein darüber hinausgehender, ungeschriebener Ausgleich grundsätzlich weder erforderlich noch angebracht.

In anderem Zusammenhang, nämlich in den ähnlich gelagerten Fällen des aktienrechtlichen Minderheitsausschlusses, dem Abschluss eines Unternehmensvertrages und der Eingliederung, hat der Gesetzgeber die Liquiditätsproblematik mit §§ 305 Abs. 2 S. 3, 320 b Abs. 1 S. 6 und 327 b Abs. 2 HS. 1 AktG zumindest partiell gesetzlich geregelt und spezielle Verzinsungsregelungen für den Zeitraum zwischen Ausscheiden und Abfindungszahlung vorgesehen.[722]

---

717 Vgl. BVerfG NJW 1962, 1667, 1669 reSp = BVerfGE 14, 263 – „Feldmühle".

718 So auch der BGH zum Minderheitsausschluss aus der AG, s. BGH NZG 2011, 701, 704 Tz. 29 = ZIP 2011, 1097 – „Wella AG".

719 So schon *Altmeppen* in FS Roth, S. 1, 4.

720 *Altmeppen* in FS Roth, S. 1, 4.

721 S. dazu sogleich unten II. 1.

722 Zum Minderheitsausschluss s. ausführlich unten 5. Teil.

Für den Ausschluss aus der oHG hingegen fehlt im Zusammenhang mit § 140 HGB eine spezielle, insbesondere die Schwebephase abdeckende, Verzinsungsregelung völlig. Ein Ausgleichsanspruch könnte sich allenfalls aus den allgemeinen Vorschriften ergeben. Diskutiert wird in der Literatur, ob der ausscheidende Gesellschafter für die zwangsweise Zurverfügungstellung seines Kapitals nicht schon dadurch ausreichend finanziell entschädigt werde, dass seine Abfindung gem. §§ 288 Abs. 1, 247 BGB oder gem. § 353 HGB zu verzinsen sei und er unter Umständen einen entsprechenden Verzugsschaden gem. §§ 280 Abs. 1, Abs. 2, 286 BGB geltend machen könne. Bei genauer Betrachtung ist keiner der vorgeschlagenen Ansprüche geeignet, den Auszuschließenden für den Zeitraum der Schwebephase angemessen zu entschädigen.

Eine Verzinsung in unmittelbarer Anwendung des § 353 S. 1 HGB scheidet schon deshalb aus, weil dieser tatbestandlich das Vorliegen eines Handelsgeschäfts voraussetzt.[723] Die Auseinandersetzung mit dem Ausgeschlossenen stellt aber nach heute ganz einhelliger Meinung kein Handelsgeschäft dar.[724]

Unabhängig von der einschlägigen Anspruchsgrundlage setzen alle oben genannten Ansprüche wenigstens die Entstehung und die Fälligkeit des Abfindungsanspruchs voraus. Der Anspruch auf Abfindung entsteht aber nach (praktisch) einhelliger Auffassung erst mit dem Ausscheiden aus der Gesellschaft, also mit formeller Rechtskraft des Ausschlussurteils.[725] Am Entstehungszeitpunkt vermag auch § 140 Abs. 2 HGB nichts zu ändern. Dieser führt nur zu einer „rechnerischen Rückbeziehung" des Abfindungsanspruchs, nicht aber zu einer Vorverlagerung der Urteilswirkungen und damit der Anspruchsentstehung.[726] Begründet wird dies mit dem sich aus § 738 Abs.1 S. 1 und S. 2 BGB ergebenden Zusammenhang zwischen dem Verlust der Mitgliedschaft und der

---

723 *Piehler/Schulte* in MünchHdbGesR I, § 75 Rn. 47; *C. Schäfer* in Staub § 140 Rn. 49 mit § 131 Rn. 146; *Esskandari* GmbHR 2008, 138, 140 reSp.

724 *Lorz* in Ebenroth/Boujong/Joost/Strohn HGB § 131 Rn. 68; *Hopt* in Baumbach/Hopt, HGB, § 131 Rn. 54; *K. Schmidt* DB 1989, 2315 f; **anders die früher h.M.**: *Hueck*, OHG, S. 459; *Flechtheim* in Hachenburg, HGB, § 138 Anm. 15; *Michalski*, OHG-Recht, § 131 Rn. 36.

725 **Aus der Literatur:** *K. Schmidt* in MünchKommHGB § 131 Rn. 129; *C. Schäfer* in Staub HGB § 131 Rn. 144; *Lorz* in Ebenroth/Boujong/Joost/Strohn, HGB, § 131 Rn. 66; *Emmerich* in Heymann, HGB, § 138 Rn. 6; *Piehler/Schulte* in MünchHdbGesR I § 75 Rn. 46; **aus der Rechtsprechung:** BGH NZG 1998, 62 reSp; NJW 1989, 453; **a.A.:** *Strohn* in MünchKommGmbHG, § 34 Rn. 206 zum parallel gelagerten Ausschluss aus der GmbH: Der Anspruch entstehe im Zeitpunkt der Klageerhebung.

726 *K. Schmidt* in MünchKommHGB § 131 Rn. 129; *C. Schäfer* in Staub § 140 Rn. 49; *Lorz* in Ebenroth/Boujong/Joost/Strohn HGB § 140 Rn. 34, 36.

an ihre Stelle tretenden Abfindung.[727] Überdies fehlt es auch an der Fälligkeit, die frühestens mit der Anspruchsentstehung eintritt.[728]

Was die Ansprüche aus §§ 288 Abs. 1, 247 und §§ 280 Abs. 1, Abs. 2, 286 BGB[729] anbelangt, so setzen diese den Verzug des Schuldners (der Gesellschaft) voraus. Der ausgeschlossene Gesellschafter müsste mahnen und damit aktiv tätig werden, um seine Ansprüche zu sichern.

c) Zwischenergebnis zu 1.

Für die schwebephasebedingte Zahlungsverzögerung wird der Auszuschließende weder durch die, ausschließlich das Stammrecht zum Bewertungsstichtag abgeltende, Abfindung selbst entschädigt, noch ist gesetzlich ein angemessener Ausgleich vorgesehen. In unmittelbarer Anwendung greifen mangels Anspruchsentstehung und Fälligkeit weder §§ 288 Abs. 1, 247 und §§ 280 Abs. 1, Abs. 2, 286 BGB noch § 353 S. 1 HGB. Frühestens mit dem Ende der Schwebephase wird das Abfindungsguthaben verzinslich.

2. Der Meinungsstand zur Behandlung der Schwebephase

In Ermangelung einer gesetzlichen Regelung, welche den Auszuschließenden für die Kapitalüberlassung während der Schwebephase angemessen entschädigt, ist umstritten, ob er der Gesellschaft sein Kapital faktisch als „zinsloses Darlehen"[730] überlassen muss, oder ob und gegebenenfalls wie dieser wirtschaftliche Nachteil auszugleichen ist.

a) Der ersatzlose Wegfall der Gewinnbeteiligung mit Klageerhebung

Aus dem hinter § 140 Abs. 2 HGB stehenden Telos, dem Auszuschließenden jeglichen Anreiz zur Prozessverschleppung zu nehmen, indem sich die Prozessdauer nicht zu seinen Gunsten auswirken kann,[731] könnte man folgern, dass der Auszuschließende nach dem gesetzgeberischen Willen überhaupt nicht zu entschädigen ist. Man könnte annehmen, es entspreche gerade dem gesetzgeberischen Willen und sei angemessen, dass ein Gesellschafter, der seinen Aus-

---

727 S. *C. Schäfer* in Staub, HGB, § 131 Rn. 144. Zur Kongruenz zwischen Verlust der Beteiligung und Bewertungsstichtag s. schon oben 2. Teil VI. 3.

728 Wann der Abfindungsanspruch fällig wird, ist höchst strittig, s. dazu genauer unten III. 1. a).

729 *C. Schäfer* in Staub HGB § 131 Rn. 146; *Lorz* in Ebenroth/Boujong/Joost/Strohn, HGB, § 131 Rn. 68; vgl. auch OLG Köln NZG 1999, 1222, 1228.

730 Vgl. OLG Hamburg NZG 2003, 978, 979 reSp – „Metropol/Volksfürsorge".

731 S. dazu ausführlich unten II. 3. a).

schluss nicht akzeptiert, sondern bis zur Rechtskraft des Ausschlussurteils über diese Frage Streit führen will, der Gesellschaft sein Kapital unentgeltlich zur Verfügung stellen muss, zumal dieser den Ausschluss gerade durch einen wichtigen Grund selbst veranlasst hat.[732] Schließlich steht es dem Auszuschließenden frei, den Ausschluss zu akzeptieren und auf eine Klage zu „verzichten".[733] Auch hat es alleine der Auszuschließende in der Hand, Rechtsmittel gegen ein dem Ausschluss stattgebendes Urteil einzulegen. Ob und wie lange die Schwebephase andauert, steht demnach zumindest teilweise in der Macht des Auszuschließenden.

Diese Sichtweise entspricht wohl der überwiegenden Auffassung in der Literatur.[734] Zwar ist im Ausgangspunkt unbestritten, dass der Auszuschließende bis zur Rechtskraft des Urteils alle Gesellschafterrechte und Pflichten beibehält, denn das Ausschlussurteil bedingt keine allgemeine Rückwirkung der Ausschlussfolgen. Lediglich für die Auseinandersetzung mit dem Auszuschließenden ordnet § 140 Abs. 2 HGB ausdrücklich eine Rückwirkung an.[735] Es entspricht deshalb einhelliger Auffassung, dass der Auszuschließende am Gewinn und Verlust der Prozesszeit nicht mehr teilnimmt.[736]

Obwohl die sich daraus ergebende ausgleichslose Schwebephase seit langem als unbillig kritisiert und eine entsprechende Lösung gefordert wird,[737] werden in der Literatur ganz überwiegend keinerlei Ausgleichsansprüche diskutiert.[738] Insbesondere wird die seit langem vorgeschlagene erfolgsunabhängige Verzinsung des Abfindungsguthabens (stillschweigend) abgelehnt, denn verzinslich soll das Abfindungsguthaben nach ganz herrschender Auffassung frühestens mit dem Ausscheiden sein.[739]

---

732 Vgl. *Altmeppen* in FS Roth, S. 1, 3 f.

733 *Flechtheim* in Hachenburg, HGB, § 140 Anm. 10.

734 Diesen Schluss zieht auch *Altmeppen* in FS Roth, S. 1, 2 f; vgl. auch *Ulmer* in GroßkommHGB, § 140 Anm. 44 sowie fast gleich lautend schon *Weipert* in RGRKommHGB, § 140 Anm. 28.

735 S. statt aller BGH NJW 1989, 2681, 2682; *C. Schäfer* in Staub, HGB, § 140 Rn. 46, 49; *Flechtheim* in Hachenburg, HGB, § 140 Anm. 10.

736 *Lorz* in Ebenroth/Boujong/Joost/Strohn, HGB, § 140 Rn. 36; *K. Schmidt* in MünchKommHGB, § 140 Rn. 87; *Hopt* in Baumbach/Hopt, HGB, § 140 Rn. 26; *C. Schäfer* in Staub, HGB, § 140 Rn. 46; *Emmerich* in Heymann, HGB, § 140 Rn. 28; *Heidel* in Heidel/Schall, HGB, § 140 Rn. 52; *Flechtheim* in Hachenburg, HGB, § 140 Anm. 10, und 28; *Ulmer* in GroßkommHGB, § 140 Rn. 41.

737 So schon *Weipert* in RGRKommHGB, 1. Aufl., § 140 Anm. 28, s. dazu ausführlich unten II. 2. b) cc).

738 Am deutlichsten wohl *C. Schäfer* in Staub, HGB, § 140 Rn. 46, 49 mit § 131 Rn. 146, der sich von der noch in den Vorauflagen des Großkommentars Staub von *Weipert* und *Ulmer* vertretenen ertragsunabhängigen Verzinsung abgekehrt hat. Zur Ansicht von *Weipert* und *Ulmer* s. unten II. 2. b) cc).

739 *C. Schäfer* in Staub, HGB, § 140 Rn. 49 mit § 131 Rn. 146; *Hopt* in Baumbach/Hopt, HGB, § 140 Rn. 26 mit § 131 Rn. 54; *Lorz* in Ebenroth/Boujong/Joost/Strohn, HGB,

Die Auffassung der herrschenden Meinung zu Grunde gelegt, befindet sich der Auszuschließende in einer äußerst misslichen Lage: Bewertungsstichtag für die Abfindungsberechnung ist eindeutig der Tag der Klageerhebung. Mit diesem Stichtag soll gleichzeitig der Anspruch auf Beteiligung am zukünftigen Gewinn der Gesellschaft entfallen, ohne dass an dessen Stelle ein Anspruch auf Verzinsung oder sonstiger Ersatzanspruch tritt, obwohl der Ausscheidende sein Abfindungsguthaben frühestens mit Rechtskraft des Urteils ausbezahlt bekommt.

b) Die Unbilligkeit des ersatzlosen Wegfalls der Gewinnbeteiligung

Zum Ausschluss aus der oHG hält nur eine Minderheit den ersatzlosen Wegfall der konkreten Gewinnbeteiligung zum Bewertungsstichtag für unzumutbar. Allerdings wurde es hier schon früh als unbillig gerügt, dass *„der Ausscheidende ... nicht mehr an dem nach dem Stichtag eintretenden Gewinn und Verlust teilnimmt, er andererseits aber sein in der Gesellschaft steckendes Vermögen dieser weiter beläßt.“*[740] Obwohl die Gesellschaft mit dem im Anteil verkörperten Kapital des Ausscheidenden bis zur Auszahlung der Abfindung wirtschaften kann, trägt dieser bis zu diesem Zeitpunkt das Ausfallrisiko der Gesellschaft und erhält dafür nach der gesetzlichen Rechtslage weder eine Gewinnbeteiligung noch einen Zinsanspruch. Mangels sofortiger Auszahlung der Abfindung zum Zeitpunkt der Klageerhebung ist der Auszuschließende auch nicht in der Lage, sein Kapital anderweitig gewinnbringend anzulegen. Der Auszuschließende wäre mithin faktisch gezwungen, der Gesellschaft ein „zinsloses Darlehen“ zu gewähren.[741]

aa) Die Entschädigung durch eine fortbestehende konkrete Gewinnbeteiligung

An dieser Stelle sei erwähnt, dass für die parallelen Schwebephasenkonstellationen bei Ausschluss aus der GmbH und dem Minderheitsausschluss aus der AG ein fortbestehender, konkreter Anspruch auf Gewinnbeteiligung des Auszuschließenden während der Schwebephase ganz überwiegend ausdrücklich bejaht wird.[742] Obwohl der Bewertungsstichtag auch dort vorverlagert wird, wird dies

§ 140 Rn. 36 mit § 131 Rn. 68; *K. Schmidt* in MünchkommHGB, § 140 Rn. 85 mit § 131 Rn. 129; *Esskandari* GmbHR 2008, 138, 140 reSp. S. dazu schon oben II. 1.

740 *Ulmer* in GroßkommHGB, § 140 Anm. 44; fast gleichlautend schon *Weipert* in RGRKommHGB, § 140 Anm. 28.

741 *Altmeppen* in FS Roth, S. 1, 6 ff; vgl. auch *Ulmer* GroßkommHGB, § 140 Anm. 44; *Weipert* in RGRKommHGB, § 140 Anm. 28.

742 Zur konkreten Gewinnbeteiligung während der Schwebephase s. zum Ausschluss aus der GmbH unten 4. Teil. II. 2. a) und zum aktienrechtlichen Minderheitsausschluss unten 5. Teil II. 2. b). Die genauen Voraussetzungen einer konkreten Gewinnbeteiligung sind allerdings heftig umstritten, s. dazu ausführlich unten a.a.O.

dort damit begründet, dass der Gesellschafter während der Schwebephase seine Gesellschafterstellung mit allen Rechten und Pflichten beibehält und sein Kapital bis zu seinem Ausscheiden im Unternehmen gebunden ist. Die fortlaufende Gewinnbeteiligung soll als Ausgleich dafür fungieren, dass die Abfindung auf einen vorgelagerten Stichtag ermittelt wird, der Ausscheidende aber seine Gesellschafterstellung beibehält, und sein Kapital bis zu seinem Ausscheiden im Unternehmen gebunden bleibt.[743]

Im krassen Gegensatz dazu wird für den Ausschluss aus der oHG eine fortbestehende, konkrete Gewinnbeteiligung ganz überwiegend abgelehnt.[744] Bemerkenswert ist dies deshalb, weil die ganz überwiegende Meinung für den gesetzlich nicht geregelten Ausschluss aus einer GmbH auf die Regeln zum Ausschluss aus einer oHG zurückgreift.[745] Zu diesem Zweck werden § 140 Abs. 1 und Abs. 2 HGB analog herangezogen. Die Rechtslage bei Ausschluss aus GmbH und oHG müsste sich demnach eigentlich exakt entsprechen.[746]

bb) Die Entschädigung durch „Einpreisung" eines angemessenen Ausgleichs in die Abfindung

Für den parallel gelagerten Minderheitsausschluss aus der AG gem. §§ 327 a ff AktG wird teilweise vertreten, ein angemessener Ausgleich für die Kapitalüberlassung nach dem Bewertungsstichtag sei als zusätzlicher Posten in die Abfindung „einzupreisen".[747]

Im Gegensatz zu der unter a) dargelegten Auffassung verkennt die „Einpreisungslehre" zumindest nicht die Unbilligkeit einer ausgleichslosen Schwebelage, sondern hält einen finanziellen Ausgleich für erforderlich. Als finanziellen Ausgleich billigt diese Lehre dem Ausscheidenden aber keinen selbständigen Ausgleichsanspruch im Sinne einer fortlaufenden Gewinnbeteiligung oder Verzinsung des Abfindungsguthabens zu. Die „Einpreisungslehre" geht vielmehr davon aus, dass ein angemessener Ersatz für die zwangsweise Überlassung des Kapitals für den Zeitraum der Schwebelage schon in der Abfindung selbst enthalten sei. Der finanzielle Ausgleich sei mit anderen Worten schon in die Abfindung mit „eingepreist". Für die Schwebephase beim Ausschluss aus einer oHG wird dieser Ansatz nicht ausdrücklich verfolgt. Gleichwohl müsste sich dieser Gedanke, seine Richtigkeit unterstellt, auch analog auf die Schwebelage beim Ausschluss aus einer oHG übertragen lassen.

743 Vgl. dazu insbes. den BGH zum aktienrechtlichen Minderheitsausschluss, NZG 2011, 701, 703 Tz. 26 und 704 Tz. 29 = ZIP 2011, 1097 – „Wella AG".

744 S. dazu oben II. 2. a).

745 S. dazu ausführlich unten 4. Teil I. 1.

746 So schon mit Nachdruck *Altmeppen* in FS Roth, S. 1, 10 f.

747 Zu den zwei Spielarten der Einpreisung s. ausführlich unten 5. Teil II. 2. b) aa) aaa) und bb) aaa) (4) (b).

cc) Die Entschädigung durch ertragsunabhängige Verzinsung der Abfindung

Einer Mindermeinung zufolge soll der durch die Vorverlagerung des Bewertungsstichtags geschaffenen Zahlungsverzögerung dadurch Rechnung getragen werden, dass das Abfindungsguthaben von diesem Stichtag an bis zur Auszahlung mit 5 % p.a. zu verzinsen sei.[748] An die Stelle der während der Schwebephase entstehenden Gewinnansprüche soll mithin eine ertragsunabhängige Verzinsung treten. Dem Auszuschließenden soll ein Anspruch auf laufende Zinszahlung schon während des Ausschließungsprozesses zustehen.[749]

Hervorzuheben ist, dass dieser Ansicht nach der Anspruch auf Verzinsung nicht schon mit Rechtskraft des Ausschlussurteils, d.h. mit dem Ausscheiden aus der Gesellschaft, sondern erst mit Zahlung der Abfindungssumme enden soll. Der Anspruch auf Verzinsung geht also über die Schwebephase im oben definierten Sinn hinaus.

Zur Begründung des Anspruchs verweist *Weipert* darauf, es entspreche allgemeiner kaufmännischer Auffassung, „*dass ein Kaufmann, der aus einer Handelsgesellschaft ausscheidet, die Nutzung seines Kapitals den bisherigen Gesellschaftern nicht zinslos überlässt, wenn diese es in dem fortbestehenden Unternehmen zu Gewinnzwecken verwenden*“[750].

Auf welche Anspruchsgrundlage sich der Verzinsungsanspruch stützen soll und nach welcher Vorschrift sich die Zinshöhe bemisst, lässt sich den Ausführungen *Weiperts* allerdings nicht entnehmen. *Ulmer* hat sich dieser Auffassung angeschlossen und sie näher konkretisiert.[751] Die Höhe des Zinssatzes soll (wohl) aus einer Analogie zu § 352 HGB und § 63 Abs. 2 HGB folgen.[752] Allerdings bleibt auch nach *Ulmers* Ausführungen im Dunkeln, auf welche konkrete Anspruchsgrundlage sich der Verzinsungsanspruch stützen soll. Eine direkte Anwendung des § 353 S. 1 HGB muss, wie oben bereits dargelegt wurde, ausscheiden, denn dieser setzt ein Handelsgeschäft sowie die Entstehung und Fälligkeit des Abfindungsanspruchs voraus. Der Abfindungsanspruch entsteht aber nach allgemeinen Grundsätzen erst mit dem Ausscheiden aus der Gesellschaft,

---

748 So schon 1942 *Weipert* in RGRKommHGB, 1. Aufl., § 140 Anm. 28; **ebenso:** *Ulmer* GroßkommHGB, § 140 Anm. 44; wohl auch *Koller* in Koller/Roth/Morck, HGB, § 140 Rn. 3.

749 So *Ulmer* in GroßkommGmbHG, Anh. § 34 Rn. 42 zur parallelen Rechtslage bei Ausschluss aus einer GmbH.

750 So *Weipert* in RGRKommHGB, § 140 Anm. 28 mit Verweis auf § 138 Rn. 20.

751 Vgl. *Ulmer* in GroßkommHGB § 140 Anm. 44 mit Hinweis auf § 138 Rn. 72.

752 Ausdrücklich *Ulmer* in GroßkommGmbHG, § 34 Rn. 79 zur vergleichbaren Schwebephase bei Einziehung von GmbH Anteilen; *ders.* zur oHG in GroßkommHGB § 140 Anm. 44 mit § 138 Rn. 72.

mithin mit Rechtskraft des Urteils.[753] Denkbar wäre allenfalls, § 140 Abs. 2 HGB so auszulegen, dass dieser nicht nur den Bewertungsstichtag, sondern auch die Anspruchsentstehung auf den Tag der Klageerhebung vorverlagert.[754] Jedenfalls aber muss § 353 S. 1 HGB an der im Zeitpunkt der Klageerhebung unstreitig nicht gegebenen Fälligkeit scheitern.[755] § 353 S. 1 HGB käme damit allenfalls in analoger Anwendung in Betracht.[756]

Die oben geschilderten Ausführungen *Ulmers* und *Weiperts* sind wohl so zu verstehen, dass sich die Verzinsungspflicht nicht auf eine konkrete Anspruchsgrundlage, sondern auf einen allgemeinen Rechtsgedanken stützen soll.[757] Zur vergleichbaren Schwebekonstellation bei Einziehung eines GmbH-Anteils verweist *Ulmer* auf den – wie er selbst anmerkt – nicht unmittelbar einschlägigen Rechtsgedanken des § 354 Abs. 2 HGB.[758]

Im Schrifttum konnte sich dieser Ansatz nicht behaupten. Zumindest was den Ausschluss aus einer oHG anbelangt, wird im gegenwärtigen Schrifttum eine ertragsunabhängige Verzinsung als Ersatz für die Überlassung des Kapitals – soweit ersichtlich – abgelehnt.[759]

dd) Die Entschädigung durch Aufzinsung des Abfindungsguthabens

Einen in Ergebnis und Begründung völlig neuen Lösungsansatz schlägt *Altmeppen* vor. Der Auszuschließende soll für die Kapitalüberlassung dadurch finanziell entschädigt werden, dass das auf den Stichtag der Klageerhebung berechnete Abfindungsguthaben auf den Tag des Ausscheidens aufzuzinsen sei.[760] Wenn der Bewertungsstichtag und der Zeitpunkt des Ausscheidens auseinander

---

753 S. dazu schon ausführlich oben II. 1.

754 So wohl *Michalski*; OHG-Recht, § 131 Rn. 36; **ebenso** zum parallel gelagerten Ausschluss aus der GmbH: *Strohn* in MünchKommGmbHG, § 34 Rn. 206.

755 Fällig wird die Abfindung nach wohl h.M. erst nach Ablauf der für die Berechnung ihrer Höhe erforderlichen Zeit, s. dazu unten III. 1. a). Vgl. hierzu auch *Ulmer* in GroßkommGmbHG, § 34 Rn. 79 zur vergleichbaren Schwebephase bei Einziehung von GmbH Anteilen.

756 Missverständlich insofern *Ulmers* Verweis in § 140 Anm. 44 auf § 138 Rn. 72.

757 Vgl. *Ulmer* in GroßkommGmbHG, § 34 Rn. 79 mit Fn. 201 zur ähnlich gelagerten Situation bei Einziehung eines Geschäftsanteils eines Gesellschafters einer GmbH: „*AA – gegen Verzinsungspflicht ohne konkrete Anspruchsgrundlage – die hM* ... “; vgl. aber auch *dens.* in GroßkommHGB, § 140 Anm. 44 mit Verweis auf § 138 Anm. 72, sowie *Weipert* in RGRKommHGB, § 140 Anm. 28.

758 *Ulmer* in GroßkommGmbHG, § 34 Rn. 79 mit Fn. 202.

759 S. dazu die Nachweise oben II. 2. a).

760 Entwickelt hat *Altmeppen* die Aufzinsungslösung zu der beim Squeeze-Out aus einer AG entstehenden Schwebephase, s. dazu *dens.* ZIP 2010, 1773 ff (s. dazu ausführlich unten 5. Teil II. 2. c) bb)). Sie soll sich entsprechend auf die parallel gelagerten Schwebephasen bei Ausschluss aus der oHG und GmbH übertragen lassen, s. *dens.* in FS Roth S. 1 ff.

fallen, so auch *Altmeppens* Grundthese, muss neben die Abfindung stets ein zeitanteiliger, materieller Gewinnanspruch für den dazwischenliegenden Zeitraum hinzutreten.[761]

Wie *Weipert* und *Ulmer*[762] betont auch *Altmeppen*, dass eine fortlaufende Gewinnbeteiligung schon dogmatisch der Tatsache geschuldet sei, dass die Unternehmenserträge unter anderem auch mit dem vom auszuschließenden Gesellschafter investierten Kapital erwirtschaftet werden. Darüber hinaus verweist *Altmeppen* auf § 101 Nr. 2 BGB, der eine zeitanteilige Gewinnbeteiligung für die Dauer der gesellschaftlichen Beteiligung als selbstverständlich voraussetzt.[763]

Dieser Anspruch auf zeitanteilige Gewinnbeteiligung sei schuldrechtlicher Natur. Materiell-rechtliche Grundlage dieses Anspruchs soll das abstrakte Mitgliedschaftsrecht sein, welches völlig unstrittig bis zum Ausscheiden fortbestehen bleibt. Er betont aber, dass aus dem abstrakten Mitgliedschaftsrecht als solchem noch kein Zahlungsanspruch resultiert. Erst mit dem Ausscheiden aus der Gesellschaft konkretisiert sich das abstrakte Recht auf Teilhabe am Gewinn zu einem konkreten schuldrechtlichen Anspruch auf Zahlung der bis zum Ausscheiden erwirtschafteten Unternehmensüberschüsse.[764] Dem ausgeschlossenen Gesellschafter soll für den Zeitraum der Schwebephase ein schuldrechtlicher Anspruch auf Gewinnbeteiligung zustehen.

Zentrale Kernthese der Aufzinsungslösung ist folgende Erkenntnis: Zwar wäre es prinzipiell möglich, den auf die Schwebephase zeitanteilig entfallenden Gewinnanspruch konkret zu ermitteln. Die konkrete Berechnung des Gewinnanspruchs soll allerdings nach Ansicht *Altmeppens* nicht geeignet sein, einen gerechten Ausgleich zwischen den Verbleibenden und dem ausscheidenden Gesellschafter herbeizuführen. Es soll vielmehr geboten sein, den Ausgleichsanspruch abstrakt bzw. pauschaliert zu ermitteln.[765]

Diese These gründet auf dem heute vorherrschenden Verfahren zur Anteils- und Unternehmensbewertung, dem Ertragswertverfahren.[766] Vereinfacht gesagt errechnet sich der Ertragswert eines Unternehmens aus der Summe aller zukünftigen, auf den Bewertungsstichtag abgezinsten Ausschüttungen des Unterneh-

761 *Altmeppen* in FS Roth, S. 1, 8, mit Hinweis auf *Roth* ZGR 1999, 715, 717 ff.

762 *Weipert* in RGRKommHGB, § 140 Anm. 28; *Ulmer* in GroßkommHGB, § 140 Anm. 44.

763 *Altmeppen* in FS Roth, S. 1, 7; *ders.* ZIP 2010, 1773, 1778.

764 *Altmeppen* in FS Roth, S. 1, 7 f; *ders.* ZIP 2010, 1773, 1778 reSp.

765 *Altmeppen* in FS Roth, S. 1, 8 ff; so schon *ders.* ZIP 2010, 1773, 1779 ff zum aktienrechtlichen Minderheitsausschluss gem. §§ 327 a AktG.

766 Zum Ertragswertermittlung s. ausführlich oben 2. Teil VII. 1., zur Bedeutung des Ertragswertverfahrens s. oben 2. Teil VIII. 1. a) und b) aa) sowie VIII. 2.

mens an die Anteilseigner.[767] Zentrales Element der Ertragswertermittlung ist die Abzinsung der zukünftigen Zahlungsströme auf den Bewertungsstichtag.

Altmeppen stellt fest, dass die Abzinsung den in der Mitgliedschaft verkörperten Nutzungswert gerecht zwischen dem Ausscheidenden und den verbleibenden Gesellschaftern verteilen soll. Erst mit dem Ausscheiden aus der Gesellschaft geht das Stammrecht als Quelle des Nutzungsrechts auf die verbleibenden Gesellschafter über. Mangels Stammrecht als Quelle des Nutzungsrechts dürfen dem Ausgeschlossenen nach seinem Ausscheiden also keine Nutzungen mehr zukommen. Würde man ihm weiterhin Nutzungen zubilligen, so würde er zu Unrecht Nutzungen auf Kosten der verbleibenden Gesellschafter erhalten, denen fortan das Stammrecht zuzuordnen ist. Bis zum Ausscheiden allerdings gebührt der Nutzungswert der Beteiligung ausschließlich dem Ausscheidenden. Eine Abzinsung auf einen Stichtag, der vor dem Tag des Ausscheidens liegt, müsse deshalb an sich unterbleiben. Anderenfalls würde man dem Ausscheidenden mittels der Abzinsung den ihm zustehenden Nutzungswert der Beteiligung nehmen. Soweit das Abfindungsguthaben dennoch auf einen Tag vor dem Ausscheiden abgezinst wird, muss das Abfindungsguthaben wieder auf den Tag des Ausscheidens aufgezinst werden.[768] Für die parallel gelagerten Fälle zum aktienrechtlichen Minderheitsausschluss gem. §§ 327 a ff AktG teilt eine im Vordringen befindliche Mindermeinung diese Auffassung.[769]

3. Stellungnahme

a) Die ratio legis des § 140 Abs. 2 HGB

Von entscheidender Bedeutung für die Behandlung der Schwebephase ist die ratio legis des § 140 Abs. 2 HGB, die es vorab herauszuarbeiten gilt.

aa) Die Interpretation des § 140 Abs. 2 HGB in Rechtsprechung und Lehre

Wie bereits oben dargelegt, müssen Bewertungsstichtag und Stichtag des Ausscheidens aus bewertungstheoretischer Sicht grundsätzlich zusammenfallen.[770] § 140 Abs. 2 HGB koppelt den Bewertungsstichtag vom eigentlich maßgeblichen Stichtag des Ausscheidens ab und verlagert ihn vor auf den Stichtag der Klageerhebung. Mit der Anknüpfung des Bewertungsstichtags an den Tag der Klageerhebung verfolgt der Gesetzgeber nach Auffassung von Rechtsprechung

767 Ausführlich dazu oben 2. Teil VII. 1. b).

768 *Altmeppen* in FS Roth, S. 1, 9 f.

769 *W. Müller* in FS Roth, S. 517, 528; *Knoll* BB 2004, 1727, 1729; **ähnlich:** *Munkert*, S. 182 ff, der allerdings für eine bloße Verzinsung der Abfindung eintritt.

770 S. dazu oben 2. Teil 6. III.

und Lehre allgemein das Ziel, *„die Berechnung der Abfindung von dem Zufall unabhängig zu machen, wann das Ausschließungsurteil rechtskräftig wird*" und der Auszuschließende aus der Gesellschaft ausscheidet.[771]

Wie der BGH im Urteil vom 1.4.1953 exemplarisch für Rechtsprechung und Lehre formuliert hat, verfolgt die Loslösung der Abfindung vom zufälligen Tag der Rechtskraft des Ausschlussurteils einen doppelten Zweck:

> „ ... *auf diese Weise wird dem beklagten Gesellschafter der Anreiz der Prozessverschleppung genommen, er aber auch von dem Wagnis des Unternehmens befreit und vor einer ungünstigen Entwicklung geschützt, auf die er keinen oder kaum noch Einfluss nehmen kann; die übrigen Gesellschafter werden davor bewahrt, den Auszuschließenden an einer Aufwärtsbewegung des Unternehmens teilhaben lassen oder bei Verzögerung des Prozesses ein umso höheres Entgelt zahlen zu müssen* ... ."[772]

Nach überwiegender Auffassung in der Literatur dient § 140 Abs. 2 HGB primär bzw. ausschließlich dazu, Prozessverzögerungen durch den auszuschließenden Gesellschafter entgegenzuwirken.[773] Verfahrenstechnisch soll dieses Ziel dadurch erreicht werden, dass man diesem jeglichen Anreiz an einer Prozessverzögerung nimmt.[774] § 140 Abs. 2 HGB soll ihm dazu alle durch eine Prozessverzögerung erzielbaren wirtschaftlichen Vorteile entziehen.

Nur vereinzelt wird in der Literatur darauf hingewiesen, dass § 140 Abs. 2 HGB gleichzeitig auch den Auszuschließenden schützen soll.[775] Nach der Intention des Gesetzgebers soll der Auszuschließende davor bewahrt werden, *„im Innenverhältnis an den Unternehmensrisiken während des Rechtsstreits teilzunehmen*"[776].

Welche Vor- und Nachteile für den Auszuschließenden aus der Hinauszögerung der Rechtskraft des Urteils, bzw. allgemein aus einer langen Prozessdauer konkret resultieren sollen, bleibt nach den Ausführungen von Rechtsprechung und Literatur unklar. Im Dunkeln bleibt ebenso, worauf sich diese Interpretation

771 BGHZ 9, 157, 176 = NJW 1953, 780; **ebenso:** *Weipert* in RGRKommHGB, § 140 Anm. 28; *C. Schäfer* in Staub, HGB, § 140 Rn. 49.

772 BGHZ 9, 157, 176 = NJW 1953, 780.

773 *C. Schäfer* in Staub, HGB, § 140 Rn. 49; *Lorz* in Ebenroth/Boujong/Joost/Strohn, HGB, § 140 Rn. 36; *Michalski*, OHG-Recht, § 140 Rn. 16; *Gerkan/Haas* in Röhricht/Westphalen, HGB, § 140 Rn. 21; *Emmerich* in Heymann, HGB, § 140 Rn. 29.

774 *Michalski*, OHG-Recht, § 140 Rn. 16.

775 *C. Schäfer* in Staub, HGB, § 140 Rn. 49; so schon *Puchelt* in Kommentar zum ADHGB, Art. 130 Anm. 7 sowie *Flechtheim* in Hachenburg § 140 Anm. 10.

776 *C. Schäfer* in Staub, HGB, § 140 Rn. 49; **kritisch:** *Flechtheim* in Hachenburg, HGB, § 140 Anm. 10: Die Anknüpfung an die Klageerhebung ermöglicht es allerdings stattdessen den, den Ausschluss betreibenden Klägern, Vorteile auf Kosten des Auszuschließenden zu ziehen. Denn sofern das Geschäft während des Prozesses Verlust gebracht hat, können diese auf den Ausschluss verzichten.

des § 140 Abs. 2 HGB stützt. Die soeben dargelegte Interpretation dieser Norm wird vielmehr seit jeher tradiert.

bb) Zur Gesetzeshistorie des § 140 Abs. 2 HGB

Wie bereits *Altmeppen*[777] nachgewiesen hat, ist der Sinn und Zweck des § 140 Abs. 2 HGB durch historische Auslegung der Vorschrift zu gewinnen.

Aus den Gesetzesmaterialien zum HGB von 1897 lassen sich keine Rückschlüsse über den Sinn und Zeck des § 140 Abs. 2 HGB ziehen. Gesetzesvorläufer des HGB von 1897 ist das ADHGB von 1861, an dessen Vorschriften sich der Gesetzgeber weitgehend orientiert hat.[778] So entspricht der heutige § 140 Abs. 1 HGB dem Art. 128 ADHGB[779] und § 140 Abs. 2 HGB dem Art. 130 ADHGB[780]. Vergleicht man die zitierten Regelungen, so zeigt sich, dass sich diese inhaltlich entsprechen. Die Änderungen sind lediglich redaktioneller Art. Grundsätzlich kann damit auf die Überlegungen des Gesetzgebers des ADHGB von 1861 zurückgegriffen werden.[781]

Zu der hier interessierenden Frage des Sinn und Zwecks der Vorverlagerung des Bewertungsstichtags schweigen allerdings auch die Protokolle zum ADHGB.[782] Ergiebiger sind die Motive zum Preußischen Entwurf eines Handelsgesetzbuches von 1857. Auch auf diese Quelle kann zur Auslegung des § 140 HGB zurückgegriffen werden, denn den Beratungen zum ADHGB von

777 *Altmeppen* in FS Roth, S. 1, 3 f.

778 *Altmeppen* in FS Roth, S. 1, 3; *Schubert* in Schubert/Schmiedel/Krampe, Quellen zum HGB, 1. Band, S. 51 ff.

779 Abgedruckt in Schubert/Schmiedel/Krampe, Quellen zum HGB, 1. Band, S. 124.
Art. 128:
Wenn die Auflösung der Gesellschaft aus Gründen gefordert werden darf, welche in der Person eines Gesellschafters liegen (Art. 125), so kann anstatt derselben auf Ausschliessung dieses Gesellschafters erkannt werden, sofern die sämmtlichen übrigen Gesellschafter hierauf antragen.

780 Abgedruckt in Schubert/Schmiedel/Krampe, Quellen zum HGB, 1. Band, S. 124.
Art. 130 Abs. 1:
Wenn ein Gesellschafter ausscheidet oder ausgeschlossen wird, so erfolgt die Auseinandersetzung der Gesellschaft mit demselben auf Grund der Vermögenslage, in welcher sich die Gesellschaft zur Zeit des Ausscheidens oder zur Zeit der Behändigung (= Zustellung) *der Klage auf Ausschliessung befindet.*
Abs.2:
An den späteren Geschäften, Rechten und Verbindlichkeiten nimmt der Ausgeschiedene oder Ausgeschlossene nur insofern Antheil, als dieselben eine unmittelbare Folge dessen sind, was vor jenem Zeitpunkte bereits geschehen war.

781 Zur historischen Auslegung zur Ermittlung des gesetzgeberischen Willens und insbesondere den tauglichen Erkenntnisquellen dazu s. *Larenz*, S. 328 ff.

782 So schon *Altmeppen* in FS Roth, S. 1, 3; vgl. dazu die Protokolle zum ADHGB S. 238 f, 242 f, 1008 (zu Art. 128 ADHGB) und S. 243 bis 247, 1008 (zu Art. 130 ADHGB), abgedruckt in *Schubert*, Protokolle zum ADHGB.

1861 wurde der Preußische Entwurf von 1857 zu Grunde gelegt.[783] Das ADHGB von 1861 hat die schon im Entwurf des Handelsgesetzbuchs für die preußischen Staaten vorgesehenen Regelungen im Wesentlichen übernommen.[784] Die § 140 Abs. 1 und 2 HGB entsprechenden Art. 128 und 130 ADHGB. Diese wiederum finden in den Art. 123 und 126 des Preußischen Entwurfs[785] ihre nahezu wörtliche Entsprechung. Im entscheidenden Passus in den Motiven zum Preußischen Entwurf von 1857 heißt es zu der hier interessierenden Frage:

> „*Der Moment der Rechtskraft des Ausschließungsurtheils kann im letzteren Falle* (sc. dem Ausschluss) *nicht maaßgebend sein, weil es sonst in der Macht des auszustoßenden Mitgliedes liegen würde, während des Prozesses die Gesellschaft zu benachtheiligen, durch Eingehung neuer Geschäfte sich noch auf längere Zeit, behufs* (= zwecks) *deren Abwickelung, die Einmischung in das gesellschaftliche Verhältnis zu sichern, sowie durch Verzögerung des Prozesses und frivole Einlegung von Rechtsmitteln für sich einen günstigeren Zeitpunkt für die Auseinandersetzung zu erlangen.*“[786]

Erklärtes Ziel des Gesetzgebers ist mithin, die Gesellschaft, und damit im Ergebnis die ausschließenden Gesellschafter, vor einer Benachteiligung durch Prozessverzögerungen des Auszuschließenden zu schützen. Es soll nicht in der Macht des „*auszustoßenden Mitgliedes*“ stehen, einen „*günstigeren Zeitpunkt für die Auseinandersetzung zu erlangen*“[787].

---

783 S. die Protokolle zum ADHGB von 1869, S. 6, abgedruckt in *Schubert*, Protokolle zum ADHGB.

784 *Altmeppen* in FS Roth, S. 1, 3.

785 Abgedruckt in *Schubert*, Entwurf eines Handelsgesetzbuchs für Preussen, Erster Theil, S. 23.
Art. 123:
In den Fällen, in welchen die Auflösung der Gesellschaft aus persönlichen Gründen eines Gesellschafters zulässig ist (Art. 121.), kann anstatt derselben auf Ausschließung eines solchen Gesellschafters erkannt werden, sofern dies von den sämtlichen übrigen Gesellschaftern beantragt wird.
Art. 126 Abs. 1:
Wenn ein Gesellschafter ausscheidet oder ausgeschlossen wird, so erfolgt die Auseinandersetzung der Gesellschaft mit demselben auf Grund der Vermögenslage, in welcher sich die Gesellschaft zur Zeit des Ausscheidens oder zur Zeit der Behändigung (= Zustellung) *der Klage auf Ausschließung befindet.*
Abs. 2:
An den späteren Geschäften, Rechten und Verbindlichkeiten nimmt der Ausscheidende oder Ausgeschlossene nur insofern Antheil, als dieselben eine Folge dessen sind, was vor jenem Zeitpunkte bereits geschehen war.

786 Motive zum Preußischen Entwurf von 1857, abgedruckt in *Schubert*, Entwurf eines Handelsgesetzbuchs für Preussen, Zweiter Theil, S. 69.

787 S. dazu oben Fn. 786.

Die in Rechtsprechung und Lehre weitgehend anerkannte Schutzfunktion des § 140 Abs. 2 HGB zu Gunsten des Auszuschließenden vor Nachteilen, die aus einer langen Prozessdauer resultieren,[788] wird hingegen in den Gesetzesmaterialien mit keinem Wort erwähnt. Nach Vorstellung des historischen Gesetzgebers soll Mittel zur Erlangung möglicher Vorteile die Prozessverzögerung und die „*frivole*"[789] Einlegung von Rechtsmitteln sein. Welche konkreten Vorteile der auszuschließende Gesellschafter zu erzielen sucht, bleibt auch nach den Gesetzesmaterialien im Dunkeln.

An dieser Stelle sei noch ergänzend angemerkt, dass § 140 Abs. 2 HGB letztlich eine notwendige Konsequenz des vom Gesetzgeber gewählten besonderen Ausschlussmittels der Ausschlussklage ist. Der Gesetzgeber hat sich entgegen dem noch im ersten Entwurf eines Handelsgesetzbuchs von 1895 vorgesehenen, an den Ausschluss aus der GbR gem. § 737 BGB angelegten Ausschluss mittels einfachen Beschlusses[790] für einen Ausschluss mittels Klage entschieden.[791] Während nun für den Ausschluss aus einer GbR gem. § 737 S. 3 BGB ein rechtsgestaltender Gesellschafterbeschluss ausreicht, ist für die oHG gem. § 140 Abs. 1 S. 1 HGB als Ausschlussmittel die Gestaltungsklage erforderlich. Im Falle der GbR wird die Wirksamkeit der Ausschlussmaßnahme allenfalls mittels einer deklaratorischen Feststellungsklage überprüft.[792] Das nachträgliche Urteil stellt die Rechtslage zum Beschlusszeitpunkt ausschließlich deklaratorisch fest. Eine Prozessverzögerung kann dem vom Ausschluss betroffenen Gesellschafter keine Vorteile bringen. Einer Vorverlagerung des Bewertungsstichtages bedarf es deshalb in allen Fällen des Ausschlusses mittels einfachen Gesellschafterbeschlusses nicht. Erst die Wahl der rechtsgestaltenden Ausschlussklage als Ausschlussmittel ermöglicht es dem Auszuschließenden, auf den Zeitpunkt des Ausscheidens aus der Gesellschaft Einfluss zu nehmen.

---

788 S. dazu oben II. 3. a) aa).

789 S. oben Fn. 786.

790 S. § 111 des ersten Entwurfs, abgedruckt in Schubert/Schmiedel/Krampe, Quellen zum HGB, 1. Band, S. 249.

791 Die „Kommission Handel" begründet das Klageerfordernis folgendermaßen: „*Die Maßregeln seien von so großer Tragweite, daß sie nur nach sorgfältiger Prüfung der Sachlage im Prozesse verhängt werden dürften.*" (abgedruckt in Schubert/Schmiedel/Krampe Quellen zum HGB, 2. Band, 1. Halbband, S. 335). Zum Sinn und Zweck der Klage als Ausschlussmittel s. auch BGHZ 9, 157, 166 = NJW 1953, 780: „*Der Sinn dieser Regelung* (sc. § 140 HGB) *ist, für den Ausschluss als eine besonders einschneidende Maßnahme von vornherein klare Verhältnisse zu schaffen. Wird die Ausschließung durch Urteil vorgenommen, so wird der sich beim Ausschließungsbeschluss ergebende Zustand der Unsicherheit und Ungewissheit vermieden.*".

792 *Sprau* in Palandt, BGB, § 737 Rn. 3.

cc) Die Vor- und Nachteile einer langen Prozessdauer

aaa) Die Vorteile einer langen Prozessdauer

Bei genauer Analyse der Schwebephase lassen sich für den Auszuschließenden zwei mögliche Vorteile einer langen Prozessdauer ausmachen. Beide Vorteile beruhen auf der Ausschlussklage als besonderem Ausschlussmittel.

(1) Anteils- und Unternehmenswertsteigerungen

Dem ersten Vorteil liegt folgende Überlegung zu Grunde. Denkt man § 140 Abs. 2 HGB hinweg, so würde sich der Bewertungsstichtag nach allgemeinen Grundsätzen richten. Maßgeblich wäre für die Anteilsbewertung dann der Stichtag des Ausscheidens aus der Gesellschaft.[793] Wie bereits oben ausführlich dargelegt worden ist, sind Anteils- und Unternehmenswerte in erheblichem Maße abhängig vom Beurteilungszeitpunkt, dem Bewertungsstichtag.[794] Kann der Abzufindende auf den Zeitpunkt des Bewertungsstichtages einwirken, so ermöglicht ihm dies, mittelbar auf die Höhe der Abfindung einzuwirken. Für einen Auszuschließenden, der – aus welchen Gründen auch immer – mit einem steigenden Unternehmenswert rechnet, wäre ein späterer Bewertungszeitpunkt vorteilhaft,[795] denn mit steigendem Unternehmenswert würde gleichzeitig die sich nach dem Unternehmenswert zu bemessende Abfindungssumme erhöhen. Mit der Formulierung *„einen günstigeren Zeitpunkt für die Auseinandersetzung zu erlangen“*[796] hatte der Gesetzgeber wohl eben diesen Vorteil im Sinn.[797]

(2) Die Beteiligung am konkreten Gewinn der Gesellschaft

Auch der zweite Vorteil beruht darauf, dass der Auszuschließende nicht schon mit dem Ausschlussbeschluss oder der Klageerhebung, sondern erst mit der Rechtskraft des Ausschlussurteils aus der Gesellschaft ausscheidet. Erst mit dem Ausscheiden aus der Gesellschaft, einem Zeitpunkt, den der Ausscheidende zweifellos durch Prozessverzögerung und Einlegung von Rechtsmitteln mit beeinflussen kann, verliert dieser seine Gesellschafterstellung.[798] Nach dem allgemeinen Rechtsgedanken des *„pendente lite nihil innovandum* (oder *innovetur*)“,

793 So die **allgM**, s. dazu oben 2. Teil VI. 3.
794 S. dazu ausführlich oben 2. Teil VI. 1.
795 Vgl. *Weipert* in RGRKommHGB, § 140 Anm. 28; *Großfeld*, Rn. 262.
796 S. oben Fn. 786.
797 Vgl. BGHZ 9, 157, 176 = NJW 1953, 780; *Weipert* in RGRKommHGB, § 140 Anm. 28; *Gerkan/Haas* in Röhricht/Westphalen HGB § 140 Rn. 21; *Michalski*, OHG-Recht, § 140 Rn. 16: § 140 Abs. 2 HGB.
798 So die **einhM**, s. dazu oben I.

auf den in den Protokollen in Bezug auf die Vertretungsmacht ausdrücklich hingewiesen wird,[799] darf während eines schwebenden Rechtsstreits nichts verändert werden.[800] Bis zur Rechtskraft des Urteils müssten demnach mit fortbestehender Gesellschafterstellung grundsätzlich auch alle Gesellschafterrechte einschließlich der konkreten Gewinnbeteiligung bestehen bleiben.[801] Bleibt die konkrete Gewinnbeteiligung bestehen, so könnte ein ausscheidender Gesellschafter verführt sein, den Tag des Ausscheidens durch Prozessverschleppung hinauszuzögern, um möglichst lange am konkreten Gewinn der Gesellschaft teilzunehmen.[802] Denn die Rendite der oHG kann über der Marktrendite liegen. Hinzu kommt, dass das unternehmerische Risiko ab dem Bewertungsstichtag auf die verbleibenden Gesellschafter verlagert wird und der Auszuschließende von diesem Zeitpunkt an faktisch eine risikolose Anlage besitzt.[803] Die Auffassung der herrschenden Meinung, der Auszuschließende dürfe am Gewinn und Verlust der Schwebephase nicht partizipieren,[804] lässt sich wohl auf diesen Gedanken zurückführen.

Ob der Gesetzgeber nach der oben zitierten Passage auch diesen Vorteil ins Auge gefasst hatte, bleibt nach Auslegung dieser Passage unklar. In den Motiven zum Preußischen Entwurf von 1857 zeigt sich aber an anderer Stelle deutlich, dass der Gesetzgeber selbst davon ausging, dass der Auszuschließende an den konkreten Gewinnen während der Prozesszeit grundsätzlich nicht mehr teilnimmt. Denn dieser soll ausschließlich an dem Gewinn und Verlust der „*laufenden*“, d.h. der am Bewertungsstichtag bereits angelegten Geschäfte teilnehmen.[805] Dieser Gedanke findet sich heute noch in § 740 BGB i.V.m. § 105 Abs. 3 HGB, der bestimmt, dass der Ausgeschlossene nach dem Bewertungsstichtag nur am Gewinn und Verlust der schwebenden Geschäfte teilnimmt.

bbb) Die Nachteile einer langen Prozessdauer

Spiegelbildlich zu den soeben dargelegten Vorteilen kann sich eine lange Prozessdauer auch zu Lasten des Auszuschließenden auswirken.

Wäre nach allgemeinen Regeln zur Anteils- und Unternehmensbewertung auf den Stichtag des Ausscheidens abzustellen, so würde sich jede konjunktur- oder unternehmensbedingte Verschlechterung des Unternehmenswertes während der

799 Vgl. dazu allgemein in den Protokollen zum ADHGB S. 242 f, abgedruckt in *Schubert*, Protokolle zum ADHGB S. 242 f.
800 *Liebs*, P 26 (S. 170) mit Hinweis auf L 67 (S. 126).
801 S. dazu oben I.
802 *Hueck*, OHG, S. 445.
803 S. dazu ausführlich unten II. 4. b) bb).
804 S. die Nachweise oben in Fn. 736.
805 S. Motive zum Preußischen Entwurf von 1857 S. 69, abgedruckt in *Schubert*, Entwurf eines Handelsgesetzbuchs für Preussen, Zweiter Theil, S. 69.

Schwebephase für den Auszuschließenden nachteilig auf die Abfindung auswirken.[806] Außerdem würden bis zum Zeitpunkt des Ausscheidens des Gesellschafters nach allgemeinen Grundsätzen nicht nur alle Gesellschafterrechte, sondern ebenfalls alle Gesellschafterpflichten bestehen bleiben.[807] Der Auszuschließende wäre dann an dem Verlust zu beteiligen, den die Gesellschaft während der Prozesszeit erwirtschaftet.

dd) Zusammenfassende Stellungnahme zu aaa)

Nach Vorstellung des historischen Gesetzgebers dient § 140 Abs. 2 HGB offensichtlich ausschließlich dazu, die Gesellschaft, und damit letztlich die ausschließenden Gesellschafter, vor den Nachteilen einer Prozessverschleppung durch den auszuschließenden Gesellschafter zu schützen. Der Auszuschließende soll es nicht in der Hand haben, durch geschickte Prozessführung einen für ihn günstigen Auseinandersetzungszeitpunkt zu bestimmen.[808] Der wohl einhelligen Auffassung in Literatur und Rechtsprechung zufolge soll § 140 Abs. 2 HGB hingegen nicht nur einseitig dem Schutz der Gesellschaft und der verbleibenden Gesellschafter, sondern gleichzeitig auch dem Schutz des Auszuschließenden zu dienen bestimmt sein.[809]

Der Schutz des Auszuschließenden vor Nachteilen aus einer langen Prozessdauer lässt sich zwar den Gesetzesmaterialien zu § 140 Abs. 2 HGB nicht entnehmen. Faktisch wirkt sich die Vorverlagerung des Bewertungsstichtages auf den Zeitpunkt der Klageerhebung gem. § 140 Abs. 2 HGB zweifellos nicht nur zu Lasten, sondern auch zu Gunsten des Ausgeschlossenen aus. Es ist Rechtsprechung und Lehre darin zuzustimmen, dass die Regelung dem Schutz beider Parteien vor prozessdauerbedingt zufälligen Ergebnissen dient.[810]

Alleine dieses moderne Verständnis der Vorschrift ist verfassungsrechtlich haltbar. Eine den Motiven zum Preußischen Entwurf von 1857 entsprechende teleologische Reduktion der Vorschrift einseitig zu Lasten des Auszuschließenden kommt nicht in Frage. Hinter der Benachteiligung des ausscheidenden Gesellschafters steht offensichtlich der Pönalisierungsgedanke.[811] Der Pönalisierungsgedanke ist dem modernen Privatrecht jedoch grundsätzlich fremd.[812] Es entspricht demgemäß allgemeiner Auffassung, dass der Ausschluss aus wichti-

806 Vgl. *Weipert* in RGRKommHGB, § 140 Anm. 28.

807 Vgl. *Weipert* in RGRKommHGB, § 140 Anm. 25; *C. Schäfer* in Staub, HGB, § 140 Rn. 46.

808 S. dazu oben II. 3. a) cc) aaa) (1).

809 S. dazu oben II. 3. a).

810 *C. Schäfer* in Staub, HGB, § 140 Rn. 87.

811 So schon *Altmeppen* in FS Roth, S.1, 3 f.

812 S. statt aller *Ebert*, Pönale Element im deutschen Privatrecht, S. 248 ff.

gem Grund keinen Strafcharakter hat.[813] Die Einlegung von Rechtsmitteln ist gem. Art. 103 Abs. 1 GG Grundrecht jedes Beklagten.[814] Dass die grundsätzlich zulässige Einlegung von Rechtsmitteln auch missbräuchlich verwendet werden kann, darf nicht einseitig zu Lasten des Auszuschließenden gehen, denn „*abusus non tollit usum*"[815]. Eine lange Prozessdauer kann sich zum Vor- und Nachteil beider Parteien auswirken. Auslöser für die prozessbedingt zufälligen Ergebnisse ist letztlich die gesetzgeberische Festlegung der Ausschlussklage als Ausschlussmittel.

Die den Ausschluss betreibenden Gesellschafter sind hinreichend dadurch geschützt, dass gegen missbräuchliches Verhalten des Auszuschließenden Anordnungen im Wege der einstweiligen Verfügung getroffen werden können.[816]

Entsprechend diesem modernen Verständnis weist die Gesetzesbegründung zu § 209 Abs. 1 S. 2 RegE von 1971/73[817] – zur parallelen, nicht Gesetz gewordenen, Vorschrift zum Ausschluss aus der GmbH – ausdrücklich auf den Schutz des Auszuschließenden hin.[818]

Als Zwischenergebnis kann festgehalten werden, dass sich weder der während der Prozessdauer erwirtschaftete Gewinn noch der Verlust auf die Auseinandersetzung mit dem Auszuschließenden auswirken darf. Für die Auseinandersetzung ist fiktiv so zu tun, als ob der ausgeschlossene Gesellschafter schon im Zeitpunkt der Klageerhebung ausgeschieden wäre.[819] Dadurch wird die Auseinandersetzung von der für beide Parteien zufälligen und unbilligen konkreten Konjunktur- und Unternehmensentwicklung nach dem Stichtag der Klageerhebung unabhängig gemacht. Daraus folgt erstens, dass der Bewertungsstichtag, auf den die Abfindung zu berechnen ist, auf den Tag der Klageerhebung fallen muss, damit der Ausgeschlossene nicht über die Abfindung am Gewinn und Verlust der Schwebephase partizipiert. Zweitens darf der Auszuschließende an den Gewinnen und Verlusten der Prozesszeit nicht über die laufende Gewinn- und Verlustbeteiligung teilnehmen. Unter diesen Voraussetzungen führt die Vorschrift § 140 Abs. 2 HGB zu einer für beide Parteien angemessenen Risikoverteilung.

813 S. dazu die Nachweise oben Fn. 150.
814 *Altmeppen* in FS Roth, S.1, 10.
815 Missbrauch hebt ein Gebrauchsrecht nicht auf, *Liebs*, A 12 (S. 26).
816 Vgl. *C. Schäfer* in Staub, HGB, § 140 Rn. 46.
817 Abgedruckt unten Fn. 1118.
818 Näher dazu unten 4. Teil II. 3. a) aa).
819 *Flechtheim* in Hachenburg, HGB, § 140 Anm. 10.

b) Zur These der ausgleichslosen Schwebephase

Für die Zeitspanne bis zum Ausscheiden aus der Gesellschaft wird von der ganz überwiegenden Lehre eine Entschädigung für die Vorenthaltung der Abfindung seit jeher für nicht erforderlich gehalten. Wie im Folgenden zu zeigen sein wird, ist die Annahme, die Schwebephase sei für den Auszuschließenden entschädigungslos hinzunehmen, zumindest im Falle einer längeren Schwebephase nicht haltbar.

aa) Der nicht unerhebliche wirtschaftliche Nachteil bei längerer Schwebephase

Die entschädigungslose Überlassung des Kapitals lässt sich jedenfalls nicht damit rechtfertigen, dass dem Auszuschließenden aus der Zahlungsverzögerung keine nennenswerten wirtschaftlichen Nachteile erwachsen.

Zwar mag eine entschädigungslose Schwebelage dann gerechtfertigt sein, wenn nur völlig unbedeutende wirtschaftliche Nachteile in Rede stehen. Wie schon von *Roth* festgestellt und von *Altmeppen* bestätigt, lassen sich in den hier zu untersuchenden Fällen mit § 140 Abs. 2 HGB nur dann angemessene Ergebnisse erzielen, wenn die Schwebephase nur eine minimale Zeitperiode umfasst.[820] Schon *Altmeppen* hat aber wiederholt mit Nachdruck darauf hingewiesen,[821] dass sich die klagebedingte Schwebephase über einen durchaus erheblichen Zeitraum von mehreren Jahren erstrecken kann. § 140 Abs. 2 HGB, der Unbilligkeiten aus einer langen Prozessdauer vermeiden soll, ist seiner ratio legis nach gerade auf langwierige Verfahren über mehrere Instanzen angelegt.[822] In Anbetracht der langen Schwebezeiten sind daher die wirtschaftlichen Auswirkungen – sofern man die sofortige Verfügbarkeit und Reinvestition der Abfindung zum Bewertungsstichtag unterstellt – alles andere als marginal.[823]

Aber auch im Falle einer relativ kurzen Verfahrensdauer ist der Nutzungsausfall aus der „Zinslücke“ für den Auszuschließenden nie unerheblich. Denn Ziel der Beteiligung an einem Unternehmen als Investitionsobjekt ist gerade die Kapitalmehrung.[824] Als äquivalentes Entgelt für die Kapitalüberlassung pro rata temporis soll aus investitionstheoretischer Sicht stets ein entsprechender Gewinn gegenüberstehen. Wie schon von *Weipert* kritisiert, ist es dem aus einer

---

820 *Altmeppen* in FS Roth, S. 1, 6; *Roth* ZGR 1999, 715, 717 ff.

821 *Altmeppen* in FS Roth, S. 1; *ders.* in Roth/Altmeppen, GmbHG, § 60 Rn. 102; vgl. auch *dens.* in ZIP 2010, 1773 liSp.

822 Zum Sinn und Zweck des § 140 Abs. 2 HGB s. ausführlich oben II. 3. a).

823 Ermittelt man den Nutzungswert pauschaliert durch Verzinsung, so beträgt der Nutzungsausfall 5 % p.a. (s. oben II. 2. b) cc)), ermittelt man ihn durch Aufzinsung mit dem modifizierten Kapitalisierungszinssatz, etwa zwischen 4 und 6 % p.a. (s. dazu unten II. 4.).

824 So die herrschende Investitionstheorie, s. dazu oben 2. Teil VII. 1. a) bb).

Handelsgesellschaft Ausscheidenden deshalb nicht zumutbar, den bisherigen Gesellschaftern die Nutzung seines Kapitals zinslos zu überlassen, obwohl diese es in dem fortbestehenden Unternehmen zu Gewinnzwecken verwenden.[825]

bb) Die Gewinnbeteiligung im Hinblick auf den Sinn und Zweck des § 140 Abs. 2 HGB

Man wird die vorherrschende These, die Schwebephase sei für den Auszuschließenden ersatzlos hinzunehmen, auf § 140 Abs. 2 HGB und dessen Sinn und Zweck zurückführen müssen. Der Auszuschließende, der sein Ausscheiden zunächst durch wichtigen Grund selbst veranlasst hat und anschließend das Verfahren auch noch selbst verzögert, müsse die wirtschaftlichen Nachteile aus der Zahlungsverzögerung auch selbst tragen.[826]

Tatsächlich ist eine völlig entschädigungslose Schwebephase aber zur Erreichung des gesetzgeberischen Ziels weder erforderlich noch geeignet. Nach dem oben Dargelegten soll § 140 Abs. 2 HGB die Auseinandersetzung mit dem Auszuschließenden unabhängig machen von zufälligen Gewinnen und Verlusten während der Prozessdauer, die von der Konjunktur- und Unternehmensentwicklung abhängen.[827] Diesbezüglich muss im Hinblick auf die Auseinandersetzung mit dem Auszuschließenden fingiert werden, dass dieser schon am Tag der Klageerhebung aus der Gesellschaft ausgeschieden wäre. Diese Fiktion umfasst auch die sofortige Auszahlung der Abfindung zu diesem Stichtag. Dementsprechend lassen die Bewertungskalküle zur Ermittlung des Auseinandersetzungsguthabens den Abfindungsmodus außer Acht und gehen fiktiv von einer sofortigen Auszahlung der Abfindung zum Bewertungsstichtag aus.[828] Wird die Abfindung tatsächlich aber erst zu einem viel späteren Zeitpunkt ausbezahlt, so ist die Zurverfügungstellung des Kapitals während der Schwebephase in den Bewertungskalkülen unberücksichtigt geblieben.

Der Gesetzgeber selbst hat hinsichtlich der Zahlungsverzögerung keinerlei Überlegungen angestellt.[829] Es findet sich in den gesamten Gesetzesmaterialien kein Hinweis dafür, dass die Schwebephase völlig entschädigungslos bleiben soll. Erst 1942 hat sich *Weipert* als erster Autor mit der Frage befasst, ob der Ausscheidende für die Zurverfügungstellung seines Kapitals zu entschädigen sei.[830] Davor war die aus der Schwebelage resultierende Unbilligkeit auch in der Literatur nicht bekannt. Der Gesetzgeber hat die sich aus dem Auseinanderfallen von Auseinandersetzungszeitpunkt und Abfindungszahlung ergebenden Un-

825 S. oben Fn. 750.
826 S. dazu schon oben II. 2. a).
827 S. dazu oben II. 3. a).
828 Vgl. schon *F. Wagner*, S. 152.
829 So schon *Altmeppen* in FS Roth, S. 1, 3.
830 *Weipert* in RGRKommHGB, 1. Aufl., § 140 Anm. 28.

billigkeiten wohl nicht gesehen und deshalb keine Ausgleichsregelung vorgesehen.

Geht man mit der herrschenden Auffassung davon aus, dass § 140 Abs. 2 HGB die Auseinandersetzung von konjunktur- und unternehmensentwicklungsbedingten Zufälligkeiten unabhängig machen soll, so ist erforderlich, aber auch ausreichend, dass der Ausscheidende am konkreten Gewinn und Verlust der Schwebephase weder über die Abfindung noch über seine Gewinnbeteiligung partizipiert. Nicht erforderlich ist hingegen, dass die Schwebephase völlig entschädigungslos bleibt. Im Gegenteil, die Regelung führt nur dann zu einem für beide Parteien angemessenen Interessenausgleich, wenn dem Auszuschließenden der durch die Zahlungsverzögerung verursachte „Zinsnachteil" ausgeglichen wird.

Als Ergebnis ist festzuhalten, dass die ratio legis des § 140 Abs. 2 HGB ausschließlich die Beteiligung am konkreten Gewinn und Verlust der Prozesszeit verhindern soll. Eine völlig entschädigungslose Schwebephase ist danach weder erforderlich noch angemessen.

cc) Die entschädigungslose Schwebephase aus verfassungsrechtlicher Sicht

Auch aus verfassungsrechtlicher Sicht ist es nicht haltbar, dem Auszuschließenden zuzumuten, die „Zinslücke" während der Schwebephase entschädigungslos hinnehmen zu müssen. Aus der vom BVerfG im Hinblick auf Art. 14 Abs. 1 GG geforderten „wirtschaftlich vollen" Entschädigung für den Anteilsverlust wird mit Recht weitgehend gefolgert, dass es dem Ausscheidenden zu ermöglichen ist, ohne wirtschaftlichen Nachteil aus der Gesellschaft auszuscheiden.[831]

Verlagert nun der Gesetzgeber den Bewertungsstichtag fiktiv auf den Zeitpunkt der Klageerhebung vor, so ist die bloße Abfindung zum vollen bzw. wahren Wert des Anteils für sich alleine genommen noch nicht geeignet, ein Ausscheiden ohne wirtschaftlichen Nachteil zu gewährleisten. Denn die Bewertungskalküle sind stichtagsbezogen und gehen fiktiv von einer sofortigen Auszahlung der Abfindung zu diesem Stichtag aus. Tatsächlich aber erhält der Auszuschließende seine ihm zustehende Abfindung nicht schon mit dem Bewertungsstichtag, sondern erst zu einem häufig sehr viel späteren Zeitpunkt ausbezahlt. Den aus der Vorenthaltung der Abfindung resultierenden Zinsnachteil gilt es auszugleichen.

Dieser Zinsnachteil lässt sich nicht mit der Begründung rechtfertigen, der Auszuschließende habe die Verzögerung und den daraus resultierenden Nachteil selbst zu verantworten. Die Einlegung von Rechtsmitteln ist Grundrecht jedes

831 Zu den verfassungsrechtlichen Vorgaben ausführlich oben 2. Teil II.

Beklagten (Art. 103 Abs. 1 GG).[832] Gleichzeitig wird die Gesellschaft durch die Ausgleichspflicht nicht unangemessen benachteiligt, denn diese wirtschaftet, wie das BVerfG zu der ähnlich gelagerten Situation bei einer Mehrheitsumwandlung festgestellt hat, mit dem Kapital des Auszuschließenden bis zur Auszahlung der Abfindung weiter.[833]

dd) Ergebnis zu a)

Zumindest bei längerer Prozessdauer entsteht dem Ausscheidenden durch die Zinslücke kein unerheblicher und damit wirtschaftlich vernachlässigbarer Nachteil. Aber auch dann, wenn Bewertungsstichtag und Stichtag des Ausscheidens nahe beieinander liegen, ist es für den Auszuschließenden unzumutbar, die wirtschaftlichen Nachteile der Verzögerung zu tragen, während die verbleibenden Gesellschafter ausschließlich die Vorteile daraus ziehen. Auch die ratio legis des § 140 Abs. 2 HGB erfordert es, dem Auszuschließenden die Nachteile der Prozessdauer nicht einseitig aufzubürden. Dieser soll die Auseinandersetzung von der konkreten Konjunktur- und Unternehmensentwicklung unabhängig machen. Es ist erforderlich, aber auch ausreichend, dass der ausscheidende Gesellschafter nicht am konkreten Gewinn und Verlust der Schwebephase partizipiert. Hinsichtlich der Vorenthaltung des Kapitals hat der Gesetzgeber keine Überlegungen angestellt. Die verfassungsrechtlich erforderliche „wirtschaftlich volle Entschädigung" gebietet es vielmehr, den Auszuschließenden für den Zinsnachteil angemessen zu entschädigen, da ihm ein Ausscheiden ohne wirtschaftlichen Nachteil zu ermöglichen ist. § 140 Abs. 2 HGB lässt aber die Zahlungsverzögerungen durch die fiktive Vorverlagerung des Bewertungsstichtags außer Acht. Die Vorverlagerung des Bewertungsstichtags führt deshalb nur dann zu einer für alle Parteien angemessenen Risikoverteilung, wenn dem ausscheidenden Gesellschafter der Zinsnachteil ausgeglichen wird.

c) Zum Fortbestehen der konkreten Gewinnbeteiligung

Einen Ausgleich für die Kapitalüberlassung kann der Auszuschließende jedenfalls nicht über eine fortlaufende (konkrete) Gewinnbeteiligung erhalten. Zwar bleibt die Gesellschafterstellung während der Schwebephase, nämlich bis zur rechtskräftigen Entscheidung über den Ausschluss und dem gleichzeitigen Ausscheiden, grundsätzlich unberührt. Einigkeit besteht deshalb insoweit, als mit fortbestehender Gesellschafterstellung grundsätzlich auch alle Gesellschafterrechte bestehen bleiben müssen.[834] Als solches muss auch das abstrakte Recht auf Beteiligung am während der Schwebephase konkret erwirtschafteten Ge-

832 So schon *Altmeppen* in FS Roth, S.1, 10.

833 BVerfG NJW 1962, 1667, 1669 reSp = BVerfGE 14, 263 – „Feldmühle".

834 S. dazu oben I.

winn bestehen bleiben. Von diesem abstrakten Recht auf Gewinnbeteiligung (dem Stammrecht) ist aber das konkrete Recht im Sinne der konkreten Fruchtziehung streng zu unterscheiden. Mit der einhelligen Meinung zum Ausschluss aus der oHG, die im krassen Gegensatz zum Meinungsstand bei Ausschluss aus einer GmbH und AG steht,[835] ist davon auszugehen, dass sich der konkrete Gewinn und Verlust der Schwebephase auf die Auseinandersetzung nicht auswirken dürfen.

aa) Die Unvereinbarkeit mit der ratio legis des § 140 Abs. 2 HGB

Mit dem Sinn und Zweck des § 140 Abs. 2 HGB wäre es völlig unvereinbar, dem Auszuschließenden eine fortlaufende konkrete Gewinnbeteiligung zuzubilligen.

Wie schon oben ausführlich dargelegt wurde,[836] soll § 140 Abs. 2 HGB nach seiner ursprünglichen Intention dem „Auszustoßenden", um diesem den Anreiz an einer Prozessverschleppung vollständig zu nehmen, jeglichen Vorteil aus einer möglichen Prozessverzögerung nehmen. Aus der Gewinnbeteiligung darf dieser deshalb keinen Vorteil ziehen. Dementsprechend soll der Auszuschließende nach Vorstellung des historischen Gesetzgebers nach dem Bewertungsstichtag ausschließlich an den Gewinnen aus den „laufenden" Geschäften partizipieren, die am Bewertungsstichtag bereits angelegt waren.[837] Die diesem Gedanken entsprechende Regelung findet sich heute in §§ 740 BGB i.V.m. 105 Abs. 3 HGB,[838] der eine Beteiligung am Gewinn und Verlust nach dem Ausscheiden nur für „schwebende Geschäfte" statuiert. Der Begriff „schwebende" bzw. „laufende" Geschäfte meint solche Geschäfte, aus denen die oHG am Auseinandersetzungsstichtag bereits verpflichtet war, die aber zu diesem Zeitpunkt noch nicht erfüllt waren.[839] Aus der Existenz dieser Vorschrift lässt sich der Umkehrschluss ziehen, dass der Auszuschließende nach dem Bewertungsstichtag grundsätzlich nicht mehr am Gewinn partizipiert. Dies gilt auch dann, wenn der Bewertungsstichtag und damit der Tag des Ausscheidens – wenn auch nur fiktiv – vorverlagert wird.

Nichts anderes ergibt sich nach der modernen Interpretation des § 140 Abs. 2 HGB. Dieser verlagert ausweislich seines ausdrücklichen Wortlautes nicht nur

835 S. dazu ausführlich oben II. 2. b) aa).

836 S. dazu oben II. 3. a) bb).

837 S. dazu die Nachweise oben Fn. 805.

838 Nach **einhM** ist § 740 BGB, der noch auf dem mittlerweile überholten Substanzwertgedanken basiert, im Regelfall allerdings obsolet, s. dazu näher *K. Schmidt* in MünchKommHGB, § 131 Rn. 115; **ebenso:** *Lorz* in Ebenroth/Boujong/Joost/Strohn, HGB, § 131 Rn. 108; *Hopt* in Baumbach/Hopt, HGB, § 131 Rn. 49.

839 So die allgemeine Definition, s. *K. Schmidt* in MünchKommHGB, § 131 Rn. 116; *Lorz* in Ebenroth/Boujong/Joost/Strohn, HGB, § 131 Rn. 109.

den Bewertungsstichtag, sondern den gesamten Vorgang der Auseinandersetzung mit dem Ausgeschlossenen auf den Stichtag der Klageerhebung vor. Die Auseinandersetzung soll dadurch von der konkreten Konjunktur- und Unternehmensentwicklung nach diesem Stichtag unabhängig gemacht werden. Der Ausgeschlossene soll im Ergebnis wirtschaftlich so stehen als wäre er im Zeitpunkt der Klageerhebung ausgeschieden. Würde man den Auszuschließenden weiterhin an den konkreten Gewinnen der Schwebephase beteiligen, so würde dieser von den zufälligen Entwicklungen gerade profitieren oder benachteiligt werden. Es kann aber keinen Unterschied machen, ob sich die konkrete Entwicklung über Unternehmenswertschwankungen in der Abfindung oder über die Gewinn- und Verlustbeteiligung niederschlägt. Die Frage, ob und in welcher Höhe der Auszuschließende für seine Kapitalüberlassung an die Gesellschaft entschädigt wird, würde weitgehend vom Zufall abhängen.[840]

Zu Unbilligkeiten führt die Beteiligung am konkreten Gewinn der Gesellschaft dann, wenn der erwirtschaftete Gewinn über oder unter dem für die Anteilsbewertung durchschnittlich prognostizierten Jahresüberschuss liegt.[841] Es liegt gerade in der Natur der Prognose als einer nur mehr oder weniger genauen Schätzung, dass sich Prognose und Realität im Regelfall nicht decken. Wann und ob sich die Gewinne realisieren, hängt weitgehend vom Zufall ab und lässt sich nur schwer vorhersagen. Übersteigen die tatsächlichen Überschüsse die durchschnittlich prognostizierten, so profitiert der Auszuschließende davon auf Kosten der Ausschließenden. Andererseits können die tatsächlich erwirtschafteten Überschüsse auch hinter den prognostizierten zurückbleiben. Im Extremfall erwirtschaftet das Unternehmen keinen Überschuss, sondern sogar einen Verlust. In diesem Fall erhielte der Auszuschließende für die Nutzung seines Kapitals keine bzw. keine den Konjunktur- und Unternehmensverhältnissen zum Bewertungsstichtag adäquate Entschädigung. Ob und in welcher Höhe der Auszuschließende entschädigt wird, hinge daher entscheidend von der zufälligen konkreten Konjunktur- und Unternehmensentwicklung ab.

bb) Die Unvereinbarkeit mit dem Stichtagsprinzip

Eine Beteiligung des Auszuschließenden an dem nach dem Bewertungsstichtag erwirtschafteten Gewinn ist auch mit dem Stichtagsprinzip unvereinbar.

Legt man das in aller Regel anzuwendende Ertragswertverfahren zu Grunde, so regelt das Stichtagsprinzip mittelbar, welchem Anteilseigner die auf den Geschäftsanteil des Auszuschließenden entfallenden Gewinne des Unternehmens personell zuzuordnen sind. Bis zum Bewertungsstichtag sind die Erträge alleine dem auszuschließenden Gesellschafter zuzuordnen. Ab diesem Zeitpunkt hin-

840 Vgl. *Altmeppen* in FS Roth, S. 1, 9; *dens.* ZIP 2010, 1773, 1779 f.

841 So schon *Altmeppen* in FS Roth, S. 1, 9. Zu den verschiedenen Prognoseverfahren s. ausführlich oben 2. Teil VII. 1. d) aa) bbb).

gegen gebühren die Erträge ausschließlich den verbleibenden Gesellschaftern.[842] An den künftigen Erträgen nimmt der Ausscheidende nur noch im Rahmen der Abfindung über den Unternehmenswert teil.[843] Aus bewertungstheoretischer Sicht darf dem Auszuschließenden die konkrete Nutzung der Beteiligung nicht zwei Mal zu Gute kommen, nämlich einerseits in prognostizierter Form über die Abfindung und andererseits über die Gewinnbeteiligung.

cc) Die Verlagerung des unternehmerischen Risikos auf die verbleibenden Gesellschafter

Gegen eine Beteiligung an den konkreten Unternehmensgewinnen spricht außerdem, dass es sich bei der Gewinnbeteiligung um eine „Risikovergütung" handelt.[844] Vor dem Bewertungsstichtag stehen sich die Gewinnbeteiligung und das mit der konkreten Kapitalanlage verbundene, spezifische unternehmerische Risiko gleichwertig gegenüber. Mit dem Bewertungsstichtag aber verlagert sich das mit der Beteiligung in der oHG verquickte unternehmerische Risiko fast vollständig auf die den Ausschluss betreibenden Gesellschafter.[845] Trotz einer Verschlechterung der Konjunktur- und Unternehmenssituation haften die Ausschließenden für die Abfindung in unveränderter Höhe. Sie alleine tragen fortan das Ausfallrisiko und haften für die zwischenzeitlich begründeten Gesellschaftsverbindlichkeiten im Innenverhältnis. Der Auszuschließende trägt dagegen maximal das Risiko, konjunktur- oder unternehmensentwicklungsbedingt keine Rendite aus seiner Beteiligung zu ziehen. Es kann aber nicht sein, dass die Ausschließenden das volle unternehmerische Risiko tragen, während der Auszuschließende von Gewinnschwankungen nach oben stets, nach unten aber nur in beschränkten Umfang teilnimmt.

dd) Ergebnis zu b)

Mit der ganz herrschenden Meinung ist festzustellen, dass der Auszuschließende – sofern die Ausschlussmaßnahme Erfolg hat –[846] hinsichtlich der Auseinandersetzung weder am Gewinn noch am Verlust der Schwebephase zu beteiligen ist. Zwar bleibt das abstrakte und auch das konkrete Recht auf Gewinnbeteiligung mit fortbestehender Gesellschafterstellung bis zum Ausscheiden bestehen. Für

842 Zur aus dem Stichtagsprinzip resultierenden Nutzenverteilung s. ausführlich oben 2. Teil VII. 1. a) cc). Zum Stichtagsprinzip allgemein s. oben 2. Teil VI. 1.

843 So schon *K. Schmidt*, GesR, S. 1477.

844 So zum Minderheitsausschluss aus der AG, *Stephan* in Schmidt/Lutter, AktG, § 305 Rn. 122.

845 Zum unternehmerischen Risiko während der Schwebephase s. ausführlich unten II. 4. b) bb).

846 Zur Rechtslage bei Scheitern der Ausschlussmaßnahme s. unten IV.

die Auseinandersetzung muss das konkrete Recht auf Gewinnbeteiligung hingegen mit dem Bewertungsstichtag fiktiv enden. Eine Beteiligung an den nach der Klageerhebung erwirtschafteten Gewinnen würde dem Gesetzeszweck des § 140 Abs. 2 HGB, der die Auseinandersetzung mit dem Auszuschließenden von den prozessbedingten Zufälligkeiten lösen soll, diametral entgegenstehen. Anderenfalls wäre die Frage, ob dieser einen angemessenen Ausgleich für die Kapitalüberlassung erhält, in erheblichem Maße von der Zufälligkeit abhängig, ob und in welcher Höhe die Gesellschaft Gewinn erwirtschaftet. Gleichzeitig wäre eine Beteiligung an den konkreten Gewinnen als Risikobeteiligung für die den Ausschluss betreibenden Gesellschafter unbillig, denn das unternehmerische Risiko hat sich mit dem Bewertungsstichtag im Wesentlichen auf die ausschließenden Gesellschafter verlagert.

d) Zur „Einpreisung“ eines angemessenen Ausgleichs

Was die These anbelangt, in der Abfindung sei bereits per se eine Entschädigung für die zukünftige Überlassung des Kapitals enthalten, so ist erneut darauf hinzuweisen, dass die Bewertungskalküle die Abfindung unter der Hypothese der sofortigen Verfügbarkeit des Abfindungsguthabens zum Bewertungsstichtag ermitteln. Zahlungsverzögerungen bleiben unberücksichtigt.[847] Die Abfindung kann deshalb den Nutzungsausfall durch die Kapitalüberlassung nach diesem Stichtag jedenfalls nicht per se entschädigen, sondern allenfalls dann, wenn die Nutzungsentschädigung als zusätzlicher, den Barwert ergänzender Posten einfließt. Es wäre dann Frage des konkreten Einzelfalles, ob in der Abfindung tatsächlich ein Ausgleich für die Schwebephase vorgesehen ist und ob dieser, gemessen an der Zeitdauer der Schwebephase, angemessen ist. Aber auch gegen eine Einpreisung eines solchen ergänzenden Postens sprechen gewichtige Gesichtspunkte.[848]

Eingepreist werden soll die dem Auszuschließenden während der Schwebephase entgehende konkreten Nutzung pro rata temporis.[849] Wie bereits oben dargelegt, ist die Beteiligung an der konkrete Nutzung nicht geeignet, einen gerechten Ausgleich zwischen den Beteiligten herzustellen.[850]

Auch in dogmatischer Hinsicht erscheint es äußerst zweifelhaft, ob ein Ausgleich in die Abfindung eingepreist werden kann. *Gansweid* kritisiert zu Recht, dass die Abfindung dem auf den einzelnen Anteil entfallenden Teil des Unternehmenswerts zu einem bestimmten Stichtag entsprechen soll. In der Abfindung

847 S. dazu oben II. 1. a).

848 Der Einpreisungsgedanke entstammt dem aktienrechtlichen Minderheitsausschluss, s. deshalb ausführlich dort 5. Teil II. 2. b) aa) aaa) und bb) aaa) (4) (b).

849 Vgl. zum Ganzen die Ausführungen zum Minderheitsausschluss aus der AG, unten 5. Teil II. 2. b) bb) aaa) (4) (b).

850 S. dazu schon oben II. 3. c).

gleichzeitig den Verlust zu berücksichtigen, der mit einer verspäteten Abfindung entsteht, *„fehlt jede Grundlage“*.[851] Für Unbilligkeiten ausgleichende Ergänzungen ist demnach in der Abfindung selbst kein Platz.

e) Zu den erfolgsunabhängigen Ausgleichsansprüchen

Nach dem oben Dargelegten vertritt eine Mindermeinung im Schrifttum, dass der auszuschließende Gesellschafter für die Zurverfügungstellung seines Kapitals finanziell zu entschädigen ist, und andererseits, dass eine fortlaufende Beteiligung am konkret erwirtschafteten Gewinn ausscheiden muss. Ein entsprechender Ausgleich ist auch grundsätzlich nicht in der Abfindung berücksichtigt worden (Einpreisung). Als gangbare Lösungen bleiben daher nur die ertragsunabhängige Verzinsung und die Aufzinsung des Abfindungsguthabens übrig. Welchem der beiden Ansätze der Vorzug gebührt, gilt es im Folgenden zu klären.

aa) Zur ertragsunabhängigen Verzinsung der Abfindung

Vorweg ist festzustellen, dass eine Verzinsung des Abfindungsguthabens dem Regelungsziel des § 140 Abs. 2 HGB nicht entgegensteht. Seiner ratio legis nach soll dieser ausschließlich die vom Zufall der konkreten Konjunktur- und Unternehmensentwicklung abhängige Beteiligung am konkreten Gewinn und Verlust der Gesellschaft unterbinden.[852] Die Verzinsung ist aber gerade unabhängig von der konkreten zukünftigen Entwicklung. Zins ist nach gängiger Definition die von der Laufzeit, aber nicht vom Umsatz oder Gewinn abhängige Vergütung für den Kapitalgebrauch.[853]

Kritisiert werden muss, dass aus den Ausführungen *Weiperts* und *Ulmers* nicht klar hervorgeht, auf welche Anspruchsgrundlage sich die Verzinsung stützen soll.[854] Beide wollen den Anspruch auf Verzinsung wohl nicht auf eine konkrete Anspruchsgrundlage stützen, sondern auf einen allgemeinen Rechtsgedanken.[855] Jedenfalls muss § 353 S. 1 HGB, auf den beide Autoren verweisen, als Anspruchsgrundlage ausscheiden. Nach modernem Verständnis ist die Auseinandersetzung mit dem ausscheidenden Gesellschafter kein Handelsgeschäft.[856]

851 So *Gansweid* AG 1977, 334, 340 reSp zur vergleichbaren Rechtslage bei Ausscheiden aus einer AG; s. ergänzend die Nachweise zum Minderheitsausschluss aus der AG, unten 5. Teil II. 3. d) cc).

852 S. dazu oben II. 3. a).

853 *Canaris* NJW 1978, 1891, 1892 liSp; die ständige Rechtsprechung hat diese Definition übernommen, s. BGH NJW 1979, 540, 541 reSp; NJW 1979, 805, 806 liSp; **ähnlich:** *K. Schmidt* in MünchKommHGB, § 352 Rn. 5.

854 S. dazu schon oben II. 2. b) cc).

855 S. dazu oben II. 2. b) cc).

856 S. dazu die Nachweise oben Fn. 724.

Dieser Mangel mag in Analogie zu lösen sein. Zusätzlich setzt diese Anspruchsgrundlage die Anspruchsentstehung und Fälligkeit voraus. Nach (praktisch) einhelliger Ansicht entsteht der Anspruch auf Abfindung nicht schon am Bewertungsstichtag, sondern erst zeitgleich mit dem Ausscheiden aus der Gesellschaft[857] und wird frühestens mit Entstehung fällig.[858] Mit ebendieser Argumentation lehnt auch *Ulmer* für die ähnlich gelagerte Zinslücke, die bei der Einziehung eines GmbH-Geschäftsanteils gem. § 34 GmbHG entsteht, eine Verzinsung gem. § 353 S. 1 HGB ab.[859] § 353 S. 1 HGB käme demnach allenfalls in doppelt analoger Anwendung in Betracht.

Was die Herleitung des Anspruchs aus allgemeinen Grundsätzen anbelangt, so steht auch diese auf schwankendem Boden. *Weipert* und *Ulmer* weisen auf § 353 HGB sowie auf den hinter § 354 Abs. 2 HGB stehenden Rechtsgedanken hin.[860] Hinter § 354 Abs. 2 HGB steht, ebenso wie hinter §§ 353 und 354 Abs. 1 HGB, eine bereicherungsrechtliche Wertung. Derjenige, der Kapital verwenden kann, genießt einen Liquiditätsvorteil, den es auszugleichen gilt.[861] Prägend für § 354 Abs. 2 HGB ist der Gedanke, *„dass jede Art Kredit unter Kaufleuten entgeltlich ist“*.[862] Zwar ist nicht zu leugnen, dass der Auszuschließende in den Schwebelagefällen faktisch gezwungen ist, der Gesellschaft ein „Darlehen“ zu gewähren. Die den §§ 354 Abs. 2 und 353 S. 1 HGB zu Grunde liegende Wertung ist aber mit der Kaufmannseigenschaft des Anspruchstellers verknüpft. Von der im Vordringen befindlichen Auffassung im Schrifttum wird die Kaufmannseigenschaft der Gesellschafter jedoch – zumindest im Gesellschaftsverhältnis – verneint.[863]

Gleiches gilt auch für die Höhe des Zinssatzes. § 352 Abs. 1 S. 1 HGB bestimmt einen gegenüber § 246 BGB höheren Zinssatz. Der den höheren Zinssatz rechtfertigende Gedanke *„pecunia mercatoris valet plus quam pecunia non mercatoris“*[864] – die Verfügbarkeit von Kapital habe für den kaufmännischen Geldgläubiger eine größere wirtschaftliche Bedeutung als für einen Privatmann – trägt nur dann, wenn man die Kaufmannseigenschaft bejaht. Verneint man diese mit der im Vordringen befindlichen Auffassung, so müsste auf den Zinssatz des verdrängten[865] § 246 BGB zurückgegriffen werden.

---

857 S. dazu die Nachweise oben Fn. 725 sowie oben 2. Teil II. 1. a); **a.A.:** *Strohn* in MünchKommGmbHG, § 34 Rn. 206.

858 S. dazu die Nachweise unten Fn. 967 und 968.

859 *Ulmer* in GroßkommGmbHG, § 34 Rn. 79.

860 S. dazu oben II. b) cc).

861 *Kindler* in Ebenroth/Boujong/Joost/Strohn, HGB, § 354 Rn. 33.

862 *K. Schmidt* in MünchKommHGB, § 354 Rn. 1.

863 S. *K. Schmidt* in MünchKommHGB, § 105 Rn. 14; *Hopt* in Baumbach/Hopt, HGB, § 105 Rn. 19, 21 jew. m.w.N.

864 *Kindler* in Ebenroth/Boujong/Joost/Strohn, HGB, § 352 Rn. 2.

865 *Hopt* in Baumbach/Hopt, HGB, § 352 Rn. 1; *Canaris* in Staub, HGB, § 352 Rn. 1.

Der an § 352 Abs. 1 S. 1 HGB und § 63 Abs. 2 AktG angelehnte feste Zinssatz erscheint außerdem zu starr und nicht geeignet, den konjunktur- und unternehmenslagebedingten Gegebenheiten des Einzelfalles gerecht zu werden. Dementsprechend sehen § 288 Abs. 1 BGB sowie §§ 305 Abs. 3 S. 3 HS. 1, 320 b Abs. 1 S. 6 HS. 1 und 327 b Abs. 2 HS. 1 AktG und § 15 Abs. 2 S.1 UmwG eine am Basiszinssatz des § 247 BGB orientierte, flexible Verzinsung vor.[866] Es wäre deshalb nahe liegender, die Abfindung – wie in den soeben zitierten ähnlich gelagerten Konstellationen – mit 5 Prozentpunkten über dem Basiszinssatz zu verzinsen.

Zur Verzinsung ist im Ergebnis festzuhalten, dass diese durchaus im Einklang mit § 140 Abs. 2 HGB steht, einen angemessenen Ausgleich für die Überlassung des Kapitals sicherstellt und im Ergebnis wertungsmäßig nicht zu beanstanden ist.[867] Die dogmatische Herleitung des Anspruchs erscheint hingegen angreifbar. Zu den Nachteilen sowie den Unterschieden zur Aufzinsung siehe sogleich.

bb) Zur Aufzinsung der Abfindung

Wie die ertragsunabhängige Verzinsung steht auch die Aufzinsung des Abfindungsguthabens nicht im Widerspruch zum Sinn und Zweck des § 140 Abs. 2 HGB. Wie bereits mehrfach erwähnt, soll dieser die Auseinandersetzung mit dem Auszuschließenden von der konkreten Konjunktur- und Unternehmensentwicklung nach dem Bewertungsstichtag unabhängig machen.[868] Die Aufzinsung ist aber nichts anderes als die Verzinsung des Abfindungsguthabens, mit der Besonderheit, dass die Zinsen am Jahresende gutgeschrieben und ihrerseits kapitalisiert werden,[869] und sich der Zinssatz (der Aufzinsungsfaktor) vom unternehmensindividuellen Kapitalisierungszinssatz ableitet.[870] Über die Aufzinsung erhält der Auszuschließende ausschließlich den pauschaliert bzw. abstrakt ermittelten Nutzungswert der Beteiligung, welcher sich nach der zum Bewertungsstichtag absehbaren Konjunktur- und Unternehmensentwicklung bestimmt. Aus diesem Grund verstößt die Aufzinsung der Abfindung auf den Tag des Ausscheidens aus der Gesellschaft auch nicht gegen das in § 140 Abs. 2 HGB verankerte Stichtagsprinzip.[871] Denn die für die Anteils- und Unternehmensbewertung maßgebliche zeitliche Bewertungsperspektive bleibt von der Aufzin-

866 S. dazu näher unten III. 2. b).
867 **Ebenso:** *Altmeppen* in FS Roth, S. 1, 4 und 7.
868 S. dazu oben II. 3. a).
869 S. dazu näher unten II. 4. a) und 6.
870 Zur Bemessung des Aufzinsungsfaktors s. ausführlich unten II. 4. b).
871 Zum Stichtagsprinzip s. ausführlich oben 2. Teil VI. 1. und VII. 1. c).

sung unberührt. Zur Beurteilung der Lage- und Entwicklung des Unternehmens und der Konjunktur bleibt der Tag der Klageerhebung maßgeblich.

Die Aufzinsungslösung führt neben der Verzinsungslösung als einzige zu billigen Ergebnissen. Bei genauer Betrachtung erweist sich die Aufzinsungslösung gegenüber der Verzinsungslösung jedoch als überlegen.

aaa) Die dogmatische Grundlage

Im Gegensatz zur ertragsunabhängigen Verzinsung der Abfindung, die dogmatisch auf wackeligem Boden steht,[872] erscheint die Aufzinsung der Abfindung dogmatisch fundiert. *Weipert* und *Ulmer* knüpften an die Vorenthaltung des Kapitals an und übersehen den entscheidenden Unterschied gegenüber der Phase zwischen Ausscheiden und Abfindungszahlung: Die fortbestehende Gesellschafterstellung.

Es ist unbestritten, dass die Gesellschafterstellung bis zur Rechtskraft des Ausschlussurteils unangetastet bleibt.[873] Mit fortbestehender Gesellschafterstellung bleiben grundsätzlich alle Gesellschafterrechte bestehen – das Fruchtziehungsrecht eingeschlossen.[874] Das Stammrecht als Quelle des Nutzungsrechts geht erst mit dem Ausscheiden aus der Gesellschaft vom auszuschließenden auf die ausschließenden Gesellschafter über. Der Auszuschließende hat demnach grundsätzlich einen schuldrechtlichen Anspruch auf zeitanteilige Gewinnbeteiligung, welcher in § 101 Nr. 2 HS. 2 BGB als selbstverständlich vorausgesetzt wird.[875]

Wie bereits *Altmeppen* festgestellt hat, ist eine Beteiligung des Auszuschließenden am konkreten Gewinn der Gesellschaft jedoch nicht geeignet, einen gerechten Ausgleich zwischen den Beteiligten herzustellen.[876]

Wie schon oben dargelegt, soll § 140 Abs. 2 HGB die Auseinandersetzung von der konkreten Konjunktur- und Unternehmensentwicklung nach dem Bewertungsstichtag unabhängig machen.[877]

Außerdem vergütet die konkrete Gewinnbeteiligung als „Risikovergütung" das mit der Beteiligung verbundene unternehmerische Risiko. Durch die Vorverlagerung des Bewertungsstichtages auf den Tag der Klageerhebung geht dieses aber – wie unten näher aufgezeigt wird –[878] nahezu vollständig auf die ausschließenden Gesellschafter über.

872 S. dazu ausführlich oben II. 3. e) aa).
873 S. dazu oben I.
874 S. dazu die Nachweise oben Fn. 735 und 799.
875 S. *Stresemann* in MünchKommBGB, § 101 Rn. 8 ff; *Jickeli/Sieper* in Staudinger, BGB, § 101 Rn. 1.
876 S. dazu oben II. 2. b) dd).
877 S. dazu ausführlich oben II. 3. a).
878 S. dazu ausführlich oben II. 3. c) cc).

Die konkrete Nutzung nach dem Stichtag der Klageerhebung gebührt demnach ausschließlich den verbleibenden Gesellschaftern, die diese dem Auszuschließenden über die nach dem Barwert der zukünftigen Nutzung bemessene Abfindung abgelten.[879]

Ist aber die Beteiligung am konkreten Unternehmensgewinn nicht geeignet, einen angemessen Ausgleich herzustellen, so bleibt nichts anderes übrig, als den Nutzungswert der Beteiligung pro rata temporis abstrakt bzw. pauschaliert zu ermitteln.

Wie der abstrakte bzw. pauschalierte Nutzungswert zu berechnen ist, lässt sich ableiten aus dem im Regelfall anzuwendenden Bewertungsmodus des Ertragswertverfahrens. Durch Abzinsung der zukünftigen Nutzungen mit dem unternehmensspezifischen Kapitalisierungszinssatz auf den Bewertungsstichtag verteilt das Ertragswertverfahren den Nutzungswert der Beteiligung gerecht zwischen dem Rechtsvorgänger (dem Ausgeschlossenen) und dem Rechtsnachfolger (den verbleibenden Gesellschaftern). Es trägt dem Umstand Rechnung, dass die in die Bewertung einfließenden Zahlungsströme dem Anteilserwerber erst in Zukunft zufließen. Ökonomisch betrachtet bildet der Kapitalisierungszinssatz die bestmögliche äquivalente Alternativanlage des Investors ab.[880]

Wird die Abfindung nun – insbesondere durch die Abzinsung der zukünftigen Zahlungsströme – für den Bewertungsstichtag ermittelt, obwohl das Kapital des Auszuschließenden bis zum Ausscheiden im Geschäftsanteil gebunden bleibt, so entsteht diesem durch die Abzinsung ein Zinsnachteil, weil die Bewertungskalküle fiktiv von einer sofortigen Auszahlung der Abfindung zum Bewertungsstichtag ausgehen.[881] Unter der Annahme der sofortigen Auszahlung hätte der Auszuschließende seine Abfindung bereits zum Bewertungsstichtag am Markt reinvestieren können.[882] Der durch die Abzinsung verursachte Zinsnachteil ist dann durch Aufzinsung auf den Tag des Ausscheidens umzukehren. Der abstrakte Nutzungswert entspricht ebenso wie bei der Abzinsung der Rendite der äquivalenten Alternativanlage. Zu berücksichtigen ist dabei aber, dass sich die mit der Beteiligung verknüpfte Risikolage mit dem Bewertungsstichtag entscheidend verändert hat.[883]

bbb) Die Aufzinsung als anerkanntes Instrument der Betriebswirtschaft

Die Aufzinsung ist kein der Unternehmensbewertung völlig fremdes Instrumentarium, sondern ein in Praxis, Literatur und Rechtsprechung anerkannter Kunst-

879 S. dazu ausführlich oben 2. Teil VII. 1. c).

880 S. dazu oben 2. Teil VII. 1. d) cc) aaa).

881 S. dazu ausführlich oben 2. Teil VI. 3.

882 Vgl. *F. Wagner*, S. 154.

883 Zur veränderten Risikosituation und den Konsequenzen für die Bemessung des Aufzinsungsfaktors s. ausführlich unten II. 4. b) bb).

griff. An dieser Stelle sei deshalb auf eine ähnlich gelagerte Konstellation hingewiesen, in der ebenfalls auf die Aufzinsung zurückgegriffen wird.

In der Praxis wird der Unternehmenswert üblicherweise nicht direkt auf den maßgelblichen Stichtag ermittelt, sondern indirekt über einen sog. „technischen" Bewertungsstichtag[884]. Die ständige Rechtsprechung billigt diese Vorgehensweise.[885]

Grund für dieses Vorgehen ist, dass die der Unternehmensbewertung zugrunde liegenden Planergebnisse nicht auf den Bewertungsstichtag, sondern auf das Geschäftsjahr bezogen werden. Deshalb wird der Unternehmenswert in einem ersten Schritt auf den Bilanzstichtag des Vor- oder des Folgejahres, üblicherweise – sofern Kalenderjahr und Geschäftsjahr übereinstimmen – den 31.12., ermittelt. Der auf diesen „technischen" Bewertungsstichtag ermittelte Unternehmenswert muss dann in einem zweiten Schritt auf den „eigentlichen" bzw. „tatsächlichen" Bewertungsstichtag auf- oder abgezinst werden.[886]

Interessant sind für diese Untersuchung ausschließlich die Fälle, in denen der „technische" Bewertungsstichtag vor dem „tatsächlichen" liegt. Diese Konstellation ist durchaus mit der hier zu untersuchenden Konstellation der Zahlungsverzögerung zwischen Bewertungsstichtag und Ausscheiden vergleichbar. Die Abzinsung schießt quasi über das Ziel, den „eigentlichen" oder „tatsächlichen" Bewertungsstichtag, hinaus. Der Zukunftserfolgswert des Unternehmens ist zu weit abgezinst worden. Damit der Abzufindende aus der Abzinsung über den „tatsächlichen" Stichtag hinaus keinen Zinsnachteil erleidet, muss die Abzinsung insoweit rückgängig gemacht werden. Dazu bedient man sich konsequenterweise der Aufzinsung.[887]

884 Vgl. OLG Karlsruhe Beschl. v. 16.7.2008 – 12 W 16/02, juris Tz. 98 f; LG Frankfurt a.M. Beschl. v. 14.9.2009 – 3-5 O 203/07, juris Tz. 19; LG Frankfurt a.M. Beschl. v. 4.8.2010 – 3-5 O 73/04, 3-05 O 73/04, 5 O 73/04, juris Tz. 31, juris Tz. 32.

885 Im Beschluss vom 19.7.2010 hat der BGH (WM 2010, 1471, 1473 Tz. 19 – „Stollwerk") dazu ausgeführt: „*Die Bezugnahme*" des Gesetzes auf einen Stichtag „*bedeutet nicht, dass für die Wertfeststellung auf diesen Stichtag abzustellen ist. Zwischen dem Zeitpunkt, auf den sich die Wertermittlung beziehen muss, und dem Zeitpunkt oder Zeitraum, aus dem die Daten für die Wertermittlung gewonnen werden, ist zu unterscheiden.*"; s. auch OLG Frankfurt a.M. ZIP 2010, 729, 730 liSp; OLG Frankfurt a.M. DK 2011, 179, 189 reSp; **a.A.:** OLG Stuttgart ZIP 2004, 712, 715: die Vorgehensweise verstoße gegen das Stichtagsprinzip.

886 OLG Karlsruhe Beschl. v. 16.7.2008 – 12 W 16/02, juris Tz. 98 f; LG Frankfurt a.M. Beschl. v. 4.8.2010 – 3-5 O 73/04, 3-05 O 73/04, 5 O 73/04, juris Tz. 31, juris Tz. 32 sowie Beschl. v. 14.9.2009 – 3-5 O 203/07, juris Tz. 19; s. dazu auch *Großfeld*, Rn. 277, der selbst allerdings einen anderen Lösungsansatz zur Ermittlung der Höhe der Aufzinsung favorisiert, s. *dens.* Rn. 278.

887 Vgl. die ständige Rechtsprechung OLG Frankfurt a.M. DK 2011, 179, 189; OLG Frankfurt a.M. ZIP 2010, 729, 730 liSp; OLG Stuttgart Beschl. v. 18.12.2009 – 20 W 2/08, juris Tz. 14; zuletzt BGH WM 2010, 1471, 1473 Tz. 19 – „Stollwerk".

ccc) Die Differenzierung zwischen der Schwebephase und der Phase bis zur Abfindungszahlung

Die Aufzinsung knüpft an die fortbestehende Gesellschafterstellung an und beschränkt sich deshalb notwendigerweise auf den Zeitraum der Schwebephase. Das Abfindungsguthaben ist vom vorgelagerten Bewertungsstichtag auf den Zeitpunkt des Ausscheidens aufzuzinsen. Hinsichtlich der Phase zwischen Ausscheiden und vollständiger Abfindungszahlung trifft die Aufzinsungslösung keine Aussagen.[888] Demgegenüber knüpft die von *Weipert* und *Ulmer* vorgeschlagene Lösung nicht an die Gesellschafterstellung, sondern ausschließlich an die zwangsweise Überlassung des Kapitals an. Konsequenterweise soll das Abfindungsguthaben während des gesamten Zeitraums zwischen Klageerhebung und Auszahlung der Abfindung mit einem einheitlichen Zinssatz zu verzinsen sein.[889] Es wird demnach nicht zwischen der Schwebephase und der Phase bis zur vollständigen Abfindungszahlung differenziert.

Eine Differenzierung zwischen den zwei Phasen scheint aber geboten, denn sie unterscheiden sich in einem zentralen Punkt, nämlich der fortbestehenden Gesellschafterstellung. Bis zum Ausscheiden aus der Gesellschaft behält der Auszuschließende seine Gesellschafterstellung und, daran anknüpfend, grundsätzlich auch alle Gesellschafterrechte und Pflichten.[890] Zwar verändert sich bereits mit dem Bewertungsstichtag das mit der Beteiligung verbundene Risiko grundlegend.[891] Allerdings wandelt sich erst mit dem Ausscheiden aus der Gesellschaft und dem einhergehenden Verlust der Gesellschafterstellung seine Stellung als Eigenkapitalgeber vollständig zu einer einem Fremdkapitalgeber vergleichbaren Stellung um.[892] Während der Schwebephase hingegen nimmt der Gesellschafter wirtschaftlich und rechtlich eine Stellung zwischen Fremd- und Eigenkapitalgeber ein.

ddd) Der Aufzinsungsfaktor

Mit Hilfe der ertragsunabhängigen Verzinsung der Abfindung lassen sich zwar noch angemessene Ergebnisse erzielen. Der starre Zinssatz von 5 % vermag aber nicht voll zu überzeugen.[893]

Der Zinssatz von 5 % ist letztendlich willkürlich, denn es lässt sich nicht plausibel begründen, wieso das Abfindungsguthaben in Anlehnung an § 352

888 Zur Phase zwischen Ausscheiden und Abfindungszahlung s. ausführlich unten III.
889 S. dazu oben II. 2. b) cc).
890 S. dazu die Nachweise oben Fn. 735 und 799.
891 Zur veränderten Risikolage nach dem Bewertungsstichtag s. ausführlich unten II. 4. b) bb).
892 Vgl. BGHZ 9, 157, 166 = NJW 1953, 780.
893 *Altmeppen* in FS Roth, S. 1, 4 und 7 ff.

Abs. 1 S. 1 HGB und § 63 Abs. 2 S. 1 AktG mit 5 % und nicht wie im Regelfall gem. § 246 BGB mit 4 % zu verzinsen sein soll. Ein Handelsgeschäft liegt gerade nicht vor.[894]

Der Aufzinsungsfaktor hingegen ist nicht willkürlich gegriffen. Er orientiert sich am Abzinsungsfaktor, d.h. dem Kapitalisierungszinssatz.[895] Dieser entspricht ökonomisch betrachtet der Rendite einer der Beteiligung im konkreten Unternehmen äquivalenten Alternativanlage.[896] Den Interessen des Auszuschließenden wird in idealer Weise dadurch Rechnung getragen, dass der Kapitalisierungszinssatz der „*optimalen anderweitigen Verwertung*"[897] seines Kapitals entspricht, und er durch Zahlungsverzögerungen nicht benachteiligt wird. Ökonomisch betrachtet ist er dann hinsichtlich des Auszahlungszeitpunktes indifferent.[898] Mit weniger als der optimalen anderweitigen Verwertung seines Kapitals muss sich der Auszuschließende nicht zufrieden geben, denn nur die ideale alternative Rendite ermöglicht ihm ein Ausscheiden aus der Gesellschaft ohne wirtschaftlichen Nachteil.[899] Den Interessen der ausschließenden Gesellschafter kann dadurch angemessen Rechnung getragen werden, dass der Kapitalisierungszinssatz entsprechend der veränderten Risikolage modifiziert wird.[900]

Eine Verzinsung mit 5 % für den gesamten Zeitraum zwischen Bewertungsstichtag und Abfindungszahlung erscheint außerdem in zweierlei Hinsicht als zu starr. Erstens erscheint es geboten, zwischen den zwei Phasen zu differenzieren, denn in der Schwebephase gleicht die Stellung des Auszuschließenden noch nicht der eines Fremdkapitalgebers.[901] Der fortbestehenden Gesellschafterstellung ist dadurch Rechnung zu tragen, dass der abstrakte Nutzungswert der Beteiligung weiterhin unternehmensspezifisch zu bestimmen ist. Zweitens erscheint der Zinssatz von 5 % als zu undynamisch. Bis zum Jahr 2000 sah auch das AktG in den ähnlich gelagerten Fällen der Eingliederung für die Phase zwischen dem Ausscheiden und der Zahlung in § 320 Abs. 5 S. 6 AktG a.F. eine – dem § 352 Abs. 1 S. 1 HGB entsprechende – Pauschalverzinsung mit 5 % vor. Erst seit dem UmwBerG sehen § 15 Abs. 2 S. 1 UmwG und diesem entsprechend §§ 305 Abs. 3 S. 3 HS 1, 320 b Abs. 1 S. 6 HS. 1 und 327 b Abs. 2 HS 1 AktG einen an den Basiszinssatz anknüpfenden, „dynamischen" Zinssatz[902] vor. Dieser Änderung liegt die Erkenntnis zu Grunde, dass eine pauschale Verzinsung mit 5 % aufgrund ihrer unflexiblen Natur kapitalmarktschwankungsbe-

---

894 S. dazu schon oben II. 1. sowie II. 3. e) aa).
895 Zur Modifikation des Aufzinsungsfaktors entsprechend der Risikolage nach dem Bewertungsstichtag s. ausführlich unten II. 5.
896 S. dazu ausführlich oben 2. Teil VII. 1. c) cc).
897 *F. Wagner*, S. 154.
898 *F. Wagner*, S. 154.
899 Zum Erfordernis des Ausscheidens ohne wirtschaftlichen Nachteil s. oben 2. Teil II.
900 S. dazu näher unten II. 4. b).
901 S. dazu schon oben II. 3. e) bb) ccc).
902 *K. Schmidt* in MünchKommHGB, § 352 Rn. 1.

dingt zu Unbilligkeiten führen kann.[903] Der Aufzinsungsfaktor hingegen ist dynamisch. Er leitet sich ab von dem für die Abzinsung der zukünftigen Zahlungsströme angesetzten Kapitalisierungszinssatz, welcher von der zum Bewertungsstichtag absehbaren, prognostizierten Konjunktur- und Unternehmenslage abhängt.[904]

f) Ergebnis zu 3.

Als Ergebnis der Untersuchung zur Behandlung der Schwebephase ist folgendes festzustellen: § 140 Abs. 2 HGB, der nicht nur den Bewertungsstichtag, sondern den gesamten Vorgang der Auseinandersetzung auf den Tag der Klageerhebung vorverlagert, soll die Auseinandersetzung mit dem Auszuschließenden von der zufälligen Konjunktur- und Unternehmensentwicklung nach dem Bewertungsstichtag unabhängig machen. Unter der Bedingung, dass der Ausschluss Erfolg hat, darf der Auszuschließende an den während der Schwebephase erwirtschafteten Gewinnen der Gesellschaft weder über die Abfindung noch über seine Gewinnbeteiligung partizipieren. Deshalb ist der Auszuschließende für die Auseinandersetzung fiktiv so zu stellen, als ob er bereits zum Stichtag der Klageerhebung ausgeschieden wäre. Die Vorverlagerung des Bewertungsstichtages bewirkt auf diese Weise eine für beide Parteien angemessene Risikoverteilung. Bis zur Klageerhebung trägt der Ausgeschlossene das unternehmerische Risiko, von diesem Stichtag an die verbleibenden Gesellschafter. Allerdings lassen die stichtagsbezogenen Bewertungskalküle Zahlungsverzögerungen außer Acht und gehen fiktiv von einer sofortigen Auszahlung der Abfindung zum Bewertungsstichtag aus. Die verfassungsrechtlich erforderliche wirtschaftlich volle Entschädigung, die ein Ausscheiden ohne wirtschaftlichen Nachteil garantiert, gebietet es, diesen Zinsnachteil auszugleichen. Durch die Vorverlagerung des Bewertungsstichtages auf den Tag der Klageerhebung lassen sich nur dann für alle Parteien angemessene Ergebnisse erzielen, wenn dem Auszuschließenden der Zinsnachteil ausgeglichen wird.

Die „Einpreisung" einer Entschädigung für die Zahlungsverzögerung in die Abfindung ist dogmatisch fragwürdig und als konkrete Nutzung pro rata temporis nicht geeignet einen gerechten Ausgleich zwischen den Beteiligten herzustellen. Entsprechend der ratio legis des § 140 Abs. 2 HGB gilt es den Nutzungswert der Beteiligung abstrakt bzw. pauschalisiert zu ermitteln. Der abstrakte Nutzungswert lässt sich entweder durch ertragsunabhängige Verzinsung oder durch Aufzinsung des Abfindungsguthabens ermitteln. Im Ergebnis führen bei-

903 So die Gesetzesbegründung zu § 30 UmwG, welcher auf § 15 Abs. 2 UmwG verweist, s. BT-Drucks. 12/6699, S. 88 liSp.

904 Zum maßgeblichen Aufzinsungsfaktor s. ausführlich unten II. 4., zum Risikozuschlag s. oben 2. Teil VI. 1. d) cc).

de Ansätze zu angemessenen Ergebnissen.[905] Vorzugswürdig ist im Ergebnis aber die dogmatisch besser fundierte Aufzinsung. Durch sie lassen sich angemessenere Ergebnisse erzielen als durch die starre Verzinsung, denn der Aufzinsungsfaktor bestimmt sich nach den konkreten Verhältnissen der Beteiligung. Bei der Bestimmung des Aufzinsungsfaktors ist allerdings die veränderte Risikosituation zu berücksichtigen.

Die obigen Ausführungen zur Aufzinsung stehen unter der Prämisse, dass die Abfindung – wie im Regelfall üblich – mittels des Ertragswertverfahrens ermittelt wird. Wie in den Bewertungssonderfällen zu verfahren ist, in denen ausnahmsweise auf einen höheren Substanz- oder Liquidationswert abzustellen ist bzw. der Anteilswert mittels des DCF-Verfahren ermittelt wird, wird unten noch zu klären sein.[906]

4. Die Konkretisierung der Aufzinsungslösung

Nach dem oben Dargelegten ist bisher nur die Methode geklärt, mittels derer der ausscheidende Gesellschafter für die zwangsweise Zurverfügungstellung seines Kapitals während der Schwebephase zu entschädigen ist. Die Abfindung ist vom Bewertungsstichtag auf den Tag des Ausscheidens aus der Gesellschaft aufzuzinsen. Damit steht aber noch nicht fest, wie sie in concreto zu erfolgen hat. Für den auszuschließenden Gesellschafter stellt sich die, letztlich entscheidende Frage der Bestimmung des für die Aufzinsung maßgeblichen Aufzinsungsfaktors.

a) Die Definition des Begriffs Aufzinsung

Einleitend sei zunächst der Begriff der Aufzinsung definiert. Unter Aufzinsung – auch Aufdiskontierung genannt – versteht man die Verzinsung[907] eines Guthabens mit einem bestimmten Faktor, der als Aufzinsungsfaktor bezeichnet wird. Die aus der Verzinsung resultierenden Zinsen werden dem Guthaben am Jahresende gutgeschrieben und ihrerseits kapitalisiert, d.h. verzinst.[908] Die Aufzinsung ist damit der umgekehrte Vorgang zu der im Rahmen der Anteils- und Unternehmensbewertung vorgenommenen Abzinsung der prognostizierten, zukünftigen Erträge.[909]

---

905 So schon *Altmeppen* in FS Roth, S. 1, 4 und 7. Zu den erheblichen Unterschieden zwischen Aufzinsung und Verzinsung s. ausführlich unten II. 6.

906 S. dazu unten 2. Teil II. 5.

907 Zum Zinsbegriff s. oben II. 3. e) aa).

908 S. *Carstensen*, Investitionsrechnung, S. 1.

909 Vgl. *Carstensen*, Investitionsrechnung, S. 3. Zur Abzinsung der zukünftigen Zahlungsströme s. oben 2. Teil VII. 1. d) cc).

b) Der Aufzinsungsfaktor

Für die Auseinandersetzung mit dem Auszuschließenden ist es erforderlich, den Wert der Beteiligung an der oHG zu bestimmen, welcher sich im Regelfall vom Ertragswert des Unternehmens ableitet. Die folgenden Überlegungen stehen deshalb unter der Prämisse, dass die Abfindung nach dem Ertragswert des Unternehmens bemessen wird.[910] Zur Ertragswertermittlung ist für die Abzinsung der zukünftigen Erträge der unternehmensindividuelle Kapitalisierungszinssatz zu ermitteln.

Man könnte nun davon ausgehen, dass die im Rahmen der Anteils- und Unternehmensbewertung erfolgte Abzinsung für den Zeitraum der Schwebephase vollständig rückgängig zu machen sei. Abzinsungs- und Aufzinsungsfaktor müssten sich dann entsprechen. Dementsprechend gehen *W. Müller* und *Knoll* für den Fall des Minderheitsausschlusses aus der AG gem. §§ 327 a ff AktG davon aus, dass die Abfindung mit dem bei der Abzinsung angesetzten Kapitalisierungszinssatz zu erfolgen habe.[911] Auch für die bereits oben dargelegten Fälle der Aufzinsung des Abfindungsguthabens vom „technischen“ auf den „tatsächlichen“ Bewertungsstichtag[912] zieht die ganz überwiegende Rechtsprechung – völlig zu Recht – den identischen Kapitalisierungszinssatz heran.[913] *Munkert* hingegen hält den im Rahmen der Unternehmungsbewertung zu Grunde gelegten Basiszinssatz für die jeweilige Restlaufzeit für maßgeblich.[914]

Die hier zu untersuchende Problematik der Schwebephase ist anders gelagert als diejenige der Barwertermittlung über den „technischen“ Bewertungsstichtag. Es geht hier nicht darum, die Abzinsung rückgängig zu machen, denn die Abfindung ist exakt auf den von § 140 Abs. 2 HGB vorgegebenen Zeitpunkt ermittelt worden. Es geht vielmehr darum, den abstrakten Nutzungswert der Beteiligung für den Zeitraum der Schwebephase zu bestimmen, der dem Auszuschließenden dadurch entgeht, dass sein Kapital bis zum Ausscheiden in seinem Geschäftsanteil gebunden bleibt. Anderenfalls würde eine Aufzinsung zwangsläufig stets dann ausscheiden, wenn im Rahmen der Anteils- und Unternehmensbewertung keine Abzinsung stattgefunden hat. In den Fällen, in denen der Substanz-, Liquidations- oder Marktwert anzusetzen ist, bzw. hinsichtlich des nicht

---

910 Zu den Bewertungssonderfällen, in denen auf einen höheren Substanz- oder Liquidationswert abzustellen ist, s. unten II. 5.

911 *W. Müller* in FS Roth, S. 517, 528 f; *Knoll* BB 2004, 1727, 1729.

912 S. dazu oben II. 3. e) bb) bbb).

913 OLG Karlsruhe Beschluss vom 16.7.2008 – 12 W 16/02, juris Tz. 98 f; LG Frankfurt a.M. Beschl. v. 4.8.2010 – 3-5 O 73/04, 3-05 O 73/04, 5 O 73/04, juris Tz. 31, juris Tz. 32 sowie Beschl. v. 14.9.2009 – 3-5 O 203/07, juris Tz. 19; offen gelassen von BGH WM 2010, 1471, 1473 Tz. 19 – „Stollwerk“; **anders:** LG Dortmund NZG 2004, 723, 726 reSp: Aufzinsung mit dem Basiszinssatz, allerdings ohne Begründung.

914 *Munkert*, S. 182.

betriebsnotwendigen Vermögens bei der Ertragswertermittlung würde eine Aufzinsung per se ausscheiden.[915]

Wie im Folgenden zu zeigen sein wird, darf in der hier zu untersuchenden Konstellation der im Rahmen der Anteilsbewertung für die Aufzinsung angesetzte Kapitalisierungszinssatz nicht unmodifiziert als Aufzinsungsfaktor übernommen, sondern nur als Ausgangsgröße zur Bemessung des Aufzinsungsfaktors herangezogen werden.

aa) Die Zusammensetzung des Aufzinsungsfaktors

Den für die Aufzinsung maßgeblichen Aufzinsungsfaktor gilt es im Folgenden unter Rückgriff auf die Erkenntnisse zu bestimmen, die hinsichtlich der Ermittlung des Kapitalisierungszinssatzes für die Abzinsung der zukünftigen Zahlungsströme gewonnen wurden. Die zwei wesensbestimmenden Elemente, aus denen sich der Kapitalisierungszinssatz zusammensetzt, sind der Basiszinssatz und der Risikozuschlag.[916] Spiegelbildlich muss sich auch der Aufzinsungsfaktor aus diesen beiden Elementen zusammensetzen.

Bei der Aufzinsung der Abfindung wirkt sich der Risikozuschlag zu Gunsten des Auszuschließenden aus. Der Risikozuschlag auf den Basiszinssatz rechtfertigt sich mit der Überlegung, dass der Basiszinssatz nur die Rendite einer (quasi-)risikolosen Kapitalanlage widerspiegelt. Die Kapitalanlage in einem privaten Unternehmen ist aber mit einem höheren Risiko behaftet als diejenige in einer (quasi-)sicheren Kapitalanlage. Aufgrund der Risikoaversion der Marktteilnehmer muss einem höheren Risiko ein entsprechend höherer Zinssatz gegenüberstehen.[917] Der den Risikoaufschlag rechtfertigende Faktor ist demnach das gegenüber der Investition in eine (quasi-)sichere Kapitalanlage höhere Risiko. Das mit einer Beteiligung verknüpfte Risiko i.S.v. Risikofolgen wird durch zwei Komponenten geprägt: Dem Risiko der Volatilität der zukünftigen Überschüsse und dem Risiko des Totalverlusts der Anlage, d. h. dem Ausfallrisiko.[918]

Von entscheidender Bedeutung ist deshalb die Frage, welches unternehmerische Risiko der Auszuschließende während der Schwebephase noch trägt. Wie im Folgenden zu zeigen sein wird, hat sich das mit der Beteiligung verbundene Risiko mit dem Bewertungsstichtag weitgehend auf die ausschließenden Gesellschafter verlagert.

---

915 Zu den Bewertungssonderfällen, in denen der Substanz- oder Liquidationswert anzusetzen ist s. unten II. 5. b).

916 S. dazu ausführlich oben 2. Teil VII. d) cc) bbb).

917 S. dazu oben 2. Teil VII. 1. d) cc) bbb) (2) (a).

918 S. dazu oben 2. Teil VII. 1. d) cc) bbb) (2) (b) (aa) (bbb).

bb) Die veränderte Risikolage nach dem Bewertungsstichtag

aaa) Der Fortfall des Volatilitätsrisikos

Das Risiko schwankender Unternehmensüberschüsse trägt der Auszuschließende vom Bewertungsstichtag an nicht mehr. Die Vorverlagerung des Bewertungsstichtags gem. § 140 Abs. 2 HGB auf den Tag der Klageerhebung bewirkt, dass sich die konkrete Konjunktur- und Unternehmensentwicklung nach diesem Stichtag nicht mehr zu seinen Lasten auf die Abfindung auswirken kann. Nicht nur am Gewinn, sondern auch am Verlust der Prozesszeit nimmt der Auszuschließende nach einhelliger Meinung in Rechtsprechung und Literatur nicht mehr teil.[919] Die Volatilität der Überschüsse des Unternehmens hat für die Auseinandersetzung mit dem Auszuschließenden unmittelbar keine Bedeutung mehr.

bbb) Das fortbestehende, aber verminderte Ausfallrisiko

Was das Ausfallrisiko anbelangt, so ist festzustellen, dass an die Stelle der Beteiligung die äquivalente Abfindung tritt. Das Kapital des Auszuschließenden bleibt während der hier zu untersuchende Phase aber in der Gesellschaft gebunden und wird über die Abfindung erst nach seinem Ausscheiden ausgezahlt.[920] Der Abfindungsanspruch des Ausgeschlossenen richtet sich gegen die Gesellschaft.[921] Bis zur vollständigen Auszahlung der Abfindung trägt der Auszuschließende das Risiko, mit seiner Forderung gegen die Gesellschaft auszufallen. Insoweit gleicht seine wirtschaftliche Stellung derjenigen eines Eigenkapitalgebers in der oHG, der das Risiko trägt, seine Einlage im Insolvenzfall der Gesellschaft zu verlieren.

Im Gegensatz zu einem Eigenkapitalgeber der oHG haften dem Auszuschließenden neben der Gesellschaft aber auch die den Ausschluss betreibenden Gesellschafter gem. § 128 S. 1 HGB akzessorisch, persönlich und unbeschränkt für den Abfindungsanspruch.[922] Das Ausfallrisiko des Auszuschließenden wird durch die persönliche und unbeschränkte Haftung der ausschließenden Gesellschafter erheblich reduziert. Infolgedessen entspricht seine Beteiligungsform eher derjenigen eines Fremdkapitalgebers. Jeder Fremdkapitalgeber einer oHG kommt hinsichtlich seiner Forderung gem. § 128 S. 1 HGB in den Genuss der Haftung der Gesellschafter.

---

919 S. dazu oben II. 4. b) bb) bbb), zum Gesetzgeberischen Willen s. oben II. 3. a).

920 S. dazu oben II. 1.

921 S. statt aller *K. Schmidt* in MünchKommHGB, § 131 Rn. 128; *Hopt* in Baumbach/Hopt, HGB, § 131 Rn. 48 jew. m.w.N.

922 S. *K. Schmidt* in MünchKommHGB, § 128 Rn. 12 und § 131 Rn. 128.

Als Zwischenergebnis ist festzuhalten, dass das Risiko des Auszuschließenden, sein in der Beteiligung verkörpertes Kapital vollständig zu verlieren, zwar grundsätzlich bestehen bleibt. Da die ausschließenden Gesellschafter für die Abfindung persönlich und unbeschränkt haften, verringert sich sein Ausfallrisiko aber im Vergleich zur Situation vor dem Bewertungsstichtag erheblich.

ccc) Das fortbestehende, aber verminderte Risiko der Haftung für Gesellschaftsverbindlichkeiten

Bis zum Ausscheiden aus der Gesellschaft bleiben nicht nur alle Gesellschafterrechte, sondern auch alle Gesellschafterpflichten bestehen.[923] Konsequenterweise ist allgemein anerkannt, dass der Auszuschließende den Gesellschaftsgläubigern bis zu diesem Zeitpunkt im Außenverhältnis weiterhin gem. § 128 HGB haftet.[924] Während der hier zu untersuchenden Schwebephase haftet der auszuschließende Gesellschafter damit weiterhin den Gesellschaftsgläubigern. Darüber hinaus bleibt er nach allgemeinen Regeln auch noch nach seinem Ausscheiden aus der Gesellschaft für alle zwischen Klageerhebung und Rechtskraft des Urteils begründeten Altverbindlichkeiten verhaftet. Begrenzt wird seine Nachhaftung ausschließlich durch die Frist des § 160 Abs. 1 HGB.

Gleichzeitig entspricht es allerdings auch ganz einhelliger Auffassung, dass der Auszuschließende für die Verbindlichkeiten der Schwebephase im Ergebnis nur im Außenverhältnis haften soll. Im Innenverhältnis ist der Auszuschließende freizustellen. Vor der Inanspruchnahme durch einen Gesellschaftsgläubiger hat er gegen die Ausschließenden einen Anspruch auf Schuldbefreiung.[925] Wird der Auszuschließende bzw. bereits Ausgeschlossene tatsächlich in Anspruch genommen, und befriedigt er die Verbindlichkeit, so muss ihm dafür ein Ausgleich zustehen.[926] Begründet wird dies damit, dass die Belastung mit der Verbindlichkeit bei der Bemessung der Abfindung und deshalb bei der Auseinandersetzung in der Regel nicht berücksichtigt worden ist.[927] Genauer gesagt hat die Gesellschaftsverbindlichkeit bereits den Unternehmenswert und infolgedes-

923 S. statt aller *C. Schäfer* in Staub, HGB, § 140 Rn. 46; *Hueck*, oHG S. 445.

924 *Lorz* in Ebenroth/Boujong/Joost/Strohn, HGB, § 140 Rn. 35; *Piehler/Schulte* in MünchHdbGesR I, § 75 Rn. 60 f; *K. Schmidt* in MünchKommHGB, § 128 Rn. 42, 48; *C. Schäfer* in Staub, HGB, § 140 Rn. 46; s. auch die Motive zum Preußischen Entwurf von 1857, S. 70, abgedruckt in *Schubert*, Entwurf eines Handelsgesetzbuchs für Preussen, Zweiter Theil, S. 70.

925 *Lorz* in Ebenroth/Boujong/Joost/Strohn, HGB, § 140 Rn. 35; s. auch die Motive zum Preußischen Entwurf von 1857, S. 70, abgedruckt in *Schubert*, Entwurf eines Handelsgesetzbuchs für Preussen, Zweiter Theil, S. 70.

926 S. *Neubauer/Herchen* in MünchHdbGesR I, § 69 Rn. 16 ff sowie *Piehler/Schulte* in MünchHdbGesR I, § 75 Rn. 77 ff m.w.N.

927 *Neubauer/Herchen* in MünchHdbGesR I, § 69 Rn. 16; *Hadding* in FS Stimpel, S. 139, 143.

sen die Höhe der Abfindung gemindert. Die Verbindlichkeit wurde damit bereits zu Lasten des Ausscheidenden berücksichtigt und darf sich nicht ein zweites Mal zu Lasten desselben auswirken. Mit Recht soll der Ausgeschlossene nach dem Maßstab des § 738 Abs. 1 S. 2 BGB, vorbehaltlich des § 739 BGB,[928] vollständig entlastet werden.[929] Es besteht deshalb weitgehend Einigkeit, dass dem Ausgeschlossenen für alle Altverbindlichkeiten ein Rückgriffsanspruch sowohl gegen die Gesellschaft als auch (subsidiär)[930] gegen die verbleibenden Gesellschafter zusteht.[931] Der Anspruch gegen die Gesellschaft wird nach wohl überwiegender Meinung aus § 738 Abs. 1 S. 2 BGB i.V.m. § 105 Abs. 3 HGB hergeleitet.[932] Gegen die verbleibenden Gesellschafter steht dem Ausgeschlossenen ein Ausgleichsanspruch nach § 426 Abs. 1 S. 1 BGB zu.[933]

Im Hinblick auf die Haftung für die während der Schwebephase entstehenden Gesellschaftsverbindlichkeiten ist festzuhalten, dass der Auszuschließende den Gesellschaftsgläubigern zwar weiterhin wie ein Gesellschafter persönlich, unmittelbar und unbeschränkt haftet. Allerdings sind ihm die Gesellschaft sowie die verbleibenden Gesellschafter ersatzpflichtig. Im Gegensatz zu den übrigen Gesellschaftern trägt der Auszuschließende hinsichtlich der Verbindlichkeiten der Schwebephase lediglich das Regressrisiko, gegen die Gesellschaft und die verbleibenden Gesellschafter auszufallen.

cc) Die Schlussfolgerung hinsichtlich des Aufzinsungsfaktors

Mit den oben gewonnenen Erkenntnissen zur Zusammensetzung des Aufzinsungsfaktors ist bereits der Rahmen abgesteckt, innerhalb dessen sich der gesuchte Aufzinsungsfaktor bewegen muss. Als Untergrenze muss zwingend der für die Unternehmensbewertung angesetzte Basiszinssatz fungieren, denn dieser

928 *K. Schmidt* in MünchKommHGB, § 128 Rn. 62; *Piehler/Schulte* in MünchHdbGesR I, § 75 Rn. 79.

929 *Hadding* in FS für Stimpel, S. 139, 161 m.w.N.

930 Strittig, s. statt aller *Neubauer/Herchen* in MünchHdbGesR I, § 69 Rn. 18 sowie *Piehler/Schulte* in MünchHdbGesR I, § 75 Rn. 78.

931 *Neubauer/Herchen* in MünchHdbGesR I, § 69 Rn. 16 ff sowie *Piehler/Schulte* in MünchHdbGesR I, § 75 Rn. 77 ff; *Hadding* in FS Stimpel, S. 139, 150 ff; *K. Schmidt* in MünchKommHGB, § 128 Rn. 62; *Koller* in Koller/Roth/Morck, HGB, §§ 128, 129 Rn. 20; **aus der Rechtsprechung:** BGHZ 39, 319, 323 f; BGHZ 27, 51; WM 1978, 114.

932 Strittig, s. statt aller *Neubauer/Herchen* in MünchHdbGesR I, § 69 Rn. 17 f sowie *Piehler/Schulte* in MünchHdbGesR I, § 75 Rn. 77 jew. m.w.N.

933 *Hadding* in FS für Stimpel, S. 139, 158 f; *Neubauer/Herchen* in MünchHdbGesR I, § 69 Rn. 18 sowie *Piehler/Schulte* in MünchHdbGesR I, § 75 Rn. 77; *Gerkan/Haas* in Röhricht/Westphalen, HGB, § 128 Rn. 33; **vgl. aus der Rechtsprechung:** BGH NJW-RR 2008, 256, 257 Tz. 17; NZG 2002, 232 f.

entspricht der erzielbaren Mindestrendite bei einer risikolosen bzw. (quasi-) sicheren Investition.[934] Die Obergrenze bildet zwingend der unternehmensindividuelle, d.h. für die Abzinsung bei der konkreten Anteils- und Unternehmensbewertung maßgebliche, Kapitalisierungszinssatz[935].[936] Dieser Zinssatz entspricht der bestmöglich erzielbaren Rendite bei einer Investition in eine, dem Risiko der konkreten Beteiligung äquivalenten Alternativanlage.

Wie aber bereits oben dargelegt, hat sich das mit der Beteiligung verknüpfte Risiko mit dem Bewertungsstichtag grundlegend verändert. Zins und unternehmerisches Risiko sind nicht mehr äquivalent. Der für die Abzinsung maßgebliche Risikozuschlag lässt sich in voller Höhe nicht mehr rechtfertigen. Dem verminderten Risiko ist durch eine entsprechende Modifikation des Kapitalisierungszinssatzes Rechnung zu tragen.

Ein Zuschlag für die Volatilität der Überschüsse rechtfertigt sich fortan nicht mehr. Denn das Risiko schwankender Überschüsse trägt der Auszuschließende infolge der Vorverlagerung des Bewertungsstichtags nicht mehr.[937] Das Ausfallrisiko sowie die Haftung im Außenverhältnis bleiben zwar im Grunde bestehen,[938] sodass der auszuschließende Gesellschafter zweifellos ein höheres Ausfallrisiko trägt als bei der Anlage in „quasisichere" Staatsanleihen. Allerdings haben sich diese beiden Risiken durch die persönliche Haftung der ausschließenden Gesellschafter im Vergleich zur Situation vor dem Bewertungsstichtag deutlich verringert. Der Auszuschließende trägt fortan ausschließlich das Risiko, mit seiner Forderung sowohl gegen die Gesellschaft als auch die ausschließenden Gesellschafter auszufallen.

---

934 *Munkert* geht wohl davon aus, dass auch der Basiszinssatz zu verzinsen sei. Maßgeblich sei der Basiszinssatz für die Restlaufzeit, s. *Munkert* S. 182. Diese Annahme verkennt, dass es den abstrakten Nutzungswert der Beteiligung zu bestimmen gilt. Ebenso wie bei der Bestimmung des Basiszinssatzes für die Unternehmensbewertung ist die konkrete Haltedauer des Anteilseigners ohne Belang. Gesucht ist ein Zahlungsstrom, der dem aus dem Unternehmen resultierenden Zahlungsstrom äquivalent ist. Zum Basiszinssatz s. eingehend oben 2. Teil VII. 1. d) cc) bbb) (1).

935 In der Praxis werden in aller Regel für die Phasen I und II (s. oben 2. Teil VII. d) aa) bbb) (4)) verschiedene Kapitalisierungszinssätze angesetzt (s. dazu oben VII. 1. d) cc) bbb)). Als Ausgangsgrundlage zur Bemessung des Aufzinsungsfaktors muss der für die Phase I angesetzte Kapitalisierungszinssatz gewählt werden, welcher den für die auf den Bewertungsstichtag unmittelbar folgende Zeitperiode prognostizierten Kapitalisierungszins abbildet (vgl. *Knoll* DB 2002, 2264, 2265 liSp; *ders.* ZIP 2003, 2329, 2332 liSp). Der nur in der Phase II anzusetzende Wachstumsabschlag spielt für die nachfolgenden Überlegungen deshalb keine Rolle (s. dazu oben 2. Teil VII. 1. d) cc) bbb) (4)).

936 Zwischen Unter- und Obergrenze liegt ein beträchtlicher Spielraum. Der Basiszinssatz schwankt zwischen 5 und 7 % (s. oben 2. Teil VII. 1. d) cc) bbb) (1)), der Risikozuschlag zwischen 0,5 und 4 % (s. oben 2. Teil VII. 1. d) cc) bbb) (ff)).

937 **Ebenso:** *Munkert*, S. 182. S. dazu oben II. 4. b) aa) aaa).

938 S. dazu oben II. 4. b) bb) bbb) und ccc).

Unter dem Blickwinkel des Risikos betrachtet, ähnelt die hier zu untersuchende Situation stark derjenigen bei der Bewertung von Aktiengesellschaften, für die ein Beherrschungs- und Gewinnabführungsvertrag besteht.[939] Auch in diesen Fällen ist der Basiszinssatz ausschließlich um einen dem konkreten Ausfallrisiko entsprechenden Risikozuschlag zu vermehren.[940]

Da der Abzufindende in den hier zu untersuchenden Fällen nur dann leer ausgeht, wenn er mit seiner Forderung sowohl gegen die Gesellschaft als auch gegen die verbleibenden Gesellschafter ausfällt, die noch dazu persönlich und unbeschränkt haften, trägt er in der Regel kein nennenswertes Ausfallrisiko mehr. Wie hoch das Ausfallrisiko im Einzelfall noch ist, hängt ab von der Liquidität der Gesellschaft und der Anzahl und Liquidität der ausschließenden Gesellschafter.

c) Ergebnis und Zusammenfassung zu 4.

Spiegelbildlich zum Kapitalisierungszinssatz der Abzinsung setzt sich der Aufzinsungsfaktor aus einem Basiszinssatz und einem Risikozuschlag zusammen. Der zur Ermittlung des Anteils- und Unternehmenswertes anzusetzende Kapitalisierungszinssatz dient (lediglich) als Referenz zur Bestimmung des Aufzinsungsfaktors. Der unternehmensspezifische und stichtagsbezogene Basiszinssatz bildet die Untergrenze der Aufzinsung. Hinsichtlich des Risikozuschlages ist zu berücksichtigen, dass sich das unternehmerische Risiko mit dem Bewertungsstichtag auf die ausschließenden Gesellschafter verlagert. Das Risiko der Volatilität der Überschüsse trägt der Auszuschließende infolge der Vorverlagerung des Bewertungsstichtages gem. § 140 Abs. 2 HGB nicht mehr. Sein Ausfall- und Haftungsrisiko wird durch die persönliche und unbeschränkte Haftung der verbleibenden Gesellschafter erheblich vermindert und geht – abhängig von der Anzahl und der Liquidität der ausschließenden Gesellschafter – gegen Null. In der Regel wird sich deshalb allenfalls ein relativ geringer Risikozuschlag auf den Basiszinssatz rechtfertigen lassen, dessen Höhe sich nach dem verbleibenden Ausfallrisiko im konkreten Einzelfall bemisst.

5. Die Bewertungssonderfälle

Die obigen Überlegungen basieren auf der Annahme, dass der Anteils- und Unternehmenswert im konkreten Bewertungsfall mittels des vorherrschenden Ertragswertverfahrens ermittelt wird. Der Wert einer Unternehmung bestimmt sich aber nur im Regelfall nach seinem Ertragswert. Der Zukunftserfolgswert

939 Zur Bewertung von Unternehmen für die ein Beherrschungs- und Gewinnabführungsvertrag besteht s. ausführlich oben 2. Teil VII. 1. f).

940 Zur Bemessung des Kapitalisierungszinssatzes s. oben 2. Teil VII. 1. f) bb).

einer Unternehmung lässt sich ebenso mittels des – in der Praxis äußerst beliebten –[941] DCF-Verfahrens ermitteln. In besonderen Fällen kann der Ertragswert auch hinter den Substanz- oder Liquidationswert zurücktreten.[942] Ob eine Aufzinsung auch in diesen Fällen möglich ist, gilt es im Folgenden zu klären.

a) Die Unternehmenswertermittlung mittels des DCF-Verfahrens

Wird der Unternehmenswert im konkreten Einzelfall mittels des DCF-Verfahrens ermittelt, so ergeben sich keine Unterschiede. Das DCF-Verfahren basiert auf demselben bewertungstheoretischen Kalkül wie das Ertragswertverfahren.[943] Wie beim Ertragswertverfahren werden zukünftige Zahlungsströme auf den Bewertungsstichtag abgezinst.[944] Die Abfindung ist mit dem, entsprechend den oben dargelegten Grundsätzen modifizierten, unternehmensindividuellen Kapitalisierungszinssatz aufzuzinsen.

b) Der Ansatz des Substanz- oder Liquidationswertes

Auch in den Bewertungssonderfällen, in denen der Ertragswert hinter den Substanz- oder Liquidationswert zurücktritt, lässt sich der abstrakte bzw. pauschalierte Nutzungswert der Beteiligung durch Aufzinsung der Abfindung ermitteln.[945]

Zwar ist in diesen Fällen zur Anteils- und Unternehmensbewertung grundsätzlich[946] keine Abzinsung erforderlich. In den hier zu untersuchenden Konstellationen geht es aber nicht darum, die Abzinsung auf den Bewertungsstichtag durch Aufzinsung auf den Tag des Ausscheidens rückgängig zu machen. Es gilt vielmehr, den abstrakten Nutzungswert der Beteiligung zu ermitteln, der dem auszuschließenden Gesellschafter durch die Vorenthaltung seines Kapitals während der Schwebephase entgeht.[947] Anderenfalls müsste eine Aufzinsung als Umkehrung der Abzinsung in diesen Fällen per se ausscheiden, obwohl sich auch für diese Bewertungsfälle ein Ertragswert ermitteln lässt, der nur hinter den (höheren) Substanz- oder Liquidationswert zurücktritt.

Der Aufzinsungsfaktor setzt sich auch hier zusammen aus dem unternehmensindividuellen und stichtagsbezogenen Basiszinssatz und einem nach dem

941 S. dazu die Nachweise oben Fn. 567.
942 S. dazu oben 2. Teil VIII.
943 S. dazu oben 2. Teil VII. 2.
944 Zum DCF-Verfahren s. oben 2. Teil VII. 2.
945 **Ebenso** zum Minderheitsausschluss aus der AG, *Knoll* BB 2004, 1727, 1730. Zur ausnahmsweisen Maßgeblichkeit des Substanz- und Liquidationswerts s. ausführlich oben 2. Teil VIII. 1. b) bb), cc) und 2. b) bb).
946 S. dazu oben 2. Teil VII. 3.
947 S. dazu schon oben II. 3. e) bb).

konkreten Ausfallrisiko bemessen Risikozuschlag.[948] Der Basiszinssatz lässt sich auch in den hier zu untersuchenden Konstellationen ohne Probleme bestimmen. Er wird regelmäßig schon von der Anteils- und Unternehmensbewertung bekannt sein. Denn nach der hier präferierten Lösung ist stets auf den höchsten der sich mittels der verschiedenen Bewertungskalküle ermittelten Werte abzustellen.[949] Der Kapitalisierungszinssatz und damit der Basiszinssatz ist stets inzident im Rahmen der Ertragswertermittlung zu ermitteln. Aber auch nach der Rechtsprechung und Literatur, die grundsätzlich auf den Ertragswert abstellen und diesen einer Korrekturprüfung unterziehen wollen, ist der Basiszinssatz regelmäßig bekannt.[950] Unter Umständen kann der Kapitalisierungszinssatz auch aus der Liquidations- und Substanzwertermittlung selbst bekannt sein, nämlich dann, wenn dazu ausnahmsweise eine Abzinsung erforderlich ist.[951]

c) Zusammenfassung zu 5.

Unabhängig davon, wie der Anteilswert im konkreten Bewertungsfall ermittelt wird, ist eine Entschädigung für die Kapitalüberlassung während der Schwebephase durch Aufzinsung der Abfindung stets möglich. Wird der Unternehmenswert mittels des dem Ertragswertverfahren im Wesentlichen entsprechenden DCF-Verfahrens ermittelt, so ist die zum Ertragswertverfahren entwickelte Aufzinsungslösung ohne weiteres übertragbar. Aber auch dann, wenn im Einzelfall auf den Substanz- oder Liquidationswert abzustellen ist, lässt sich der Aufzinsungsfaktor ohne weiteres bestimmen. Der Kapitalisierungszinssatz, der als Referenz zur Bestimmung des Aufzinsungsfaktors dient, wird auch in diesen Bewertungsfällen regelmäßig bekannt sein, denn den Ertragswert gilt es bei jeder Unternehmensbewertung zu ermitteln, auch dann, wenn im Ergebnis nicht auf diesen abzustellen ist. Die Abfindung ist immer mit dem, um einen dem verbleibenden Ausfallrisiko entsprechenden Risikozuschlag ergänzten Basiszinssatz aufzuzinsen

948 S. dazu oben II. 4. b) aa). Nach der Gegenansicht soll die Abfindung auch in diesen Fällen mit dem vollen Kapitalisierungszinssatz aufzuzinsen sein, s. dazu die Nachweise oben Fn. 911.

949 Zur Maßgeblichkeit des Höchstwertes s. oben 2. Teil VIII. 2. b).

950 S. dazu oben 2. Teil VIII. 1. a).

951 S. dazu oben 2. Teil VII. 3.

6. Die Zusammenfassung der Unterschiede zwischen Verzinsung und Aufzinsung

Von den vorgeschlagenen Lösungsansätzen führen nur die Verzinsung und die Aufzinsung zu angemessenen Ergebnissen. Wenngleich sich beide Ansätze im Prinzip ähneln, so unterscheiden sie sich im Detail doch erheblich. Die zentralen Unterschiede zwischen Verzinsung und Aufzinsung seien an dieser Stelle nochmals abschließend zusammengefasst.

Der erste elementare Unterschied liegt in der unterschiedlichen dogmatischen Begründung. *Weipert* und *Ulmer* wollen die Verzinsung auf § 353 HGB bzw. einen allgemeinen Rechtsgedanken stützen.[952] Die Aufzinsungslösung basiert hingegen auf einem aus der fortbestehenden Gesellschafterstellung resultierendem schuldrechtlichern Anspruch, der in § 101 Nr. 1 HS. 1 BGB vorausgesetzt wird.[953] Die beiden Lösungsansätze unterscheiden sich damit in ihrem Anknüpfungspunkt. Während die Verzinsung an die Vorenthaltung des Abfindungskapitals anknüpft, knüpft die Aufzinsungslösung an die fortbestehende Gesellschafterstellung und das fortbestehende Gewinnrecht an.

Aus diesen unterschiedlichen Anknüpfungspunkten resultiert auch eine unterschiedliche zeitliche Reichweite des Ausgleichsanspruchs. Aus der Anknüpfung an die Vorenthaltung des Kapitals folgern *Weipert* und *Ulmer* konsequenterweise, dass die Abfindung vom Bewertungsstichtag an bis zum Tag der vollständigen Abfindungszahlung zu verzinsen sei.[954] Die Verzinsung deckt nicht nur die Schwebephase, sondern auch die Phase zwischen Ausscheiden und Zahlung ab. Demgegenüber kann die Aufzinsung, die eine fortbestehende Gesellschafterstellung voraussetzt, ausschließlich die Phase bis zum Verlust der Gesellschafterstellung abdecken. Das Abfindungsguthaben ist auf den Tag des Ausscheidens aufzuzinsen.[955] Für die Phase zwischen Ausscheiden und Zahlung scheidet eine Aufzinsung mangels Gesellschafterstellung aus.[956]

Verzinsungs- und Aufzinsungslösung unterscheiden sich auch hinsichtlich des Kapitalisierungsfaktors. Während die Verzinsung nach *Weipert* und *Ulmer* an den starren Zinssatz von 5 % gebunden ist, ist der Aufzinsungsfaktor dynamisch.[957] Er orientiert sich an dem für die konkrete Anteils- und Unternehmensbewertung angesetzten Kapitalisierungszinssatz, welcher sich nach der konkreten Konjunktur- und Unternehmenssituation richtet.

Verstreichen zwischen Klageerhebung und Rechtskraft des Ausschlussurteils mehrere Jahre, so werden die Zinsen dem Abfindungsguthaben am Jahresende

952 S. dazu oben II. 2. b) cc).
953 S. dazu oben II. 2. b) dd).
954 S. dazu oben II. 2. b) cc).
955 S. dazu oben II. 3. e) bb) und e).
956 Zur Behandlung der Phase zwischen Ausscheiden und Abfindungszahlung s. unten III.
957 S. dazu oben II. 3. e) bb) ccc).

gutgeschrieben und ihrerseits mit dem Aufzinsungsfaktor kapitalisiert.[958] Spiegelbildlich zur Abzinsung resultiert aus der Aufzinsung der Zinseszinseffekt.[959] Der Auszuschließende kommt über die Aufzinsung in den Genuss von Zinseszinsen.[960] Demgegenüber wird das Abfindungsguthaben nach der Verzinsungslösung, die sich auf §§ 352 bzw. 353 HGB stützen soll,[961] ausschließlich mit 5 % verzinst. In den Genuss von Zinseszinsen kommt der Auszuschließenden nicht, denn nach allgemeinen Grundsätzen gebühren dem Inhaber einer ausstehenden Forderung keine Zinseszinsen, vgl. § 289 S. 1 BGB. Dieses Zinseszinsverbot gilt, wenngleich in § 352 HGB nicht ausdrücklich normiert, gleichermaßen unter Kaufleuten und ist für § 353 HGB in S. 2 ausdrücklich normiert.[962]

III. Die Phase zwischen Ausscheiden und Abfindungszahlung

Auch in der Phase zwischen der Rechtskraft des Ausschlussurteils und der vollständigen Zahlung der Abfindung können zahlungsverzögerungsbedingte Unbilligkeiten auftreten.

Der Gesellschafter einer oHG scheidet mit Rechtskraft des Ausschlussurteils endgültig und unwiderruflich aus der Gesellschaft aus. Zahlung der Abfindung und Anteilsverlust sind – anders als im Parallelfall bei Ausschluss aus einer GmbH – nicht miteinander verknüpft.[963] An die Stelle der gesellschaftlichen Beteiligung tritt zwar die äquivalente Abfindung. Die Abfindung erhält der Ausgeschiedene jedoch regelmäßig nicht Zug um Zug mit dem Anteilsverlust ausbezahlt. Üblicher, meist schon in der Satzung vorgesehener Abfindungsmodus ist die Auszahlung der Abfindung in mehreren Raten.[964] Eine sofortige, vollständige Befriedigung des Ausgeschlossenen wird häufig allein schon daran scheitern, dass die Gesellschaft nicht über ausreichend liquides Vermögen verfügt.[965] Auch kann sich die vollständige Abfindungszahlung dadurch verzögern, dass Streit über die Höhe der Abfindung besteht. Die Ausschlussklage klärt nur die Frage, ob der Ausschluss Erfolg hat und der Gesellschafter ausscheidet. Ob

958 S. dazu oben II. 3. a).
959 S. *Carstensen*, Investitionsrechnung, S. 1.
960 **AA:** *Munkert*, S. 182 zum Minderheitsausschluss aus der AG, der sich auf das Zinseszinsverbot im Verzugsschadensrecht beruft.
961 S. dazu oben II. 2. b) cc).
962 *Kindler* in Ebenroth/Boujong/Joost/Strohn, HGB, § 353 Rn. 32.
963 Zur Verknüpfung von bei Abfindungszahlung und Ausscheiden aus der GmbH (sog. Bedingungslehre) s. unten 4. Teil II. 2.
964 S. dazu statt aller *K. Schmidt* in MünchKommHGB, § 131 Rn. 171; die Obergrenze für die zeitliche Streckung der Abfindungszahlung wird zwischen 5 und 7 Jahren angesetzt, s. *Schröder* GmbHR 2002, 541.
965 S. statt aller *Piehler/Schulte* in MünchHdbGesR I, § 75 Rn. 48 m.w.N.

die Abfindung angemessen ist, wird im Streitfall in einem gesonderten, langwierigen Verfahren zu überprüfen sein.

Wie und unter welchen Voraussetzungen der bereits aus der Gesellschaft ausgeschiedene Gesellschafter für die Vorenthaltung der Abfindung zu entschädigen ist, gilt es im Folgenden zu klären.

1. Meinungsstand

a) Die gesetzliche Lage und die Auffassung der herrschenden Meinung

Eine spezielle, den §§ 320 b Abs. 1 S. 6 HS. 1 und 327 b Abs. 2 HS. 1 AktG vergleichbare Regelung, die das Abfindungsguthaben vom Tag des Ausscheidens an automatisch verzinslich stellt, fehlt im oHG-Recht. Die Verzinslichkeit der Abfindung bestimmt sich demnach ausschließlich nach allgemeinen Regeln.[966] Nach allgemeinen Regeln wird das Abfindungsguthaben nach §§ 286 Abs. 1, 288 Abs. 1 BGB erst mit dem Eintritt des Schuldnerverzugs verzinslich. Zinsen sind demnach nicht schon ab Entstehung und Fälligkeit geschuldet, sondern erst dann, wenn die Gesellschaft auf Mahnung des Ausgeschlossenen hin nicht leistet. Umstritten und bislang nicht eindeutig geklärt ist auch die Frage, wann die Fälligkeit eintritt. Vor dem Eintritt der Fälligkeit kann die Gesellschaft aber gem. § 286 Abs. 1 S. 1 BGB nicht in Verzug gesetzt werden. Während die Rechtsprechung und ein Teil der Lehre von der sofortigen Fälligkeit mit Ausscheiden, d.h. der Anspruchsentstehung, ausgehen,[967] vertritt die wohl herrschende Meinung im Schrifttum, dass der Anspruch erst nach Ablauf der für die Berechnung der Höhe der Abfindung voraussichtlich nötigen Zeit fällig wird.[968] Bis zur Mahnung nach Fälligkeit könnte die Gesellschaft das Abfindungsguthaben demnach zinslos einbehalten. Erst danach wäre die Abfindung gem. § 288 Abs. 1 BGB mit 5 Prozentpunkten über dem Basiszinssatz zu verzinsen.

966 Zur Verzinslichkeit des Abfindungsguthabens ausführlich oben II. 1.

967 **Aus der Rechtsprechung:** BGH BB 1959, 719; WM 1980, 212, 213; OLG Köln DB 1994, 2019, 2020; **aus der Literatur:** *Piehler/Schulte* in MünchHdbGesR I, § 75 Rn. 46; *Lorz* in Ebenroth/Boujong/Joost/Strohn, HGB, § 131 Rn. 67; *Neuhaus*, S. 150: für den Eintritt der Fälligkeit reiche die bloße Bestimmbarkeit der Forderung aus.

968 *C. Schäfer* in Staub, HGB, § 131 Rn. 145; *Emmerich* in Heymann, HGB, § 138 Rn. 10; *K. Schmidt* in MünchKommHGB, § 131 Rn. 129; *Koller* in Koller/Roth/Morck, HGB, § 131 Rn. 13; *Hopt* in Baumbach/Hopt, HGB, § 131 Rn. 54; *Ulmer/Schäfer* in MünchKommBGB, § 738 Rn. 20.

Die heute ganz herrschende Meinung sieht keinen Anlass, von der oben beschriebenen, allgemeinen gesetzlichen Rechtslage abzuweichen.[969] Insbesondere seien die §§ 352, 253 HGB mangels Handelsgeschäft nicht anwendbar.[970]

b) Die Verzinsung mit dem Kapitalisierungszinssatz

Schon 1971 plädierte *F. Wagner* dafür, das noch ausstehende Abfindungsguthaben des bereits Ausgeschiedenen bis zur vollständigen Zahlung der Abfindung mit dessen subjektivem Kapitalisierungszinssatz bei optimaler anderweitiger Verwendung des Kapitals zu verzinsen.[971]

Seine Begründung basiert auf folgenden ökonomischen Erwägungen: Die Bewertungskalküle zur Ermittlung der Abfindung lassen den Auszahlungsmodus und die Liquiditätsrestriktionen außer Acht und nehmen sie nicht als Nebenbedingung in die Wertermittlung auf. Die Ermittlung der Abfindung steht damit unter der impliziten Prämisse der sofortigen Auszahlung, die nicht verletzt werden dürfe.[972] Erhielte der Ausgeschlossene die Barabfindung in unveränderter Höhe erst später ausbezahlt, so würde diese implizite Prämisse der Bewertung verletzt. Ohne eine Verzinsung der Abfindung ab dem Ausscheiden sei den ökonomischen Interessen des Ausgeschiedenen nur unzureichend Rechnung getragen. Wird sein Kapital hingegen mit seinem subjektiven Kapitalisierungszinssatz bei optimaler anderweitiger Verwendung seines Kapitals verzinst, so sei er hinsichtlich des Zeitpunkts der Auszahlung indifferent. Seinen ökonomischen Interessen sei dann in idealer Weise Rechnung getragen. Die Verzinsung mit dem subjektiven Kapitalisierungszinssatz sei dem *„Postulat der Erfolgsäquivalenz seiner Position vor und nach dem Ausscheiden“*[973] geschuldet. Einen ähnlichen Ansatz hat auch das BayObLG vor Einführung der Verzinsungsregelung des § 305 Abs. 3 S. 3 AktG für die vergleichbar gelagerte Fallkonstellation bei Konzernierung verfolgt. Das Gericht hat sich für eine Verzinsung der Abfindung mit der durchschnittlichen Rendite für risikoarme Gesellschaften ausgesprochen.[974]

969 *Piehler/Schulte* in MünchHdbGesR I, § 75 Rn. 47; *Lorz* in Ebenroth/Boujong/Joost/Strohn, HGB, § 131 Rn. 68; s. außerdem zur entsprechenden Rechtslage bei Ausschluss aus einer GbR *Ulmer/Schäfer* in MünchKommBGB, § 738 Rn. 22.

970 S. dazu die Nachweise oben Fn. 724.

971 *F. Wagner*, S. 154 ff.

972 *F. Wagner*, S. 152 und 156.

973 *F. Wagner*, S. 157.

974 S. BayObLG NJW-RR 1997, 34, 37 und BayObLG AG 1996, 127, 131 liSp – „Paulaner“; **ähnlich:** LG Hamburg BB 1975, 533.

c) Die ertragsunabhängige Verzinsung

Namentlich *Weipert* und *Ulmer* plädieren dafür, das Abfindungsguthaben vom Zeitpunkt der Klageerhebung an bis zur vollständigen Auszahlung der Abfindung Ertragsunabhängig mit 5 % zu verzinsen.[975] Die Verzinsungspflicht beschränkt sich demnach nicht auf den Zeitraum der Schwebephase, sondern erstreckt sich auch auf den Zeitraum zwischen Ausscheiden aus der Gesellschaft und der vollständigen Zahlung der Abfindung. Für beide Phasen soll demnach ein einheitlicher Zinssatz gelten. Begründet wird dieser Anspruch – unter Hinweis auf § 353 HGB – damit, es entspreche einem allgemeinen Rechtsgrundsatz, dass ein Kaufmann sein Kapital nicht unentgeltlich zur Verfügung stelle. Die Zinshöhe bemesse sich analog § 352 HGB und § 63 Abs. 2 AktG.[976] Für die Verzinslichkeit kommt es demnach – entgegen der gesetzlichen Rechtslage –[977] weder auf den Eintritt der Fälligkeit noch auf eine Mahnung an.

Vornehmlich einer älteren Auffassung zufolge soll das Abfindungsguthaben automatisch mit dem Eintritt der Fälligkeit nach §§ 353 S. 1, 352 Abs. 2 HGB (analog) mit 5 % zu verzinsen sei.[978] Wann die Fälligkeit eintritt, ist allerdings umstritten.[979] Einer Mahnung bedarf es dieser Ansicht zufolge jedenfalls nicht.

2. Stellungnahme

Rein aufgrund der gesetzlichen Rechtslage ergäbe sich folgende Situation: Vom Tag der Klageerhebung an wäre das Abfindungsguthaben nach der hier präferierten Lösung bis zum Zeitpunkt des Ausscheidens mit dem modifizierten Kapitalisierungszinssatz aufzuzinsen.[980] Mit dem Tag des Ausscheidens würde die „Verzinsung" des Kapitals abbrechen und erst dann und nur dann fortgesetzt werden, wenn die Gesellschaft in Verzug gerät. Bis zur Mahnung nach Fälligkeit entstünde eine Zinslücke.

Für den hier in Rede stehenden Zeitraum zwischen Ausscheiden und Abfindungszahlung vermag die Aufzinsungslösung keinen angemessenen Ausgleich zu schaffen. Die Aufzinsung knüpft an die fortbestehende Gesellschafterstellung an und besagt, dass das Abfindungsguthaben auf den Tag des Ausscheidens auf-

---

975 *Weipert* in RGRKommHGB, § 140 Anm. 28; *Ulmer* GroßkommHGB, § 140 Anm. 44; wohl auch *Koller* in Koller/Roth/Morck, HGB, § 140 Rn. 3.

976 S. dazu ausführlich oben II. 2. b) cc).

977 S. dazu oben III. 1. a).

978 *Stötter* BB 1977, 1219, 1220 f; *Emmerich* in Heymann, HGB, § 138 Rn. 7 mit Fn. 17; *Hueck*, OHG, S. 459; *Flechtheim* in Hachenburg, HGB, § 138 Anm. 15; *Michalski*, OHG-Recht, § 131 Rn. 36; *Neuhaus*, S. 150; i.d.S. wohl auch *Hopt* in Baumbach/Hopt, HGB, § 131 Rn. 54.

979 S. dazu oben III. 1. a).

980 S. dazu oben II. 3. und 4.

zuzinsen ist. Sie ermöglicht es, den abstrakten Nutzungswert der fortbestehenden Mitgliedschaft zu ermitteln.[981] Mit dem Verlust der Gesellschafterstellung und der Anwachsung des Anteils bei den verbleibenden Gesellschaftern geht die Mitgliedschaft als Quelle das Nutzungsrecht vollständig auf die ausschließenden Gesellschafter über. Mit der Anknüpfung an das Mitgliedschaftsrecht beschränkt sich die Aufzinsung zwingend auf den Zeitraum der Schwebephase. Eine Aufzinsung über den Tag des Ausscheidens hinaus darf mithin nicht stattfinden.[982]

Keine der zur Zahlungsverzögerung nach dem Ausscheiden vertretenen Ansichten vermag voll zu überzeugen. Diese ungewisse Rechtslage hinsichtlich Beginn und Zinssatz der Verzinsung wird offensichtlich auch im Schrifttum weitgehend als äußerst unbefriedigend angesehen. Es wird deshalb empfohlen, die Gesellschaft „vorsorglich" in Verzug zu setzen, bzw. vorsorglich eine gesellschaftsvertragliche Regelung vorzusehen.[983]

Im Folgenden gilt es drei Fragen zu klären: Die Frage nach dem Verzinsungsbeginn, der Zinshöhe und der Anspruchsgrundlage.

a) Die Erforderlichkeit einer automatischen Verzinsung ab dem Ausscheiden

Zunächst gilt es die Frage zu klären, ob die Abfindung mit dem Ausscheiden aus der Gesellschaft automatisch zu verzinsen ist, oder ob sie erst dann und nur dann verzinslich wird, wenn der Ausgeschlossene die Gesellschaft nach Eintritt der Fälligkeit in Verzug gesetzt hat.

Die herrschende Meinung nimmt völlig zu Recht an, dass sich eine mit dem Ausscheiden beginnende Verzinsungspflicht jedenfalls nicht aus §§ 353, 352 HGB herleiten lässt, denn ein Handelsgeschäft liegt nach modernem Verständnis nicht vor.[984] Auch für die von *F. Wagner* vorgeschlagene (automatische) Verzinsung mit dem subjektiven Kapitalisierungszinssatz findet sich keine Grundlage im Gesetz.

Für die Spezialfälle, in denen eine Stundung bzw. Ratenzahlung gesellschaftsvertraglich vorgesehen ist, kommt unter Umständen eine konkludent vereinbarte Verzinsung in Betracht.[985] Ob die Abfindung automatisch zu verzinsen

981 Zur Aufzinsung s. oben II. 3. e) bb).

982 **A.A.** zum Minderheitsausschluss aus der AG, *Knoll* BB 2004, 1727 ff.

983 So z.B. *Piehler/Schulte* in MünchHdbGesR I, § 75 Rn. 47; *Lorz* in Ebenroth/Boujong/Joost/Strohn, HGB, § 131 Rn. 68.

984 S. dazu schon oben II. 3. e) aa).

985 Vgl. *Piehler/Schulte* in MünchHdbGesR I, § 75 Rn. 47; *Lorz* Ebenroth/Boujong/Joost/Strohn, HGB, § 131 Rn. 68; *C. Schäfer* in Staub, HGB, § 140 Rn. 49 mit § 131 Rn. 146; zum Ausschluss aus der GbR vgl. *Ulmer/Schäfer* in MünchKommBGB, § 738 Rn. 22.

ist, ist dann im Wege der ergänzenden Vertragsauslegung im Einzelfall zu klären.[986] Auch in diesen Fällen stellt sich gleichermaßen die Frage nach der Höhe der angemessenen Verzinsung.

Geht man nun davon aus, dass das Abfindungsguthaben mit Entstehung[987] des Abfindungsanspruchs sofort fällig wird,[988] so könnte man argumentieren, der Ausgeschlossene habe es ohne weiteres selbst in der Hand, die Verzinsung (relativ) zeitnah herbeizuführen. Versäumt der Ausgeschlossene es hingegen, die Gesellschaft durch Mahnung in Verzug zu setzen, so sei dieser gleich jedem anderen Forderungsinhaber gemäß dem Grundsatz „ius civile scriptum est vigilantibus“[989] nicht schutzwürdig.

aa) Die Unbilligkeit einer „Zinslücke“

Bei der Abfindung des aus der Gesellschaft Ausgeschiedenen kollidieren zweifellos legitime Interessen der Gesellschaft mit solchen des ausgeschlossenen Gesellschafters. Diese gegenläufigen Interessen gilt es in gerechten Ausgleich zu bringen.

Einerseits lässt sich das Interesse der Gesellschaft an einem Zahlungsaufschub nicht von der Hand weisen. Häufig wird die Gesellschaft nicht über die für die Abfindung nötigen Barmittel verfügen. Der Ausschluss aus der Gesellschaft soll aber nicht an der mangelnden Liquidität scheitern. Demgemäß ist anerkannt, dass der Ausgeschiedene aufgrund nachwirkender Treuepflicht die Abfindung nicht sofort verlangen kann, wenn der Bestand der Gesellschaft bei sofortiger Zahlung gefährdet wäre.[990]

Diesem Interesse der verbleibenden Gesellschafter am Erhalt der Gesellschaft stehen gewichtige Interessen des Ausgeschlossenen gegenüber. Es ist wertungsmäßig nicht haltbar, dass der ausgeschlossene, und damit nicht mehr am Gewinn der Gesellschaft teilnehmende Gesellschafter verpflichtet ist, der Gesellschaft sein Kapital unentgeltlich zur Nutzung zu überlassen.[991] Insofern ist *F. Wagner* beizupflichten, dass die heute herrschende Meinung die „ökonomische Interessenlage“ des Auszuschließenden nur unzureichend würdigt.[992] Aus verfassungsrechtlicher Sicht ist eine wirtschaftlich volle Entschädigung für den

986 Vgl. *Piehler/Schulte* in MünchHdbGesR I, § 75 Rn. 47; *Lorz* in Ebenroth/Boujong/Joost/Strohn, HGB, § 131 Rn. 68.

987 Der Abfindungsanspruch entsteht mit Ausscheiden aus der Gesellschaft, s. dazu die Nachweise oben Fn. 725.

988 Strittig, s. oben Fn. 968.

989 Das Privatrecht ist für die Wachsamen geschrieben, s. *Liebs*, J 179 (S. 117).

990 *Hopt* in Baumbach/Hopt, HGB, § 131 Rn. 54 mit 37; *Piehler/Schulte* in MünchHdbGesR I, § 75 Rn. 46; *F. Wagner*, S. 152 ff.

991 Vgl. BVerfG NJW 1962, 1667, 1669 reSp = BVerfGE 14, 263 – „Feldmühle“; *Meilicke*, S. 142 f; *Neuhaus*, S. 150; *Stötter* BB 1977, 1219, 1220.

992 *F. Wagner*, S. 154.

Verlust der Beteiligung geboten (Art. 14 Abs. 1 GG). Der Auszuschließende ist so zu stellen, dass er ohne Nachteil aus der Gesellschaft ausscheiden kann.[993] Die fehlende Liquidität der Gesellschaft bzw. die Zahlungsverzögerung aus anderen Gründen darf nicht einseitig zu Lasten des Ausgeschlossenen gehen, zumal die Gesellschaft sein Kapital weiterhin nutzt. Nur dann, wenn der Abzufindende für die Kapitalüberlassung nach dem Ausscheiden entschädigt wird, ist die Abfindung auch „angemessen".[994]

Der aus der Zahlungsverzögerung resultierende Zinsnachteil wurde auch nicht bei der Ermittlung der Abfindung mitberücksichtigt, denn die Bewertungskalküle gehen fiktiv davon aus, dass an die Stelle der Mitgliedschaft „Zug um Zug" die Abfindung tritt.[995] Die Kalküle stehen, wie bereits *F. Wagner* erkannt hat, unter der Prämisse der sofortigen Auszahlung der Abfindung. Wird diese Prämisse nicht erfüllt, so muss der Ausgeschlossene entsprechend entschädigt werden. Anderenfalls ginge die Konfliktlage ohne Grund einseitig zu Lasten des Ausgeschlossenen, denn zur Erreichung des legitimen Ziels, dem Schutz der Gesellschaft, ist eine Versagung der Verzinsung nicht erforderlich. Wird das Abfindungsguthaben hingegen ab dem Ausscheiden aus der Gesellschaft automatisch verzinst, so kann das Problem der Zahlungsverzögerungen in idealer Weise gelöst werden.[996]

Dementsprechend geht auch der BGH in ständiger Rechtsprechung davon aus, dass eine Enteignungsentschädigung nur dann „angemessen" sei, wenn die Entschädigung sofort zur Verfügung steht. An die Stelle der Nutzung des Eigentumsgegenstands muss sofort die Nutzungsmöglichkeit der Entschädigung treten, anderenfalls hat an die Stelle der Nutzung automatisch eine Verzinsung zu treten.[997] Was für die Enteignungsentschädigung gilt, muss erst recht für die Abfindung bei Ausschluss aus einer Gesellschaft gelten, an die strengere Anforderungen zu stellen sind.[998]

bb) Die automatische Verzinsung in zahlreichen Parallelkonstellationen

Dieses Ergebnis wird auch dadurch gestützt, dass der Gesetzgeber für zahlreiche ähnlich gelagerte Fallkonstellationen eine automatische Verzinsung der Abfin-

993 Zu den verfassungsrechtlichen Anforderungen an die Abfindung eines ausgeschlossenen Gesellschafters s. oben 2. Teil II.

994 S. dazu die entsprechende Argumentation der wohl **h.M.** zur (mittlerweile überholten) parallel gelagerten Konstellation bei Abschluss eines Beherrschungs- und Gewinnabführungsvertrages vor der Einführung des § 305 Abs. 3 S. 3 HS. 1 AktG, unten III. 2. a) cc).

995 Dazu schon oben II. 1.

996 Vgl. *F. Wagner*, S. 154.

997 BGH NJW 1962, 2051, 2053; WM 1965, 947, 950; NJW 1966, 2012 f; NJW 1972, 447.

998 Diesen Vergleich zieht schon *Meilicke*, S. 142 f; zu den verfassungsrechtlichen Anforderungen an die Bemessung der Abfindung s. oben 2. Teil II. 2.

dung mit Wirksamwerden der Maßnahme ausdrücklich anordnet. So ist insbesondere für den parallel gelagerten Ausschluss von Minderheitsaktionären aus einer AG mit § 327 b Abs. 2 HS. 1 AktG eine sofortige Verzinsung vorgesehen.[999] Gleiches gilt für andere, ähnlich gelagerte Fälle, wie den Abschluss eines Beherrschungs- und Gewinnabführungsvertrages (§ 305 Abs. 3 S. 3 HS. 1 AktG), die Eingliederung (§ 320 b Abs. 1 S. 6 HS. 1 AktG) und die Umwandlung (§ 15 Abs. 2 S. 1 UmwG).[1000] Eine Differenzierung zwischen dem Ausschluss aus einer oHG und den sehr ähnlich gelagerten Fällen der §§ 305 Abs. 3 S. 3 HS. 1, 320 b Abs. 1 S. 6 HS. 1 und 327 b Abs. 2 HS. 1 AktG sowie § 15 Abs. 2 S. 1 UmwG lässt sich sachlich nicht rechtfertigen und wird wohl gegen Art. 3 Abs. 1 GG verstoßen.[1001]

cc) Die Entstehungsgeschichte der §§ 305 Abs. 3 S. 3 HS. 1 und 327 b Abs. 2 HS. 1 AktG

Für eine automatische Verzinsung spricht auch die Entstehungsgeschichte der §§ 305 Abs. 3 S. 3 HS. 1 und 327 b Abs. 2 HS. 1 AktG, die für die ähnlich gelagerten Situationen bei Ausschluss von Minderheitsaktionären und dem Abschluss eines Beherrschungs- und Gewinnabführungsvertrages eine automatische Verzinsung vorsehen.

Auch im Aktienrecht war die hier interessierende Problematik nicht stets vollständig gesetzlich geregelt. Bis zum UmwBerG vom 28.10.1994[1002] sah das AktG mit § 320 Abs. 5 S. 6 AktG a.F. nur für die Fälle der Eingliederung eine automatische Verzinsung des Abfindungsguthabens vor, nicht hingegen für die ähnlich gelagerten Fälle des Abschlusses eines Beherrschungs- und Gewinnabführungsvertrages.

Dennoch ging ein nicht unbeachtlicher Teil der Rechtsprechung und Lehre davon aus, dass die Barabfindung in entsprechender Anwendung des § 320 Abs. 5 S. 6 AktG a.F., der dem heutigen § 320 b Abs. 1 S. 6 HS. 1 AktG ent-

---

999 Zur Verzinsung der Abfindung beim Minderheitsausschluss s. ausführlich unten 5. Teil III. und IV.

1000 Nur § 305 Abs. 3 S. 3 HS. 1 AktG stellt die Abfindung unmittelbar mit Wirksamwerden der Maßnahme verzinslich. Die §§ 320 b Abs. 1 S. 5 HS. 1 und 327 b Abs. 2 HS. 1 AktG sowie § 15 Abs. 2 S. 1 UmwG hingegen knüpfen an die Bekanntmachung der Eintragung, mithin nicht unmittelbar an den Tag des Wirksamwerdens der Maßnahme (der Eintragung ins Handelsregister) an. Nach hier vertretener Auffassung ist die Barabfindung auch in diesen Fällen de lege ferenda mit Ablauf des Tages an dem die Maßnahme wirksam wird zu verzinsen, s. dazu ausführlich unten 5. Teil III. 3.

1001 Vgl. *Gansweid* AG 1977,334, 340 reSp zur Verzinsung der Barabfindung bei Abschluss eines Beherrschungs- und Gewinnabführungsvertrages vor Einführung des § 305 Abs. 3 S. 3 AktG.

1002 S. BGBl. I 1994, 3210.

spricht, ab Anspruchsentstehung automatisch mit 5 % zu verzinsen sei.[1003] Die Notwendigkeit der Verzinsung wurde einhellig mit dem Erfordernis der Angemessenheit der Abfindung begründet.[1004] Werde die Abfindung nicht im unmittelbaren Anschluss an das Ausscheiden ausbezahlt, so sei diese infolge der entgangenen Nutzungen nicht mehr angemessen. Die Verzinsung sollte an keinerlei Voraussetzungen geknüpft sein, insbesondere wurde eine Mahnung für nicht erforderlich gehalten.[1005] Leitet man die Pflicht zur automatischen Verzinsung aus dem Erfordernis der Angemessenheit der Abfindung ab, so haben die verzinsungsregelnden Normen lediglich klarstellende Funktion.[1006]

Mit Schaffung des § 305 Abs. 3 S. 3 HS. 1 AktG hat sich der Gesetzgeber dieser Ansicht für den Abschluss eines Beherrschungs- und Gewinnabführungsvertrags angeschlossen. Konsequenterweise hat er auch für den Minderheitsausschluss aus einer AG mit § 327 b Abs. 1 HS. 1 AktG eine entsprechende Regelung getroffen.

dd) Zwischenergebnis zu a)

Wie beim aktienrechtlichen Minderheitsausschluss und in anderen ähnlich gelagerten Fällen, muss die Abfindung auch beim Ausschluss aus einer oHG mit dem Wirksamwerden der Maßnahme automatisch verzinslich sein.

b) Die Verzinsung mit 5 Prozentpunkten über dem Basiszinssatz

Die von *F. Wagner* vorgeschlagene Verzinsung mit dem bei der konkreten Anteils- und Unternehmensbewertung angesetzten Kapitalisierungszinssatz vermag nicht zu überzeugen. Eine Verzinsung mit dem vollen Kapitalisierungszinssatz würde einseitig zu Lasten der verbleibenden Gesellschafter gehen, denn der Kapitalisierungszinssatz repräsentiert die Rendite einer risikoäquivalenten Alternativanlage. Das unternehmerische Risiko ist aber bereits mit dem Bewertungs-

1003 **Aus der Rechtsprechung:** OLG Celle BB 1981, 1234 f mit zust. Anm. *H. Schmidt*; LG Frankfurt a.M. AG 1983, 137, 139; LG Berlin AG 1983, 135, 136 **aus der Literatur:** *Gansweid* AG 1977, 334, 340 f; *Meilicke*, S. 141 ff; *ders.* WP 1978, 802 f; **ähnlich:** LG Hamburg BB 1975, 533; BayObLG NJW-RR 1997, 34, 37; BayObLG AG 1996, 127, 131 liSp – „Paulaner"; **a.A.:** LG München AG 1990, 404, 406 liSp – „Paulaner"; LG Hannover AG 1979, 234, 235 reSp; *Hüffer*, AktG, 1. Aufl., § 305 Rn. 8; *Koppensteiner* in KölnerKommAktG, 2. Aufl., § 305 Rn. 11; *Würdinger* in GroßkommAktG, 3. Aufl., § 305 Anm. 16; *Dielmann/König* AG 1984, 57, 66.

1004 OLG Celle BB 1981, 1234; OLG Hamm AG 1964, 41, 45; LG Hamburg BB 1975, 533; *Dielmann/König* AG 1984, 57, 66; *Gansweid* AG 1977, 334, 340; *Meilicke* WP 1978, 802.

1005 *Meilicke*, S. 146.

1006 I.d.S. *Gansweid* AG 1977, 334, 340 reSp.

stichtag auf die ausschließenden Gesellschafter übergegangen.[1007] Der im Kapitalisierungszinssatz enthaltene Risikozuschlag lässt sich mangels Risiko nicht mehr rechtfertigen. Mit dem Ausscheiden aus der Gesellschaft gleicht die Stellung des Abzufindenden nicht mehr der eines Eigenkapitalgebers, sondern der eines Fremdkapitalgebers.

Gegen die in der Literatur vorgeschlagene, an § 352 HGB und § 63 Abs. 2 S. 1 AktG orientierte Verzinsung der Abfindung mit 5 % spricht, dass dieser Zinssatz zu starr und zu niedrig ist.

Untersucht man die Entstehungsgeschichte der §§ 305 Abs. 3 S. 3 HS. 1, 320 b Abs. 1 S. 6 HS. 1, 327 b Abs. 1 HS. 1 AktG, so stellt man fest, dass auch das AktG in § 320 Abs. 5 S. 6 AktG a.F. (der dem heutigen § 320 b Abs. 1 S. 6 HS. 1 AktG entspricht) ursprünglich einen Festzinssatz von 5 % vorsah, der dem des § 352 Abs. 1 S. 1 HGB entsprach. Erst seit dem UmwBerG sieht § 320 b Abs. 1 S. 6 AktG nach dem Vorbild des § 15 Abs. 2 S. 1 UmwG eine am Basiszinssatz des § 247 BGB orientierte flexible Verzinsung vor.[1008] Zum dafür ausschlaggebenden Grund heißt es in den Gesetzesmaterialien zu § 15 Abs. 2 UmwG, auf welchen § 30 Abs. 1 S. 2 UmwG verweist:

> „*Ein fester Zinssatz hat sich in dem vergleichbaren Falle der Abfindung im aktienrechtlichen Vertragskonzern nicht bewährt, weil er infolge der Zinsschwankungen auf dem Kapitalmarkt häufig zu niedrig, aber auch zu hoch sein kann.*“[1009]

Eine starre Verzinsung mit 5 % hat sich demnach nicht bewährt. Diese Erkenntnis beansprucht gleichermaßen Geltung beim Ausschluss aus einer oHG.

Als Zwischenergebnis ist festzustellen, dass die Abfindung mit 5 Prozentpunkten über dem jeweiligen Basiszinssatz des § 247 BGB zu verzinsen ist. Von der Rechtsfolge her betrachtet, entspricht die Zinshöhe exakt derjenigen des § 288 Abs. 1 BGB.

c) Die Gesamtanalogie zu §§ 305 Abs. 3 S. 3 HS. 1, 320 b Abs. 1 S. 6 HS. 1 und 327 b Abs. 2 HS. 1 AktG sowie § 15 Abs. 2 S.1 UmwG

Im Gegensatz zum Minderheitsausschluss aus der AG und den zahlreichen parallel gelagerten Fällen hat der Gesetzgeber für den Ausschluss aus der oHG keine spezielle Verzinsungsregelung vorgesehen. Mangels gesetzlicher Regelung ist die Zinslücke deshalb im Wege der Analogie zu schließen. Bei der Schaffung des § 140 Abs. 2 HGB hat der historische Gesetzgeber die sich erge-

---

1007 Zur veränderten Risikolage nach dem Bewertungsstichtag s. ausführlich oben II. 4. b) bb).

1008 S. BT-Drucks. 12/6699, S. 179 reSp.

1009 BT-Drucks. 12/6699, S. 88 liSp.

bende Problematik wohl übersehen.[1010] Planwidrig ist die Regelungslücke aber jedenfalls deswegen, weil sich eine Differenzierung zwischen den gesetzlich geregelten Parallelfällen und dem Ausschluss aus der oHG sachlich nicht rechtfertigen lässt (Art. 3 Abs. 1 GG). Diese planwidrige Regelungslücke gilt es in Gesamtanalogie zu §§ 305 Abs. 3 S. 3 HS. 1, 320 b Abs. 1 S. 6 HS. 1 und 327 b Abs. 2 HS. 1 AktG und § 15 Abs. 2 S.1 UmwG zu schließen. Die Analogie zu den eben zitierten Normen liegt nicht nur näher als die in der Literatur vorgeschlagene Analogie zu §§ 353, 352 HGB. Auch der flexible Zinssatz erscheint besser geeignet, einen angemessenen Ausgleich zwischen den Parteien herzustellen, als der „veraltete" starre Zinssatz von 5 %.

3. Zusammenfassung zu III.

Für die Zeitspanne zwischen dem Ausscheiden aus der oHG (der Rechtskraft des Ausschlussurteils) und der vollständigen Zahlung der Abfindung kann der Ausgeschiedene keine Aufzinsung seines Abfindungsguthabens verlangen. In Ermangelung einer gesetzlichen Regelung sind die noch ausstehenden Abfindungsraten vom Tag des Ausscheidens an in Gesamtanalogie zu §§ 305 Abs. 3 S. 3 HS. 1, 320 b Abs. 1 S. 6 HS. 1, 327 b Abs. 2 HS. 1 AktG und § 15 Abs. 2 S. 1 UmwG automatisch mit 5 Prozentpunkten über dem Basiszinssatz des § 247 BGB zu verzinsen. Die Verzinsungspflicht tritt unabhängig von Fälligkeit und Mahnung ipso iure ein.

Wünschenswert wäre, dass der Gesetzgeber auch für den Ausschluss aus der oHG in § 140 HGB eine den §§ 305 Abs. 3 S. 2, 320 b Abs. 1 S. 6, 327 b Abs. 1 HS. 1 AktG und § 15 Abs. 2 S. 1 UmwG entsprechende Verzinsungsregelung vorsieht.

Im Ergebnis ist das Abfindungsguthaben vom Tag der Klageerhebung an bis zum Tag der vollständigen Auszahlung lückenlos zu verzinsen. Lediglich der Zinssatz ändert sich mit dem Tag des Ausscheidens. Diese Änderung des Zinssatzes ist durch den Verlust der Gesellschafterstellung bedingt. Mit dem Ausscheiden aus der Gesellschaft hat sich die Stellung des ausgeschlossenen Gesellschafters vollständig von der eines Eigenkapitalgebers zu der eines Fremdkapitalgebers gewandelt.

Eine höhere Verzinsung seines Kapitals erhält der Abzufindende nur, wenn sich die Gesellschaft in Verzug befindet. Einen höheren Schaden kann er dann als Verzugsschaden geltend machen (§§ 280 Abs. 1, 2 i.V.m. 286 BGB). Eine Verzinsung der Abfindung mit 8 Prozentpunkten über dem Basiszinssatz gem.

1010 S. dazu oben II. 3. a).

§ 288 Abs. 2 BGB hingegen scheidet aus, denn Abfindungsansprüche ausscheidender Gesellschafter sind keine Entgeltforderungen im Sinne der Vorschrift.[1011]

IV. Die Behandlung von Entnahmen während der Schwebephase

Es entspricht ganz einhelliger Auffassung, dass der Auszuschließende am Gewinn und Verlust der Prozesszeit nicht teilnimmt.[1012] Dies gilt allerdings nur vorbehaltlich des Erfolges der Ausschlussklage und nur hinsichtlich der Auseinandersetzung.[1013] Nur für die Auseinandersetzung wird ex post fiktiv so getan, als ob der Ausgeschlossene schon zum Stichtag der Klageerhebung ausgeschieden wäre. Tatsächlich bleiben die Gewinn- und Verlustbeteiligung sowie das Entnahmerecht zwischen Klageerhebung und rechtskräftiger gerichtlicher Entscheidung bestehen.[1014] Werden in dieser Zeitspanne vom Auszuschließenden noch Gewinne entnommen, so kollidiert die Entnahme als konkrete Nutzung mit dem Aufzinsungsbetrag als abstrakter Nutzung.

Wie bereits *Altmeppen* festgestellt hat, gibt die abstrakte Nutzung vor, wie mit den Entnahmen zu verfahren ist. Im Ergebnis darf der Ausgeschlossene nur den abstrakten Nutzungswert der Beteiligung pro rata temporis erhalten. Die Entnahmen und der Aufzinsungsbetrag sind miteinander zu verrechnen.[1015]

Aus betriebswirtschaftlicher Sicht ist aber zu Gunsten der Gesellschaft zu berücksichtigen, dass die konkrete Nutzung dem Auszuschließenden bereits zum Stichtag der Entnahme zugeflossen ist und er diese Gelder reinvestieren konnte. Spiegelbildlich hierzu sind die Finanzmittel zu diesem Zeitpunkt bei der Gesellschaft abgeflossen. Um diesen Zinsnachteil der Gesellschaft zu kompensieren, sind die entnommenen Gewinne vom Zeitpunkt der Entnahme auf den Stichtag des Ausscheidens aufzuzinsen. Als Aufzinsungsfaktor ist der für die Aufzinsung der Abfindung maßgebliche Zinssatz zu wählen.[1016] Übersteigt die Summe der (aufgezinsten) Entnahmen die abstrakte Nutzung, so ist der Differenzbetrag zurückzuzahlen. Bleibt die konkrete Nutzung hingegen hinter der abstrakten zurück, so muss der Ausgeschlossene ergänzend den Differenzbetrag erhalten.

1011 S. statt aller *Grüneberg* in Palandt, BGB, § 288 Rn. 8 mit § 286 Rn. 27.

1012 S. dazu die Nachweise oben Fn. 736.

1013 Vgl. *Ulmer* in GroßkommHGB, § 140 Anm. 41 bzw. *C. Schäfer* in Staub, HGB, § 140 Rn. 46: „*Insbesondere bleibt ihm ... – vorbehaltlich des Erfolgs der Ausschlussklage (§ 140 Abs. 2) – die Beteiligung am Gewinn und Verlust (§§ 120, 121) erhalten*".

1014 *C. Schäfer* in Staub, HGB, § 140 Rn. 46.

1015 *Altmeppen* in FS Roth, S. 1, 10; vgl. *dens.* zum Minderheitsausschluss aus der AG, ZIP 2010, 1773, 1780.

1016 **Ähnlich** zu den parallel gelagerten Fällen bei Abschluss eines Beherrschungs- und Gewinnabführungsvertrages, *Knoll* DB 2002, 2264, 2265 liSp; *ders.* ZIP 2003, 2329, 2333 liSp; *ders.* BB 2004, 1727, 1731; vgl. auch *Jungmann* BB 2002, 1549, 1550 liSp mit 1554 liSp.

Dieses Problem wird eingehend beim aktienrechtlichen Minderheitsausschluss dargestellt. Auf die ausführlichen Ausführungen dort wird verwiesen.[1017]

V. Das Scheitern der Ausschlussmaßnahme

Wie eingangs erwähnt, stehen die obigen Ausführungen unter der Prämisse, dass die Ausschlussklage Erfolg hat. Abschließend sei deshalb an dieser Stelle erwähnt, dass sich im Falle des Scheiterns der Ausschlussmaßnahme keine besonderen Schwierigkeiten ergeben. Denn wie oben unter IV. dargelegt, bleibt das Entnahmerecht sowie die Gewinn- und Verlustbeteiligung während der Schwebephase bestehen.

VI. Ergebnis und Zusammenfassung zum 3. Teil

1. § 140 Abs. 2 HGB verlagert nicht nur den Bewertungsstichtag, sondern den gesamten Vorgang der Auseinandersetzung auf den Stichtag der Klageerhebung vor. Dies soll die Auseinandersetzung mit dem Auszuschließenden von den zufälligen Konjunktur- und Unternehmensentwicklungen während der Prozessdauer unabhängig machen. Konsequenterweise nimmt die herrschende Meinung völlig zu Recht an, dass der Auszuschließende an den während der Schwebephase erwirtschafteten konkreten Gewinnen und Verlusten nicht zu beteiligen ist. Unter dieser Prämisse führt die Vorverlagerung des Bewertungsstichtages zu einer für beide Parteien angemessenen Risikoverteilung. Dies gilt allerdings nur in Bezug auf die Auseinandersetzung mit dem Ausgeschlossenen. Während des Ausschlussverfahrens bleiben Gewinnberechtigung und Entnahmerecht bestehen.

Aufgrund des Erfordernisses der Ausschlussklage vollziehen sich Ausschluss und Auseinandersetzung mit dem Gesellschafter in zwei Phasen, die es zu differenzieren gilt. Während der Schwebephase zwischen Klageerhebung und Rechtskraft des Ausschlussurteils nimmt der Auszuschließende eine Stellung zwischen Eigen- und Fremdkapitalgeber ein. Erst mit der Rechtskraft des Ausschlussurteils – dem Ausscheiden aus der Gesellschaft – wandelt sich die Beteiligung wirtschaftlich betrachtet vollständig in eine, einem Fremdkapitalgeber vergleichbare Stellung um.

2. Die Bewertungskalküle ermitteln einen Anteilswert zu einem bestimmten Stichtag, und gehen deshalb fiktiv von einer sofortigen Auszahlung der Abfindung zum Bewertungsstichtag aus. Wird die Abfindung – wie üblich – erst nach

1017 S. dazu unten 5. Teil V.

dem Ausscheiden ausgezahlt, entsteht dem Auszuschließenden durch diese Zahlungsverzögerung ein wirtschaftlicher Nachteil, den es auszugleichen gilt. Eine Zinslücke ist nicht vereinbar mit der verfassungsrechtlich gebotenen wirtschaftlich vollen Entschädigung (Art. 14 Abs. 1 GG), die ein Ausscheiden ohne wirtschaftlichen Nachteil gebietet.

3. Eine angemessene Entschädigung für die Kapitalüberlassung ist jedenfalls nicht per se in die Abfindung „eingepreist". Die Abfindung, die an die Stelle des Gesellschaftsanteils tritt, beschreibt den prozentualen Anteil am Gesellschaftsvermögen. Für Ergänzungen ist kein Raum. Die Einpreisung der konkreten Nutzung der Schwebephase steht auch im Widerspruch zu § 140 Abs. 2 HGB.

4. Ein angemessener Ausgleich für die zwangsweise Zurverfügungstellung des Kapitals während der Schwebephase kann durch Verzinsung oder Aufzinsung der Abfindung erreicht werden.
Im Ergebnis ist die Aufzinsung vorzuziehen, da die Verzinsung in dogmatischer Hinsicht angreifbar erscheint. Die fünfprozentige Verzinsung ist außerdem zu starr und nicht geeignet, den unternehmensindividuellen abstrakten Nutzungswert der Beteiligung zu ermitteln.

5. Der Aufzinsungsfaktor leitet sich aus dem für die konkrete Anteils- und Unternehmensbewertung angesetzten Kapitalisierungszinssatz ab, den es entsprechend der veränderten Risikolage nach der Klageerhebung zu modifizieren gilt.
Infolge der Vorverlagerung des Bewertungsstichtages gem. § 140 Abs. 2 HGB geht das Volatilitätsrisiko zu diesem Stichtag nahezu vollständig auf die verbleibenden Gesellschafter über. Auch das Ausfallrisiko wird durch die persönliche und unbeschränkte Haftung der verbleibenden Gesellschafter erheblich verringert. Die Abfindung ist deshalb aufzuzinsen mit dem (quasi-)risikolosen Basiszinssatz, der um einen dem verbleibenden Ausfallrisiko äquivalenten Risikozuschlag zu erhöhen ist.

6. Eine Aufzinsung ist auch dann möglich, wenn sich der Anteilswert im konkreten Bewertungsfall nach dem Substanz- oder Liquidationswert bemisst. Der risikolose Basiszinssatz sowie das im Einzelfall bestehende Ausfallrisiko lassen sich ohne weiteres ermitteln.

7. Werden im Zeitraum zwischen Klageerhebung und Rechtskraft des Urteils vom Auszuschließenden Gewinne entnommen, so kollidiert die konkrete Nutzung mit der abstrakten Nutzung (dem Aufzinsungsbetrag). Die Entnahmen, die ihrerseits auf den Stichtag des Ausscheidens aufzuzinsen sind, sind auf den Aufzinsungsbetrag anzurechnen. Übersteigt die konkrete Nutzung die abstrakte,

so ist der Überschuss auf die Abfindung anzurechnen. Bleibt die konkrete Nutzung hinter der abstrakten zurück, so ist dem Abzufindenden der Differenzbetrag auszuzahlen.

8. In der Phase zwischen Ausscheiden und vollständiger Auszahlung der Abfindung ist letztere in Gesamtanalogie zu §§ 305 Abs. 3 S. 3 HS. 1, 320 b Abs. 1 S. 6 HS. 1, 327 b Abs. 1 HS. 1 AktG und § 15 Abs. 2 S. 1 UmwG automatisch mit Ablauf des Tages, an dem die Ausschlussmaßnahme wirksam wird, mit 5 Prozentpunkten über dem jeweiligen Basiszinssatz des § 247 BGB zu verzinsen. Einer Mahnung bedarf es nicht.

4. Teil Der Ausschluss aus der GmbH

Die Möglichkeit, sich eines Mitgesellschafters zu entledigen, ist im GmbHG nur unvollständig geregelt. Nur für die Zwangseinziehung (§ 34 Abs. 2 GmbHG) und die Kaduzierung (§§ 21 ff GmbHG) existieren spezielle gesetzliche Regelungen.[1018] Von der Einziehung von Geschäftsanteilen gem. § 34 GmbHG, die sich gegen den Geschäftsanteil richtet und diesen vernichtet, ist der Ausschluss eines Gesellschafters aus wichtigem Grund gedanklich zu trennen, der sich gegen den Anteilsinhaber selbst richtet und den Geschäftsanteil als solchen unberührt lässt.[1019]

Die vorliegende Untersuchung soll sich ausschließlich auf den gegen den Gesellschafter gerichteten Ausschluss im engeren Sinn[1020] beschränken. Dieser ist für die GmbH nicht speziell gesetzlich geregelt, aber dem Grunde nach allgemein anerkannt.

Für die Einziehung von Geschäftsanteilen hat sich bis zur Entscheidung des BGH vom 24.01.2012 während der Phase zwischen der Fassung des Einziehungsbeschlusses und der vollständigen Abfindungszahlung eine vergleichbare Problematik gestellt,[1021] auf die die Überlegungen für die Phase zwischen der Rechtskraft des Ausschlussurteils und der vollständigen Zahlung der Abfindung (s. dazu unten unter IV. und V.) entsprechend übertragbar waren.[1022]

I. Die Phasen bei Ausschluss aus einer GmbH

Ausschluss und Auseinandersetzung mit dem Gesellschafter vollziehen sich auch beim Ausschluss aus einer GmbH grundsätzlich in zwei Phasen, der

1018 S. dazu statt aller *Sosnitza* in Michalski, GmbHG, Anh. § 34 Rn. 3.

1019 *Altmeppen* in Roth/Altmeppen, GmbHG, § 34 Rn. 1; *Strohn* in MünchKommGmbHG, § 34 Rn. 2 und 4.

1020 *Sosnitza* in Michalski, GmbHG, Anh. § 34 Rn. 2.

1021 Zwar fallen bei der Einziehung Bewertungsstichtag und Stichtag des Ausscheidens auf den Tag der Mitteilung des Ausschlussbeschlusses zusammen. Das Problem einer Zahlungsverzögerung zwischen Bewertungsstichtag und Ausscheiden stellt sich somit nicht. Allerdings sollte die Wirkung der Einziehung nach bislang **h.M.** in Rechtsprechung und Literatur – parallel zum Ausschluss aus wichtigem Grund (s. dazu unten I. e.) – unter der aufschiebenden Bedingung der Abfindungszahlung stehen (so etwa *Sosnitza* in Michalski, GmbHG, § 34, Rn. 79; OLG Düsseldorf NZG 2007, 278 ff; OLG Frankfurt a.M. NJW-RR 1997, 612 f; OLG Zweibrücken GmbHR 1997, 939, 942; OLG Schleswig NZG 2000, 703, 704; **ablehnend:** *Altmeppen* in Roth/Altmeppen, GmbHG, § 34 Rn. 23; *Goette*, Die GmbH, § 5 Rn. 87; *ders.* in FS Lutter, S. 399, 405 ff; OLG Hamm GmbHR 1993, 743, 746). Der **BGH** hat sich im Urteil v. 24.01.2012 letzterer Meinung angeschlossen und eine aufschiebende Bedingung abgelehnt, s. dazu NZG 2012, 259 ff.

1022 **Ebenso:** *Altmeppen* in Roth/Altmeppen, GmbHG, § 34 Rn. 79.

Schwebephase und der Phase zwischen Ausscheiden und Auszahlung der Abfindung (siehe dazu die Abbildung Nr. 4).[1023] Wie im Folgenden noch zu zeigen sein wird, wird diese Rechtslage dann modifiziert, wenn das Urteil unter der aufschiebenden Bedingung der vollständigen Abfindungszahlung ergeht (siehe dazu die erläuternde Darstellung in Abbildung Nr. 5).

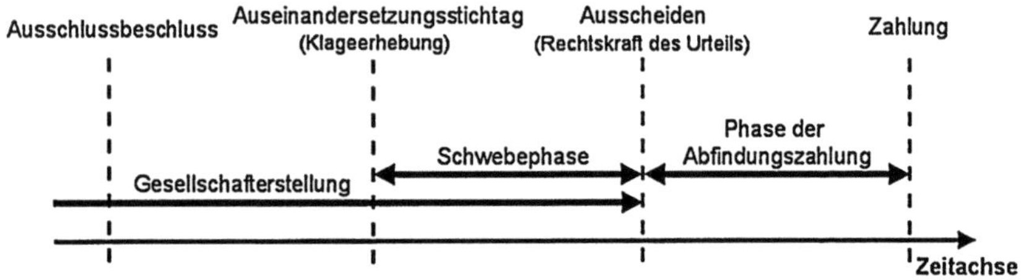

Abb. Nr. 4: Die Phasen bei Ausschluss aus einer GmbH – unbedingtes Ausschlussurteil

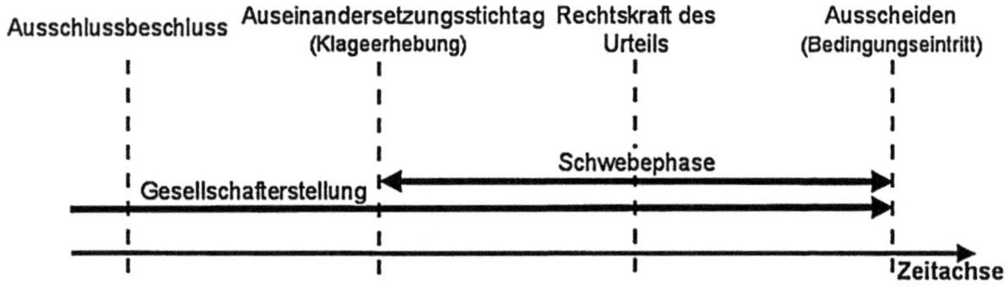

Abb. Nr. 5: Die Phasen bei Ausschluss aus einer GmbH – aufschiebend bedingtes Ausschlussurteil

1. Die Erforderlichkeit einer Gestaltungsklage

Wie bereits einleitend festgestellt, fehlt es im GmbH-Recht an einer gesetzlichen Regelung, die den Ausschluss eines Gesellschafters aus wichtigem Grund regelt. Die grundsätzliche Möglichkeit, einen Mitgesellschafter aus wichtigem Grund aus der Gesellschaft auszuschließen, ist gemeinhin anerkannt. Es entspricht einem allgemeinen, das ganze Privatrecht beherrschenden Rechtsgrundsatz, dass Dauerschuldverhältnisse bei Vorliegen eines wichtigen Grundes auf-

1023 S. dazu die Einleitung oben 1. Teil I.

gelöst werden können.[1024] Das für den Ausschluss einzuhaltende Verfahren hingegen war mangels gesetzlicher Regelung früher jedoch umstritten.

Ursprünglich hielt man in Rechtsprechung und Literatur den einfachen Gesellschafterbeschluss für das richtige Ausschlussmittel.[1025] Der Verlust der Gesellschafterstellung sollte mit dem Ausschlussbeschluss mit sofortiger Wirkung eintreten, und die Wirksamkeit des Ausschlusses nur mittels (deklaratorischer) Feststellungsklage überprüfbar sein. Ohne ein Auseinanderfallen der gesellschaftsinternen Entscheidung über den Ausschluss und dem Tag des Ausscheidens würde sich das hier zu untersuchende Problem der Vorenthaltung der Abfindung während der Schwebephase nicht stellen.

Seit dem Grundsatzurteil des BGH vom 1.4.1953[1026] hingegen entspricht es einhelliger Ansicht in Rechtsprechung[1027] und Schrifttum[1028], dass es zum Ausschluss eines Gesellschafters aus einer GmbH in analoger Anwendung des § 140 Abs. 1 HGB bzw. nach allgemeinem Rechtsgrundsatz[1029]einer Gestaltungsklage bedarf. Der BGH und diesem folgend das Schrifttum begründen das Erfordernis der Ausschlussklage mit der rechtlichen und wirtschaftlichen Tragweite der Ausschlussentscheidung: *„Ist die richterliche Entscheidung lediglich feststellender Art, so besteht bis zum Erlaß des Urteils Unsicherheit, ob der Betroffene noch Gesellschafter oder bereits ausgeschlossen ist. Wegen der Bedeutung der Ausschließung für den Anteilsberechtigten, die übrigen Gesellschafter und die juristische Person ist jedoch Klarheit über die Rechtslage erforderlich.*“[1030]

Allerdings ist das Erfordernis einer rechtsgestaltenden Klage nach ebenso einhelliger Ansicht in Rechtsprechung und Schrifttum abdingbar. Der Gesell-

---

1024 BGH BGHZ 9, 157, 164 = NJW 1953, 780; *Altmeppen* in Roth/Altmeppen, GmbHG, § 60 Rn. 77; *Fleischer* in Henssler/Strohn, GmbHG, § 34 Rn. 24.

1025 *Scholz*, S. 25 ff; *ders.* DR 1942, 1667 ff; *ders.* GmbHR 1951, 85, 86 und GmbHR 1952, 17, 19; **zustimmend:** RG RGZ 169, 330, 332 ff; **ebenso, aber ohne Begründung:** *Küster* JR 1952, 455, 457; *Vogel*, GmbHG, § 34 5.; vgl. auch BGHZ 9, 157, 165 = NJW 1953, 780: *„Diese Auffassung hat den Vorzug, daß sie die Lösung im Rahmen des GmbHG und mit dessen Mitteln sucht.*“.

1026 BGHZ 9, 157 ff = NJW 1953, 780

1027 BGHZ 16, 317, 322; BGHZ 153, 285, 287; GmbHR 1987, 302, 303; NJW 1999, 3779 reSp; OLG Düsseldorf GmbHR 1999, 543, 545.

1028 *Sosnitza* in Michalski, GmbHG, Anh. § 34 Rn. 21, 27; *Ulmer* in GroßkommGmbHG, Anh. § 34 Rn. 20 f; *Lutter* in Lutter/Hommelhoff, GmbHG, § 34 Rn. 62; *Altmeppen* in Roth/Altmeppen, GmbHG, § 60 Rn. 83; *Rowedder/Bergmann* in Rowedder/Schmidt-Leithoff, GmbHG, § 34 Rn. 83; *Winter/Seibt* in Scholz, GmbHG Anh. § 34 Rn. 33; *Soufleros*, S. 49 ff; *Hueck/Fastrich* in Baumbach/Hueck, GmbHG, Anh. § 34 Rn. 8; *Hueck* DB 1951, 108 f.

1029 So insbes. *Wolff*, S. 10 ff.

1030 BGHZ 9, 157, 165 = NJW 1953, 780; *Hueck* DB 1951, 108, 109.

schaftsvertrag kann den Ausschluss durch einfachen Gesellschafterbeschluss vorsehen.[1031]

2. Die Schwebephase zwischen Klageerhebung und Rechtskraft des Urteils

Hält man die Ausschlussklage für das richtige Ausschlussmittel, so scheidet der auszuschließende Gesellschafter – wie im Parallelfall beim Ausschluss aus der oHG –[1032] nicht schon mit der Fassung des Ausschlussbeschlusses, sondern analog § 140 Abs. 1 HGB erst mit Rechtskraft des Ausschlussurteils aus der Gesellschaft aus.[1033] Erst dann verliert der Gesellschafter seinen Geschäftsanteil, der trägerlos wird.[1034]

Im Zeitraum zwischen der Klageerhebung und der Rechtskraft des Ausschlussurteils ist der Erfolg der Maßnahme noch ungewiss und die Gesellschafterstellung in der Schwebe. Das in dieser Arbeit zu untersuchende Problem der Zahlungsverzögerung während der Schwebephase stellt sich aber nur dann, wenn der Bewertungsstichtag auf den Beginn der Schwebephase vorverlagert wird.[1035] Nun ist der prozessbedingten Verzögerung der Entscheidung über das Ausscheiden nach einhelliger Auffassung dadurch Rechnung zu tragen, dass der Stichtag, auf den die Bewertung des GmbH-Anteils zu erfolgen hat, in analoger Anwendung des § 140 Abs. 2 HGB oder aufgrund eines allgemeinen Rechtsgedankens auf den Tag der Klageerhebung vorzuverlagern ist.[1036]

Das hier zu untersuchende Problem der schwebephasebedingten Zahlungsverzögerung stellt sich nicht, wenn der Gesellschaftsvertrag – wie in der Praxis üblich – die Möglichkeit vorsieht, sich des Gesellschafters mittels einfachen Gesellschafterbeschlusses zu entledigen. Die Wirksamkeit des Ausschlusses

---

1031 BGHZ 9, 157, 160 = NJW 1953, 780; BGHZ 32, 17, 22 ff; NJW-RR 1991, 1249; *Strohn* in MünchKommGmbHG, § 34 Rn. 157, 167; *Sosnitza* in Michalski, GmbHG, Anh. § 34 Rn. 21, 42; *Rowedder/Bergmann* in Rowedder/Schmidt-Leithoff, GmbHG, § 34 Rn. 84; *Ulmer* in GroßkommGmbHG, Anh. § 34 Rn. 40.

1032 Zur Schwebephase bei Ausschluss aus der oHG s. oben 3. Teil I.

1033 *Strohn* in MünchKommGmbHG, § 34 Rn. 143, *Sosnitza* in Michalski, GmbHG, Anh. § 34 Rn. 30, 37.

1034 *Altmeppen* in Roth/Altmeppen, GmbHG, § 60 Rn. 94; *Strohn* in MünchKommGmbHG, § 34 Rn. 162; OLG Düsseldorf DB 2007, 848, 850.

1035 S. dazu schon oben 1. Teil I. 1.

1036 **Aus der Literatur:** *Ulmer* in GroßkommGmbHG, Anh. §34 Rn. 42; *Winter/Seibt* in Scholz Anh. §34 Rn. 48; *Strohn* in MünchKommGmbHG, § 34 Rn. 215; *Thiessen* in Bork/Schäfer, GmbHG, § 34 Rn. 93; *Sosnitza* in Michalski, GmbHG, Anh. § 34 Rn. 34; *Kort* in MünchHdbGesR III, § 29 Rn. 47; *Hueck/Fastrich* in Baumbach/Hueck, GmbHG, Anh. § 34 Rn. 11; *Rowedder/Bergmann* in Rowedder/Schmidt-Leithoff, GmbHG, § 34 Rn. 106; **aus der Rechtsprechung:** BGHZ 9, 157, 176 = NJW 1953, 780; BGHZ 16, 317, 323 f; OLG Düsseldorf GmbHR 1999, 543, 547; **a.A.:** *Wolff*, S. 92, 97: Bewertungsstichtag sei der Tag der Rechtskraft des Ausschlussurteils.

wird dann allenfalls mittels Feststellungsklage nachträglich festgestellt. Einer Vorverlagerung des Bewertungsstichtages bedarf es nicht.

3. Die Phase zwischen Rechtskraft des Urteils und Abfindungszahlung[1037]

Entsprechend der Rechtslage bei Ausschluss aus der oHG, auf deren Ausschlussnorm analog zurückgegriffen wird, ist der Verbleib in der Gesellschaft mit Rechtskraft des Ausschlussurteils an sich endgültig geklärt. Hat die Ausschlussklage Erfolg, so büßt der Auszuschließende seine Gesellschafterstellung endgültig ein.[1038] Ebenso wie beim Ausschluss aus der oHG erhält der Auszuschließende seine an die Stelle der gesellschaftlichen Beteiligung tretende Abfindung zum Stichtag des Ausscheidens in aller Regel noch nicht unmittelbar ausbezahlt. Üblicher Abfindungsmodus ist vielmehr die Abfindung in mehreren Raten. Bis zur Zahlung der letzten Rate und der vollständigen Kompensation für den Verlust der Gesellschafterstellung können mehrere Monate, wenn nicht sogar Jahre vergehen.

Erhebliche Unterschiede zum Ausschluss aus der oHG bestehen allerdings im Hinblick auf die Haftung für den Abfindungsanspruch. Während für den Abfindungsanspruch des aus einer oHG Ausscheidenden neben der Gesellschaft zusätzlich die den Ausschluss betreibenden Gesellschafter persönlich und unbeschränkt haften,[1039] haftet für den Abfindungsanspruch des ausgeschiedenen GmbH-Gesellschafters grundsätzlich[1040] ausschließlich die Gesellschaft mit ihrem Vermögen. Die ausschließenden Gesellschafter hingegen haften für die Verbindlichkeit der Gesellschaft nicht. Hinzu kommt, dass auch die GmbH selbst nicht uneingeschränkt, sondern nur in den Grenzen der Kapitalerhaltungsvorschriften der §§ 30 Abs. 1, 64 S. 3 GmbHG haftet. Je länger sich die Auszahlung der Abfindung verzögert, desto größer wird die Gefahr, dass sich die wirtschaftliche Lage der Gesellschaft derart verschlechtert, dass eine Auszahlung der Abfindung gegen die Kapitalerhaltungsregeln der §§ 30 Abs. 1, 64 S. 3 GmbHG verstoßen würde und deshalb unterbleiben muss.[1041] Der Auszuschließende verliert dann seine Gesellschafterstellung, ohne für den Anteilsverlust (vollständig) kompensiert worden zu sein.

1037 Dieses Problem hat sich nach Abgabe der Dissertation mit dem Grundsatzurteil des BGH v. 24.01.2012 erledigt. Der BGH lehnt nun für die Einziehung von Geschäftsanteilen gem. § 34 GmbHG eine aufschiebende Bedingung ab, s. dazu BGH NZG 2012, 259 ff. Konsequenterweise ist die Bedingungslösung (s. dazu unten I. 3. a) aa)) auch für den Ausschluss aus einer GmbH überholt.

1038 So die **einhM** zur Ausschluss aus der oHG, s. oben 3. Teil I.

1039 S. dazu oben 3. Teil II. 4. b) bb) bbb).

1040 Zur Gegenauffassung, dem sog. Haftungsmodell, s. unten I. 3. a) cc).

1041 *Fleischer* in Henssler/Strohn, GmbHG, § 34 Rn. 22.

Angesichts der unterschiedlichen Haftung für die Abfindung hält es die überwiegende Auffassung für unbillig, dass der Abzufindende einerseits seine Gesellschafterstellung sofort verliert, ohne dass andererseits im selben Moment an deren Stelle der entsprechende Gegenwert tritt.[1042] Zum Schutz des Abzufindenden hält es die herrschende Meinung deshalb für geboten, die geschilderte Ausgangslage zu modifizieren.

a) Meinungsstand

aa) Das aufschiebend bedingte Ausschlussurteil

Um den Abzufindenden davor zu schützen, seinen Geschäftsanteil zu verlieren, ohne gleichzeitig den vollen Gegenwert für seine Beteiligung zu erhalten, geht die ständige Rechtsprechung seit der bereits oben zitierten Grundsatzentscheidung des BGH vom 1.4.1953[1043] davon aus, dass das Ausschlussurteil unter der aufschiebenden Rechtsbedingung der vollständigen Abfindungszahlung steht (sog. Bedingungslehre).[1044] Denn der Ausschluss aus wichtigem Grund hat unstrittig keinen Strafcharakter.[1045] Der BGH stützt die Notwendigkeit der Bedingung außerdem auf die Erwägung, dass die Ausschließung aus wichtigem Grund *„anders als die Einziehung nach § 34 GmbHG wider den Willen des Betroffenen und ohne freiwillige Unterwerfung unter die Einziehungsvoraussetzungen und -bedingungen"* erfolge.[1046]

Das Ausschlussurteil soll demnach seine Gestaltungswirkung nicht sofort mit Rechtskraft des Urteils, sondern erst mit vollständiger Zahlung der im Urteil bestimmten Abfindung entfalten. Erst mit dem Eintritt dieser Bedingung soll der auszuschließende Gesellschafter aus der Gesellschaft ausscheiden. Bis dahin soll er seine Gesellschafterstellung mit allen Rechten und Pflichten behalten.[1047] Die weiterhin herrschende Ansicht im Schrifttum folgt der Auffassung des BGH.[1048]

Folgt man der Bedingungslehre, so schafft das Ausschlussurteil keine endgültige Klarheit darüber, ob der auszuschließende Gesellschafter tatsächlich aus der

---

1042 BGHZ 9, 157, 166 ff = NJW 1953, 780.

1043 BGHZ 9, 157, 166 ff = NJW 1953, 780

1044 OLG Hamm GmbHR 1992, 757; OLG Nürnberg GmbHR 1994, 252, 253 reSp; OLG Schleswig NZG 2000, 703, 704 f.

1045 S. dazu die Nachweise oben Fn. 150.

1046 BGHZ 9, 157, 170 = NJW 1953, 780; **zustimmend:** *Battke* GmbHR 2008, 850, 854 liSp; *Heidinger/Blath* GmbHR 2007, 1184, 1187 liSp.

1047 OLG Düsseldorf NZG 2007, 278, 279; vgl. auch BGHZ 9, 157, 176 = NJW 1953, 780.

1048 *Winter/Seibt* in Scholz, GmbHG, Anh. § 34 Rn. 41, 43; *Rowedder/Bergmann* in Rowedder/Schmidt-Leithoff, GmbHG, § 34 Rn. 123; *Kort* in MünchHdbGesR III, § 29 Rn. 45; *Lutter* in Lutter/Hommelhoff, GmbHG, § 34 Rn.63; *Greitemann* in Saenger/Inhester, GmbHG, Anh. § 34 Rn. 16; *Wicke*, GmbHG, Anh. § 34 Rn. 6 mit § 34 Rn. 10; *Heidinger/Blath* GmbHR 2007, 1184, 1186 f; *Battke* GmbHR 2008, 850, 854.

Gesellschaft ausscheidet und seine Gesellschafterstellung verliert. Bis zum Eintritt der Bedingung schafft das Urteil ausschließlich Klarheit darüber, ob das Ausschlussverlangen begründet ist.[1049] Die Gesellschafterstellung selbst bleibt bis zur vollständigen Zahlung der Abfindung weiterhin in der Schwebe.

bb) Das auflösend bedingte Ausschlussurteil

Ulmer hingegen spricht sich dafür aus, seine zur Einziehung von Geschäftsanteilen entwickelte Konstruktion einer ungeschriebenen, auflösenden Rechtsbedingung[1050] auf die Ausschlussfälle zu übertragen.[1051] Die Gestaltungswirkung der Ausschlussklage soll unmittelbar mit Rechtskraft des Ausschlussurteils eintreten und der auszuschließende Gesellschafter zu diesem Stichtag aus der Gesellschaft ausscheiden. Dem schutzwürdigen Interesse des Abzufindenden soll dadurch entsprochen werden, dass die Wirkung des Gestaltungsurteils unter die auflösende Bedingung der fristgerechten Zahlung einer im Urteil zu beziffernden, vorläufigen Abfindung zu stellen sei. Wird die Abfindung nicht innerhalb der im Urteil festgesetzten Frist vollständig gezahlt, so sollen die Urteilswirkungen entfallen. Mit dem Eintritt der Bedingung soll der ursprüngliche Zustand vor Rechtskraft des Ausschlussurteils mit ex nunc Wirkung wieder eintreten. Der Ausgeschlossene soll dann die Wiedereinsetzung in seine ursprüngliche Rechtsstellung verlangen können.

Durch die auflösende Bedingung wird die Schwebephase mithin nicht ausgedehnt. Bleibt die Bedingung aus, so hat der Auszuschließende seine Gesellschafterstellung im Zeitpunkt der Rechtskraft des Urteils endgültig verloren. Tritt die Bedingung hingegen ein, so ist der Gesellschafter erst ex nunc so zu stellen als hätte er seine Gesellschafterstellung nicht eingebüßt.

cc) Das unbedingte Ausschlussurteil

Eine im Vordringen befindliche Ansicht im Schrifttum lehnt eine von Amts wegen auszusprechende Rechtsbedingung gänzlich ab und spricht sich dafür aus, die Ausschlusswirkung von der Abfindungszahlung abzukoppeln.[1052] Mit

---

1049 *Balz*, S. 65.

1050 S. dazu *Ulmer* in FS Rittner, S. 735, 748 ff sowie *dens.* in FS Priester, S. 775, 793 ff.

1051 *Ulmer* in FS Rittner S. 735, 751 ff; *ders.* in GroßkommGmbHG, Anh. § 34 Rn. 37 f mit Hinweis auf § 34 Rn. 62 ff.

1052 *Altmeppen* in Roth/Altmeppen, GmbHG, § 60 Rn. 97 ff; *Goette*, Die GmbH, § 6 Rn. 45; *Strohn* in MünchKommGmbHG, § 34 Rn. 173 f; *Sosnitza* in Michalski, GmbHG, Anh. § 34 Rn. 31 f; *Hueck/Fastrich* in Baumbach/Hueck, GmbHG, Anh. § 34 Rn. 14; *Thiessen* in Bork/Schäfer, GmbHG, § 34 Rn. 63; *Wolff*, S. 91 ff; *Löwe/Thoß* NZG 2003, 1005 ff; **aus der Rechtsprechung:** KG NZG 2006, 437, 438 reSp.

Rechtskraft des Urteils soll der Ausschluss grundsätzlich sofort wirksam werden.

Wie sich das Ausscheiden aus der Gesellschaft konkret vollzieht, wird innerhalb dieser Ansicht unterschiedlich beantwortet. Einigkeit herrscht innerhalb dieser Auffassung insoweit, dass das Ausschlussurteil – in Anlehnung an § 208 Abs. 1 S. 1 RegE GmbHG 1971/73[1053] – zwar nicht unter einer von Amts wegen zu beachtenden Bedingung stehe, der Abzufindende allerdings auch nicht unausweichlich vorzuleisten verpflichtet sein dürfe. Er könne im Prozess beantragen, dass er erst mit Zahlung der Abfindung ausscheide. Der Abzufindende habe es somit selbst in der Hand, das Urteil unter die aufschiebende Bedingung der vollständigen Abfindungszahlung stellen zu lassen.[1054] Wie das Solvenzproblem im Übrigen zu lösen ist, wird hingegen uneinheitlich beantwortet.

Zum Teil wird die bloße Möglichkeit, ein aufschiebend bedingtes Urteil erwirken zu können, für die Wahrung der Interessen des Abzufindenden als ausreichend angesehen.[1055] Andere hingegen wollen das Ausfallrisiko des Abzufindenden durch eine subsidiäre Außenhaftung der ausschließenden Gesellschafter abfedern (sog. „Haftungsmodell“).[1056] Einer dritten Ansicht zufolge soll der Auszuschließende seine Befugnis zur Ausübung der Gesellschafterrechte verlieren, aber zunächst Inhaber des Geschäftsanteils bleiben und nur Zug um Zug gegen Zahlung der Abfindung dazu verpflichtet sein, der Gesellschaft seinen Gesellschaftsanteil zur Verwertung zur Verfügung zu stellen.[1057]

Lehnt man eine von Amts wegen zu beachtende Rechtsbedingung ab, so endet die Mitgliedschaft – sofern eine aufschiebende Bedingung nicht beantragt

---

1053 Regierungsentwurf von 1971/73, BT-Drucks. VI/3088, S. 57 ff = BT-Drucks. 7/253, S. 57 ff.
§ 208 RegE:
Abs. 1 S. 1:
Gibt das Gericht der Ausschlußklage statt, so hat es, wenn der ausgeschlossene dies beantragt hatte, im Urteil zugleich die Durchführung des Ausschlusses davon abhängig zu machen, daß die Gesellschaft binnen sechs Monaten nach der Rechtskraft des Urteils eine vorläufige Abfindung an den Gesellschafter zahlt.
Abs. 5:
Nach Ablauf der Frist des Absatz 1 stehen dem Gesellschafter die Rechte aus seinem Geschäftsanteil wieder zu, wenn die Gesellschaft die vorläufige Abfindung innerhalb der Frist nicht oder unter Verstoß gegen § 46 Abs. 1 (dieser Entspricht wörtlich der Vorschrift des § 30 Abs. 1 GmbHG) *an den Gesellschafter gezahlt hat.*

1054 *Altmeppen* in Roth/Altmeppen, GmbHG, § 60 Rn. 97 f.

1055 *Sosnitza* in Michalski, GmbHG, Anh. § 34 Rn. 31 f; **ähnlich:** *Löwe/Thoß* NZG 2003, 1005; *Wolff*, S. 91 ff: auch in der oHG sei keinesfalls sichergestellt, dass der Abzufindende mit seiner Abfindungsforderung letztlich nicht ausfällt.

1056 *Altmeppen* in Roth/Altmeppen, GmbHG, § 60 Rn. 97 ff mit § 34 Rn. 30; *Strohn* in MünchKommGmbHG, § 34 Rn. 173 f jew. m.w.N.

1057 *Hueck/Fastrich* in Baumbach/Hueck, GmbHG, Anh. § 34 Rn. 14; *Thiessen* in Bork/Schäfer, GmbHG, § 34 Rn. 63.

wird – endgültig und unwiderruflich mit Rechtskraft des Ausschlussurteils. Im Zeitpunkt der Rechtskraft steht mit endgültiger Sicherheit fest, dass der Auszuschließende seine Gesellschafterstellung eingebüsst hat.

b) Stellungnahme und Schlussfolgerungen zu 3.

Am überzeugendsten erscheint es, entsprechend der vom RegE zum GmbHG von 1971/73 in § 208 Abs. 1 S. 1[1058] vorgeschlagenen Lösung das Ausschlussurteil nur dann unter eine aufschiebende Bedingung zu stellen, wenn der Auszuschließende dies im Prozess beantragt.

Was die herrschende Bedingungslehre anbelangt, so ist festzustellen, dass ein aufschiebend bedingtes Urteil nur partiell Rechtssicherheit schafft. Die letztlich entscheidende Frage, ob der Auszuschließende seine Gesellschafterstellung einbüßt, bleibt bis zum Bedingungseintritt ungeklärt, obwohl die Gestaltungsklage gerade klare Verhältnisse schaffen soll.[1059] Aber auch der Ausschlussprozess selbst wird dadurch unnötig verzögert, dass sich das Gericht inzident mit der – in diesem Prozess an sich irrelevanten – Frage der Höhe der angemessenen Abfindung zu befassen hat. Gleichzeitig ist nicht einzusehen, weshalb das Urteil *von Amts wegen* unter eine Bedingung zu stellen sein soll.[1060] Dem Schutz des Abzufindenden ist hinreichend dadurch Rechnung getragen, dass das Gericht das Ausschlussurteil auf seinen Antrag hin unter die aufschiebende Bedingung der vollständigen Abfindungszahlung zu stellen hat. Auch beeinträchtigt die Bedingungskonstruktion – wie bereits der BGH festgestellt hat – die Funktion des § 140 Abs. 2 HGB. Dieser soll die Auseinandersetzung zur Vermeidung von verzögerungsbedingten Zufälligkeiten von der Prozessdauer unabhängig machen. Eine lange Prozessdauer soll sich für keine der Parteien zum Vor- oder Nachteil auswirken. Die ausschließenden Gesellschafter können die Bedingungskonstruktion nun aber zu ihrem Vorteil nutzen, indem es ihnen noch nach dem Urteil freisteht, den Bedingungseintritt nicht herbeizuführen.[1061] „[*K*]*ann die GmbH nicht bloß durch Klagerücknahme, sondern noch nach Rechtskraft des Urteils – dann durch Nichtherbeiführen der Bedingung – von der Durchführung der Ausschließung abstehen, so wird der auszuschließende Gesellschafter immer von einer Aufwärtsbewegung, nicht aber stets von einer ungünstigen*

1058 Abgedruckt oben Fn. 1053.

1059 S. dazu oben I. 1.

1060 *Sosnitza* in Michalski, GmbHG, Anh. § 34 Rn. 31.

1061 Zum Sinn und Zweck der Vorverlagerung des Bewertungsstichtages s. ausführlich oben 3. Teil II. 3. a)) sowie unten II. 3. a) aa), zu den prozessdauerbedingten Vor- und Nachteilen s. oben 3. Teil II. 3. a) cc)).

Entwicklung des Unternehmens ausgeschlossen werden."[1062] Der BGH hält diese Konsequenz aber für nicht so bedeutend.[1063]

Auch die Konstruktion der auflösenden Bedingung, welche in Rechtsprechung und Literatur – soweit ersichtlich – einhellig auf Ablehnung gestoßen ist, vermag nicht zu überzeugen. Wie zu Recht kritisiert wird, führt sie im Falle des Eintritts der Bedingung zu erheblichen Rückabwicklungsschwierigkeiten.[1064]

Tatsächlich ist schon die der Bedingungskonstruktion zu Grunde liegende Prämisse, der Abzufindende sei aufgrund der im Vergleich zum Ausschluss aus der oHG schlechteren Sicherung der Abfindung schutzbedürftig, nicht schlüssig.[1065] Zwar haftet für die Abfindung des Gesellschafters nur das Gesellschaftsvermögen im Rahmen der Kapitalerhaltungsvorschriften. Der Auszuschließende steht aber dennoch nicht schlechter, sondern lediglich rechtsformbedingt anders als der aus einer oHG Ausscheidende. Der Gesellschafter hat sich für eine Beteiligung an einer GmbH entschieden, für deren Verbindlichkeiten ausschließlich die Gesellschaft haftet. Fällt der Abzufindende mit seiner Forderung gegen die Gesellschaft aus, ohne seine Mitgesellschafter dafür in Anspruch nehmen zu können, so verwirklicht sich gerade das mit der Kapitalanlage in einer Gesellschaft mit beschränkter Haftung verbundene typische Risiko.[1066] Es bedarf deshalb auch nicht der Absicherung der Abfindung durch eine persönliche Haftung der ausschließenden Gesellschafter, die mit der Haftungsverfassung der GmbH (§ 13 Abs. 2 GmbHG) nur schwer vereinbar wäre und für Gesellschafter, die dem Ausschluss nicht zugestimmt haben, unzumutbar ist.[1067] Dem lässt sich auch nicht entgegenhalten, der Gesetzgeber habe das vermeintlich parallele Solvenzproblem für den Minderheitsausschluss aus der AG mit § 327 b Abs. 3 AktG dadurch gelöst, dass ein Kreditinstitut die Gewähr für die Abfindung übernehmen muss.[1068] Die Ausschlüsse aus einer AG und einer GmbH sind insoweit nicht vergleichbar. Im Gegensatz zum Ausschluss aus der GmbH, den der GmbH-Gesellschafter durch einen wichtigen Grund zurechenbar veranlasst hat, erfolgt der aktienrechtliche Minderheitsausschluss anlassunabhängig. Die Minderheitsaktionäre sind dementsprechend besonderes schutzwürdig. Außerdem haftet den Minderheitsaktionären für die Abfindung hier nicht die Gesellschaft selbst (die AG), sondern der, den Ausschluss betreibende Hauptaktionär. Das Risiko der Aktionäre mit ihrer Forderung auszufallen verlagert sich mit

---

1062 BGH BGHZ 9, 157, 176 = NJW 1953, 780.

1063 BGH BGHZ 9, 157, 176 f = NJW 1953, 780.

1064 *Sosnitza* in Michalski, GmbHG, Anh. § 34 Rn. 31 f mit § 34 Rn. 79; *Kort* in MünchHdbGesR III, § 29 Rn. 45.

1065 Vgl. auch *Goette*, Die GmbH, § 6 Rn. 45.

1066 **Ähnlich:** *Balz*, S. 73.

1067 **Ebenso:** *Hueck/Fastrich* in Baumbach/Hueck, GmbHG, Anh. § 34 Rn. 13; *Sosnitza* in Michalski, GmbHG, Anh. § 34 Rn. 30; *Winter/Seibt* in Scholz, GmbHG, Anh. §34 Rn. 40; *Löwe/Thoß* NZG 2003, 1005, 1007 liSp.

1068 *Ulmer* in FS Priester, S. 775, 787.

dem Ausschlussbeschluss von der AG auf den Hauptaktionär, einem Schuldner, den sich die Aktionäre im Rahmen ihrer Investitionsentscheidung nicht ausgesucht haben.

Auch die Prämisse, der Gesellschafter habe sich den Ausschlussvoraussetzungen und Bedingungen nicht freiwillig unterworfen, ist heute nicht mehr haltbar. Vor der zitierten Grundsatzentscheidung des BGH vom 1.4.1953 waren die Möglichkeit und die Voraussetzungen des Ausschlusses aus wichtigem Grund noch weitgehend ungeklärt.[1069] Heute ist die Möglichkeit, einen Gesellschafter auch ohne gesetzliche Regelung und ohne Satzungsregelung auszuschließen, als allgemeiner Rechtsgrundsatz gemeinhin anerkannt. Die Möglichkeit und die Folgen des Ausschlusses sind deshalb von der Investitionsentscheidung umfasst.

Für die weitere Untersuchung ergibt sich Folgendes: Geht man mit der (noch) herrschenden Bedingungslehre davon aus, dass das Ausscheiden aus der Gesellschaft stets unter der aufschiebenden Bedingung der vollständigen Abfindungszahlung steht, so behält der Auszuschließende bis zum Eintritt der Bedingung – der Zahlung der Abfindung – seine Gesellschafterstellung mit allen Rechten und Pflichten bei. Bis zum Eintritt der Bedingung bleibt der Erfolg ungewiss. Die an sich mit Rechtskraft des Ausschlussurteils endende Schwebephase wird durch die Bedingungslehre bis zum Tag der vollständigen Abfindungszahlung ausgedehnt.

Lehnt man hingegen mit der hier vertretenen Auffassung eine von Amts wegen festzusetzende aufschiebende Bedingung ab, so büßt der Auszuschließende seine Gesellschafterstellung mit Rechtskraft des Ausschlussurteils endgültig und unwiderruflich ein, sofern dieser den Ausspruch einer aufschiebenden Bedingung nicht beantragt hat. Das missliche Problem einer „schwierigen Schwebelage“[1070] stellt sich dann grundsätzlich nicht.[1071] Die mit der Klageerhebung beginnende Schwebephase endet mit dem Ausscheiden aus der Gesellschaft. Aber auch wenn man mit der im Vordringen befindlichen Mindermeinung eine Rechtsbedingung ablehnt, stellt sich das Problem der Zahlungsverzögerung während der Schwebelage dann, wenn das über den Ausschluss befindende Gericht auf Antrag des Auszuschließenden das Urteil unter die aufschiebende Bedingung der vollständigen Abfindungszahlung stellt.

1069 Vgl. oben I. 1.

1070 *Fleischer* in Henssler/Strohn, GmbHG, § 34 Rn. 32 mit 22; BGH NJW-RR 2003, 1265, 1266 reSp.

1071 **Ebenso:** *Altmeppen* in Roth/Altmeppen, GmbHG, § 34 Rn. 26.

4. Zwischenergebnis zu I.

Auch beim Ausschluss aus der GmbH vollziehen sich Ausschluss und Auseinandersetzung mit dem Abzufindenden aufgrund des Klageerfordernisses analog § 140 HGB grundsätzlich in zwei Phasen (siehe dazu oben Abbildung Nr. 4): Der Phase zwischen der Klageerhebung und der Rechtskraft des Ausschlussurteils und der Phase zwischen der Rechtskraft des Urteils und der vollständigen Zahlung der Abfindung. In der Phase zwischen Klageerhebung und Rechtskraft des Ausschlussurteils ist die Gesellschafterstellung in analoger Anwendung des § 140 HGB in der Schwebe. Was die Phase zwischen Rechtskraft und Abfindungszahlung anbelangt, so steht das Ausschlussurteil nach vorzugswürdiger Auffassung nicht stets unter der aufschiebenden Bedingung der vollständigen Abfindungszahlung. Der Auszuschließende scheidet grundsätzlich mit Rechtskraft des Urteils aus der Gesellschaft aus und die Schwebephase endet. Nur auf Antrag des Abzufindenden ist das Urteil unter die aufschiebende Bedingung vollständiger Abfindungszahlung zu stellen. Ergeht das Urteil auf Antrag des Abzufindenden aufschiebend bedingt, so bleibt die Gesellschafterstellung bis zum Eintritt der Bedingung weiterhin in der Schwebe. Die Schwebephase dehnt sich dann auf den Zeitraum zwischen Rechtskraft des Ausschlussurteils und vollständiger Zahlung der Abfindung aus. Siehe dazu die erläuternde Darstellung in Abbildung Nr. 5.

Die folgende Untersuchung behandelt zunächst die Grundkonstellation des unbedingt ergehenden Ausschlussurteils. Um den Unterschieden der beiden Phasen Rechnung zu tragen, ist dabei zwischen den zwei Phasen zu differenzieren. Im Anschluss daran geht die Untersuchung gesondert auf die Konstellation ein, in der das Urteil auf Antrag des Beklagten hin aufschiebend bedingt ergeht.

Die nachfolgenden Ausführungen zu II. und III. stehen unter der Prämisse, dass die Ausschlussklage Erfolg hat. Die Folgen des Scheiterns der Ausschlussmaßnahme werden unter V. erörtert.

II. Die Situation während der Schwebephase zwischen Klageerhebung und Rechtskraft des Ausschlussurteils

Im Zeitraum zwischen Klageerhebung und Rechtskraft des Ausschlussurteils behält der Auszuschließende unstrittig seine Gesellschafterstellung. Erst mit Rechtskraft des Gestaltungsurteils scheidet er aus der Gesellschaft aus. An die Stelle seiner gesellschaftlichen Beteiligung tritt zwar seine Abfindung, die dem vollen wirtschaftlichen Wert des Anteils entspricht. Der Auszuschließende erhält diese aber frühestens mit seinem Ausscheiden aus der Gesellschaft ausbezahlt. Bis zur vollständigen Leistung der Abfindung bleibt sein Kapital in seinem Geschäftsanteil gebunden. Die Bewertungskalküle gehen dennoch fiktiv davon aus, dass die Abfindung schon am Bewertungsstichtag vollständig ausbezahlt wird.[1072] Die tatsächliche Zahlungsverzögerung bleibt unberücksichtigt. Während für den Auszuschließenden daraus eine Zinslücke entsteht, setzt die Gesellschaft sein Kapital weiterhin zur Gewinnerzielung ein. Wie der Gesellschafter für die Überlassung seines Kapitals zu entschädigen ist, soll im Folgenden geklärt werden.

1. Kein Ausgleich durch gesetzliche Regelung

In Ermangelung jeglicher ausschlussregelnder Normen lassen sich eventuelle Ausgleichsansprüche für die Überlassung des Kapitals allenfalls nach allgemeinen Regeln herleiten. Hinsichtlich der Phase zwischen Klageerhebung und Rechtskraft des Ausschlussurteils entspricht die Rechtslage bei Ausschluss aus einer GmbH derjenigen bei Ausschluss aus einer oHG. Auf die Ausführungen zur oHG kann deshalb an dieser Stelle verwiesen werden.[1073] Festzuhalten ist, dass kein Anspruch existiert, der in direkter Anwendung den Abzufindenden für die Überlassung seines Kapitals im Zeitraum zwischen Klageerhebung und Ausscheiden zu entschädigen vermag.

2. Der Meinungsstand zur Behandlung der Schwebephase

Der Meinungsstand zum Ausschluss aus der GmbH entspricht im Grunde demjenigen zur oHG, sodass auf diesen weitgehend verwiesen werden kann.[1074] Allerdings weichen die Meinungen in einigen zentralen Punkten erheblich voneinander ab. Auch der Streitstand ist – insbesondere wegen der Ausdehnung der Schwebephase durch die Bedingungslehre –[1075]äußerst verworren. Die hierzu vertretenen Meinungen werden in der Literatur teilweise falsch interpretiert und eingeordnet. Vor diesem Hintergrund ist eine detaillierte Darstellung der einzelnen Positionen geboten.

Analysiert man den Meinungsstand um die Rechtsstellung des Auszuschließenden in der Phase zwischen der Klageerhebung und der Rechtskraft des Ausschlussurteils, so zeigt sich, dass sich zwei Grundpositionen gegenüber stehen; einerseits wird eine fortbestehende konkrete Gewinnbeteiligung angenommen, andererseits der Fortfall derselben.

1072 S. dazu schon ausführlich oben 1. Teil I. und 2. Teil VI. 3.
1073 Zur gesetzlichen Rechtslage s. ausführlich oben 3. Teil II. 1.
1074 S. dazu oben 3. Teil II. 2.
1075 S. dazu ausführlich oben I. 3.

a) Das Fortbestehen der konkreten Gewinnbeteiligung

Die ganz herrschende Auffassung im Schrifttum geht davon aus, dass der Auszuschließende seinen Anspruch auf Gewinnbeteiligung jedenfalls[1076] bis zur Rechtskraft des Ausschlussurteils beibehält.[1077] Mit Gewinnbeteiligung ist nicht nur das abstrakte Gewinnrecht i.S.d. Gewinnstammrechts, sondern auch das jedes Geschäftjahr neu entstehende konkrete Gewinnrecht i.S.d. konkreten Fruchtziehung gemeint. Diese Sichtweise beruht darauf, dass die Gesellschafterstellung nach einhelliger Auffassung während der gesamten Prozessdauer fortbesteht. Mit fortbestehender Gesellschafterstellung bleiben grundsätzlich auch alle Mitgliedschaftsrechte (und Pflichten) – einschließlich der Vermögensrechte – in vollem Umfang erhalten.

Geht man vom Fortbestehen der Beteiligung an den konkreten Unternehmensgewinnen aus, so wird der auszuschließende Gesellschafter für die Zurverfügungstellung seines Kapitals wie vor der Erhebung der Ausschlussklage dadurch entschädigt, dass er weiterhin an den zukünftigen Unternehmensgewinnen partizipiert.

aa) Die Erforderlichkeit der Verselbständigung des Anspruchs vor Ausscheiden

In diesem Zusammenhang wirft *Altmeppen* völlig zu Recht die bislang wenig diskutierte Frage auf, ob sich der Anspruch auf Gewinnbeteiligung im Zeitpunkt des Ausscheidens aus der Gesellschaft bereits verselbständigt haben muss.[1078] Diese Frage wird wohl zu bejahen sein.

Zur Einziehung von Geschäftsanteilen gem. § 34 GmbHG hat der BGH im Urteil vom 14.9.1998[1079] entschieden, dass sämtliche mit dem Geschäftsanteil verbundenen Mitgliedschaftsrechte mit Wirksamwerden der Einziehung untergehen. Anderes soll nur für solche Mitgliedschaftsrechte gelten, die sich zu diesem Zeitpunkt bereits zu einem selbstständigen Forderungsrecht verselbständigt haben. Gewinnstammrecht und Gewinnauszahlungsanspruch seien streng zu unterscheiden.[1080] Der Anspruch des Auszuschließenden auf Beteiligung am

---

1076 Überwiegend ist man wohl der Auffassung, der Anspruch auf Gewinnbeteiligung bleibe bis zum Eintritt der aufschiebenden Bedingung – der vollständig Leistung der Abfindung – bestehen. Allerdings soll das Recht Gewinn „ruhen". S. dazu unten III. 2. a).

1077 *Sosnitza* in Michalski, GmbH, Anh. § 34 Rn. 37; *Winter/Seibt* in Scholz, GmbHG, Anh. §34 Rn. 46; *Kort* in MünchHdbGesR III, § 29 Rn. 49; *Lutter* in Lutter/Hommelhoff, GmbHG, § 34 Rn. 64 mit 48; *Greitemann* in Saenger/Inhester, GmbHG, Anh. § 34 Rn. 18; *Wolany*, S. 151; *Balz*, S. 67, 75 f; *Gehrlein*, Rn. 230; *Esch* GmbHR 1981, 25, 27; *Hueck/Fastrich* in Baumbach/Hueck, GmbHG, Anh. § 34 Rn. 15.

1078 *Altmeppen* in FS Roth, S. 1, 5.

1079 BGHZ 139, 299, 302 f = NJW 1998, 3646; **a.A.** zur Kaduzierung OLG Hamm NJW-RR 1989, 550.

1080 *Goette* DStR 1998, 1690.

konkreten Gewinn verselbständigt sich erst mit Entstehung des Ausschüttungsanspruchs. Dieser entsteht nicht schon mit Ablauf des Geschäftsjahres, sondern erst mit Feststellung und Beschlussfassung über die Verwendung des Jahresgewinns (§ 46 Nr. 1 GmbHG).[1081] Übertragen auf die hier zu untersuchende Konstellation hätte dies zur Folge, dass der Auszuschließende stets dann leer ausgehen würde, wenn ein entsprechender Gewinnverwendungsbeschluss erst nach Rechtskraft des Ausschlussurteils gefasst wird. Parallel dazu hält auch die ganz überwiegende Auffassung zum aktienrechtlichen Minderheitsausschluss eine Verselbständigung vor Ausscheiden für zwingend erforderlich.

Unabhängig von der Frage, ob sich der Gewinnanspruch bereits verselbständigt haben muss, stellt sich jedenfalls das Problem, dass der Auszuschließende nur insoweit an den zwischen Klageerhebung und Rechtskraft des Urteils erwirtschafteten Gewinnen partizipiert, als die Gewinne auch ausgeschüttet werden. Werden die Gewinne nur teilweise ausgeschüttet oder sogar vollständig thesauriert, so geht der auszuschließende Gesellschafter – trotz fortbestehendem konkretem Gewinnanspruch – leer aus. Die ausschließenden Gesellschafter haben es folglich – abhängig von den jeweiligen Beteiligungsverhältnissen – grundsätzlich in der Hand, dem Auszuschließenden seine Dividende durch einen abweichenden Gewinnverwendungsbeschluss zu entziehen.[1082]

bb) Die Korrektur verselbständigungsbedingter Unbilligkeiten

Geht man davon aus, dass sich der konkrete Gewinnanspruch noch vor Ausscheiden aus der GmbH verselbständigt haben muss, so stellt sich die Frage, wie zu verfahren ist, wenn der Gesellschafter noch vor dem Zeitpunkt der Verselbständigung ausscheidet oder die erwirtschafteten Gewinne thesauriert werden. Zum Ausschluss aus der GmbH wird diese Frage nur sehr vereinzelt diskutiert.[1083]

Salje hält es für unverständlich und dem Gerechtigkeitsempfinden widersprechend, dass der Gesellschafter noch nicht realisierte Gewinnansprüche für Zeiträume verlieren soll, in denen er noch Gesellschafter war. Mit Ende des jeweiligen Geschäftsjahres erwerbe der Gesellschafter ein Anwartschaftsrecht auf Ge-

1081 BGHZ 139, 299, 302 f = NJW 1998, 3646; **aus der Literatur:** *Sosnitza* in Michalski, GmbH, § 34 Rn. 124; *Altmeppen* in Roth/Altmeppen, GmbHG, § 34 Rn. 76 f; *Ulmer* in GroßkommGmbHG, § 34 Rn. 57; *Lutter* in Lutter/Hommelhoff, GmbHG, § 34 Rn. 5; *Hueck/Fastrich* in Baumbach/Hueck, GmbHG, § 34 Rn. 19; **a.A.:** *Salje* NZG 1998, 986 f.

1082 So schon *Soufleros*, S. 101 f; **ebenso:** *Altmeppen* in FS Roth, S. 1, 5; vgl. *dens.* ZIP 2010, 1773, 1778 liSp.

1083 Zu den extrem komplizierten und i.E. nicht überzeugenden Korrekturvorschlägen zum aktienrechtlichen Minderheitsausschluss s. ausführlich unten 5. Teil II. 2. b) bb) aaa) (4).

winnausschüttung.[1084] *Soufleros* hingegen schlägt vor, an die Stelle der Dividendenbeteiligung eine erfolgsunabhängige Verzinsung treten zu lassen, sofern der Auszuschließende schutzbedürftig sei. Schutzbedürftig sei dieser allerdings nur unter zwei Voraussetzungen: Erstens müsse im konkreten Einzelfall tatsächlich ein abweichender Beschluss hinsichtlich der Verteilung des festgestellten Gewinns gefasst werden. Zweitens dürfe es der Auszuschließende aufgrund seiner geringen Beteiligung nicht in der Hand haben, auf den Gewinnverwendungsbeschluss einzuwirken. Könne er einen nachteiligen Beschluss aufgrund seiner Stimmmacht blockieren, so soll auch kein Anlass bestehen, ihn durch eine feste Verzinsung zu schützen. Es bleibe dann bei dem Anspruch auf Dividende.[1085] Andere halten die Möglichkeit des Auszuschließenden, sich auf rechtsmissbräuchliches Verhalten zu berufen, wenn die verbleibenden Gesellschafter zielgerichtet die Beschlussfassung hinauszögern, für ausreichend.[1086]

cc) Ergebnis zu a)

Die herrschende Auffassung geht davon aus, dass der Auszuschließende zumindest bis zur Rechtskraft des Ausschlussurteils seine konkrete Gewinnberechtigung beibehält. An den konkreten Gewinnen partizipiert dieser aber nur dann, wenn sich der Gewinnanspruch bereits vor dem Ausscheiden verselbständigt hat, und nur in der Höhe, in der eine Ausschüttung beschlossen wird. Wie zu verfahren ist, wenn sich der Anspruch nicht rechtzeitig verselbständigt oder die Gewinne (vollständig) thesauriert werden, ist bislang völlig ungeklärt.

b) Der Wegfall der konkreten Gewinnbeteiligung mit Klageerhebung

Die soeben dargelegte Auffassung der herrschenden Meinung, der konkrete Gewinnanspruch bestehe bis zur Rechtskraft des Ausschlussurteils fort, steht im krassen Gegensatz zur Rechtslage bei Ausschluss aus einer oHG.[1087] Dort geht die ganz einhellige Meinung mit Selbstverständlichkeit davon aus, dass der Auszuschließende – sofern der Ausschluss Erfolg hat – vom Tag der Klageerhebung an (dem Auseinandersetzungsstichtag) weder am Gewinn noch am Verlust der Gesellschaft beteiligt sei. Trotz des Rückgriffs auf die ausschlussregelnde Norm des § 140 HGB zur oHG,[1088] versagt nur eine Minderheit im Schrifttum dem aus einer GmbH auszuschließenden Gesellschafter vom Bewer-

1084 *Salje* NZG 1998, 986 f; **ähnlich** zur Kaduzierung OLG Hamm NJW-RR 1989, 550.
1085 *Soufleros*, S. 100 ff.
1086 *Balz*, S. 75 f; *Ebenroth* EWiR 1989, 267, 268; vgl. auch *Goette* DStR 1998, 1690.
1087 So schon *Altmeppen* in FS Roth, S. 1, 4 f, 10.
1088 S. dazu oben I. 1.

tungsstichtag an die Beteiligung an den konkreten Unternehmensgewinnen.[1089] Der Kapitalüberlassung während der Schwebephase steht dann kein Anspruch auf Beteiligung am konkreten Unternehmensgewinn gegenüber. Dies wirft die Frage auf, ob und gegebenenfalls wie der Auszuschließende für die zwangsweise Zurverfügungstellung seines Kapitals zu entschädigen ist.

aa) Der ersatzlose Wegfall der Gewinnbeteiligung

Zunächst stellt sich die Frage, ob an die Stelle der entfallenden konkreten Gewinnbeteiligung Ausgleichsansprüche treten, oder ob diese mit dem Bewertungsstichtag ersatzlos wegfallen.

Für den parallel gelagerten Ausschluss aus einer oHG hält die ganz herrschende Auffassung einen ersatzlosen Wegfall der Gewinnbeteiligung offensichtlich für zumutbar.[1090] Zum Ausschluss aus einer GmbH hingegen wird ein ersatzloser Wegfall des Gewinnrechts ausschließlich für die durch die aufschiebende Bedingung verursachte Schwebephase zwischen Rechtskraft des Ausschlussurteils und Zahlung der Abfindung angenommen.[1091] Für die hier interessierende Schwebephase zwischen Klageerhebung und Rechtskraft des Ausschlussurteils wird ein ersatzloser Wegfall der Gewinnbeteiligung einhellig abgelehnt.

bb) Die Einpreisung einer Nutzungsentschädigung in die Abfindung

Zum parallel gelagerten Minderheitsausschluss aus der AG wird vereinzelt davon ausgegangen, dass ein angemessener Ausgleich für die Überlassung des Kapitals schon per se in der Abfindung enthalten sei bzw. als zusätzlicher Posten in die Abfindung „einzupreisen" sei („Einpreisungslehre").[1092] Zum Ausschluss aus der GmbH taucht dieser Gedanke nicht auf. Ausschließlich Gewinne

1089 So *Ulmer* in GroßkommGmbHG, Anh. § 34 Rn. 42; *Rowedder/Bergmann* in Rowedder/Schmidt-Leithoff, GmbHG, § 34 Rn. 106; *Strohn* in MünchKommGmbHG, § 34 Rn. 220; *Ganßmüller* GmbHR 1956, 145, 149 f mit Fn. 49; *Altmeppen* in FS Roth, 1, 8 ff; *ders.* in Roth/Altmeppen, GmbHG, § 60 Rn. 104 ff; **widersprüchlich:** *Hueck/Fastrich* in Baumbach/Hueck, GmbHG, Anh. § 34 Rn. 15, mit Rechtskraft entfalle der Gewinnanspruch. Dies ergebe sich aus der Wahl des Stichtags für die Abfindungsberechnung.

1090 S. dazu oben 3. Teil II. 2. a).

1091 Zur Bedingungslehre s. oben I. 3., zur Behandlung der Phase zwischen Rechtskraft und Ausscheiden im Falle eines aufschiebend bedingt ergehenden Urteils s. unten III. 2.

1092 Zur Einpreisung s. ausführlich unten 5. Teil II. 2. b) aa) aaa) sowie bb) aaa) (4) (b).

aus schwebenden Geschäften[1093] sowie aus dem Geschäftsjahr vor dem Bewertungsstichtag[1094] sollen in die Abfindung mit eingepreist sein.

cc) Die ertragsunabhängige Verzinsung der Abfindung

Eine Minderheit im Schrifttum will die auf *Weipert* und *Ulmer* zurückgehende, zum Ausschluss aus der oHG entwickelte Lösung auf die GmbH übertragen[1095] und die Abfindung vom Tag der Klageerhebung an automatisch mit 5 % ertragsunabhängig verzinsen.[1096]

Zwar sollen auch nach dieser Ansicht bis zum Ausscheiden aus der Gesellschaft die Gesellschafterstellung und, daran anknüpfend, grundsätzlich alle Gesellschafterrechte bestehen bleiben. Entsprechend der Rechtslage bei Ausschluss aus der oHG soll allerdings der Anspruch auf Beteiligung am konkreten Gewinn mit dem Stichtag der Klageerhebung entfallen. Es sei zwingende Konsequenz der Vorverlagerung des Abfindungsstichtags, dass von der Klageerhebung an kein Dividendenanspruch mehr bestehe.[1097] Anderenfalls – so *Ulmer* – bestünde die Gefahr der Doppelbeteiligung an den von der Gesellschaft erwirtschafteten Gewinnen. Bestünde der Anspruch auf Gewinnbeteiligung fort, so würde der Auszuschließende dann doppelt an den Gewinnen der Gesellschaft partizipieren, wenn die Gesellschaft nach Klageerhebung noch Gewinne ausschüttet, die bereits vor dem Bewertungsstichtag erwirtschaftet worden sind.[1098] An die Stelle der in der Zeit zwischen Klageerhebung und Rechtskraft des Urteils entstehenden Gewinnansprüche soll ein Anspruch auf ertragsunabhängige Verzinsung treten.[1099] Der Auszuschließende dürfe nicht verpflichtet sein, der Gesellschaft

1093 *Soufleros*, S. 204; *Großfeld*, Rn. 366; vgl. auch *Bayer* WuB 1999, 65, 67 liSp.

1094 Vgl. *Ulmer* in GroßkommGmbHG, Anh. § 34 Rn. 42; *Sosnitza* in Michalski, GmbH, § 34 Rn. 124; *Goette* DStR 1998, 1690.

1095 S. dazu ausführlich oben 3. Teil II. 2. b) cc).

1096 So als erster *Ulmer* in GroßkommGmbHG, Anh. § 34 Rn. 42; **zustimmend:** *Rowedder/Bergmann* in Rowedder/Schmidt-Leithoff, GmbHG, § 34 Rn. 106; *Strohn* in MünchKommGmbHG, § 34 Rn. 220; *Kort* in MünchHdbGesR III, § 29 Rn. 47 mit § 28 Rn. 19; *Ganßmüller* GmbHR 1956, 145, 149 f mit Fn. 49.

1097 *Ulmer* in GroßkommGmbHG, Anh. § 34 Rn. 42; **deutlicher** *ders.* in Hachenburg, GmbHG, Anh. § 34 Rn. 35; vgl. auch *Hueck/Fastrich* in Baumbach/Hueck, GmbHG, Anh. § 34 Rn. 15, allerdings ist die Annahme, es ergebe sich aus der Wahl des Stichtags für die Abfindungsberechnung, dass der Gewinnanspruch mit Rechtskraft entfalle, in sich widersprüchlich.

1098 *Ulmer* in Hachenburg, GmbHG, Anh. § 34 Rn. 35; **zustimmend:** *Soufleros*, S. 101 f: *Ulmers* Argument sei zwar richtig, aber nicht schwerwiegend.

1099 So als erster *Ulmer* in GroßkommGmbHG, Anh. § 34 Rn. 42; **zustimmend:** *Rowedder/Bergmann* in Rowedder/Schmidt-Leithoff, GmbHG, § 34 Rn. 106; *Strohn* in MünchKommGmbHG, § 34 Rn. 220; *Kort* in MünchHdbGesR III, § 29 Rn. 47 mit § 28 Rn. 19; *Ganßmüller* GmbHR 1956, 145, 149 f.

sein Kapital, das diese weiterhin zur Gewinnerzielung einsetzt, unentgeltlich zur Verfügung zu stellen.

Rowedder und *Bergmann* weisen ergänzend darauf hin, dass die Verzinsung notwendig sei, um die Gesellschaft von einer Verzögerung des Prozesses abzuhalten.[1100]

In Übertragung der zur oHG entwickelten Grundsätze soll sich der Zinsanspruch auf eine entsprechende Anwendung der §§ 353, 352HGB stützen.[1101] *Ulmer* hingegen will den Anspruch wohl nicht auf eine konkrete Anspruchsgrundlage, sondern auf einen allgemeinen Rechtsgrundsatz stützen.[1102] Der Zinssatz soll entsprechend § 352 Abs. 1 S. 1 HGB und § 63 Abs. 2 AktG 5 % p.a. betragen.[1103] In zeitlicher Hinsicht soll die ertragsunabhängige Verzinsung den gesamten Zeitraum zwischen Klageerhebung und vollständiger Zahlung der Abfindung abdecken. Der Auszuschließende soll laufende Zahlungen zu den Zeiten und in dem Umfang verlangen können, wie ihm anderenfalls Gewinnansprüche zustünden.[1104]

Diese an sich simple Lösung wird allerdings dadurch erheblich verkompliziert, dass das Ausschlussurteil – *Ulmers* Ansicht zufolge – unter der auflösenden Bedingung der Nichtzahlung der Abfindung innerhalb angemessener Frist stehen soll.[1105] Wird die im Urteil festgesetzte Abfindung rechtzeitig und unter Beachtung der Kapitalerhaltungsvorschriften ausgezahlt und tritt die auflösende Bedingung nicht ein, so sei die Abfindung nach den oben dargelegten Grundsätzen ertragsunabhängig zu verzinsen. Wird die Abfindung hingegen nicht oder nicht fristgerecht gezahlt und tritt die auflösende Bedingung ein, so habe der Gesellschafter einen Anspruch darauf, ex nunc so gestellt zu werden, als habe der Ausschluss keine Wirksamkeit erlangt. Der Gesellschafter habe deshalb einen Anspruch auf Auszahlung der in der Zwischenzeit angefallenen Gewinne. Die zwischenzeitlich gezahlten Zinsen hat dieser wohl zurückzuerstatten. Im Ergebnis erhält der Abzufindende nach der von *Ulmer* vorgeschlagenen Lösung bei ordnungsgemäßem Verlauf „nur“ Zinsen. Bei fehlgeschlagener Abfindung hingegen ist dieser rückwirkend an der Dividende zu beteiligen.[1106]

Lehnt man hingegen die Bedingungskonstruktion gänzlich ab,[1107] oder kombiniert man die ertragsunabhängige Verzinsung mit der Konstruktion der auf-

1100 *Rowedder/Bergmann* in Rowedder/Schmidt-Leithoff, GmbHG, § 34 Rn. 106.

1101 *Ganßmüller* GmbHR 1956, 145, 149 f mit Fn. 49.

1102 *Ulmer* in GroßkommGmbHG, Anh. § 34 Rn. 42 mit § 34 Rn. 79 (s. dazu bereits oben 3. Teil II. 2. b) cc)); **ähnlich:** *Strohn* in MünchKommGmbHG, § 34 Rn. 220.

1103 *Ganßmüller* GmbHR 1956, 145, 149 f; **ebenso:** *Strohn* in MünchKommGmbHG, § 34 Rn. 220; *Ulmer* in GroßkommGmbHG, Anh. § 34 Rn. 42 mit § 34 Rn. 79.

1104 *Ulmer* in GroßkommGmbHG, Anh. § 34 Rn. 42.

1105 Zu *Ulmers* Konstruktion der auflösenden Bedingung s. oben I. 3. a) bb).

1106 *Ulmer* in GroßkommGmbHG, Anh. § 34 Rn. 37 mit § 34 Rn. 63.

1107 S. dazu oben I. 3. a) cc) und b).

schiebenden Bedingung,[1108] so stellen sich die eben aufgezeigten Rückabwicklungsschwierigkeiten nicht.[1109]

dd) Die Aufzinsung der Abfindung

Altmeppen schlägt vor, die auf den Bewertungsstichtag ermittelte Abfindung auf den Tag des Ausscheidens aus der Gesellschaft aufzuzinsen.[1110] Zwar bleibe das Recht auf Gewinnbeteiligung mit fortbestehender Gesellschafterstellung – wie von § 101 Nr. 2 HS. 2 BGB vorausgesetzt – im Zeitraum zwischen Klageerhebung und Rechtskraft des Ausschlussurteils grundsätzlich bestehen. Allerdings sei eine Beteiligung an dem konkret erwirtschafteten Gewinn nicht geeignet, einen angemessenen Interessenausgleich zwischen den beteiligten Parteien herbeizuführen. Diesen Schluss zieht *Altmeppen* aus dem heute im Regelfall zur Ermittlung der Abfindung heranzuziehenden Ertragswertverfahren. Nach dem Ertragswertverfahren bestimmt sich der Anteilswert nach der Summe der prognostizierten zukünftigen Ausschüttungen des Unternehmens an die Gesellschafter. Um dem Umstand Rechnung zu tragen, dass die Ausschüttungen erst in Zukunft anfallen, während die Abfindung dem Abzufindenden sofort zufließt, sind die zukünftigen Ausschüttungen auf den Bewertungsstichtag abzuzinsen.[1111] Die Abzinsung soll demnach den Nutzungswert der Mitgliedschaft gerecht zwischen dem auszuschließenden und den verbleibenden Gesellschaftern verteilen. Bis zum Bewertungsstichtag gebührt der konkrete Nutzungswert der Mitgliedschaft dem Auszuschließenden. Ab diesem Stichtag steht der konkrete Nutzen ausschließlich den ausschließenden Gesellschaftern zu. Der Nutzungswert sei deshalb – entsprechend dem Ertragwertverfahren – abstrakt bzw. pauschaliert durch Aufzinsung der Abfindung auf den Tag des Ausscheidens zu ermitteln.[1112]

W. Müller hat sich der Auffassung *Altmeppens* ausdrücklich angeschlossen.[1113] Nur für die – für den Ausschluss aus der GmbH praktisch nicht relevanten –[1114] Fälle der marktorientierten Anteilsbewertung soll Abweichendes gelten. Die Nutzungsentschädigung bemesse sich in diesen Fällen – da keine fundamentalanalytische Bewertung stattgefunden hat – nach den aktuellen Unter-

1108 S. dazu oben I. 3. a) aa).

1109 So etwa *Rowedder/Bergmann* in Rowedder/Schmidt-Leithoff, GmbHG, § 34 Rn. 106, 123 und *Kort* in MünchHdbGesR III, § 29 Rn. 47 mit § 28 Rn. 19, § 29 Rn. 45.

1110 Ausführlich zur Aufzinsung bereits oben II. 3. e).

1111 Zum Ertragswertverfahren s. ausführlich oben 2. Teil VII. 1.

1112 *Altmeppen* in FS Roth S. 1, 8 ff; *ders.* in Roth/Altmeppen, GmbHG, § 60 Rn. 104 ff; zum Ausschluss aus der AG s. bereits *dens.* ZIP 2011, 1773, 1779 f; **zustimmend:** *W. Müller* in FS Roth, S. 517, 528.

1113 *W. Müller* in FS Roth, S. 517, 528.

1114 S. dazu oben 2. Teil III. 2.

nehmensverhältnissen. Der Auszuschließende habe einen Anspruch auf den anteiligen Bilanzgewinn.[1115]

3. Stellungnahme

a) Zur fortbestehenden Gewinnbeteiligung

Vergleicht man die Auffassung der herrschenden Meinung zum Ausschluss aus der GmbH mit derjenigen zum Ausschluss aus der oHG, so zeigt sich ein evidenter Widerspruch: Während für die GmbH das Fortbestehen der konkreten Gewinnbeteiligung bis zur Rechtskraft des Ausschlussurteils einhellig bejaht wird, soll der Auszuschließende beim Ausschluss aus der oHG am Gewinn und Verlust der Schwebephase nicht mehr partizipieren.[1116]

Die divergierende Behandlung der Schwebephase bei Ausschluss aus der oHG einerseits und der GmbH andererseits verblüfft umso mehr, als für den Ausschluss aus der GmbH die Ausschlussnorm der oHG – sc. § 140 HGB – analog herangezogen wird.[1117]

Im Gegensatz zum Ausschluss aus der oHG beschränkt die herrschende Meinung die Rückwirkung des Ausschlussurteils auf den Stichtag für die Bemessung der Abfindung, den Bewertungsstichtagsstichtag. Auch § 209 Abs. 1 des RegE von 1971/73[1118] bezieht sich – anders als § 140 Abs. 2 HGB, der explizit von „Auseinandersetzung" spricht – nur auf die Bemessung der Abfindung.

Die Auffassung der herrschenden Meinung basiert auf der – im Ansatz völlig richtigen und allgemein anerkannten – Auffassung, dass die Gesellschafterstellung bis zur Rechtskraft des Ausschlussurteils unberührt bleibt.[1119] Richtig ist auch, dass mit fortbestehender Gesellschafterstellung grundsätzlich alle Rechte, einschließlich des Gewinnrechts, bestehen bleiben.[1120] Hat die Ausschlussklage aber Erfolg, so ist der Ausgeschlossene für die Auseinandersetzung fiktiv so zu

---

1115 *W. Müller* in FS Roth, S. 517, 528 f.

1116 Auf diesen evidenten Wertungswiderspruch weist *Altmeppen* in FS Roth, S. 1, 4 f, 10 als erster Autor hin.

1117 Zum Ausschlussverfahren ausführlich oben I. 1.

1118 Regierungsentwurf von 1971/73, BT-Drucks. VI/3088, S. 57 ff = BT-Drucks. 7/253, S. 57 ff.
§ 209 RegE:
Abs. 1 S. 1 und 2:
Der Gesellschafter kann von der Gesellschaft als Abfindung den Betrag verlangen, den ein Dritter für den Geschäftsanteil aufwenden würde (Verkehrswert). Der Verkehrswert des Geschäftsanteils bemisst sich nach den Verhältnissen im Zeitpunkt der Erhebung der Ausschlussklage.

1119 S. dazu oben I. 2.

1120 S. die **einhM**, vgl. die Nachweise in Fn. 1034, 1047 und 1048.

stellen, als wäre er bereits zum Stichtag der Klageerhebung ausgeschieden und hätte sein Recht auf konkrete Gewinnbeteiligung zu diesem Zeitpunkt verloren.

aa) Die Unvereinbarkeit mit dem Wortlaut und dem Sinn und Zweck des analog herangezogenen § 140 Abs. 2 HGB

Die Beschränkung der Urteilswirkung auf den Bewertungsstichtag widerspricht nicht nur dem Wortlaut des analog herangezogenen § 140 Abs. 2 HGB. Die Annahme einer Beteiligung an den konkreten Gewinnen der Schwebephase widerspricht auch dem Sinn und Zweck der Vorschrift.

§ 140 Abs. 2 HGB verlagert ausweislich seines ausdrücklichen Wortlautes nicht nur den Bewertungsstichtag, sondern den gesamten Vorgang der Auseinandersetzung mit dem Auszuschließenden auf den Stichtag der Klageerhebung vor. Nach der Vorstellung des historischen Gesetzgebers soll die Vorverlagerung des Auseinandersetzungszeitpunktes dem Auszuschließenden den Anreiz zur Prozessverschleppungen nehmen. Dazu sollen diesem alle aus einer Verzögerung des Prozesses erzielbaren Vorteile genommen werden. Als solcher Vorteil ist auch die Beteiligung an den konkreten Gewinnen der Prozesszeit anzusehen.[1121]

Nach heutiger Interpretation wirkt § 140 Abs. 2 HGB nicht nur zu Lasten, sondern auch zu Gunsten des Auszuschließenden. Die Vorverlagerung soll die Auseinandersetzung mit dem Ausgeschlossenen von den Zufälligkeiten einer langen Prozessdauer unabhängig machen.[1122] Die konkrete Konjunktur- und Unternehmensentwicklung nach diesem Stichtag soll sich weder zum Vorteil noch zum Nachteil einer der beiden Parteien auswirken können.[1123] Dazu ist der Auszuschließende vermögensmäßig so zu stellen, als wäre er bereits mit der Klageerhebung aus der Gesellschaft ausgeschieden.[1124]

Derselbe Gedanke lag auch § 209 des RegE von 1971/73 zum GmbHG zu Grunde. Daraus, dass sich § 209 Abs. 1 S. 2 RegE seinem Wortlaut nach auf den Bewertungsstichtag beschränkt und § 208 Abs. 1 S. 1 RegE[1125] vorsah, dass dem Gesellschafter aus seinem Geschäftsanteil erst ab Rechtskraft des Urteils keine Rechte mehr zustehen sollten, könnte sich der Umkehrschluss ziehen lassen, dass der Auszuschließende bis zu diesem Zeitpunkt gewinnberechtigt bleibe. Mit § 209 Abs. 1 S. 2 RegE[1126] sollte aber ausweislich der Gesetzesbegründung eine dem Vorbild des § 140 Abs. 2 HGB entsprechende Vorschrift ge-

1121 Zur Zielsetzung des historischen Gesetzgebers s. oben 3. Teil II. 3. a) bb).
1122 S. dazu schon oben 3. Teil II. 3. a).
1123 **Ebenso:** *Soufleros*, S. 199 f.
1124 S. dazu oben 3. Teil II. 3. a) dd).
1125 Abgedruckt oben Fn. 1053.
1126 Abgedruckt oben Fn. 1118.

schaffen werden.[1127] Die Gesetzesbegründung zu § 209 Abs. 1 S. 2 RegE entspricht nahezu derjenigen zu § 140 Abs. 2 HGB.[1128] Zur hier interessierenden Frage heißt es dazu:

> „*Dem beklagten Gesellschafter wird auf diese Weise der Anreiz zu einer Prozeßverschleppung genommen. Andererseits wird er aber auch von dem Wagnis des Unternehmens befreit, auf das er keinen Einfluß mehr nehmen kann. Die übrigen Gesellschafter brauchen den Auszuschließenden nicht mehr an einer Aufwärtsentwicklung des Unternehmens teilhaben zu lassen und werden davor bewahrt, bei Verzögerung des Prozesses ein unter Umständen höheres Entgelt zahlen zu müssen. Auf den Zeitpunkt der Rechtskraft abzustellen, hätte hingegen den Nachteil, daß die Berechnung der Abfindung vom Zufall der Dauer des Prozeßverfahrens abhängen würde.*“[1129]

Hervorzuheben ist, dass der Entwurf – im Gegensatz zur Gesetzesbegründung zu § 140 Abs. 2 HGB – auch den Schutz des Auszuschließenden ins Auge fasst. Die bloße Vorverlagerung des Bewertungsstichtages, wie sie der Wortlaut des § 209 Abs. 1 S. 2 RegE suggeriert, ist allerdings nicht geeignet das gesetzgeberische Ziel zu erreichen.

Nur die Vorverlagerung des Auseinandersetzungsstichtages gem. § 140 Abs. 2 HGB (analog) führt zu einer für beide Parteien angemessenen Risikoverlagerung. Mit dem Stichtag der Klageerhebung verlagert sich das Risiko der Volatilität der Überschüsse dann vollständig auf die verbleibenden Gesellschafter. Das Volatilitätsrisiko bezeichnet die Gefahr, dass die zukünftigen Ausschüttungen im Rahmen der Anteils- und Unternehmensbewertung zur Bestimmung der Abfindung „falsch“ prognostiziert wurden. Risiko in diesem Sinne meint allerdings nicht nur die Gefahr, dass die tatsächlich erwirtschafteten zukünftigen Überschüsse unter der prognostizierten Höhe liegen, sondern auch die Chance, dass die Überschüsse über der Prognose liegen.[1130]

Nur dann, wenn an die Stelle der Beteiligung am konkreten Gewinn der Gesellschaft eine abstrakte bzw. pauschaliert ermittelte Gewinnbeteiligung tritt, tragen ausschließlich die verbleibenden Gesellschafter das „Risiko“ und die „Chance“ der zufälligen Unternehmens- und Konjunkturentwicklung nach der Klageerhebung. Das unternehmerische Risiko mit dem Stichtag der Klageerhebung nur partiell – nämlich hinsichtlich der Bemessung der Abfindung – auf die Ausschließenden übergehen zu lassen, macht wenig Sinn. Zu Unbilligkeiten

1127 BT-Drucks. VI/3088, S. 200 reSp = BT-Drucks. 7/253, S. 200 reSp.

1128 Zur Gesetzesbegründung zu § 140 Abs. 2 HGB s. oben 3. Teil II. 3. a) bb).

1129 BT-Drucks. VI/3088, S. 200 f = BT-Drucks. 7/253, S. 200 f.

1130 Zur Definition des Begriffs Risiko s. ausführlich oben 2. Teil VII. 1. d) cc) bbb) (2) (b) (aa).

führt die Beteiligung am konkreten Gewinn der Gesellschaft dann, wenn der erwirtschaftete Gewinn über oder unter dem für die Anteilsbewertung durchschnittlich prognostizierten Jahresüberschuss liegt.[1131]

bb) Die Unvereinbarkeit mit dem Stichtagsprinzip

Die Annahme, die konkrete Gewinnbeteiligung bestehe bis zum Ausscheiden fort, lässt sich auch mit dem allgemeinen Stichtagsprinzip nicht vereinbaren. In Kombination mit dem Ertragswertgedanken besagt das Stichtagsprinzip, dass die konkreten Erträge der Gesellschaft vom Bewertungsstichtag an ausschließlich den ausschließenden Gesellschaftern zuzuordnen sind.[1132] Die Abfindung ist Gegenleistung für den in Zukunft mit dem Geschäftsanteil in Form von Ausschüttungen erzielbaren Nutzen. Abfindung und Barwert der zukünftigen Ausschüttungen stehen sich somit als gleichwertige Leistung und Gegenleistung gegenüber. Die Zukunft beginnt aber schon mit dem auf die Klageerhebung vorverlagerten Stichtag, nicht erst mit dem Ausscheiden. Den Auszuschließenden nach dem Auseinandersetzungsstichtag weiterhin an den konkreten Gewinnen zu beteiligen würde bedeuten, das Gleichgewicht von Leistung und Gegenleistung auf Kosten der ausschließenden Gesellschafter zu verschieben.[1133]

cc) Die entstehende Zinslücke

Bedenklich ist die Auffassung der herrschenden Meinung außerdem unter dem Gesichtspunkt, dass der Auszuschließende nur insoweit an den zukünftigen Gewinnen partizipiert, als sich der Gewinnanspruch noch vor seinem Ausscheiden verselbständigt.[1134] Für volle bzw. anteilige Geschäftsjahre, für die sich der konkrete Gewinnanspruch nicht verselbständigt, entsteht eine Zinslücke.[1135] Auch liegt es in der Macht der Gesellschafter, zu bestimmen, ob und in welcher Höhe die Gewinne ausgeschüttet werden und der Auszuschließende an diesen teilnimmt. Der Zurverfügungstellung des Kapitals steht letztlich nur die unsichere Möglichkeit gegenüber, an den konkreten Gewinnen beteiligt zu werden. Konkrete Vorschläge zur Lösung dieses Problems bietet die Literatur aber bislang – abgesehen von dem Lösungsvorschlag *Soufleros* –[1136] nicht.

1131 So schon *Altmeppen* in FS Roth, S. 1, 9. S. dazu ausführlich oben 3. Teil II. 3. c) bb).

1132 S. dazu näher oben 2. Teil VII. 1. c) bb).

1133 Vgl. auch *Altmeppen* in FS Roth, S. 1, 8 ff; *ders.* ZIP 2010, 1773, 1779 f.

1134 So schon *Altmeppen* und *Soufleros*, s. oben II. 2. a) aa).

1135 S. dazu ausführlich unten 5. Teil II. 2. b) bb) aaa).

1136 S. dazu oben II. 2. a) bb).

dd) Die Gefahr der Doppelbeteiligung

Zu Recht weist *Ulmer* auf die Gefahr der Doppelbeteiligung des Auszuschließenden an den nach dem Bewertungsstichtag ausgeschütteten Gewinnen hin.[1137] Denn konkrete Gewinnansprüche, die sich erst nach dem Bewertungsstichtag verselbständigen, die sich aber (zeitanteilig) auf Geschäftsjahre vor diesem Stichtag beziehen, schlagen sich bereits in der Abfindung nieder.[1138] Wird die Abfindung mit dem Ertragswert- oder DCF-Verfahrens ermittelt, so erhöht der Gewinn des Vorjahres die prognostizierten zukünftigen Ausschüttungen des Folgejahres. Der nicht ausgeschüttete Gewinn erhöht als Aktivposten auch den Substanz- und Liquidationswert, sofern ausnahmsweise auf diesen abzustellen ist.[1139] Bestünde nun der Gewinnanspruch fort, so würde der Auszuschließende zusätzlich zur Berücksichtigung in der Abfindung noch die konkret ausgeschüttete Dividende erhalten.

ee) Ergebnis zu a)

Zieht man § 140 Abs. 2 HGB analog heran, so reicht es nicht aus, den Bewertungsstichtag auf den Tag der Klageerhebung vorzuverlagern. Entsprechend dem ausdrücklichen Wortlaut der Vorschrift ist für den gesamten Vorgang der Auseinandersetzung fiktiv auf diesen Stichtag abzustellen. Der Auszuschließende ist finanziell so zu stellen, als wäre er bereits zu diesem Zeitpunkt ausgeschieden. Entgegen der herrschenden Meinung darf der Auszuschließende – sofern die Ausschlussmaßnahme Erfolg hat –[1140] an dem nach dem Bewertungsstichtag erwirtschafteten Gewinn nicht mehr partizipieren.

b) Zum ersatzlosen Wegfall der Gewinnbeteiligung

Verfassungsrechtlich nicht haltbar ist die Annahme, die konkrete Gewinnbeteiligung falle mit Klageerhebung ersatzlos weg.[1141] Art. 14 GG gebietet eine „wirtschaftlich volle" Entschädigung für den Anteilsverlust. Dem Auszuschließenden ist zu ermöglichen, ohne wirtschaftlichen Nachteil aus der Gesellschaft auszuscheiden. Der Ausschluss aus wichtigem Grund hat keinen Strafcharakter und darf nicht zu einer finanziellen Schädigung führen.[1142] Mit diesem Erfordernis unvereinbar wäre es, dem Auszuschließenden aufzubürden, sein Kapital der Gesellschaft in einem, unter Umständen mehrere Jahre andauernden Verfah-

1137 S. oben II. 2. b) cc).
1138 S. dazu oben 2. Teil VII. 1. c) cc).
1139 S. dazu oben 2. Teil VII. 3.
1140 Zu den Folgen des Scheiterns der Ausschlussmaßnahme s. ausführlich unten V.
1141 S. dazu die ausführlichen Ausführungen zur oHG, oben 3 Teil II. 3. c) cc).
1142 *Hueck/Fastrich* in Baumbach/Hueck, GmbHG, Anh. § 34 Rn. 11.

ren, unentgeltlich zu überlassen. Völlig zu Recht wird deshalb für den Ausschluss aus der GmbH ein ausgleichsloser Wegfall der konkreten Gewinnbeteiligung einhellig abgelehnt.[1143]

c) Zur Einpreisung einer angemessenen Entschädigung

Schon in dogmatischer Hinsicht erscheint es zweifelhaft, ob der Ausgleich für die Vorenthaltung des Kapitals in der Abfindung zu erfassen ist, denn die Abfindung spiegelt den Anteilswert als quotalen Unternehmenswert wider. Für Ergänzungen ist kein Raum. Jedenfalls ist ein angemessener Ausgleich nicht per se, sondern allenfalls im Einzelfall in die Abfindung als zusätzlicher Posten eingepreist, denn die Bewertungskalküle gehen fiktiv von einer sofortigen Auszahlung der Abfindung aus.[1144]

d) Zur ertragsunabhängigen Verzinsung der Abfindung

Die in der Literatur vorgeschlagene ertragsunabhängige Verzinsung der Abfindung mit 5 % erscheint zwar im Ergebnis noch angemessen,[1145] weist aber – wie bei der oHG ausführlich dargestellt –[1146] zwei Schwächen auf.

Erstens konnte von den Vertretern dieser Ansicht bislang keine gänzlich überzeugende Anspruchsgrundlage ausfindig gemacht werden, auf die sich die fünfprozentige Verzinsung stützen ließe. Zweitens ist der an § 352 Abs. 1 S. 1 HGB und § 63 Abs. 2 AktG angelehnte Zinssatz zu starr und nicht geeignet, den konjunktur- und unternehmenslagebedingten Gegebenheiten des Einzelfalls gerecht zu werden. Im Übrigen lässt die einheitliche Verzinsung während des gesamten Zeitraums zwischen Klageerhebung und Abfindungszahlung unberücksichtigt, dass sich die Schwebephase durch die fortbestehende Gesellschafterstellung unterscheidet.

Folgt man der Ansicht *Ulmers*, wird die Rechtslage dadurch verkompliziert, dass das Ausschlussurteil unter der auflösenden Bedingung der Nichtzahlung der Abfindung innerhalb angemessener Frist stehen soll.[1147] Wird die Abfindung vollständig, rechtzeitig und in Übereinstimmung mit den Kapitalerhaltungsvorschriften gezahlt und bleibt die auflösende Bedingung aus, so sei die Abfindung nach dem oben Geschilderten ertragsunabhängig zu verzinsen. Tritt die auflösende Bedingung hingegen ein, so habe der Gesellschafter einen Anspruch da-

1143 Vgl. auch *Altmeppen* in FS Roth, S. 1, 7; *ders.* in Roth/Altmeppen, GmbHG, § 60 Rn. 104.
1144 S. dazu näher oben 3. Teil I.
1145 **Ebenso:** *Altmeppen* in FS Roth, S. 1, 4, 7.
1146 S. dazu ausführlich oben 3. Teil II. 3. e) aa) und II. 3. e) bb) ccc) und ddd).
1147 S. dazu schon oben II. 2. b) cc).

rauf, so gestellt zu werden, wie er ohne den gescheiterten Ausschluss stehen würde. Die bis zum Eintritt der Bedingung laufend zu zahlenden Zinsen sind dann zurückzuzahlen. Statt dessen ist der Gesellschafter an den in der Zwischenzeit angefallenen Gewinnen zu beteiligen. Aufgrund der rückwirkenden Auszahlung der Dividende müssten diese Zahlungen an sich ihrerseits zu verzinsen sein.

e) Zur Aufzinsung der Abfindung

Geht man davon aus, dass einerseits das Gewinnbezugsrecht – wie von § 101 Nr. 2 HS. 2 BGB vorausgesetzt – bis zum Ausscheiden fortbesteht, der Auszuschließende aber andererseits nach dem Sinn und Zweck des § 140 Abs. 2 HGB nicht an den konkreten Unternehmensgewinnen partizipieren darf, so bleibt nur eine abstrakte bzw. pauschalierte Gewinnbeteiligung übrig.

Der abstrakte Nutzungswert der Beteiligung lässt sich aus dem Berechnungsmodus der Abfindung ableiten. Wird die Abfindung – wie in aller Regel – mittels des Ertragswertverfahrens ermittelt, so wird der Nutzungswert der Beteiligung durch den Kapitalisierungszinssatz ausgedrückt. Dieser entspricht der bestmöglichen, der Beteiligung am konkreten Unternehmen äquivalenten, alternativen Kapitalanlage zum Bewertungsstichtag.[1148] Die Abzinsung mit dem Kapitalisierungszinssatz verteilt den Nutzungswert gerecht zwischen den Ausschließenden und dem Auszuschließenden. Die Bewertungskalküle gehen allerdings fiktiv von einer sofortigen Auszahlung der Abfindung zum Bewertungsstichtag aus. Fallen Bewertungsstichtag und Tag der Abfindungszahlung aber tatsächlich auseinander, so ist der abstrakte Nutzungswert der Beteiligung spiegelbildlich zur Abzinsung durch Aufzinsung der Abfindung auf den Tag des Ausscheidens zu bestimmen.[1149] Bei der Aufzinsung darf allerdings nicht unberücksichtigt bleiben, dass sich das mit der Beteiligung verknüpfte Risiko mit dem Bewertungsstichtag verändert, siehe dazu sogleich.

4. Der Aufzinsungsfaktor

Will man die Abfindung vom Bewertungsstichtag auf den Tag der Rechtskraft des Ausschlussurteils aufzinsen, so stellt sich die Frage, wie der Aufzinsungsfaktor[1150] zu bemessen ist. Diesbezüglich kann grundsätzlich auf die Ausführungen zum Ausschluss aus der oHG verwiesen werden.[1151] Rechtsformbedingt

1148 Zur Abzinsung der zukünftigen Zahlungsströme s. oben 2. Teil VII. 1. d) cc).
1149 S. dazu ausführlich zur oHG, oben 3. Teil II. 3. f).
1150 Zur Definition des Begriffs Aufzinsung s. oben 3. Teil II. 4. a).
1151 S. dazu oben 3. Teil II. 4. b).

ergeben sich für den Ausschluss aus der GmbH Besonderheiten, denen es entsprechend Rechnung zu tragen gilt.

a) Der modifizierte Kapitalisierungszinssatz

W. Müller, der sich der Auffassung *Altmeppens* angeschlossen hat,[1152] geht davon aus, dass für die Aufzinsung der bei der jeweiligen Unternehmensbewertung angesetzte Kapitalisierungszinssatz heranzuziehen sei.[1153] Dem ist insofern zuzustimmen, als sich der Aufzinsungsfaktor nach dem subjektiven Kapitalisierungszinssatz des konkreten Unternehmens bemessen muss. Eine starre Übernahme des Kapitalisierungszinssatzes würde aber unberücksichtigt lassen, dass die Höhe des Kapitalisierungszinssatzes entscheidend vom Risiko der Kapitalanlage abhängt und sich das mit der Beteiligung in der GmbH verbundene Risiko des Auszuschließenden mit dem Bewertungsstichtag verändert hat. Der Kapitalisierungszinssatz setzt sich zusammen aus dem Basiszinssatz einer (quasi) risikolosen Kapitalanlage und einem dem konkreten Risiko der Beteiligung entsprechenden Risikozuschlag. Die Höhe des Risikozuschlags wird von zwei Faktoren bestimmt, dem Volatilitätsrisiko und dem Ausfallrisiko.[1154]

Was die Gefahr der konjunktur- und unternehmensentwicklungsbedingt schwankenden Überschüsse – das sog. Volatilitätsrisiko – anbelangt, so ist festzustellen, dass der auszuschließende Gesellschafter dieses Risiko fortan nicht mehr trägt.[1155] Indem der Bewertungsstichtag analog § 140 Abs. 2 HGB auf den Tag der Klageerhebung vorverlagert wird, wird die Auseinandersetzung mit dem Auszuschließenden von der konkreten Entwicklung nach dem Bewertungsstichtag losgelöst.[1156] Eine negative Konjunktur- oder Unternehmensentwicklung kann sich nicht mehr zu Lasten des Auszuschließenden auswirken.

Das Risiko, mit der Abfindungsforderung gegenüber der Gesellschaft auszufallen, bleibt hingegen weiterhin bestehen, denn bis zur Zahlung der Abfindung bleibt das Kapital des Auszuschließenden in seiner Beteiligung gebunden. Das Ausfallrisiko wird auch nicht, wie beim Ausschluss aus der oHG, dadurch abgefedert, dass die ausschließenden Gesellschafter für den gegen die Gesellschaft gerichteten Abfindungsanspruch persönlich und unbeschränkt haften.[1157] Für die

1152 S. dazu oben II. 2. b) dd).
1153 *W. Müller* in FS Roth, S. 517, 528; **ebenso:** *Knoll* BB 2004, 1727, 1729.
1154 S. dazu oben 2. Teil VII. 1. d) cc) bbb).
1155 S. dazu schon zur oHG, oben 3. Teil II. 4. b) bb) aaa).
1156 S. dazu oben 3. Teil II. 3. a).
1157 Zur Verringerung des Ausfallrisikos bei Ausschluss aus der oHG s. oben 3. Teil II. 4. b) bb) bbb).

Forderung des Abzufindenden haftet nach der Haftungsverfassung der GmbH (§ 13 Abs. 1 GmbHG) ausschließlich die Gesellschaft.[1158]

Der für die Unternehmensbewertung anzusetzende Kapitalisierungszinssatz gibt deshalb nur den Rahmen vor, innerhalb dessen der Aufzinsungsfaktor zu suchen ist. Der Aufzinsungsfaktor muss sich zwischen dem (quasi-)risikolosen Basiszinssatz und dem vollen Kapitalisierungszinssatz bewegen. Ein Risikozuschlag für die Volatilität der Überschüsse lässt sich nach dem Bewertungsstichtag nicht mehr rechtfertigen, denn mit der Vorverlagerung des Bewertungsstichtags auf den Tag der Klageerhebung kann sich die Entwicklung nach diesem Stichtag auf die Auseinandersetzung nicht mehr auswirken. Das Ausfallrisiko bleibt hingegen – anders als beim Ausschluss aus der oHG – in unverminderter Höhe bestehen. Die Situation entspricht exakt derjenigen bei der Bestimmung des Kapitalisierungszinssatzes für die Bewertung von Aktien einer AG, für die ein Beherrschungs- und Gewinnabführungsvertrag besteht.[1159] Die Höhe des Risikozuschlags bestimmt sich demnach ausschließlich nach dem Ausfallrisiko der GmbH, welches im Rahmen der Bewertung einer GmbH üblicherweise aus dem bekannten Ausfallrisiko einer Vergleichsgruppe, der sog. Peer Group, abgeleitet wird.[1160] Die Abfindung ist deshalb mit einem um das Ausfallrisiko der GmbH vermehrten Basiszinssatz aufzuzinsen.

b) Die Bewertungssonderfälle

Die obigen Ausführungen zur Aufzinsung stehen unter der Prämisse, dass sich der Anteilswert im konkreten Bewertungsfall nach dessen Ertragswert bestimmt. Aber auch dann, wenn der Anteilswert nach dem DCF-Verfahren ermittelt wird oder ausnahmsweise auf den Substanz- oder Liquidationswert abzustellen ist, ist der abstrakte Nutzungswert der Beteiligung durch die Aufzinsung der Abfindung mit dem um einen Risikozuschlag für das Ausfallrisiko der GmbH ergänzten Basiszinssatz zu bestimmen. Insofern kann auf die Ausführungen zur oHG verwiesen werden.[1161]

Nichts anderes kann gelten, wenn zur Ermittlung des Anteilswertes ausnahmsweise auf den Marktwert abzustellen ist.[1162] Wegen der besonderen Relevanz der marktorientierten Bewertungsverfahren für den aktienrechtlichen Min-

1158 So die ganz **h.M.**, s. dazu oben I. 3. a), **a.A.:** Ausfallhaftung der den Ausschluss betreibenden Gesellschafter, s. dazu die Nachweise oben Fn. 1056.

1159 S. dazu oben 2. Teil VII. 1. f) bb).

1160 S. dazu oben 2. Teil VII. 1. d) cc) bbb) (2) (ee) (bbb).

1161 S. dazu oben 3. Teil II. 4.

1162 **Ebenso** zum Minderheitsausschluss aus der AG, *Knoll* BB 2004, 1727, 1730; **a.A.:** *W. Müller* in FS Roth, S. 517, 528 f.

derheitsausschluss sei diesbezüglich auf die Ausführungen zur AG verwiesen.[1163]

5. Ergebnis zu II.

Entgegen der Ansicht der herrschenden Meinung muss der Anspruch auf Beteiligung an den konkreten Gewinnen mit dem Bewertungsstichtag entfallen. Der Wegfall der konkreten Gewinnbeteiligung ist notwendige Konsequenz der analogen Anwendung des § 140 Abs. 2 HGB. Dieser soll die Auseinandersetzung mit dem Auszuschließenden gerade von der zufälligen, konkreten Konjunktur- und Unternehmensentwicklung nach dem Bewertungsstichtag unabhängig machen. Die bloße Vorverlagerung des Bewertungsstichtages ist dazu nicht geeignet, denn anderenfalls wirkt sich die zufällige Entwicklung über die Gewinnbeteiligung aus. Dass der Auszuschließende am zukünftigen Gewinn nicht mehr partizipieren darf, ergibt sich schon aus dem Stichtagsprinzip, das den konkreten Nutzen der Beteiligung zwischen Rechtsvorgänger und Rechtsnachfolger verteilt. Eine Beteiligung am konkreten Gewinn ist auch deshalb ungeeignet, weil der Auszuschließende nach der Klageerhebung kein äquivalentes unternehmerisches Risiko mehr trägt. Auch wird der Auszuschließende nur dann angemessen entschädigt, wenn sich der Anspruch noch vor seinem Ausscheiden verselbständigt, denn nur dann partizipiert dieser an den Gewinnen der Schwebephase. Verselbständigt sich der Gewinnanspruch erst nach seinem Ausscheiden, oder wird eine Thesaurierung der Gewinne beschlossen, so geht er leer aus.

Ein ausgleichsloser Wegfall der konkreten Gewinnbeteiligung ist aufgrund der daraus resultierenden Zinslücke verfassungsrechtlich nicht haltbar. Der Auszuschließende ist so zu stellen, dass er ohne Nachteil aus der Gesellschaft ausscheiden kann.

Die Annahme, die Abfindung sei nach §§ 353, 352 HGB analog vom Bewertungsstichtag an ertragsunabhängig zu verzinsen, ist im Ergebnis noch angemessen, in ihrer dogmatischen Begründung aber zweifelhaft. Auch der starre Zinssatz ist nicht geeignet, der konkreten Konjunktur- und Unternehmenslage Rechnung zu tragen. Im Hinblick auf die Begründung und den Zinsfaktor ist es vorzuziehen, die Abfindung vom Bewertungsstichtag auf den Tag des Ausscheidens aus der Gesellschaft (der Rechtskraft des Ausschlussurteils) aufzuzinsen.

Für die Aufzinsung ist der für die Anteilsbewertung anzusetzende Kapitalisierungszinssatz zu modifizieren. Der Aufzinsungsfaktor muss sich zwischen dem Basiszinssatz und dem vollen Kapitalisierungszinssatz bewegen. Dabei ist zinsmindernd zu berücksichtigen, dass der Auszuschließende durch die Vorverlagerung des Auseinandersetzungsstichtages auf den Tag der Klageerhebung das

1163 S. unten 5. Teil II. 4. b) bb).

Volatilitätsrisiko nicht mehr trägt. Das Ausfallrisiko hingegen trägt der Auszuschließende – anders als beim Ausschluss aus einer oHG – weiterhin unverändert. Die Abfindung ist mit dem Basiszinssatz, ergänzt um einen dem Ausfallrisiko der GmbH entsprechenden Risikozuschlag, aufzuzinsen.

III. Die Phase zwischen Rechtskraft des Ausschlussurteils und Abfindungszahlung

Wie bereits eingangs erwähnt, erhält der Abzufindende die Abfindung üblicherweise nicht schon mit Rechtskraft des Ausschlussurteils, d.h. mit seinem Ausscheiden, sondern erst danach in Raten über mehrere Monate oder Jahre hinweg ausbezahlt. Bis zur Zahlung der letzten Rate überlässt der Abzufindende der Gesellschaft sein Kapital weiterhin zur Nutzung. Je länger diese Phase bis zur Auskehrung der Abfindung andauert, umso größer wird die Gefahr, dass sich die wirtschaftliche Lage der Gesellschaft so verschlechtert, dass eine Auszahlung gegen die Kapitalerhaltungsregeln der §§ 30 Abs. 1 und 64 S. 3 GmbHG verstoßen würde und der Abzufindende mit seiner Forderung ausfällt.[1164] Wie dieser für die Überlassung seines Kapitals in dieser Phase der Auseinandersetzung zu entschädigen ist, gilt es im Folgenden zu klären. Dabei muss zwischen zwei Konstellationen unterschieden werden. Einerseits dem Grundfall, dass das Ausschlussurteil unbedingt ergeht, und andererseits dem Spezialfall, dass das Urteil auf Antrag des Beklagten hin unter der Bedingung der rechtzeitigen und vollständigen Abfindungszahlung ergeht.

1. Das unbedingte Ausschlussurteil

Nach hier vertretener Ansicht ergeht das Ausschlussurteil grundsätzlich nicht unter der aufschiebenden Bedingung der vollständigen Abfindungszahlung.[1165] Die folgenden Ausführungen stehen unter der Prämisse, dass das Ausschlussurteil unbedingt ergeht und der Gesellschafter mit Rechtskraft des Urteils endgültig und unwiderruflich aus der Gesellschaft ausscheidet.

a) Die gesetzliche Rechtslage

Mit dem Ausscheiden aus der Gesellschaft büßt der Gesellschafter seine Gesellschafterstellung endgültig ein. Mit dem Verlust der Gesellschafterstellung endet gleichzeitig auch der daran anknüpfende Anspruch auf Gewinnbeteiligung. Das

1164 *Fleischer* in Henssler/Strohn, GmbHG, § 34 Rn. 22.
1165 S. dazu oben I. 3. c).

Problem einer „schwierigen Schwebelage“ und fortbestehenden Gewinnbeteiligung, mit der sich die herrschende Bedingungslehre konfrontiert sieht,[1166] stellt sich nach der hier vorgeschlagenen Lösung – sofern kein Antrag auf Erlass eines bedingten Urteils gestellt wird – nicht.[1167]

Die Rechtslage in der Phase nach dem Ausscheiden aus der GmbH entspricht damit derjenigen bei Ausschluss aus der oHG, sodass insofern auf die Ausführungen zur oHG verwiesen werden kann.[1168] Der Abfindungsanspruch ist nach allgemeinen Regeln nicht schon mit Entstehung und Fälligkeit verzinslich, sondern gem. §§ 288 Abs. 1, 286 BGB erst ab Mahnung nach Eintritt der Fälligkeit.[1169] Der Abfindungsanspruch entsteht nach ganz herrschender Auffassung mit dem Ausscheiden aus der Gesellschaft.[1170] Die Fälligkeit soll nach herrschender Ansicht gem. § 271 Abs. 1 BGB sofort mit Entstehung des Abfindungsanspruchs eintreten.[1171] Nach anderer Auffassung hingegen erst nach Ablauf der für die Ermittlung der Abfindung erforderlichen Zeit.[1172]

Ersatz für die Kapitalüberlassung nach dem Ausscheiden erhält der Abzufindende nach der gesetzlichen Rechtslage erst dann und nur dann, wenn er die Gesellschaft nach Eintritt der Fälligkeit durch Mahnung in Verzug setzt. Die herrschende Meinung sieht keinen Anlass, von der gesetzlichen Rechtslage abzuweichen.

b) Die ertragsunabhängige Verzinsung der Abfindung

Strohn und einige andere Autoren plädieren dafür, das Abfindungsguthaben im gesamten Zeitraum zwischen Klageerhebung und vollständiger Abfindungszahlung entsprechend §§ 353, 352 Abs. 1 S. 1 HGB und § 63 Abs. 2 AktG erfolgsunabhängig mit 5 % p.a. zu verzinsen.[1173] Die ertragsunabhängige Verzinsung sei notwendiger Ausgleich dafür, dass das Kapital des Abzufindenden nach

1166 Zur Bedingungslehre s. ausführlich oben I. 3. a) aa).

1167 **Ebenso:** *Altmeppen* in Roth/Altmeppen, GmbHG, § 34 Rn. 79.

1168 S. dazu oben 3. Teil III.

1169 AG Homburg GmbHR 2001, 671, 672 liSp.

1170 Vgl. die Nachweise oben Fn. 725.

1171 S. *Strohn* in MünchKommGmbHG, § 34 Rn. 217 ff m.w.N.

1172 BayObLG ZIP 1983, 57, 59; **ebenso** die wohl **h.M.** zum parallel gelagerten Ausschluss aus der oHG, s. dazu die Nachweise oben Fn. 968.

1173 *Strohn* in MünchKommGmbHG, § 34 Rn. 220; s. auch *Ulmer* in GroßkommGmbHG, Anh. § 34 Rn. 42 mit § 34 Rn. 79, dessen Auffassung zufolge das Urteil allerdings unter einer auflösenden Bedingung stehen soll (s. dazu ausführlich oben I. 3. a) bb)), was im Falle des Bedingungseintritts zu erheblichen Rückabwicklungsschwierigkeiten führt (s. dazu ausführlich oben II. 3. b)); *Rowedder/Bergmann* in Rowedder/Schmidt-Leithoff, GmbHG, § 34 Rn. 106; *Kort* in MünchHdbGesR III, § 29 Rn. 47 mit § 28 Rn. 19 sowie *Ganßmüller* GmbHR 1956, 145, 149 f, deren Ausführungen allerdings unter der Prämisse einer aufschiebenden Bedingung stehen, s. dazu unten III. 2. a).

Wegfall des Dividendenanspruchs weiterhin im Gesellschaftsunternehmen genutzt werde.[1174]

c) Die Verzinsung der Abfindung mit dem Kapitalisierungszinssatz

Für die Parallelfälle des Ausschlusses aus einer oHG hat *F. Wagner* vorgeschlagen, das Abfindungsguthaben im Zeitraum zwischen Rechtskraft des Ausschlussurteils und vollständiger Zahlung der noch ausstehenden Abfindungsraten mit dem subjektiven Kapitalisierungszinssatz zu verzinsen. Die Bewertungskalküle zur Ermittlung der Abfindung gehen von einer sofortigen Auszahlung der Abfindung zum Bewertungsstichtag aus. Tatsächlich aber wird das Abfindungsguthaben erst in Raten nach der Rechtskraft des Ausschlussurteils ausgezahlt. Den bei der Bemessung der Abfindung unberücksichtigt gebliebenen Liquiditätsrestriktionen soll durch die Verzinsung mit dem subjektiven Kapitalisierungszinssatz in idealer Weise Rechnung getragen werden.[1175]

d) Stellungnahme zu 1.

In der Grundkonstellation, in der das Ausschlussurteil unbedingt ergeht, scheidet eine fortlaufende Beteiligung an den konkreten Gewinnen der Gesellschaft mangels fortbestehender Gesellschafterstellung im Ansatz aus. Auch eine Aufzinsung der Abfindung, die ebenso an die fortbestehende Gesellschafterstellung anknüpft, muss ausscheiden. Es stellt sich ausschließlich die Frage, ob die Abfindung nach allgemeinen Regeln erst mit Eintritt des Schuldnerverzugs verzinslich wird oder unmittelbar und automatisch mit dem Wirksamwerden der Maßnahme.

Zwar sahen auch die §§ 208 und 209 des RegE von 1971/73,[1176] die die Abfindung des auszuschließenden Gesellschafters regeln sollten, ebenso wie § 140 HGB keine automatische Verzinsung der Abfindung ab dem Zeitpunkt der Rechtskraft des Ausschlussurteils vor. Dennoch ist die Abfindung vom Tag des Ausscheidens an automatisch zu verzinsen. Durch die Verzögerung der Auszahlung der Abfindung, die bei der Abfindungsbemessung unberücksichtigt geblieben ist, darf dem Auszuschließenden kein wirtschaftlicher Nachteil in Form einer Zinslücke entstehen. Mit den §§ 305 Abs. 3 S. 3 HS. 1, 320 b Abs. 1 S. 6 HS. 1 und 327 b Abs. 2 HS. 1 AktG und § 15 Abs. 2 S.1 UmwG sieht der Gesetzgeber für zahlreiche ähnliche Konstellationen eine automatische Verzinsung explizit vor. Eine Differenzierung zwischen diesen Fällen – insbesondere dem parallel gelagerten aktienrechtlichen Minderheitsausschluss – und dem Aus-

1174 S. zur ertragsunabhängigen Verzinsung schon ausführlich oben II. 2. b) cc).
1175 S. dazu näher oben 3. Teil III. 1. b).
1176 § 208 abgedruckt in Fn. 1053, § 209 abgedruckt in Fn. 1118.

schluss aus einer GmbH lässt sich sachlich nicht rechtfertigen (Art. 3 Abs. 1 GG).

Die Mindermeinung, die sich für eine ertragsunabhängige Verzinsung ausspricht, nimmt deshalb völlig zu Recht an, dass die Abfindung im gesamten Zeitraum zwischen Klageerhebung und Abfindungszahlung ohne Zinslücke verzinslich sein muss.[1177] Allerdings liegt eine Analogie zu den oben zitierten Parallelfällen näher als die Analogie zu den §§ 353, 352 HGB, die ein beiderseitiges Handelsgeschäft voraussetzen. Außerdem ist der in der Literatur vorgeschlagene Zinssatz von 5 % zu starr. Besser geeignet erscheint der für die Parallelfälle gesetzlich angeordnete flexible Zinssatz in Höhe von 5 Prozentpunkten über dem Basiszinssatz des § 247 BGB.[1178] Eine Verzinsung mit dem subjektiven Kapitalisierungszinssatz hingegen würde unberücksichtigt lassen, dass sich das unternehmerische Risiko weitgehend auf die verbleibenden Gesellschafter verlagert hat.

Als Ergebnis ist festzuhalten, dass die Abfindung in Gesamtanalogie zu §§ 305 Abs. 3 S. 3 HS. 1, 320 b Abs. 1 S. 6 HS. 1 und 327 b Abs. 2 HS. 1 AktG und § 15 Abs. 2 S.1 UmwG von der Rechtskraft des Ausschlussurteils an automatisch mit 5 Prozentpunkten über dem Basiszinssatz des § 247 BGB zu verzinsen ist.[1179]

Einen höheren Schaden kann der Auszuschließende nur als Verzugsschaden geltend machen (§§ 280 Abs. 1, 2 i.V.m. 286 BGB).

2. Das aufschiebend bedingte Ausschlussurteil

Die folgenden Überlegungen stehen unter der Prämisse, dass das Ausschlussurteil unter der aufschiebenden Bedingung vollständiger und rechtzeitiger Abfindungszahlung ergeht. Folgt man der herrschenden Bedingungslehre, so ist dies stets der Fall. Nach der hier favorisierten Lösung hingegen nur dann, wenn der abzufindende Gesellschafter im Prozess einen entsprechenden Antrag gestellt hat.[1180]

1177 Zur Erforderlichkeit der automatischen Verzinsung s. ausführlich zur oHG, oben 3. Teil III. 2. a).

1178 Zur Verzinsung der Abfindung mit 5 % über dem Basiszinssatz s. ausführlich zur oHG, oben 3. Teil III. 2. b).

1179 S. dazu ausführlich oben 3. Teil III. 2.

1180 Zur Bedingungslehre s. oben I. 3. a) aa), zur hier vertretenen Ansicht s. dort unter c).

a) Meinungsstand

Ergeht das Ausschlussurteil aufschiebend bedingt, so wird an sich lediglich die bereits mit Klageerhebung beginnende Schwebephase bis zum Eintritt der Bedingung ausgedehnt.[1181] Dennoch wird im Schrifttum überwiegend zwischen diesen zwei Abschnitten der Schwebephase differenziert, die unterschiedlich zu behandeln sein sollen.[1182]

Wieder stehen sich zwei Grundpositionen gegenüber, die Annahme einer fortbestehenden Gewinnbeteiligung einerseits und das „Ruhen" bzw. der Wegfall der konkreten Gewinnbeteiligung andererseits.

aa) Das Fortbestehen der konkreten Gewinnbeteiligung

Ergeht das Ausschlussurteil aufschiebend bedingt, so scheidet der Abzufindende erst mit dem Bedingungseintritt aus der Gesellschaft aus. Bis dahin behält der abzufindende Gesellschafter seine Gesellschafterstellung.[1183] Mit fortbestehender Mitgliedschaft behält er grundsätzlich auch die daran anknüpfenden Mitgliedschaftsrechte.[1184] Ob und gegebenenfalls welche der an sich fortbestehenden Mitgliedschaftsrechte ruhen bzw. suspendiert sind, ist höchst strittig. Von Interesse für diese Untersuchung ist ausschließlich der Anspruch auf Beteiligung am konkreten Unternehmensgewinn, der Dividendenanspruch.

In der Grundsatzentscheidung des BGH vom 1.4.1953 heißt es dazu nur, dass der Auszuschließende vor wie nach Rechtskraft noch Gesellschafter ist. Er soll allerdings – entsprechend dem Rechtsgedanken der §§ 160, 162 BGB – Maßnahmen, die der Durchführung seines Ausschlusses dienen, nicht mehr vereiteln können dürfen.[1185] Zu der hier interessierenden Frage, ob der Anspruch auf Gewinnbeteiligung fortbesteht, hat sich der BGH nicht geäußert.

Eine beachtliche Mindermeinung in Schrifttum geht von einer Aufspaltung der Mitgliedschaftsrechte in Vermögensrechte und sonstige mitgliedschaftliche Rechte aus. Ausschließlich die nichtvermögensrechtlichen Gesellschafterrechte sollen vom Stichtag der Rechtskraft des Ausschlussurteils an ruhen. Die Gewinnbeteiligung bestehe bis zum Eintritt der Bedingung, d.h. der vollständigen

1181 Zu den zwei Abschnitten der Schwebephase s. oben I. 2. und 3.

1182 *Soufleros*, S. 100 ff; *Hueck/Fastrich* in Baumbach/Hueck, GmbHG, Anh. § 34 Rn. 15; *Sosnitza* in Michalski, GmbHG, Anh. § 34 Rn. 37 f; *Rowedder/Bergmann* in Rowedder/Schmidt-Leithoff, GmbHG, § 34 Rn. 97, 124; *Lutter* in Lutter/Hommelhoff, GmbHG, § 34 Rn. 63; *Esch* GmbHR 1981, 25, 27; *Ganßmüller* GmbHR 1956, 149 f.

1183 S. dazu oben I. 3. a) aa).

1184 OLG Düsseldorf NZG 2007, 278, 279; *Greitemann* in Saenger/Inhester, Anh. § 34 Rn. 18; *Winter/Seibt* in Scholz, GmbHG, Anh. § 34 Rn. 46; *Kort* in MünchHdbGesR III, § 29 Rn. 49.

1185 BGHZ 9, 157, 176 = NJW 1953, 780.

Zahlung der Abfindung, fort.[1186] Das Fortbestehen der Gewinnbeteiligung wird damit begründet, dass der Abzufindende der Gesellschaft seinen Vermögensanteil weiterhin als risikotragendes Kapital zur Verfügung stellen und seine vermögensrechtlichen Pflichten gegenüber der GmbH weiter erfüllen müsse. Insbesondere müsse er die in der Schwebephase fällig werdenden Einlageraten leisten und nach §§ 24, 31 Abs. 3 GmbHG haften.[1187]

Gegen eine Verzinsung der Abfindung entsprechend den allgemeinen Regeln (§§ 288, 286 BGB) wird eingewendet, es sei einerseits nicht einzusehen, weshalb sich der Gesellschafter mit einem festen Zinssatz begnügen müssen soll, wenn die Rendite seines Anteils höher liegt. Andererseits sei ebenso wenig einzusehen, wieso die Gesellschaft einen Zinssatz bezahlen müsse, den sie in dieser Höhe nicht erwirtschaften kann.[1188]

In diesem Zusammenhang stellt sich erneut die von *Altmeppen* aufgeworfene Frage, ob sich der Anspruch auf Gewinnbeteiligung bereits vor dem Ausscheiden verselbständigt haben muss und wie zu verfahren ist, wenn die Ausschließenden die Unternehmensgewinne nicht ausschütten, sondern thesaurieren.[1189] Zur Einziehung von Geschäftsanteilen gem. § 34 GmbHG hat der BGH nämlich im Urteil vom 14.9.1998[1190] entschieden, dass sämtliche mit dem Geschäftsanteil verbundenen Mitgliedschaftsrechte mit Wirksamwerden der Einziehung untergehen, mit Ausnahme derer, die sich zum Zeitpunkt des Wirksamwerdens der Maßnahme bereits zu einem Forderungsrecht verselbständigt haben.

bb) Der Wegfall der konkreten Gewinnbeteiligung

Die Gegenauffassung lehnt eine konkrete Gewinnbeteiligung trotz fortbestehender Mitgliedschaft ab. Dem Wegfall der konkreten Gewinnbeteiligung liegen zwei unterschiedliche Begründungsansätze zu Grunde. Im Folgenden werden zunächst die zwei Ansätze, und im Anschluss daran die an die Stelle der Gewinnbeteiligung tretenden Ausgleichsansprüche dargestellt.

1186 *Lutter* in Lutter/Hommelhoff, GmbHG, § 34 Rn. 64 mit 48; *Wolany*, S. 151; *Balz*, S. 67, 75 f; *Gehrlein*, Rn. 255; *Winter/Seibt* in Scholz, GmbHG, Anh. § 34 Rn. 44, 46, vgl. aber auch *Westermann* in Scholz, GmbHG, § 34 Rn. 60: im Falle des Bedingungseintritts sei die Gewinnverteilung zu korrigieren.

1187 *Winter/Seibt* in Scholz, GmbHG, Anh. § 34 Rn. 46.

1188 *Balz*, S. 75.

1189 S. dazu bereits ausführlich oben II. 2. a) aa) und bb).

1190 BGHZ 139, 299, 302 f = NJW 1998, 3646.

aaa) Das Ruhen der fortbestehenden Mitgliedschaftsrechte

Die wohl überwiegende Auffassung geht zwar davon aus, dass die Mitgliedschaftsrechte – das Gewinnrecht eingeschlossen – bis zum Bedingungseintritt grundsätzlich fortbestehen.[1191] Von der Rechtskraft des Urteils an sollen die Gesellschafterrechte allerdings generell ruhen bzw. suspendiert sein. Auch für die Vermögensrechte soll nichts anderes gelten.[1192]

Esch führt dazu aus, es sei *„bei der Abwägung der beiderseitigen Interessen kein vernünftiger Grund zu ersehen, aus dem dem rechtskräftig aus wichtigem Grund ausgeschlossenen Gesellschafter in der Zwischenzeit ... noch ein Gewinnanteil verbleiben soll.“*[1193] Die aufschiebende Bedingung habe ausschließlich den Sinn, den Gesellschafter hinsichtlich der zu zahlenden Abfindung abzusichern. Es sei hingegen nicht Sinn der Bedingungskonstruktion, dem Abzufindenden eine vollständige Gesellschafterposition zu erhalten.[1194] Auch der Umstand, dass der Abzufindende der Gesellschaft weiterhin seinen Vermögensanteil als risikotragendes Kapital zur Nutzung überlässt, soll daran nichts ändern. Schließlich stehe diesem dafür der Abfindungsanspruch zu.[1195]

Auch praktische Gründe sollen „durchschlagend“ für das Ruhen der konkreten Gewinnbeteiligung sprechen. Anderenfalls sei nämlich eine erneute Zwischenbilanzierung nötig. Es sei *„unpraktisch und töricht, zusätzlichen Streit über die Höhe eines Gewinnanspruchs zu provozieren“*.[1196]

Ergänzend wird noch auf § 208 Abs. 1 RegE von 1971/73[1197] hingewiesen.[1198] Dieser sah vor, dass dem Auszuschließenden ab Rechtskraft des stattgebenden Urteils keine Rechte aus dem Geschäftsanteil mehr zustehen sollten.

bbb) Der Wegfall der konkreten Gewinnbeteiligung mit Klageerhebung

Diejenigen Autoren, die dem Auszuschließenden einen Anspruch auf ertragsunabhängige Verzinsung oder – wie hier – auf Aufzinsung der Abfindung zugestehen, gehen davon aus, dass mit dem Bewertungsstichtag der Anspruch auf Beteiligung an den konkreten Gewinnen entfällt.[1199] Die Besonderheit, dass das

---

1191 Vgl. dazu die Nachweise in Fn. 1034, 1047 und 1048.

1192 *Sosnitza* in Michalski, GmbHG, Anh. § 34 Rn. 38; *Soufleros*, S. 104; *Greitemann* in Saenger/Inhester, GmbHG, Anh. § 34 Rn. 18; *Esch* GmbHR 1981, 25, 27; *Tschernig* GmbHR 1999, 691, 697 f; *Fleischer* in Henssler/Strohn, GmbHG, § 34 Rn. 22; *Peetz* GmbHR 2000, 749, 753 liSp.

1193 *Esch* GmbHR 1981, 25, 27 liSp.

1194 *Tschernig* GmbHR 1999, 691, 697 reSp.

1195 So *Sosnitza* in Michalski, GmbHG, Anh. § 34 Rn. 38.

1196 *Esch* GmbHR 1981, 25, 27; s. auch *Tschernig* GmbHR 1999, 691, 697 f.

1197 Abgedruckt in Fn. 1053.

1198 *Esch* GmbHR 1981, 25, 27 liSp.

1199 S. dazu die Nachweise oben II. 2. b) cc) und dd).

Ausschlussurteil unter einer aufschiebenden Bedingung ergeht, soll daran nichts ändern.

ccc) Die Kompensation für den Wegfall der Gewinnbeteiligung

(1) Die ertragsunabhängige Verzinsung der Abfindung

Sofern das Ausschlussurteil aufschiebend bedingt ergeht, wird für die Phase zwischen der Rechtskraft des Urteils und der Abfindungszahlung eine (automatische) Verzinsung der Abfindung überwiegend für zwingend erforderlich gehalten.

Dem Teil der Lehre zufolge, der vom Wegfall der Gewinnbeteiligung zum Bewertungsstichtag ausgeht, soll die Abfindung während des gesamten Zeitraums zwischen Klageerhebung und Bedingungseintritt – in Analogie zu §§ 353, 352 HGB – mit 5 % ertragsunabhängig zu verzinsen sein.[1200] Aber auch ein Teil der Autoren, die davon ausgehen, dass der Anspruch auf Gewinnbeteiligung bis zur Rechtskraft des Ausschlussurteils fortbestehen bleibt und erst mit Rechtskraft des Ausschlussurteils entfällt, halten eine Verzinsung ab Rechtskraft des Urteils für zwingend erforderlich.[1201] Es liege in der Konsequenz der Suspendierung der Mitgliedschaftsrechte und der Versagung des Gewinnrechts, dass an die Stelle der Gewinnbeteiligung eine ertragsunabhängige Verzinsung treten müsse.[1202] Der Abzufindende soll nicht gezwungen sein, der Gesellschaft sein Kapital unentgeltlich zur Verfügung zu stellen. Würde die Abfindung nicht verzinst, so bestünde im Übrigen die Gefahr, dass die ausschließenden Gesellschafter den Prozess verzögern.[1203]

(2) Die Aufzinsung der Abfindung

Altmeppen zufolge ergeht das Ausschlussurteil grundsätzlich unbedingt. Das Problem einer fortbestehenden Schwebelage stellt sich dann nicht. Folgt man allerdings der Bedingungslehre bzw. ergeht das Ausschlussurteil ausnahmsweise aufschiebend bedingt, so soll für die Phase bis zum Eintritt der Bedingung nichts anderes gelten als für die Schwebephase bis zur Rechtskraft des Ausschlussurteils. Der abzufindende Gesellschafter behält seine Gesellschafterstellung bis zum Bedingungseintritt bei. Somit bleibt auch der abstrakte Anspruch

---

1200 *Strohn* in MünchKommGmbHG, § 34 Rn. 220; *Rowedder/Bergmann* in Rowedder/Schmidt-Leithoff, GmbHG, § 34, Rn. 106; *Kort* in MünchHdbGesR III, § 29 Rn. 47 mit § 28 Rn. 19; *Ganßmüller* GmbHR 1956, 145, 149 f mit Fn. 49; offen gelassen von OLG Köln NZG 1999, 1222, 1228.

1201 So insbes. *Soufleros*, S. 104.

1202 *Soufleros*, S. 104.

1203 *Rowedder/Bergmann* in Rowedder/Schmidt-Leithoff, GmbHG, § 34 Rn. 106.

auf Gewinnbeteiligung gem. § 101 Nr. 2 HS. 2 BGB bestehen. Die Abfindung sei dementsprechend auf den Stichtag des Ausscheidens (den Bedingungseintritt) aufzuzinsen.[1204]

b) Stellungnahme zu 2.

Der Abzufindende darf jedenfalls nicht dazu verpflichtet sein, der Gesellschaft sein Kapital bis zur Auszahlung entschädigungslos zu überlassen. Die verfassungsrechtlich gebotene wirtschaftlich volle Entschädigung (Art. 14 GG) gebietet es, dem Auszuschließenden ein Ausscheiden ohne wirtschaftlichen Nachteil zu ermöglichen.[1205] Über den Verlust seiner Mitgliedschaft hinaus darf er keinen weiteren wirtschaftlichen Schaden nehmen, denn die Ausschließung aus wichtigem Grund hat keinen Strafcharakter[1206].[1207] Aus der Zahlungsverzögerung darf dem Auszuschließenden demnach kein Nachteil erwachsen, zumal die Abfindung in Raten gerade im Gesellschaftsinteresse liegt und letztere das Kapital weiterhin zur Gewinnerzielung einsetzt. Aber auch mit dem Zweck der Bedingungskonstruktion, die den Abzufindenden schützen soll, erscheint es schwer vereinbar, dem Auszuschließenden einen entsprechenden Ausgleich zu versagen.

Die Abfindung selbst entschädigt den Auszuschließenden noch nicht adäquat für die Vorenthaltung seines Kapitals. Die Bewertungskalküle gehen von einer sofortigen Auszahlung der Abfindung zum Bewertungsstichtag aus und lassen Zahlungsverzögerungen unberücksichtigt. Die Abfindung ist deshalb lediglich Gegenwert für den Geschäftsanteil zum Bewertungsstichtag, nicht hingegen für zahlungsverzögerungsbedingte Schäden.[1208]

Die Phase zwischen Rechtskraft des Ausschlussurteils und Bedingungseintritt entspricht im Wesentlichen derjenigen zwischen Klageerhebung und Rechtskraft des Ausschlussurteils. Im Ausgangspunkt ist auch hier völlig anerkannt, dass die Gesellschafterstellung und, daran anknüpfend, das (abstrakte) Gewinnbezugsrecht gem. § 101 Nr. 2 HS. 2 BGB grundsätzlich bis zum Bedingungseintritt bestehen bleiben. Eine Beteiligung des Auszuschließenden an den konkreten Gewinnen der Gesellschaft ist aber weder mit dem Sinn und Zweck des analog herangezogenen § 140 Abs. 2 HGB vereinbar, noch geeignet, einen angemessenen Ausgleich zwischen den ausschließenden und dem ausscheidenden Gesellschafter herbeizuführen.[1209] Die Entschädigung für die Kapitalüberlassung hat sich demnach nach dem abstrakten bzw. pauschalisierten Nutzungswert

1204 *Altmeppen* in Roth/Altmeppen, GmbHG, § 34 Rn. 79.
1205 Zu den verfassungsrechtlichen Anforderungen an die Abfindung s. oben 2. Teil II.
1206 So die **einhM**, s. dazu die Nachweise oben Fn. 150.
1207 **Ebenso:** *Soufleros*, S. 98.
1208 Zur Einpreisung s. oben II. 2. b) bb) und 3. c).
1209 S. dazu näher oben II. 3. a).

der Beteiligung zu bestimmen. Eine ertragsunabhängige Verzinsung der ausstehenden Abfindungsraten mit 5 %, wie sie von der wohl herrschenden Auffassung angenommen wird, erscheint zwar im Ergebnis noch angemessen. Ihr stehen aber dieselben Bedenken entgegen wie in der Phase zwischen Klageerhebung und Rechtskraft des Ausschlussurteils.[1210] Zwar entsteht der Abfindungsanspruch trotz Verzögerung des Ausscheidens durch die aufschiebende Bedingung bereits mit Rechtskraft des Urteils. Die analoge Anwendung der für beiderseitige Handelsgeschäfte konzipierten Norm vermag aber nicht zu überzeugen. Auch erscheint der Zinssatz von 5 % zu starr und nicht geeignet, der konkreten Konjunktur- und Unternehmenslage im Einzelfall gerecht zu werden.

Überzeugender erscheint es, den Auszuschließenden – wie in der Phase zwischen Klageerhebung und Rechtskraft – durch Aufzinsung der Abfindung mit dem modifizierten[1211] Kapitalisierungszinssatz auf den Tag der Auszahlung zu entschädigen. Denn aus unternehmensbewertungstheoretischer Sicht wird der abstrakte Nutzungswert einer Beteiligung im Rahmen der Abzinsung durch den Kapitalisierungszinssatz ausgedrückt.[1212]

Für die Phase zwischen Rechtskraft des Ausschlussurteils und Bedingungseintritt stellt sich dann ein Sonderproblem, wenn die Abfindung – wie üblich – in Raten beglichen wird. Der Abzufindende stellt dann sein Kapital nur noch in Höhe der noch ausstehenden Raten zur Verfügung. Soweit der Abzufindende bereits befriedigt worden ist, entsteht ihm insoweit kein wirtschaftlicher Nachteil, denn mit Auszahlung hat er die Möglichkeit, sein Kapital zu reinvestieren. Auszugleichen ist daher ausschließlich der aus der Vorenthaltung des Kapitals entstehende Zinsnachteil. Dementsprechend sind vom Tag der Rechtskraft des Ausschlussurteils an ausschließlich die noch ausstehenden Raten auf den Tag der Auszahlung aufzuzinsen.

IV. Die Behandlung von Dividendenzahlungen nach dem Bewertungsstichtag

Wie oben dargelegt, darf der Auszuschließende ab dem Stichtag der Klageerhebung an der konkreten Konjunktur- und Unternehmensentwicklung nicht mehr über sein Gewinnrecht teilnehmen. Dies gilt aber nur vorbehaltlich des Erfolges der Ausschlussklage im Rahmen der Auseinandersetzung. Bis zur Rechtskraft des Urteils bleibt der Auszuschließende dividendenberechtigt. Es kann deshalb

1210 Zu den Schwächen der ertragsunabhängigen Verzinsung s. oben II. 3. d).

1211 Zur Bemessung des Aufzinsungsfaktors entsprechend der veränderten Risikolage nach dem Bewertungsstichtag s. oben II. 4. a).

1212 S. dazu ausführlich oben II. 3. e).

vorkommen, dass nach dem Bewertungsstichtag noch Dividende an den Auszuschließenden ausgeschüttet wird. In diesen Fällen konkurriert die konkrete Nutzung mit der Aufzinsung, d.h. der abstrakten Nutzung pro rata temporis. Wie in diesen Fällen zu verfahren ist, wird zum Ausschluss aus der GmbH nur vereinzelt diskutiert. Die Rechtslage entspricht derjenigen beim Minderheitsausschluss aus der AG. Auf die ausführlichen Ausführungen dazu sei an dieser Stelle verwiesen.[1213]

Es gilt nach dem Zeitpunkt der Verselbständigung und dem Zeitraum mit dem die Zahlung korrespondiert zu differenzieren.

Zahlungen auf einen vor dem Stichtag der Klageerhebung bereits verselbständigten Dividendenanspruch darf der Ausgeschlossene behalten.

Die (zeitanteilig) auf Geschäftsjahre vor dem Bewertungsstichtag entfallenden, aber sich erst nach diesem Stichtag verselbständigenden konkreten Dividendenansprüche fließen über die Ertragswertermittlung bereits in prognostizierter Form in die Abfindung ein.[1214] Um zu vermeiden, dass der Abzufindende an derselben Dividende doppelt partizipiert, sind diese auf die abstrakte Nutzung und die Abfindung anzurechnen.

Hinsichtlich der (zeitanteilig) auf den Zeitraum nach dem Bewertungsstichtag entfallenden Dividendenleistungen gilt, wie schon *Altmeppen* festgestellt hat, dass zur abstrakten Nutzung die konkrete Nutzung nicht hinzutreten darf. Die konkrete Nutzung ist deshalb auf die abstrakte Nutzung anzurechnen.[1215] Dabei ist zu Gunsten der Gesellschaft zu berücksichtigen, dass die Dividendenzahlungen dem Auszuschließenden schon mit der Ausschüttung zugeflossen sind. Die Dividendenzahlungen sind deshalb vor der Verrechnung vom Zeitpunkt der Auszahlung bis zum Stichtag des Ausscheidens aufzuzinsen.[1216] Bleibt die konkrete Nutzung der Schwebephase hinter der abstrakten zurück, so steht dem Abzufindenden zusätzlich zur ausgeschütteten Dividende der fehlende Differenzbetrag zu, denn im Ergebnis muss der Abzufindende den abstrakten Nutzungswert erhalten. Soweit die aufgezinsten Dividendenzahlungen hingegen den im Aufzinsungsbetrag verkörperten abstrakten Nutzungswert übersteigen, ist der Überschuss auf die Abfindung anzurechnen.[1217]

V. Das Scheitern der Ausschlussmaßnahme

Zu klären gilt es abschließend noch die Konstellationen, in denen die Ausschlussmaßnahme im Ergebnis scheitert. Der Ausschluss aus der GmbH schei-

1213 S. dazu ausführlich unten 5. Teil V.
1214 S. dazu näher oben 2. Teil VII. 1. c) cc).
1215 *Altmeppen* in FS Roth, S. 1, 10; zuvor schon *ders.* ZIP 2010, 1773, 1780 reSp.
1216 S. dazu näher unten 5. Teil V. 3. a) und c).
1217 S. dazu näher unten 5. Teil V. 3. a) und c).

tert entweder dann, wenn das mit dem Ausschluss befasste Gericht das Vorliegen der Ausschlussvoraussetzungen verneint oder das Urteil unter der aufschiebenden Bedingung fristgerechter und vollständiger Abfindungszahlung ergeht, die Bedingung aber nicht eintritt.

Die erste Konstellation ist unproblematisch, denn bis zur rechtskräftigen Entscheidung über den Ausschluss behält der Ausgeschlossene seine Gewinnberechtigung und nimmt an den Ausschüttungen teil.

Schwieriger ist die Lage dann, wenn der Ausschluss am fehlenden Bedingungseintritt scheitert. Wurde bereits ein Teil der Abfindung an den Gesellschafter ausbezahlt, so ist dieser an die Gesellschaft zurückzuzahlen. Geht man mit der wohl herrschenden Meinung im Schrifttum davon aus, dass in der Phase zwischen der Rechtskraft des Urteils und der Abfindungszahlung alle Rechte einschließlich des Gewinnrechts suspendiert sind,[1218] hat der Abzufindende für die Phase bis zur Zahlung keine „Verzinsung" seines Kapitals in Form von Dividendenzahlungen erhalten. Der Gesellschafter wäre dann rückwirkend am ausgeschütteten Gewinn zu beteiligen.[1219]

Mit der beachtlichen Mindermeinung wird man jedoch davon ausgehen müssen, dass nur die nichtvermögensrechtlichen Gesellschafterrechte suspendiert sind.[1220] Das Ruhen der Mitverwaltungsrechte lässt sich damit rechtfertigen, dass für die verbleibenden Gesellschafter nach der rechtskräftigen Feststellung des Vorliegens eines wichtigen Grundes eine Einmischung des Ausgeschlossenen in die Geschicke der Gesellschaft nicht mehr zumutbar ist. Dem Auszuschließenden sein Kapital zinslos vorzuenthalten, lässt sich mit dieser Argumentation hingegen nicht rechtfertigen. Auch der aus praktischer Sicht erhobene Einwand, es sei eine zusätzliche Zwischenbilanzierung erforderlich,[1221] steht nach der hier vertretenen Auffassung nicht entgegen. Der Abzufindende darf ausschließlich die abstrakte Nutzung pro rata temporis erhalten. Eine Zwischenbilanzierung ist für die Ermittlung des abstrakten Nutzungswertes durch Aufzinsung der Abfindung nicht erforderlich. Der Auszuschließende nimmt deshalb bis zum Scheitern des Bedingungseintritts weiterhin an den Gewinnen teil.

VI. Zusammenfassung der Ergebnisse zum 4. Teil

1. Sofern die Ausschlussmaßnahme Erfolg hat, darf der Auszuschließende an den konkreten Gewinnen der Gesellschaft nicht mehr partizipieren. Der Abzu-

1218 S. dazu oben III. 2. a) bb) aaa).
1219 Vgl. *Peetz* GmbHR 2000, 749, 753 reSp.
1220 S. dazu die Nachweise oben Fn. 1186.
1221 S. dazu oben III. 2. a) bb) aaa).

findende ist rückwirkend so zu stellen, als wäre er bereits zum Stichtag der Klageerhebung ausgeschieden. Dies ist zwingende Konsequenz der Analogie zu § 140 Abs. 2 HGB, die die Auseinandersetzung gerade von der konkreten Konjunktur- und Unternehmensentwicklung nach dem Bewertungsstichtag unabhängig machen soll. Die bloße Vorverlagerung des Bewertungsstichtags bei fortbestehender konkreter Gewinnbeteiligung ist nicht geeignet dieses Ziel zu erreichen. Nach dem Übergang des Volatilitätsrisikos auf die ausschließenden Gesellschafter lässt sich eine Beteiligung an den Unternehmensgewinnen als „Risikovergütung" nicht mehr rechtfertigen. Ob der Auszuschließende für die Kapitalüberlassung während der Schwebephase angemessen entschädigt wird, würde außerdem vom zufälligen Zeitpunkt der Verselbständigung des jährlichen Dividendenanspruchs und vom zufälligen Ausschüttungsverhalten der Gesellschaft abhängen.

2. Für die Zahlungsverzögerung zwischen Klageerhebung und Rechtskraft des Ausschlussurteils ist der Auszuschließende dadurch zu entschädigen, dass die Abfindung vom Bewertungsstichtag auf den Tag des Ausscheidens aufzuzinsen ist.

Der Aufzinsungsfaktor bemisst sich nach dem unternehmensspezifischen und stichtagsbezogenen Kapitalisierungszinssatz, den es entsprechend der veränderten Risikolage nach dem Auseinandersetzungsstichtag zu modifizieren gilt. Zinsmindernd wirkt sich aus, dass der Auszuschließende durch die Vorverlagerung des Bewertungsstichtages auf den Tag der Klageerhebung das Volatilitätsrisiko nicht mehr trägt. Das Ausfallrisiko hingegen trägt der Auszuschließende – anders als in der Parallelkonstellation bei Ausschluss aus einer oHG – weiterhin unvermindert. Die Abfindung ist deshalb mit dem für die Unternehmensbewertung geltenden Basiszinssatz, der um einen dem Ausfallrisiko der GmbH entsprechenden Risikozuschlag zu erhöhen ist, aufzuzinsen.

3. Hinsichtlich der Phase zwischen Rechtskraft des Ausschlussurteils und vollständiger Zahlung der Abfindung gilt es danach zu differenzieren, ob das Urteil im Einzelfall unter der aufschiebenden Bedingung vollständiger Abfindungszahlung ergeht. Nach vorzugswürdiger Ansicht ergeht das Ausschlussurteil nur dann aufschiebend bedingt, wenn der Beklagte dies im Prozess beantragt.

Ergeht das Ausschlussurteil unbedingt, so ist der Abzufindende für Zahlungsverzögerungen in dieser Phase dadurch zu entschädigen, dass die Abfindung unmittelbar mit dem Wirksamwerden der Maßnahme in Gesamtanalogie zu §§ 305 Abs. 3 S. 3 HS. 1, 320 b Abs. 1 S. 6 HS. 1 und 327 b Abs. 2 HS. 1 AktG und § 15 Abs. 2 S. 1 UmwG automatisch mit 5 Prozentpunkten über dem Basiszinssatz des § 247 BGB zu verzinsen ist.

Ergeht das Ausschlussurteil hingegen unter der aufschiebenden Bedingung der vollständigen Abfindungszahlung, so ist der auszuschließende Gesellschafter dadurch zu entschädigen, dass die Abfindung in Höhe der noch ausstehenden Raten vom Stichtag der Rechtskraft des Ausschlussurteils auf den Stichtag des Ausscheidens – dem Eintritt der aufschiebenden Bedingung – aufzuzinsen ist. Aufzinsungsfaktor ist auch hier der um einen dem Ausfallrisiko der GmbH entsprechenden Risikozuschlag erhöhte Basiszinssatz.

4. Nur für die Auseinandersetzung ist der Ausgeschlossene rückwirkend so zu stellen, als ob er bereits zum Zeitpunkt der Klageerhebung aus der Gesellschaft ausgeschieden wäre. Bis zum Ausscheiden aus der Gesellschaft hingegen bleibt das Gewinnrecht bestehen. Werden nach dem Stichtag der Klageerhebung noch Gewinne ausgeschüttet, so sind diese mit dem für die Aufzinsung der Abfindung maßgeblichen Zinssatz aufzuzinsen und mit der abstrakten Nutzung (dem Aufzinsungsbetrag) zu verrechnen. Der Differenzbetrag ist dem Abzufindenden auszubezahlen. Übersteigt die konkrete Nutzung die abstrakte, so ist der Überschuss auf die Abfindung anzurechnen.

5. Teil Der Minderheitsausschluss aus der AG

Die nachfolgende Untersuchung beschränkt sich ausschließlich auf den in §§ 327 a ff AktG gesetzlich geregelten Ausschluss von Minderheitsaktionären, der in Anlehnung an seine angloamerikanischen Wurzeln ganz überwiegend als „Squeeze-Out“ bezeichnet wird.[1222] Die §§ 327 a ff AktG ermöglichen es einem mit 95 % beteiligten Aktionär, dem sog. Hauptaktionär (§ 327 a Abs. 1 S. 1 AktG), die übrigen Aktionäre, die sog. Minderheitsaktionäre (§ 327 a Abs. 1 S. 1 AktG), gegen Zahlung einer angemessenen Barabfindung aus der Aktiengesellschaft auszuschließen. Eine Besonderheit des aktienrechtlichen Ausschlussverfahrens ist seine Anlassunabhängigkeit. Einziges Erfordernis ist eine Kapitalmehrheit von mindestens 95 % des Grundkapitals. Eines wichtigen Grundes bedarf es – im Gegensatz zum Ausschluss aus den Personengesellschaften sowie der GmbH – nicht. Die wiederholt angezweifelte Verfassungsmäßigkeit der §§ 327 a ff AktG gilt mittlerweile als geklärt.[1223]

Ob und unter welchen konkreten Voraussetzungen darüber hinaus die Möglichkeit besteht, einen Aktionär aus wichtigem Grund aus einer AG auszuschließen, ist gesetzlich nicht geregelt und noch weitgehend ungeklärt. Die grundsätzliche Zulässigkeit ist mittlerweile (wohl) anerkannt.[1224] Aufgrund der extrem geringen praktischen Relevanz sei insofern auf die Ausführungen zu oHG und GmbH verwiesen.

I. Die Phasen beim Minderheitsausschluss aus der AG

Das in dieser Arbeit zu untersuchende Hauptproblem der Zahlungsverzögerung während der Schwebephase zwischen interner Entscheidung über den Ausschluss und Ausscheiden aus der Gesellschaft stellt sich stets dann, wenn der Bewertungsstichtag, auf den die Abfindung zu ermitteln ist, auf den Stichtag der Entscheidung über den Ausschluss vorverlagert ist.[1225]

Mit der Beschlussfassung der Gesellschafterversammlung über den Ausschluss der Minderheitsaktionäre gem. § 327 a Abs. 1 S. 1 AktG scheiden diese noch nicht aus der Gesellschaft aus. Erst nachdem die formellen und materiellen Voraussetzungen für den Ausschluss vom Registergericht überprüft worden sind und der Ausschlussbeschluss ins Handelsregister eingetragen wird, gehen die

1222 S. *Grzimek* in Geibel/Süßmann, WpÜG, § 327 a Rn. 1; zu Recht **kritisch** hinsichtlich der Bezeichnung: *Hanau* NZG 2002, 1040, 1041 liSp.

1223 S. BVerfG NZG 2007, 587 ff; s. dazu statt aller *Grunewald* in MünchKommAktG, Vor. § 327 a Rn. 7.

1224 *Grunewald* in MünchKommAktG, Vor. § 327 a Rn. 13; *Singhof* in Spindler/Stilz, AktG, § 327 a Rn. 8; *Becker* ZGR 1986, 383 ff.

1225 S. dazu die Einleitung oben 1. Teil I. 1.

Aktien der Minderheitsaktionäre auf den Hauptgesellschafter über (§ 327 e Abs. 3 S. 1 AktG).[1226] Bis dahin ist unsicher, ob die Minderheitsaktionäre tatsächlich aus der Gesellschaft ausscheiden. Die Gesellschafterstellung ist mithin noch in der Schwebe.[1227] Den maßgeblichen Bewertungsstichtag für die Auseinandersetzung gibt § 327 b Abs. 1 S. 1 HS. 2 AktG vor, welcher bestimmt, dass für die Höhe der Abfindung die Verhältnisse der Gesellschaft zum Zeitpunkt der Beschlussfassung zu berücksichtigen sind.[1228] Der Stichtag für die Bewertung der Aktien der Minderheitsaktionäre ist dem Stichtag des Ausscheidens aus der Gesellschaft damit vorgelagert.

Im Idealfall liegt zwischen dem Ausschlussbeschluss und der Eintragung nur ein vernachlässigbar geringer Zeitraum von ca. einem Monat.[1229] Die Eintragung kann sich allerdings aus verschiedenen Gründen erheblich verzögern. Zwischen der Beschlussfassung und dem Ausscheiden aus der Gesellschaft können – dies zeigt die Praxis – mehrere Monate und unter Umständen sogar mehrere Jahre liegen.[1230]

Häufig wird die Eintragung durch Beschlussanfechtungs- und Nichtigkeitsklagen verzögert.[1231] Wird eine Anfechtungs- oder Nichtigkeitsklage gegen den Beschluss erhoben, so darf das Registergericht den Übertragungsbeschluss grundsätzlich nicht eintragen (sog. Registersperre), sofern nicht im sog. Freigabeverfahren durch gerichtlichen Beschluss festgestellt wird, dass die Klage dem Beschluss nicht entgegensteht. Daraus wird allgemein gefolgert, dass die Eintragung jedenfalls nicht vor dem Ablauf der einmonatigen Anfechtungsfrist (§ 246 Abs. 1 AktG) erfolgen darf.[1232] Gem. §§ 327 e Abs. 2, 319 Abs. 5 AktG muss der Vorstand versichern, dass Klage gegen die Wirksamkeit des Beschlusses nicht oder nicht rechtzeitig erhoben bzw. rechtskräftig abgewiesen oder zurückgezogen worden ist (sog. Negativattest). Die im sog. Spruchstellenverfahren zu überprüfende Angemessenheit der Barabfindung (§ 327 f AktG) bewirkt hingegen keine Registersperre[1233] und vermag die Eintragung und das Wirksamwerden der Maßnahme nicht zu verzögern.

Mit dem Wirksamwerden der Ausschlussmaßnahme zum Zeitpunkt der Eintragung des Übertragungsbeschlusses erhalten die Minderheitsaktionäre ihre

---

1226 S. statt aller *Grunewald* in MünchKommAktG, § 327 e Rn. 10.

1227 Vgl. *Gesmann-Nuissl* WuB 2006, 385, 386 reSp.

1228 *Hüffer*, AktG, § 327 b Rn. 4; *Austmann* in MünchHdbGesR IV, § 74 Rn. 87.

1229 *Bungert/Janson* in FS Schneider, S. 159, 175; s. auch BGH NZG 2011, 701, 704 Tz. 29 = ZIP 2011, 1097 – „Wella AG".

1230 S. z.B.: BGH NZG 2011, 701, 701 = ZIP 2011, 1097 – „Wella AG": 13./14.12.2005–12.11.2007 (ca. 23 Monate); OLG Köln ZIP 2010, 519, 520 liSp – „Bayer Schering AG": 17.1.2007–25.9.2008 (ca. 21 Monate); OLG Frankfurt a.M. AG 2010, 408: 1.6.2009–31.3.2010 (ca. 10 Monate).

1231 Vgl. OLG Stuttgart ZIP 2006, 27, 30.

1232 *Austmann* in MünchHdbGesR IV, § 74 Rn. 77.

1233 *Singhof* in Spindler/Stilz, AktG, § 327 f Rn. 1.

Barabfindung nicht zwingend unmittelbar und vollständig ausbezahlt. Die vollständige Auszahlung der Abfindung wird häufig durch langwierige Spruchverfahren verzögert, in denen über die Höhe der Barabfindung gestritten wird. Es folgt die Phase der Auseinandersetzung mit den ausgeschlossenen Minderheitsaktionären. Verzinslich wird die Barabfindung kraft ausdrücklicher gesetzlicher Anordnung gem. § 327 b Abs. 2 HS. 1 AktG allerdings erst mit der Bekanntmachung der Eintragung. Dazwischen, in der Phase zwischen Eintragung des Ausschlussbeschlusses (dem Ausscheiden) und der Bekanntmachung derselben im Handelsregister, ist die Abfindung nicht verzinslich.

Ausschluss und Auseinandersetzung mit den Minderheitsaktionären vollziehen sich demnach beim aktienrechtlichen Minderheitsausschluss gedanklich in drei Phasen, für die unterschiedliche Regeln gelten und die deshalb im Folgenden getrennt zu erörtern sind: Der Schwebephase zwischen Beschlussfassung und Eintragung derselben (dem Ausscheiden), der Phase zwischen dem Ausscheiden aus der Gesellschaft und der Bekanntmachung der Eintragung (dem Verzinsungsbeginn) und der Phase zwischen der Bekanntmachung und der Zahlung der Abfindung. Siehe dazu die erläuternde Darstellung der Phasen beim Minderheitsausschluss aus der AG in Abbildung Nr. 6.

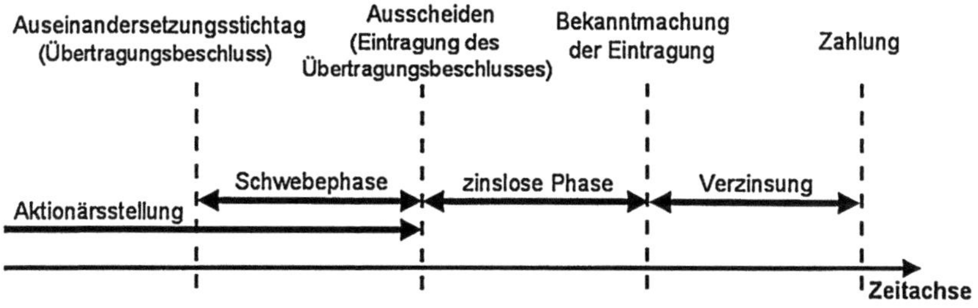

Abb. Nr. 6: Die Phasen bei Ausschluss aus einer AG

II. Die Schwebephase zwischen Beschlussfassung und Eintragung

Für den Verlust der Aktien werden die Minderheitsaktionäre durch die auf den Stichtag der Beschlussfassung über den Ausschluss ermittelte Barabfindung entschädigt. Die Bewertungskalküle zur Ermittlung des Anteils- und Unternehmenswertes gehen fiktiv davon aus, dass die Abfindung unmittelbar mit dem Bewertungsstichtag an die Stelle der Beteiligung tritt. Zahlungsverzögerungen werden für die Kalkulation ausgeblendet.[1234] Tatsächlich aber wird die an die Stelle der Aktienbeteiligung tretende Barabfindung frühestens mit dem Ausscheiden aus der Gesellschaft an die Minderheitsaktionäre ausbezahlt, denn bis dahin steht nicht fest, ob der Minderheitsausschluss Erfolg hat. Im Zeitraum zwischen dem Bewertungsstichtag und dem Ausscheiden bleibt das Kapital der auszuschließenden Aktionäre weiterhin in ihren Aktien gebunden. Das in den Aktien verkörperte Kapital setzt die Aktiengesellschaft weiterhin zur Gewinnerzielung ein. Ob und wie die Minderheitsaktionäre für die Nutzung ihres Kapitals während dieser Zeitspanne zu entschädigen sind, gilt es im Folgenden zu klären. Die nachfolgenden Ausführungen stehen dabei unter der Prämisse, dass der Minderheitsausschluss Erfolg hat. Zum Scheitern der Ausschlussmaßnahme siehe unten VI.

1. Die gesetzliche Ausgangslage

Gesetzlich ist für die Phase zwischen Bewertungsstichtag und Ausscheiden kein entsprechender Ausgleich vorgesehen.

Nach allgemeinen Regeln wird die Barabfindung gem. §§ 288, 286 BGB erst mit Mahnung nach Anspruchsentstehung und Fälligkeit verzinslich.[1235] Der Abfindungsanspruch entsteht erst mit dem Verlust der Mitgliedschaftsrechte, d.h. mit der Eintragung des Ausschlussbeschlusses,[1236] und wird gem. § 271 BGB mit Entstehung sofort fällig.[1237] Vor dem Ausscheiden aus der Gesellschaft ist der Anspruch auf Abfindung keinesfalls verzinslich.[1238]

Für den Minderheitsausschluss aus der AG wird diese allgemeine Rechtslage durch § 327b Abs. 2 HS. 1 AktG modifiziert. Die Barabfindung ist kraft gesetzlicher Anordnung von der Bekanntgabe der Eintragung an automatisch zu verzinsen. Verzug (§ 286 BGB) ist nicht erforderlich. Da die gesetzliche Verzinsung gem. § 327 b Abs. 2 HS. 1 AktG allerdings erst mit der Bekanntmachung der Eintragung beginnt, betrifft sie ausschließlich die Phase zwischen der Bekanntmachung und der Abfindungszahlung.[1239] Für die an dieser Stelle zu untersuchende Schwebephase hingegen vermag diese Norm keinen angemessenen Ausgleich zu schaffen. Zwar besteht die Möglichkeit, über § 327 b Abs. 2 HS. 2

1234 S. dazu ausführlich oben 2. Teil VI. 3.

1235 S. dazu ausführlich oben 3. Teil II. 2.

1236 So die **einhM**, *Singhof* in Spindler/Stilz, AktG, § 327 e Rn. 9; s. auch BT-Drucks. 14/7034, S. 73 reSp.

1237 So die **h.M.**, s. *Grunewald* in MünchKommAktG, § 327 e Rn. 13; Austmann in MünchHdbGesR IV, § 74 Rn. 100 jew. m.w.N.

1238 **Ebenso:** *Meilicke* AG 2010, 561, 568 liSp.

1239 S. dazu unten III. und IV.

iVm §§ 280 Abs. 1, Abs. 2, 286 BGB einen weitergehenden Schaden geltend zu machen. Dieser setzt aber gleichfalls die Anspruchsentstehung voraus.

Damit ist als Zwischenergebnis festzuhalten, dass auch für den Minderheitsausschluss aus der AG für die Schwebephase zwischen der Beschlussfassung und dem Ausscheiden kein gesetzlicher Ausgleich für die Kapitalüberlassung vorgesehen ist. Alle Vorgänge, die die Eintragung und damit die Anspruchsentstehung hinausschieben, verzögern sukzessive auch den erst mit der Bekanntgabe der Eintragung automatisch eintretenden Zinslauf.

2. Der Meinungsstand zur Behandlung der Schwebephase

Der Meinungsstand hinsichtlich der Frage, ob und wie die Minderheitsaktionäre dafür zu entschädigen sind, dass sie der AG bis zu ihrem Ausscheiden das in ihren Aktien verkörperte Kapital zur Verfügung stellen müssen, ist äußerst komplex und verworren.

An dieser Stelle ist vorweg auf zwei Besonderheiten des aktienrechtlichen Ausschlussverfahrens hinzuweisen. In der Praxis recht häufig anzutreffen ist die Konstellation, dass Minderheitsaktionäre aus einer AG ausgeschlossen werden, für die bereits ein Beherrschungs- und Gewinnabführungsvertrag gem. §§ 291 ff AktG besteht.[1240] An die Stelle der Dividendenbeteiligung treten dann die (üblicherweise festen) Ausgleichszahlungen gem. § 304 Abs. 2 S. 1 AktG (sog. Dividendenersatzfunktion).[1241] Aufgrund der besonderen praktischen Relevanz dieser Fälle bezieht sich der überwiegende Teil der Ausführungen in Rechtsprechung und Lehre zur Behandlung der Schwebephase auf den Ausschluss aus der AG, für die ein Beherrschungs- und Gewinnabführungsvertrag besteht. Da die Ausgleichszahlungen die Dividendenzahlungen lediglich ersetzen, sind beide Konstellationen an sich gleich zu behandeln.

Gegenüber dem Ausschluss aus der oHG und der GmbH besteht außerdem die Besonderheit, dass sich der Anspruch auf Barabfindung nicht gegen die Gesellschaft, sondern gegen den, den Ausschluss betreibenden Hauptaktionär richtet. Zu unterscheiden gilt es deshalb zwischen Ansprüchen gegen den Hauptaktionär einerseits, und Ansprüchen gegen die AG bzw. – sofern ein Beherrschungs- und Gewinnabführungsvertrag besteht – den beherrschenden Vertragspartner andererseits.

1240 S. z.B.: BGH NZG 2011, 701, 701 = ZIP 2011, 1097 – „Wella AG"; OLG Köln ZIP 2010, 519 – „Bayer Schering AG"; OLG Frankfurt a.M. AG 2010, 408; OLG Hamburg NZG 2003, 978 – „Metropol/Volksfürsorge".

1241 *Krieger* in MünchHdbGesR IV, § 70 Rn. 82.

a) Einhelliger Ausgangspunkt: Das Fortbestehen der abstrakten Dividenden- bzw. Ausgleichsberechtigung

Alle vertretenen Auffassungen in Rechtsprechung und Schrifttum gehen im Ausgangspunkt übereinstimmend davon aus, dass die abstrakte Dividenden- bzw. Ausgleichsberechtigung im Sinne des Gewinnstammrechts im Zeitraum zwischen Beschlussfassung und Eintragung des Beschlusses fortbesteht.[1242] Erst mit Eintragung des Ausschlussbeschlusses gehen die Aktien der Minderheitsaktionäre gem. § 327 e Abs. 3 S. 1 AktG auf den Hauptaktionär über. Bis dahin behalten jene ihre Stellung als Aktieninhaber. Mit fortbestehender Anteilsinhaberschaft müsse auch der daran anknüpfende abstrakte Anspruch auf Dividenden- bzw. Ausgleichszahlung bestehen bleiben. § 101 Nr. 2 HS. 2 BGB setzte das Fortbestehen des abstrakten Fruchtziehungsrechts für die Dauer der Beteiligung stillschweigend voraus.[1243]

Wie lange das abstrakte Fruchtziehungsrecht in zeitlicher Hinsicht bestehen bleiben soll, wird hingegen uneinheitlich beantwortet. Die ganz überwiegende Meinung in Rechtsprechung und Lehre ist der Ansicht, dass der an die Aktieninhaberschaft anknüpfende Anspruch auf Dividenden- bzw. Ausgleichszahlung nur so lange bestehen bleiben kann, bis die Aktien nach § 327 e Abs. 3 S. 2 AktG auf den Hauptaktionär übergehen.[1244] *Koppensteiner* zufolge soll das abstrakte Recht auf Fruchtziehung hingegen bis zur Bekanntmachung der Eintragung des Übertragungsbeschlusses, d.h. bis zum Beginn des Zinslaufs, fortbestehen.[1245] *Austmann* geht sogar so weit, dass die Minderheitsaktionäre so lange fruchtziehungsberechtigt bleiben müssten, wie sie die Barabfindung noch nicht bezogen haben.[1246] Der Auszuschließende soll demnach für den gesamten Zeitraum zwischen Beschlussfassung und Abfindungszahlung abstrakt dividenden- bzw. ausgleichsberechtigt bleiben, was dazu führt, dass die abstrakte Nutzung

1242 **Vgl. aus der Literatur:** *Austmann* in MünchHdbGesR IV, § 74 Rn. 97; *Singhof* in Spindler/Stilz, AktG, § 327 b Rn. 4; *Schnorbus* in Schmidt/Lutter, AktG, § 327 b Rn. 7; *Koppensteiner* in KölnerKommAktG, § 327 b Rn. 7; *Habersack* in Emmerich/Habersack, Konzernrecht, § 327 b Rn. 9; *Gesmann-Nuissl* WuB 2006, 385, 386 reSp; *Bredow/Tribulowsky* NZG 2002, 841, 845; **vgl. aus der Rechtsprechung:** OLG Stuttgart ZIP 2006, 27, 30 reSp; OLG Hamburg NZG 2003, 539, 540 f – „Philips"; OLG Hamburg NZG 2003, 978, 979 reSp – „Metropol/Volksfürsorge"; OLG Düsseldorf ZIP 2004, 359 liSp; vgl. auch BT-Drucks. 14/7034, S. 73 reSp: „*Mit der Eintragung gehen wie bei der Minderheitseingliederung die Mitgliedschaftsrechte der Minderheitsaktionäre kraft Gesetzes auf den Hauptaktionär über.*".

1243 *Altmeppen* ZIP 2010, 1773, 1777 liSp.

1244 *Schnorbus* in Schmidt/Lutter, AktG, § 327 b Rn. 7.

1245 *Koppensteiner* in KölnerKommAktG, § 327 b Rn. 7.

1246 *Austmann* in MünchHdbGesR IV, § 74 Rn. 97.

ab dem Stichtag der Bekanntmachung der Eintragung mit der gesetzlichen Verzinsung gem. § 327 b Abs. 2 AktG kollidiert.[1247]

Als Zwischenergebnis ist damit festzuhalten, dass die Minderheitsaktionäre nach ganz einhelliger Auffassung ihren abstrakten Anspruch auf Beteiligung am konkreten Unternehmensgewinn bzw. auf Zahlung der an dessen Stelle tretenden Ausgleichszahlungen für den Zeitraum der Schwebephase beibehalten.

Ebenso einhelliger Auffassung entspricht es, dass von diesem aus der Mitgliedschaft selbst resultierenden abstrakten Recht auf Teilhabe am Unternehmensgewinn bzw. auf Ausgleichszahlung der jährlich neu entstehende konkrete Anspruch auf Dividenden- bzw. Ausgleichszahlung zu unterscheiden ist. Das abstrakte Fruchtziehungsrecht gelte es streng von dem Anspruch auf die konkrete Frucht zu trennen.[1248]

Ob die auszuschließenden Minderheitsaktionäre für die Phase zwischen Beschlussfassung und Ausscheiden noch konkret dividenden- oder ausgleichsberechtigt bleiben bzw. welcher Anspruch an die Stelle der konkreten Gewinnbeteiligung tritt, ist jedoch heftig umstritten. Zwei Grundpositionen stehen sich gegenüber: Die Annahme einer fortbestehenden konkreten Dividenden- bzw. Ausgleichsberechtigung einerseits und der Wegfall der konkreten Dividenden- bzw. Ausgleichsberechtigung andererseits.

b) Das Fortbestehen der konkreten Dividenden- bzw. Ausgleichsberechtigung

Die herrschende Auffassung in Rechtsprechung und Schrifttum geht davon aus, dass der auszuschließende Minderheitsaktionär während der Schwebephase grundsätzlich auch sein konkretes Fruchtziehungsrecht, die konkrete Dividenden- bzw. Ausgleichsberechtigung, beibehält.[1249]

1247 Zur Phase zwischen Ausscheiden und Abfindungszahlung s. ausführlich unten III., zur Behandlung von nach dem Bewertungsstichtag ausgeschütteten Dividenden- bzw. Ausgleichszahlungen s. ausführlich unten IV.

1248 *Mennicke/Leyendecker* BB 2010, 1426, 1427.

1249 **Aus der Rechtsprechung:** BGH NZG 2011, 701 Tz. 7, 9 und 704 Tz. 29 = ZIP 2011, 1097 – „Wella AG“; OLG Köln ZIP 2010, 519, 520 liSp – „Bayer Schering AG“; OLG Hamburg ZIP 2003, 1344, 1345 f – „Philips/PVK“; OLG Hamburg NZG 2003, 978, 979 reSp – „Metropol/Volksfürsorge“; OLG Hamburg NZG 2005, 86; OLG Düsseldorf ZIP 2004, 359, 361 liSp; **aus dem Schrifttum:** *Bredow/Tribulowsky* NZG 2002, 841, 845; *Gesmann-Nuissl* WuB 2006, 385, 386 reSp.

aa) Keine Abgeltung des Fruchtziehungsrechtes durch „Einpreisung" in die Abfindung

aaa) Der Einpreisungsgedanke

In Rechtsprechung und Literatur findet sich gelegentlich die irreführende Wendung, dass alle den Minderheitsaktionären in Zukunft entgehenden Dividenden- bzw. Ausgleichszahlungen bereits mit der Barabfindung abgegolten seien.[1250] Die auf den Zeitraum der Schwebephase entfallenden Dividenden- bzw. Ausgleichszahlungen sollen nicht als ergänzender Posten zur Abfindung hinzutreten,[1251] sondern auf Grund des Bewertungsmodus per se bereits in der Abfindung enthalten, mit anderen Worten „eingepreist"[1252] sein.[1253] Dies soll unabhängig davon gelten, welcher Bewertungsmodus für die Anteilsbewertung im konkreten Einzelfall anzusetzen ist, d.h. unabhängig davon sein, ob im Einzelfall auf den Ertragswert, den Barwert der Ausgleichszahlungen oder den Börsenkurs abzustellen ist.[1254]

Gedanklicher Ausgangspunkt dieser These ist folgende – im Ansatz völlig richtige – Überlegung: Wird der Anteilswert, wie im Regelfall, mittels des Ertragswertverfahrens ermittelt, so bestimmt sich der Anteilswert aus der Summe der auf den Bewertungsstichtag abgezinsten zukünftigen Dividendenausschüttungen.[1255] Alle Dividendenzahlungen nach dem Bewertungsstichtag sind bereits – in prognostizierter Form – in die Anteils- und Unternehmensbewertung und damit in die Bemessung der Barabfindung eingeflossen. Folglich sind diese Zahlungsströme bereits bei der Bemessung der Abfindung werterhöhend berücksichtigt worden und deshalb bereits in Form der Abfindung „vergütet".[1256] Ähnlich gelagert sind die Fälle, in denen es Aktiengesellschaften zu bewerten gilt, für die ein Beherrschungs- und Gewinnabführungsvertrag besteht. In diesen Fäl-

---

1250 So insbesondere auch der BGH NZG 2011, 701, 703 Tz. 24 = ZIP 2011, 1097 – „Wella AG"; OLG Köln ZIP 2010, 519, 522 – „Bayer Schering AG"; vgl. auch OLG München WM 2007, 937, 938; OLG Frankfurt a.M. Urt. v. 26.8.2009 – 23 U 69/08, juris Tz. 109; OLG Frankfurt a.M. Urt. v. 29.9.2009 – 5 U 107/08, juris Tz. 72.

1251 Zur Einpreisung eines zusätzlichen Postens s. ausführlich unten II. 2. b) bb) aaa) (49 (b).

1252 OLG München WM 2007, 937, 938.

1253 Vgl. OLG München WM 2007, 937, 938; OLG Frankfurt a.M. Urt. v. 26.8.2009 – 23 U 69/08, juris Tz. 109; OLG Frankfurt a.M. Urt. v. 29.9.2009 – 5 U 107/08, juris Tz. 72.

1254 Vgl. BGH NZG 2011, 701, 703 Tz. 24 = ZIP 2011, 1097 – „Wella AG"; **kritisch:** *Müller-Michaels* BB 2011, 1744, 1745.

1255 Zum Ertragswertverfahren s. oben 2. Teil VII. 1.

1256 *Tebben* AG 2003, 600, 607 ff; *Mennicke/Leyendecker* BB 2010, 1426, 1428 f; *Wilsing/Paul* EWiR 2011, 449, 450; vgl. auch BGH NZG 2011, 701, 703 Tz. 24 = ZIP 2011, 1097 – „Wella AG"; OLG Hamm Urt. v. 19.7.2010 – I-8 U 126/09, 8 U 126/09, juris Tz. 46.

len bemisst sich der Anteilswert aus der Summe der auf den Bewertungsstichtag abzuzinsenden Ausgleichszahlungen.[1257] Nichts anderes soll dann gelten, wenn die Abfindung nach dem Börsenkurs zu bemessen ist. Auch im Börsenkurs haben sich die zu erwartenden Erträge der Beteiligung wie bei einer freiwilligen Veräußerung werterhöhend niedergeschlagen.[1258] Jedenfalls sei der Ertragswert bzw. der Barwert der Ausgleichszahlungen, als Mindestwert in die Berechnung mit eingeflossen.[1259]

bbb) Der Streitstand um die Abgeltung des Fruchtziehungsrechtes

Die entscheidende Frage lautet nun, ob mit der Einpreisung in die Abfindung ausschließlich das Stammrecht oder gleichzeitig auch das Fruchtziehungsrecht für die Zeitspanne bis zur Eintragung abgegolten ist.

(1) Die Abgeltung der zukünftigen Dividenden- bzw. Ausgleichszahlungen

Teilweise wird eine Abgeltung auch der zukünftigen Früchte ausdrücklich bejaht.[1260] Anderenfalls würden die abzufindenden Minderheitsaktionäre wirtschaftlich doppelt an den zukünftigen Dividenden- bzw. Ausgleichszahlungen partizipieren. Zum einen über die Abfindung, da die Dividenden- bzw. Ausgleichszahlungen bereits als wertbildender Faktor in die Ermittlung der Barabfindung eingeflossen sind. Zum anderen in Form der konkreten Dividenden- bzw. Ausgleichszahlung nach dem Bewertungsstichtag. Eine solche „Überkompensation" oder „Doppelberücksichtigung" gelte es zu vermeiden.[1261] Nach dem Bewertungsstichtag entstehende konkrete Dividenden- bzw. Ausgleichsansprüche dürften deshalb nicht mehr ausbezahlt werden. Sofern diese dennoch ausbezahlt würden, müssten diese auf die Abfindung angerechnet werden.[1262]

1257 Zur Bewertung von Aktiengesellschaften für die ein Beherrschungs- oder Gewinnabführungsvertrag besteht s. oben 2. Teil VII. 1. f), zum Verhältnis zwischen Ertragswert, Börsenkurs und Barwert der Ausgleichszahlungen s. oben 2. Teil VIII. 1. b) ee) sowie 2. b).

1258 Vgl. BGH NZG 2011, 701, 703 Tz. 23 f = ZIP 2011, 1097 – „Wella AG"; *Hohl/Auerbach* BB 2010, 902, 904 f.

1259 OLG Hamm Urt. v. 19.7.2010 – I-8 U 126/09, 8 U 126/09, juris Tz. 46.

1260 Vgl. *Beier/Bungert* BB 2002, 2627, 2629 liSp; *Fuhrmann* DK 2004, 1, 3 f; *Riehmer* in Schüppen/Schaub, AktG, § 44 Rn. 18; *Glade* JurisPR-HaGesR 12/2009 Anm. 7, unter C.

1261 *Wilsing/Paul* EWiR 2011, 449, 450; *Beier/Bungert* BB 2002, 2627, 2629 liSp; *Fuhrmann* DK 2004, 1, 3 f; so auch *Tebben* AG 2003, 600, 607 ff, der allerdings einen fortbestehenden konkreten Dividenden- bzw. Ausgleichsanspruch gleichwohl aus Billigkeitsgründen für erforderlich hält.

1262 Vgl. *Tebben* AG 2003, 600, 607 ff.

Aus den Ausführungen geht jedoch nicht zweifelsfrei hervor, welche Dividenden- bzw. Ausgleichszahlungen welcher Geschäftsjahre abgegolten sein sollen. Teilweise beziehen sich die Ausführungen ausschließlich auf solche Dividenden- bzw. Ausgleichszahlungen, die mit Geschäftsjahren korrespondieren, die vor dem Bewertungsstichtag bereits (teilweise) abgelaufen sind.[1263] Nach Auffassung Anderer sollen auch Zahlungen für Geschäftsjahre abgegolten sein, die sich (zeitanteilig) auf den Zeitraum nach dem Bewertungsstichtag beziehen.[1264]

(2) Die ausschließliche Abgeltung des Stammrechtes

Die überwiegende Auffassung in Rechtsprechung und Lehre geht hingegen dahin, dass mit der Barabfindung ausschließlich das Stammrecht zum Bewertungsstichtag abgegolten sei.[1265]

Begründet wird dies damit, dass der Anteilswert – unabhängig vom anzuwendenden Bewertungsverfahren – stets stichtagsbezogen ermittelt wird. Geht man vom Regelfall des Ertragswertverfahrens aus, so bilden die zukünftigen Zahlungsströme zwar die Bewertungsgrundlage. In die Bewertung fließen die zukünftigen Dividendenausschüttungen aber nur mit ihrem Barwert zum Bewertungsstichtag ein und werden dazu auf diesen Stichtag abgezinst.[1266] Gleiches gilt für die Bewertung von AGs, für die ein Beherrschungs- und Gewinnabführungsvertrag besteht.[1267] Die Barwertermittlung auf den Bewertungsstichtag stehe unter der Prämisse der sofortigen Wiederanlagemöglichkeit der Abfindung. Tatsächlich aber werde die Barabfindung nicht schon am Bewertungsstichtag, sondern frühestens mit dem Wirksamwerden der Maßnahme ausbezahlt.[1268] Mit der an die Stelle der gesellschaftlichen Beteiligung tretenden Barabfindung sei ausschließlich das Stammrecht abgegolten. Sie habe ausschließlich Kapitalersatzfunktion und entschädige nicht für die Kapitalüberlassung nach dem Bewertungsstichtag. Dividenden- und Ausgleichszahlungen hingegen seien die „Ver-

1263 *Beier/Bungert* BB 2002, 2627, 2629 liSp; *Fuhrmann* DK 2004, 1, 3 f; *Riehmer* in Schüppen/Schaub, AktG, § 44 Rn. 18; OLG Hamm Urt. v. 19.7.2010 - I-8 U 126/09, 8 U 126/09, juris Tz. 45 f.

1264 OLG Hamm Urt. v. 19.7.2010 – I-8 U 126/09, 8 U 126/09, juris Tz. 45 f; u.U. auch *Glade* JurisPR-HaGesR 12/2009 Anm. 7, unter C; *Wilsing/Paul* EWiR 2011, 449, 450.

1265 S. BGH NZG 2011, 701, 703 Tz. 23 ff mit 25 ff = ZIP 2011, 1097 – „Wella AG“; OLG Hamburg ZIP 2003, 1344, 1345 f – „Philips/PVK“; *Altmeppen* ZIP 2010, 1773, 1777.

1266 Zur Abzinsung der zukünftigen Ausschüttungen s. oben 2. Teil VII. 1. d) cc).

1267 Zur Abzinsung der zukünftigen Ausgleichszahlungen s. oben 2. Teil VII. 1. f) bb).

1268 *Tebben* AG 2003, 600, 609 liSp; so auch der BGH NZG 2011, 701, 703 f Tz. 26 = ZIP 2011, 1097 – „Wella AG“.

zinsung" des der Gesellschaft zur Verfügung gestellten Kapitals.[1269] Anderes würde nur dann gelten, wenn die Barabfindung vom Bewertungsstichtag (dem Tag der Beschlussfassung) an zu verzinsen wäre. Die gesetzliche Verzinsung gem. § 327 b Abs. 2 HS. 1 AktG setze aber erst mit Bekanntmachung der Eintragung ein.[1270] Aus der Vorschrift des § 327 b Abs. 2 HS. 1 AktG könne auch nicht gefolgert werden, der auszuschließende Aktionär habe dem Hauptaktionär für die Zeit bis zum Verzinsungsbeginn ein „*zinsloses Darlehen*" zu gewähren.[1271]

Um einen „zinsfreien" Zeitraum bzw. ein „Ertragsloch" während der Schwebephase zu vermeiden, geht die herrschende Auffassung davon aus, dass die Minderheitsaktionäre Dividenden- oder Ausgleichszahlungen, die erst nach der Beschlussfassung geleistet werden, in jedem Fall behalten dürfen. In den einschlägigen Kommentaren[1272] sowie der Rechtsprechung[1273] heißt es dazu sinngemäß: Dividenden- und Ausgleichsleistungen werden als Verzinsung des Investments auf die Abfindung nicht angerechnet.

Von Interesse für die hier zu untersuchende Frage ist allerdings nicht unmittelbar, ob die Minderheitsaktionäre noch ausgeschüttete Dividende bzw. Ausgleichszahlungen behalten dürfen, sondern vielmehr umgekehrt, ob sie nach der Beschlussfassung noch berechtigt sind, Dividende bzw. Ausgleich zu fordern. Auch ein solches Forderungsrecht wird grundsätzlich überwiegend bejaht.[1274] Die „*Gründe, die ... für das Behaltendürfen bereits empfangener Ausgleichszahlungen sprechen, gelten gleichermaßen für das Forderndürfen noch nicht empfangener Ausgleichszahlungen.*"[1275]

ccc) Zwischenergebnis zu aa)

Als Zwischenergebnis ist festzustellen, dass die zukünftigen Dividenden- bzw. Ausgleichszahlungen zwar auch nach herrschender Auffassung aufgrund des Bewertungsmodus in die Abfindung mit „eingepreist" sind. Da diese allerdings nur mit dem Barwert zum Bewertungsstichtag in die Bewertung einfließen,

1269 OLG Hamburg ZIP 2003, 1344, 1345 f – „Philips/PVK"; OLG Köln ZIP 2010, 519, 520 liSp – „Bayer Schering AG"; OLG Hamburg ZIP 2002, 1344, 1345 f – „Philips"; *Austmann* in MünchHdbGesR IV, § 74 Rn. 97.

1270 *Austmann* in MünchHdbGesR IV, § 74 Rn. 97.

1271 OLG Hamburg NZG 2003, 978, 979 reSp – „Metropol/Volksfürsorge".

1272 *Austmann* in MünchHdbGesR IV, § 74 Rn. 97; *Singhof* in Spindler/Stilz, AktG, § 327 b Rn. 4; *Schnorbus* in Schmidt/Lutter, AktG, § 327 b Rn. 7; *Habersack* in Emmerich/Habersack, Konzernrecht, § 327 b Rn. 9 mit Hinweis auf § 305 Rn. 33 ff.

1273 OLG Hamburg ZIP 2002, 1344, 1345 f – „Philips".

1274 *Tebben* AG 2003, 600, 609 liSp; *Koppensteiner* in KölnerKommAktG, § 327 b Rn. 7.

1275 LG Köln Urt. v. 13.11.2009 – 82 O 151/09.

könne die Abfindung ausschließlich das Stammrecht, nicht hingegen das zukünftige Fruchtziehungsrecht abgelten. Die Abfindung habe deshalb nur Kapitalersatzfunktion. Um eine unbillige „Zinslücke“ zu vermeiden, sollen die auszuschließenden Minderheitsaktionäre deshalb nicht nur bereits geleistete Dividenden- bzw. Ausgleichszahlungen behalten, sondern grundsätzlich auch noch fordern dürfen.

bb) Die Erforderlichkeit der Anspruchsverselbständigung vor dem Ausscheiden

Wie soeben dargelegt, geht die herrschende Auffassung zwar davon aus, dass die konkrete Gewinn- bzw. Ausgleichberechtigung bis zum Ausscheiden fortbesteht. Einschränkend wird allerdings einheitlich gefordert, dass sich das abstrakte Recht auf Dividende bzw. Ausgleich noch vor dem Ausscheiden aus der AG zum konkreten Dividenden- bzw. Ausgleichsanspruch verselbständigt haben muss. Erst mit Verselbständigung wandelt sich das abstrakte Fruchtziehungsrecht in ein selbstständiges, unentziehbares und vom Schicksal des Geschäftsanteils unabhängiges Forderungsrecht um. Die Verselbständigung trete mit Entstehung des konkreten Dividenden- bzw. Ausgleichsanspruchs ein. Entsteht der konkrete Anspruch erst nach dem Übergang der Aktien auf den Hauptaktionär, so konkretisiert sich das abstrakte Recht in dessen Person, denn mit dem Übergang der Aktien gehen sämtliche Mitgliedschaftsrechte – einschließlich der abstrakten Dividenden- oder Ausgleichsberechtigung – auf den Rechtsnachfolger (sc. den Hauptaktionär) über.[1276] Auf den Zeitpunkt der Fälligkeit kommt es hingegen nicht an.[1277]

Der BGH hat sich im Fall Wella AG der oben genannten herrschenden Auffassung angeschlossen. Er führt dazu aus: „*Die Aktionäre sind gerade bei einer längeren Verzögerung der Eintragung von den Nutzungen nicht abgeschnitten. Sie erhalten, sofern der Übertragungsbeschluss erst nach der nächsten ordentlichen Hauptversammlung eingetragen wird, Dividende oder Ausgleichzahlungen.*“[1278]

Die Entschädigung der Minderheitsaktionäre durch ein fortbestehendes konkretes Dividenden- bzw. Ausgleichsrecht, das unter der einschränkenden Voraus-

1276 *Paulsen* in MünchKommAktG, § 304 Rn. 122 f; *Bredow/Tribulowsky* NZG 2002, 841, 845; *Wahl/Nikoleyczik* EWiR 2011, 1, 2.

1277 Vgl. OLG Köln ZIP 2010, 1797, 1798.

1278 BGH NZG 2011, 701, 704 Tz. 29 = ZIP 2011, 1097 – „Wella AG“.

setzung der Verselbständigung vor Ausscheiden steht, wirft einige Probleme auf, mit denen sich die herrschende Auffassung auseinanderzusetzen hat.

aaa) Das Entstehen einer (partiellen) Zinslücke

Setzt man voraus, dass sich der konkrete Dividenden- bzw. Ausgleichsanspruch noch vor dem Ausscheiden durch Anspruchsentstehung verselbständigt haben muss, so wird der Zeitpunkt der Entstehung des konkreten Anspruchs von entscheidender Bedeutung für die Frage, ob bzw. inwieweit die Minderheitsaktionäre eine Verzinsung ihres Kapitals erhalten.

(1) Kein konkreter Dividendenanspruch pro rata temporis

Hinsichtlich des konkreten Dividendenanspruchs entspricht es einhelliger Auffassung, dass dieser nicht schon automatisch mit dem Ablauf des Geschäftsjahres, sondern erst mit der Beschlussfassung der Hauptversammlung über die Gewinnverwendung entsteht.[1279]

Stellt man auf den Zeitpunkt der Beschlussfassung über die Gewinnverwendung ab, so scheidet ein zeitanteiliger Dividendenanspruch pro rata temporis der Beteiligung denknotwendig aus. Folglich kommt es für den Zeitraum zwischen Ablauf des Geschäftsjahres und dem unterjährigen Ausscheiden aus der Gesellschaft stets zu einer Zinslücke. Hinzukommen kann eine Zinslücke für den Zeitraum des vollen Geschäftsjahres, für das der Gewinnverwendungsbeschluss noch aussteht. Geht man weiter davon aus, dass die ordentliche Hauptversammlung, die über die Gewinnverwendung zu entscheiden hat, nach dem gesetzlichen Leitbild des § 175 Abs. 2 S. 2 AktG innerhalb der ersten acht Monate des folgenden Geschäftsjahres stattfindet, so kann die Zinslücke einen Zeitraum von einem Jahr und acht Monaten überspannen. Siehe dazu die erläuternde Darstellung in Abbildung Nr. 7.

1279 *Hüffer*, AktG, § 58 Rn. 28; *Bayer* in MünchKommAktG, § 58 Rn. 97; *Euler* in Spindler/Stilz, AktG, § 174 Rn. 25; *Drygala* in Schmidt/Lutter, § 174 Rn. 12; *Henze* in GroßkommAktG, § 58 Rn. 85 ff; *Hoffmann-Becking* in MünchHdbGesR IV, § 46 Rn. 22.

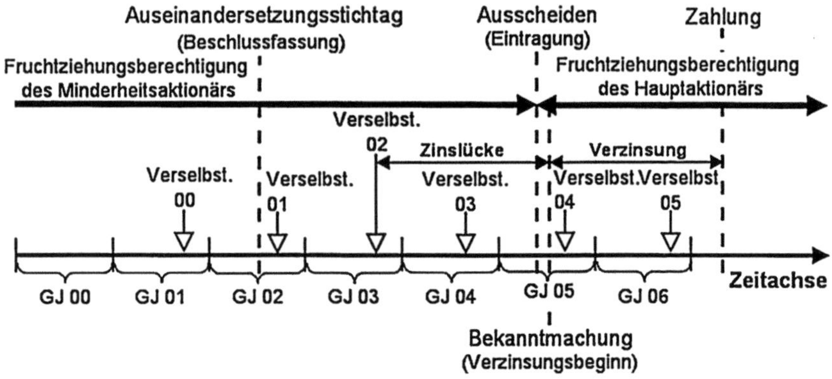

Abb. Nr. 7: Die partielle Zinslücke

Verselbst. = Verselbständigung
GJ = Geschäftsjahr

(2) Der Meinungsstand zum konkreten Ausgleichsanspruch pro rata temporis

Uneinheitlich beantwortet wird hingegen, wann in der AG, für die ein Beherrschungs- und Gewinnabführungsvertrag besteht, der konkrete Ausgleichsanspruch entsteht.

(a) Die Anspruchsentstehung pro rata temporis

Teilweise wird ein zeitanteiliger, gegen den beherrschenden Vertragspartner gerichteter Anspruch auf Ausgleichszahlung für erforderlich gehalten.[1280] Konstruktiv wird dies dadurch erreicht, dass der Entstehungszeitpunkt des konkreten Ausgleichsanspruchs vorverlagert wird und pro rata temporis der Beteiligung entsteht. Eine Zinslücke entstünde dann nicht.

So bejaht *Wackerbarth* einen anteiligen Ausgleich gegen den anderen Vertragsteil mit der Begründung, dass die konkreten Ansprüche auf Zahlung bereits mit dem Beginn der jeweiligen Periode für die sie zu zahlen sind entstehen und dann pro rata temporis anwachsen.[1281]

1280 *Dreier/Riedel* BB 2009, 1822, 1824 ff; *Wackerbarth* EWiR 2010, 377 f; LG Frankfurt a. M. Urt. v. 18.3.2008 – 3-5 O 211/07, BeckRS 2011, 16222; Urt. v. 25.7.2008 – 3-5 O 95/08, BeckRS 2011, 14401; Urt. v. 16.5.2008 – 3-5 O 357/07, BeckRS 2011, 14776; auch *Stephan* in Schmidt/Lutter, AktG, § 304 Rn. 43 hält einen zeitanteiligen Ausgleich bis zur Eintragung für möglich, vorzugswürdig sei aber die Berücksichtigung in der Abfindung.

1281 *Wackerbarth* EWiR 2010, 377 f.

Dreier und *Riedel* hingegen lehnen die Differenzierung der herrschenden Auffassung[1282] zwischen abstraktem und konkretem Anspruch wohl gänzlich ab und gehen davon aus, dass der konkrete Anspruch schon mit dem Wirksamwerden des Beherrschungs- oder Gewinnabführungsvertrages, d.h. mit dessen Eintragung ins Handelsregister, entstehe. Lediglich die Fälligkeit der einzelnen Ausgleichsansprüche trete erst nach der ordentlichen Hauptversammlung ein.[1283] Es entspreche der Wertung des § 101 Nr. 2 HS. 2 BGB, dass den Minderheitsaktionären für die Dauer ihrer Beteiligung ein Ausgleich pro rata temporis gegen den Vertragspartner zustehe.[1284] Dieser Anspruch soll sich unmittelbar aus dem Beherrschungs- oder Gewinnabführungsvertrag bzw. aus dem Gesetz selbst (§ 304 AktG) ergeben. Für einen unmittelbaren Anspruch aus dem Beherrschungs- oder Gewinnabführungsvertrag spreche auch „*der sich üblicherweise für den Fall der Vertragsbeendigung im BGAV* [= Beherrschungs- und Gewinnabführungsvertrag] *wieder findende Parteiwille*“[1285], denn in den Beherrschungs- und Gewinnabführungsverträgen sei für den Fall der unterjährigen Vertragsbeendigung regelmäßig ein anteiliger Ausgleich vorgesehen. Der „Squeeze-Out“ wirke den Minderheitsaktionären gegenüber wie die Beendigung der für sie begünstigenden Verpflichtung zur Ausgleichszahlung und habe dieselbe Wirkung wie die sonstige Beendigung des Vertrages. Würde den Minderheitsaktionären kein zeitanteiliger Ausgleich gewährt werden, so erhielten sie kein wirtschaftliches Äquivalent als Entschädigung für den Zeitraum der Beherrschung, was einen Verstoß gegen §§ 304 ff AktG und Art. 14 GG bedeuten würde.[1286]

(b) Die Anspruchsentstehung mit ordentlicher Hauptversammlung

Die ganz überwiegende Auffassung lehnt hingegen einen zeitanteiligen Ausgleich für den Fall des unterjährigen Minderheitsausschlusses ab.[1287]

1282 S. dazu die Nachweise unten II. 2. b) bb) aaa) (2) (b).

1283 *Dreier/Riedel* BB 2009, 1822, 1824 f, 1828; **ebenso:** *Koppensteiner* in KölnerKommAktG, § 304 Rn. 9; *Emmerich* in Emmerich/Habersack, Konzernrecht, § 304 Rn. 42 f. Wann die jährlichen Ausgleichszahlungen fällig werden ist ebenfalls umstritten, s. dazu statt aller *Emmerich* in Emmerich/Habersack, Konzernrecht, § 304 Rn. 42 f.

1284 LG Frankfurt a. M. Urt. v. 18.03.2008 – 3-5 O 211/07, BeckRS 2011, 16222; Urt. v. 25.07.2008 – 3-5 O 95/08, BeckRS 2011, 14401 sowie Urt. v. 16.5.2008 – 3-5 O 357/07, BeckRS 2011, 14776.

1285 *Dreier/Riedel* BB 2009, 1822, 1823 reSp.

1286 *Dreier/Riedel* BB 2009, 1822, 1823 f, mit Hinweis auf LG Köln Urt. v. 13.3.2009 – 82 O 93/08; äußerst **kritisch** dazu *Mennicke/Leyendecker* BB 2010, 1426 ff.

1287 *Mennicke/Leyendecker* BB 2010, 1426, 1427 ff; *Wilsing/Goslar* BB 2010, 2201; *Wahl/Nikoleyczik* EWiR 2011, 1, 2; OLG Hamm NZG 2010, 1108, 1109; OLG München WM 2007, 937, 938.

Sie geht davon aus, dass der konkrete Ausgleichsanspruch erst mit dem Ende der auf das Geschäftsjahr folgenden ordentlichen Hauptversammlung entsteht.[1288] Mit Wirksamwerden des Beherrschungs- und Gewinnabführungsvertrags entstehe lediglich das „abstrakte Stammrecht“ als „Quelle zukünftiger Ausgleichsansprüche“.[1289] Mit der Eintragung des Unternehmensvertrags seien die Minderheitsaktionäre zwar dem Grunde nach zum Ausgleich berechtigt, der Anspruch auf die konkrete Ausgleichszahlung entstehe aber nicht als betagter Anspruch mit Eintragung, sondern jedes Jahr neu. Der Ausgleichsanspruch trete an die Stelle des Dividendenanspruchs und entstehe in dem Zeitpunkt, in dem der Beschluss über die Gewinnverwendung hätte gefasst werden müssen.[1290] Ein Ausgleichsanspruch pro rata temporis scheidet demnach aus. Es sei kein Grund ersichtlich, weshalb die Minderheitsaktionäre im Fall des Bestehens eines Beherrschungs- und Gewinnabführungsvertrags besser gestellt sein sollten als ohne das Bestehen eines solchen.[1291]

Es bestünde anderenfalls außerdem die Gefahr, dass der beherrschende Vertragspartner doppelt in Anspruch genommen werden könnte. Herrschendes Unternehmen, das den Ausgleich schuldet, und Hauptaktionär, der den Minderheitsausschluss betreibt, sind zwar regelmäßig identisch. Dies ist aber – wie etwa im mehrstufigen Konzern – nicht zwingend der Fall. Würde man die drohende Verzinsungslücke durch einen Ausgleichsanspruch schließen, würde dies zu einer doppelten Zahlungsverpflichtung des herrschenden Unternehmens führen, wenn auch der Hauptaktionär außenstehender Aktionär ist. Die Verzinsungslücke betreffe aber nicht das Verhältnis zwischen dem außenstehendem Aktionär und dem herrschenden Unternehmen, sondern das Verhältnis zwischen Minderheitsaktionär und Hauptaktionär.[1292]

Auch aus einer im Einzelfall bestehenden Kündigungsklausel im Beherrschungs- und Gewinnabführungsvertrag, die einen anteiligen Ausgleich für den Fall der unterjährigen Vertragsbeendigung vorsieht, lasse sich nicht auf einen

---

1288 BGH NZG 2011, 701, 702 Tz. 12 = ZIP 2011, 1097 – „Wella AG“; OLG Köln ZIP 2010, 1797, 1798; *Bödeker/Fink* NZG 2011, 816, 817; *Bungert/Janson* in FS Schneider, S. 159, 164; *Tebben* AG 600, 601 f; *Hüffer*, AktG, § 304 Rn. 13; *Veil* in Spindler/Stilz, AktG, § 304 Rn. 34; *Mennicke/Leyendecker* BB 2010, 1426, 1427; *Pannier/Smith* AG-Report 2010, R 3, 4 f; **a.A.:** *Hasselbach/Hirte* in GroßkommAktG, § 304 Rn. 42: Feststellung des Jahresabschlusses.

1289 *Bungert/Janson* in FS Schneider, S. 159, 164.

1290 *Hüffer*, AktG, § 304 Rn. 13; *Veil* in Spindler/Stilz, AktG, § 304 Rn. 34; *Tebben* AG 600, 601 f; *Mennicke/Leyendecker* BB 2010, 1426, 1427; *Pannier/Smith* AG-Report 2010, R 3, 4; *Bungert/Janson* in FS Schneider, S. 159, 164; **kritisch** hinsichtlich der „Theorie vom Dividendenersatz“ *Müller-Michaels* BB 2011, 1742, 1745.

1291 *Bungert/Janson* in FS Schneider, S. 159, 165.

1292 BGH NZG 2011, 701, 704 Tz. 27 = ZIP 2011, 1097 – „Wella AG“.

entsprechenden Parteiwillen schließen. Die Kündigung des Unternehmensvertrages und der Minderheitsausschluss seien nicht vergleichbar.[1293]

(3) Zwischenergebnis nach herrschender Auffassung: (partielle) Zinslücke

Die Minderheitsaktionäre sind – wie der BGH formuliert – von der Nutzung in der Schwebephase grundsätzlich nicht abgeschnitten und erhalten dann eine „Verzinsung" ihres Kapitals, wenn sich der konkrete Dividenden- bzw. Ausgleichsanspruch noch vor ihrem Ausscheiden durch Entstehung verselbständigt hat.[1294] Dividenden- und Ausgleichsanspruch entstehen allerdings erst mit dem Gewinnverwendungsbeschluss bzw. mit dem Ende der ordentlichen Hauptversammlung. Gehen die Aktien noch vor Anspruchsentstehung auf einen Rechtsnachfolger über, so gebührt der konkrete Anspruch in voller Höhe dem Rechtsnachfolger.[1295] In diesem Fall stehe dem Auszuschließenden jedenfalls kein (zeitanteiliger) Anspruch gegen die Gesellschaft bzw. – sofern ein Beherrschungs- und Gewinnabführungsvertrag besteht – gegen den beherrschenden Vertragsteil zu. Da aber mit der Abfindung nur das Stammrecht mit dem Barwert zum Bewertungsstichtag abgegolten wird, und die Verzinsung gem. § 327 b Abs. 2 HS. 2 AktG erst mit Bekanntgabe der Eintragung einsetzt, entsteht nach dieser Auffassung für den Zeitraum, für den sich der konkrete Anspruch nicht verselbständigt hat, zweifellos eine – wenn auch nur partielle – „Zinslücke" (siehe dazu die erläuternde Darstellung in Abbildung Nr. 7).[1296] Letztere betreffe aber ausschließlich das Verhältnis zwischen dem Minderheitsaktionär und dem Hauptaktionär. Der Minderheitsaktionär könne sich allenfalls an den Hauptaktionär halten, in dessen Person die konkreten Dividenden- bzw. Ausgleichsansprüche entstehen.[1297]

(4) Die Behandlung der (partiellen) Zinslücke

Wie die (partielle) Zinslücke für den Zeitraum, für den die Minderheitsaktionäre keine Dividende bzw. Ausgleich erhalten, zu schließen ist, ist äußerst umstrit-

---

1293 BGH NZG 2011, 701, 703 Tz. 19 = ZIP 2011, 1097 – „Wella AG"; OLG München WM 2007, 937, 938; **zustimmend:** *Mennicke/Leyendecker* BB 2010, 1426, 1428; *Bungert/Janson* in FS Schneider, S. 159, 168 f; *Bödeker/Fink* NZG 2011, 816, 817; *Wilsing/Goslar* BB 2010, 2201.

1294 BGH NZG 2011, 701, 704 Tz. 29 = ZIP 2011, 1097 – „Wella AG".

1295 *Stresemann* in MünchKommBGB, § 101 Rn. 9.

1296 So auch der BGH NZG 2011, 701, 704 Tz. 29 = ZIP 2011, 1097 – „Wella AG"; *Bödeker/Fink* NZG 2011, 816, 818; *Bungert/Janson* in FS Schneider, S. 159, 171 ff; **anders:** *Gesmann-Nuissl* WuB 2006, 385, 386 reSp.

1297 BGH NZG 2011, 701, 704 Tz. 29 = ZIP 2011, 1097 – „Wella AG"; LG Hamburg 2003, 787, 790 reSp; vgl. auch *Tebben* AG 2003, 600, 605; OLG Köln ZIP 2010, 519, 520 f – „Bayer Schering AG".

ten. Die Zinslücke betrifft nach dem oben Dargelegten nur das Verhältnis zwischen Minderheits- und Hauptaktionär. Die Aktionäre können sich deshalb allenfalls gegenüber dem Hauptaktionär als Rechtsnachfolger schadlos halten.

(a) Der Herausgabeanspruch gegen den Hauptaktionär gem. § 101 Nr. 2 HS. 2 BGB

Im Ausgangspunkt ist allgemein anerkannt, dass die Minderheitsaktionäre die ihnen zeitanteilig zustehende konkrete Nutzung der Beteiligung – sofern Dividende oder Ausgleich mangels Verselbständigung nicht von der AG bzw. dem herrschenden Vertragspartner zu erlangen ist – vom Hauptaktionär herausverlagen können.

§ 101 Nr. 2 HS. 2 BGB, der den internen Ausgleich zwischen den verschiedenen, aufeinander folgenden Fruchtziehungsberechtigten regelt, findet auf das Verhältnis zwischen Minderheitsaktionär und Hauptaktionär Anwendung.[1298] § 101 BGB begründet einen obligatorischen Anspruch auf Herausgabe der Früchte, welche der Rechtsnachfolger zieht, die diesem aber nicht gebühren.[1299] Dem Rechtsvorgänger gebührt nach § 101 Nr. 2 HS. 2 BGB „ein der Dauer seiner Berechtigung entsprechender Teil" der Früchte. Die Früchte sind demgemäß „pro rata temporis" auf Rechtsvorgänger und Rechtsnachfolger zu verteilen.[1300]

Voraussetzung für einen solchen Innenausgleich zwischen den verschiedenen, aufeinander folgenden Fruchtziehungsberechtigten ist aber nach einhelliger Auffassung stets, dass der Erwerber tatsächlich Früchte zieht.[1301] Dass Früchte hätten gezogen werden können, reicht, wie schon das Reichsgericht entschieden hat,[1302] nicht aus. An der tatsächlichen Fruchtziehung wird ein Herausgabeanspruch der Minderheitsaktionäre häufig scheitern.

Zwar sind sowohl Dividende als auch Ausgleich unstrittig Früchte im Sinne der Vorschrift.[1303] Beim Ausschluss aus einer AG, für die ein Beherrschungs-

---

1298 **Aus der Rechtsprechung:** BGH NZG 2011, 701, 703, Tz. 20 ff = ZIP 2011, 1097 – „Wella AG"; BGH NJW 1995, 1027, 1028 ff; OLG Hamm Urt. v. 19.7.2010 – I-8 U 126/09, 8 U 126/09, juris Tz. 29; LG Hamburg ZIP 2003, 947, 950 liSp – „Metropol/Volksfürsorge"; **aus der Literatur:** *Tebben* AG 2003, 600, 605; *Bödeker/Fink* NZG 2011, 816, 818 liSp.

1299 *Jickeli/Stieper* in Staudinger, BGB, § 101 Rn. 1; *Stresemann* in MünchKommBGB, § 101 Rn. 2; BFH WM 1992, 516, 518.

1300 *Stresemann* in MünchKommBGB, § 101 Rn. 8

1301 *Stresemann* in MünchKommBGB, § 101 Rn. 2; *Ellenberger* in Palandt, BGB, § 101 Rn. 1; *Tebben* AG 2003, 600, 605; *Goette* DStR 1995, 539, 540; *Eckhardt* WiB 1995, 381, 382; **aus der Rechtsprechung:** BGH NJW 1995, 1027, 1029 liSp; **kritisch:** *Loritz* DStR 1998, 84, 87.

1302 RG JW 1913, 193 f.

1303 Die Dividende ist Rechtsfrucht i.S.d. § 99 Abs. 2 BGB und zählt zum Gewinnanteil als Unterfall der regelmäßig wiederkehrenden Erträge (*Stresemann* in MünchKommBGB,

und Gewinnabführungsvertrag besteht, wird ein Anspruch jedoch in aller Regel daran scheitern, dass der Hauptaktionär, der die Aktien erwirbt, praktisch immer zugleich der ausgleichspflichtige Vertragsteil selbst ist. Der Hauptaktionär ist deshalb nach dem Übergang der Aktien kein außenstehender Aktionär und hat für den fraglichen Zeitraum keinen Anspruch auf Ausgleichszahlung.[1304]

Was die Dividende anbelangt, so gehen die auszuschließenden Minderheitsaktionäre mangels tatsächlicher Fruchtziehung dann leer aus, wenn aufgrund der Konjunktur- oder Unternehmenslage keine ausschüttbaren Gewinne erzielt werden oder der erwirtschaftete Unternehmensgewinn vom Hauptaktionär nicht ausgeschüttet, sondern thesauriert wird.[1305]

Ergänzend hat der BGH im Urteil vom 19.4.2011 ausdrücklich klargestellt, dass sich ein Anspruch auf zeitanteilige Dividende bzw. zeitanteiligen Ausgleich auch nicht in analoger Anwendung des § 101 Nr. 2 HS. 2 BGB[1306] herleiten lässt.[1307]

Als Zwischenergebnis ist festzuhalten, dass ein Anspruch gegen den Hauptaktionär auf Herausgabe der zeitanteiligen Dividenden- bzw. Ausgleichsleistungen gem. § 101 Nr. 2 HS. 2 BGB zwar grundsätzlich besteht, mangels tatsächlicher Fruchtziehung des Erwerbers aber regelmäßig ausscheidet.

(b) Die Einpreisung entgehender Dividenden- bzw. Ausgleichsleistungen als zusätzlicher Faktor in die Abfindung

Bei genauer Analyse verbergen sich hinter der „Einpreisungslehre" zwei völlig unterschiedliche, und deshalb streng voneinander zu trennende Ansätze. Wie bereits oben dargelegt, sind die zukünftigen Dividenden- bzw. Ausgleichszahlungen aufgrund des Bewertungsmodus in prognostizierter Form und abgezinst auf den Bewertungsstichtag in die Anteilsbewertung eingeflossen. Der während der Schwebephase entgehende Nutzen wird mit dem Barwert zum Stichtag nicht abgegolten.[1308] Deshalb wird teilweise – gestützt auf die Rechtsprechung des

---

§ 101 Rn. 11; *Meilicke* AG 2010, 561, 562 liSp). Auch die Ausgleichszahlungen sind als mittelbare Rechtsfrucht der Aktie (§ 99 Abs. 3 BGB) regelmäßig wiederkehrende Erträge i.S.d. § 101 Nr. 2 HS. 2 BGB (OLG Köln Urt. v. 24.06.2010 – 18 U 183/09, I-18 U 183/09, juris Tz. 22).

1304 *Tebben* AG 2003, 600, 605; *Bungert/Janson* in FS Schneider, S. 159, 170.

1305 Vgl. RG JW 1913, 193 f; *Eckhardt* WiB 1995, 381, 382.

1306 In diesem Sinne aber wohl LG Frankfurt a. M. Urt. v. 18.03.2008 – 3-5 O 211/07, BeckRS 2011, 16222; LG Frankfurt a. M. Urt. v. 25.7.2008 – 3-5 O 95/08, BeckRS 2011, 14401; **ähnlich:** *W. Müller* EWiR 1995, 369, 370.

1307 BGH NZG 2011, 701, 703 Tz. 20 = ZIP 2011, 1097 – „Wella AG"; **zustimmend:** *Bödeker/Fink* NZG 2011, 816, 818 liSp; *Bungert/Janson* in FS Schneider, S. 159, 171 ff.

1308 S. dazu ausführlich oben II. 2. b) aa).

OLG Köln –[1309] vorgeschlagen, die den Minderheitsaktionären mangels Verselbständigung entgehenden (anteiligen) Dividenden- bzw. Ausgleichsleistungen als zusätzlichen Faktor bei der Bemessung der Abfindung zu berücksichtigen.[1310] Die während der Schwebephase entgehende Fruchtziehung wäre dann in die Abfindung mit eingepreist und abgegolten.

Das OLG Köln führt dazu exemplarisch aus, dass die den Minderheitsaktionären für den Ausschluss zustehende Barabfindung nicht nur den Verlust des Stammrechts, sondern auch den damit verbundenen Verlust des Fruchtziehungsrechts für das jeweils laufende Geschäftsjahr, in dem der Beschluss eingetragen wird, und – je nach den konkreten zeitlichen Abläufen – auch für das vorangegangene Geschäftsjahr kompensieren muss. Die den ausscheidenden Aktionären zu gewährende Barabfindung sei nur dann „angemessen" im Sinne des § 327 a Abs. 1 S. 1 AktG, wenn in die Berechnung der Barabfindung sämtliche Nachteile einfließen, die der ausscheidende Aktionär durch den Verlust seiner Aktien erleidet. Zu diesen Nachteilen gehöre aber nicht nur der Verlust des Stammrechts, sondern auch der Verlust der (anteilig) auf die Zeit der Beteiligung entfallenden, nicht verselbständigten Dividenden- bzw. Ausgleichsansprüche.[1311]

Es sei – so betont das OLG Köln – auch nicht unmöglich, diesen Nachteil, der über den Verlust des Stammrechts hinausgeht, bei der Bemessung der Barabfindung zu berücksichtigen. Zwar stehe zum Zeitpunkt der Ermittlung der Barabfindung noch nicht fest, für welchen konkreten Zeitraum eine Entschädigung zu ermitteln sei. Jedoch sei es möglich und ausreichend, den zum Zeitpunkt der Beschlussfassung konkret zu erwartenden weiteren Verlauf bis zur Bekanntmachung der Eintragung zu berücksichtigen und hinreichend zuverlässig abzuschätzen, welche Nachteile die ausscheidenden Aktionäre dadurch erleiden, dass sie mit Wirksamwerden des Übertragungsbeschlusses keine Dividenden- oder Ausgleichszahlungen als Gegenleistung für die bis zu diesem Zeitpunkt erfolgte Kapitalüberlassung mehr erhalten werden.[1312]

Wird eine Entschädigung für die Kapitalüberlassung nach dem Bewertungsstichtag als zusätzlicher Posten eingepreist, so stehe den Minderaktionären neben der Barabfindung ein zusätzlicher (zeitanteiliger) Anspruch auf Dividende bzw. Ausgleich nicht mehr zu. Anderenfalls würden die in Rede stehenden Früchte doppelt zu Gunsten des Abzufindenden berücksichtigt werden.[1313]

1309 OLG Köln ZIP 2010, 519, 521 – „Bayer Schering AG".

1310 *Müller-Michaels* in Hölters, AktG, § 327 b Rn. 7; *Tebben* AG 2003, 600, 605 ff mit 609 reSp; *Mennicke/Leyendecker* BB 2010, 1426, 1428 f mit Hinweis auf OLG Köln ZIP 2010, 519, 521 – „Bayer Schering AG"; *Stephan* in Schmidt/Lutter, AktG, § 304 Rn. 43; u.U. auch *Glade* JurisPR-HaGesR 12/2009 Anm. 7, unter C; *Wahl/Nikoleyczik* EWiR 2011, 1, 2.

1311 OLG Köln ZIP 2010, 519, 521 – „Bayer Schering AG".

1312 OLG Köln ZIP 2010, 519, 521 reSp – „Bayer Schering AG".

1313 *Mennicke/Leyendecker* BB 2010, 1426, 1428.

Ganz überwiegend hingegen wird die Möglichkeit einer Einpreisung der entgehenden Nutzung als zusätzlicher Faktor strikt abgelehnt.[1314] Vorwiegend wird dies damit begründet, dass sich der den Minderheitsaktionären durch die Zinslücke entstehende Nachteil im Zeitpunkt der Abfindungsermittlung nicht hinreichend abschätzen lässt.[1315] Andere argumentieren, dass die Abfindung an die Stelle der Beteiligung trete und ausschließlich für den Anteilsverlust entschädigen soll.[1316]

Vermittelnd hält *Koppensteiner* eine Einpreisung der entgehenden Nutzung in die Abfindung als Alternative zur Herausgabe der zeitanteiligen Dividenden- bzw. Ausgleichsleistungen über § 101 Nr. 2 HS. 2 BGB[1317] prinzipiell für möglich. Ein Ausgleich über § 101 BGB sei aber deshalb vorzugswürdig, weil eine Einpreisung ausschließlich beim festen Ausgleich gangbar sei. In den übrigen Fällen stehe die Höhe des Ausgleichs bzw. der Dividende im Zeitpunkt der Festsetzung der Barabfindung eben noch nicht fest.[1318]

(c) Die Verzinsung der Barabfindung ab Beschlussfassung unter Anrechung geleisteter Dividenden- bzw. Ausgleichszahlungen

Meilicke schlägt vor, die Barabfindung im Wege einer verfassungskonformen Auslegung des § 327 b Abs. 2 AktG[1319] schon vom Bewertungsstichtag an mit 5 Prozentpunkten über dem Basiszinssatz des § 247 BGB zu verzinsen. Neben der Verzinsung soll der Anspruch auf Zahlung der konkreten Dividende bzw. des Ausgleichs bis zum Wirksamwerden der Ausschlussmaßnahme fortbestehen. Die später geleisteten Dividenden- bzw. Ausgleichszahlungen sollen dann, entsprechend der Rechtslage in den ähnlich gelagerten Fällen bei Abschluss eines Beherrschungs- und Gewinnabführungsvertrages,[1320] ausschließlich auf die Zinsen angerechnet werden. Den überschießenden Betrag sollen die Minderheitsaktionäre behalten dürfen.[1321]

1314 *Dreier/Riedel* BB 2009,1822, 1827 f; *Altmeppen* ZIP 2010, 1773, 1779 reSp; *Bungert/Janson* in FS Schneider, S. 159, 174 f; *Meilicke* AG 2010, 561, 569 reSp.
1315 S. dazu ausführlich unten II. 3. d) aa).
1316 S. dazu ausführlich unten II. 3. d) cc).
1317 S. dazu oben II. 2. b) bb) aaa) (4) (a).
1318 *Koppensteiner* in KölnerKommAktG, § 327 b Rn. 7.
1319 *Meilicke* AG 2010, 561, 569 f; **ähnlich:** *Korsten* EWiR 2003, 1169, 1170.
1320 Bei Abschluss eines Beherrschungs- oder Gewinnabführungsvertrages kollidieren Verzinsung und Ausgleichszahlung, wenn ein Aktionär der beherrschten Gesellschaft zunächst noch Ausgleichszahlungen gem. § 304 AktG entgegennimmt, und erst anschließend sein Wahlrecht nach § 305 Abs. 3 AktG ausübt und gegen Barabfindung aus der Gesellschaft ausscheidet. S. dazu näher unten V. 3. a).
1321 *Meilicke* AG 2010, 561, 569 f.

Auch *Austmann* – der selbst eine Einpreisung in die Abfindung befürwortet –[1322] steht der Verzinsungsregelung des § 327 b Abs. 2 HS. 1 AktG kritisch gegenüber. Er hält den späten Zinslauf zwar für verfassungsrechtlich unbedenklich, weil der Dividendenanspruch – seiner Auffassung zufolge – bis zur Abfindungszahlung bestehen bleibe. „Interessengerecht" wäre seiner Ansicht zufolge jedoch – wie *Meilicke* vorschlägt – eine Verzinsung ab dem Bewertungsstichtag unter Anrechnung der nach dem Bewertungsstichtag noch geleisteten Dividenden- bzw. Ausgleichszahlungen.[1323]

Im Übrigen wird in Rechtsprechung und Literatur nicht beanstandet, dass die Verzinsung gem. § 327 b Abs. 2 HS. 1 AktG erst mit der Bekanntgabe der Eintragung beginnt. Einer ergänzenden Auslegung der Vorschrift dahingehend, dass die Verzinsung schon mit dem Übertragungsbeschluss beginne, steht nach Auffassung des BGH deren eindeutiger Wortlaut entgegen.[1324] Die als unbillig empfundene „Zinslücke" sei Folge ausdrücklicher gesetzgeberischer Wertung.[1325] Diese spezielle, in sich konsistente Regelung dürfe nicht entgegen der eindeutigen Entscheidung des Gesetzgebers contra legem aushebelt werden.[1326]

(d) Ergebnis zu aaa)

Die überwiegende Auffassung in Rechtsprechung und Schrifttum geht davon aus, dass die (partielle) Zinslücke entschädigungslos bleibt, sofern die Minderheitsaktionäre die ihnen zeitanteilig zustehende Dividende bzw. den Ausgleich nicht (ausnahmsweise) vom Hauptaktionär gem. § 101 Nr. 2 HS. 2 BGB herausverlangen können. Die Zinslücke sei als gesetzgeberische Wertung hinnehmbar und verfassungsrechtlich unbedenklich.[1327]

Der BGH führt dazu aus, dass in der gesetzlichen Regelung der §§ 327 a ff AktG (grundsätzlich) keine (relevante) Verzinsungslücke angelegt sei, denn diese sehen vor, dass der Hauptversammlungsbeschluss grundsätzlich umgehend in das Handelsregister eingetragen werden kann (§ 327 e Abs. 1 AktG), und damit Bewertungszeitpunkt und Zahlung der Abfindung bzw. der Verzinsung nahe beieinander liegen. Es bestehe zwar durchaus die Möglichkeit eines der Höhe nach beschränkten Nutzungsentgangs. Der durch kürzere Verzögerungen be-

1322 S. dazu oben II. 2. b) bb) aaa) (4) (b).

1323 *Austmann* in MünchHdbGesR IV, § 74 Rn. 101.

1324 BGH NZG 2011, 701, 704 Tz. 29 = ZIP 2011, 1097 – „Wella AG"; **zustimmend:** *Bödeker/Fink* NZG 2011, 816, 818.

1325 *Bödeker/Fink* NZG 2011, 816, 818; *Bungert/Janson* in FS Schneider, S. 159, 171; OLG Stuttgart ZIP 2006, 27, 30 reSp.

1326 *Mennicke/Leyendecker* BB 2010, 1426, 1430.

1327 **Aus der Rechtsprechung:** BGH NZG 2011, 701, 704 Tz. 29 = ZIP 2011, 1097 – „Wella AG"; **aus der Literatur:** *Bungert/Janson* in FS Schneider, S. 159, 171 f; *Bödeker/Fink* NZG 2011, 816, 818; *Mennicke/Leyendecker* BB 2010, 1426, 1430 f.

dingte Nutzungsentgang soll aber den vom BVerfG geforderten vollen Werter-satz für den Anteilsverlust noch nicht in Frage stellen. Es stehe dem Gesetzgeber auch offen, dieser Verzögerung anders als durch eine Verzinsung zu begegnen. Hier habe der Gesetzgeber der Verzögerungsgefahr dadurch Rechnung getragen, dass die Eintragung im Wege des Freigabeverfahrens gem. §§ 327 e Abs. 2 und 319 Abs. 6 S. 1 AktG zeitnah herbeigeführt werden kann. Auch sei es bei Aktien nicht ungewöhnlich, dass der Zeitpunkt der Wertberechnung und der Zeitpunkt der Zahlung auseinander fallen. So werde auch die Dividende, obwohl zum Ende eines Geschäftsjahres errechnet, erst bis zu acht Monate später nach dem Hauptversammlungsbeschluss über die Gewinnverwendung ausbezahlt.[1328]

Hinsichtlich längerer Verzögerungen der Eintragung betont der BGH, dass die Aktionäre von den Nutzungen der Beteiligung prinzipiell nicht abgeschnitten sind. Die Minderheitsaktionäre erhielten, sofern der Übertragungsbeschluss erst nach der nächsten ordentlichen Hauptversammlung eingetragen werde, noch die Dividenden oder Ausgleichszahlungen.

Bei einer Abwägung könne auch nicht unberücksichtigt bleiben, dass nicht der Hauptaktionär, sondern die anfechtenden Aktionäre selbst die Verzögerung zu verantworten hätten. Einem Aktionär, der die Verzögerung nicht hinnehmen will, bliebe es schließlich unbenommen, dem Hauptaktionär seine Aktien auch schon vor der Eintragung des Übertragungsbeschlusses anzudienen.[1329] Es sei kein Grund ersichtlich – so *Bungert* und *Janson* – die sich gegen die Ausschlussmaßnahme wehrenden Minderheitsaktionäre für die Vereitelung des frühzeitigen Wirksamwerdens der Ausschlussmaßnahme auch noch mit einem anteiligen Ausgleich zu „belohnen".[1330] Bei „reibungslosem Ablauf" hingegen soll allenfalls eine Zinslücke für die Dauer von ca. einem Monat verbleiben, denn greifen die Minderheitsaktionäre den Ausschluss nicht an, so erhielten diese alsbald nach dem Ablauf der einmonatigen Anfechtungsfrist (§ 246 Abs. 1 AktG) die angemessene Abfindung ausbezahlt. Eine relevante Zinslücke sei demnach in §§ 327 a ff AktG nicht angelegt. Die verbleibende Zinslücke sei vom Gesetzgeber in Kauf genommen und verfassungsrechtlich unbedenklich.[1331]

bbb) Die Zufallsabhängigkeit der konkreten Nutzung

In der Literatur und Rechtsprechung wird kritisiert, dass die Beteiligung am konkreten Nutzen der Aktien in mehrfacher Hinsicht von Zufälligkeiten abhängig ist.

1328 BGH NZG 2011, 701, 704 Tz. 29 = ZIP 2011, 1097 – „Wella AG".
1329 BGH NZG 2011, 701, 704 Tz. 29 = ZIP 2011, 1097 – „Wella AG".
1330 *Bungert/Janson* in FS Schneider, S. 159, 172.
1331 *Bungert/Janson* in FS Schneider, S. 159, 175.

(1) Die Zufälligkeit der Gewinnerzielung

Gewährt man den Minderheitsaktionären als Verzinsung ihres Investments einen fortbestehenden konkreten Dividendenanspruch, so hängt die Frage, ob diese eine Entschädigung für die Kapitalüberlassung erhalten, davon ab, ob die Gesellschaft im Zeitraum der Schwebephase Gewinn erwirtschaftet. Ob und in welcher Höhe nach dem Bewertungsstichtag Überschüsse erwirtschaftet werden, hängt in erheblichem Maße von der zufälligen Konjunktur- und Unternehmensentwicklung nach diesem Stichtag ab.[1332]

Für die in der Gerichtspraxis dominierenden Ausschlussfälle,[1333] in denen ein Beherrschungs- und Gewinnabführungsvertrag besteht und fester Ausgleich geschuldet ist, stellt sich dieses Problem hingegen nicht. Der Anspruch auf Ausgleichszahlung entsteht dann unabhängig vom erwirtschafteten Gewinn in gleicher Höhe.

(2) Die Zufälligkeit des Ausschüttungsverhaltens

Für den Minderheitsausschluss aus einer nicht konzernierten AG stellt sich zusätzlich das Problem, dass die Entscheidung, ob und in welcher Höhe Dividende an die Aktionäre ausgeschüttet wird, maßgeblich vom Willen des Hauptaktionärs bestimmt wird.[1334] Dieser hat es mit seiner Beteiligungsquote von mindesten 95 % des Grundkapitals in der Hand, die Unternehmensgewinne – in den Grenzen des § 254 AktG – zu thesaurieren und die Minderheitsaktionäre von der konkreten Nutzung abzuschneiden. Die Thesaurierung von Gewinnen führt aus unternehmensbewertungstheoretischer Sicht zu einer Steigerung der zukünftigen Unternehmensüberschüsse und einem höheren Anteils- und Unternehmenswert.[1335] Da es für die Bemessung der Barabfindung ausschließlich auf den Stichtag der Beschlussfassung ankommt, profitiert alleine der Hauptaktionär von dieser Unternehmenswertsteigerung.

(3) Die Zufälligkeit des Zeitpunkts der Verselbständigung

Dividende bzw. Ausgleich für den Zeitraum der Schwebephase erhalten die Minderheitsaktionäre nur dann, wenn sich der Anspruch noch vor ihrem Ausscheiden aus der Gesellschaft verselbständigt hat. Wann sich der konkrete Anspruch verselbständigt, hängt von der Zufälligkeit ab, wie lange das Verfahren dauert und wann die Hauptversammlung über die Gewinnverwendung beschließt. In der Praxis wurde auch die Befürchtung geäußert, dass der Hauptak-

1332 So schon *Altmeppen* ZIP 2010, 1773, 1779 f.
1333 S. dazu die Nachweise oben Fn. 1240.
1334 *Meilicke* AG 2010, 561, 568 reSp; *Altmeppen* ZIP 2010, 1773, 1778 liSp.
1335 S. dazu oben 2. Teil VII. 1. d) aa) ccc) (1).

tionär – durch Verzögerung des Hauptversammlungszeitpunktes oder geschickter Wahl des Zeitpunktes der Beschlussfassung über den Ausschluss – mit beeinflussen kann, ob sich der Abfindungsanspruch noch vor dem Aktienübergang verselbständigt.[1336]

Das LG Köln geht deshalb davon aus, dass sich der Hauptaktionär dann treuwidrig verhalte, wenn er den Minderheitsaktionären unterjährig die Aktien „wegnehme“, um damit den Ausgleichsanspruch zu vereiteln. Die Minderheitsaktionäre seien in diesem Fall nach Treu und Glauben so zu behandeln, als ob die Eintragung noch vor der Hauptversammlung erfolgt sei.[1337]

In der Lehre wird eine solche Fiktion hingegen entschieden abgelehnt.[1338] Gegen eine Fiktion im oben genannten Sinne wird eingewendet, dass für die Verzögerung der Hauptversammlung der Vorstand der beherrschten Gesellschaft verantwortlich sei. Die Fiktion ginge aber ausschließlich zu Lasten der zum Ausgleich verpflichteten Obergesellschaft.[1339] *Bungert* und *Janson* weisen ergänzend darauf hin, dass die Eintragung des Ausschlusses grundsätzlich gerade kein rechtsmissbräuchliches „Verhindern“, sondern ein durch das AktG eingeräumtes Recht sei. Dem Hauptaktionär würde es typischerweise nicht darum gehen, die Eintragung zielgenau möglichst nahe vor der nächsten Hauptversammlung zu bewirken.[1340]

cc) Zusammenfassung zu bb)

Zusammenfassend stellt sich die Situation während der Schwebephase nach Auffassung des BGH und der herrschenden Meinung in Rechtsprechung und Schrifttum wie folgt dar:

Die Minderheitsaktionäre behalten bis zu ihrem Ausscheiden aus der Gesellschaft ihre abstrakte und konkrete Dividenden- bzw. Ausgleichsberechtigung. Eine „Verzinsung“ ihres Kapitals erhalten sie nach nahezu einhelliger Auffassung allerdings nur dann, wenn der konkrete Dividenden- bzw. Ausgleichsanspruch im Zeitpunkt ihres Ausscheidens bereits entstanden ist und sich zu einem selbständigen Forderungsrecht verselbständigt hat.

Entsteht der konkrete Dividenden- bzw. Ausgleichsanspruch erst nach dem Ausscheiden oder wird – was weitgehend in der Macht des Hauptaktionärs steht – eine Thesaurierung der Gewinne beschlossen, so gehen die Minderheitsaktio-

1336 Vgl. den Klägerantrag LG Köln Urt. v. 13.3.2009 – 82 O 93/08, juris Tz. 11, 42 sowie LG Köln Urt. v. 13.11.2009 – 82 O 151/09.

1337 Vgl. dazu LG Köln Urt. v. 13.11.2009 – 82 O 151/09; LG Köln Urt. v. 13.3.2009 – 82 O 93/08, juris Tz. 42; vgl. dazu BGH NZG 2011, 701, 702 Tz. 17 = ZIP 2011, 1097 – „Wella AG“.

1338 Offen gelassen von BGH NZG 2011, 701, 702 Tz. 17 = ZIP 2011, 1097 – „Wella AG“.

1339 *Bödeker/Fink* NZG 2011, 816, 817 reSp; *Bungert/Janson* in FS Schneider, S. 159, 167.

1340 *Bungert/Janson* in FS Schneider, S. 159, 166.

näre hinsichtlich dieser Zeitspanne leer aus. Ein (zeitanteiliger) Dividenden- bzw. Ausgleichsanspruch gegen die Gesellschaft wird praktisch einhellig abgelehnt. Verselbständigt sich der konkrete Anspruch in der Person des Hauptaktionärs als Anteilserwerber, so kann dieser Dividenden- bzw. Ausgleichszahlungen ziehen, die sich auf einen Zeitraum beziehen, in dem er noch nicht Anteilsinhaber war. Insofern fließen dem Erwerber Dividenden bzw. Ausgleichszahlungen zu, für die er noch nicht abstrakt dividenden- bzw. ausgleichsberechtigt war.

Diese Situation ist aber nicht außergewöhnlich, sondern tritt vielmehr stets dann ein, wenn die Früchte nicht fortlaufend, sondern nur in Zeitabständen gezogen werden. Das BGB löst diesen Konflikt über einen Innenausgleich zwischen dem Rechtsvorgänger und dem Rechtsnachfolger gem. § 101 Nr. 2 HS. 2 BGB.

Die Minderheitsaktionäre haben demgemäß prinzipiell gegen den Hauptaktionär einen Anspruch auf Herausgabe der konkreten Nutzung. Voraussetzung dafür ist allerdings, dass der Anteilserwerber tatsächlich Früchte gezogen hat, was im Falle der AG, für die ein Beherrschungs- und Gewinnabführungsvertrag besteht, regelmäßig nicht der Fall sein wird und in der nicht konzernierten AG ausschließlich in der Macht des Hauptaktionärs liegt.

Eine Verzinsung der Barabfindung ab der Beschlussfassung sowie eine Einpreisung der dem Minderheitsaktionär entgehenden Nutzung als zusätzlicher Faktor werden ganz mehrheitlich abgelehnt.

Im Ergebnis entsteht (nur) eine partielle Zinslücke für die (anteiligen) Geschäftsjahre, für die sich der jährliche Dividenden- bzw. Ausgleichsanspruch nicht mehr verselbständigt hat. Der Kapitalüberlassung steht nur die potentielle Möglichkeit einer Dividenden- bzw. Ausgleichsleistung gegenüber.

c) Der Wegfall des konkreten Dividenden- bzw. Ausgleichsanspruchs mit Beschlussfassung

Eine Mindermeinung geht – mit völlig unterschiedlicher Begründung – vom Fortbestehen der abstrakten, aber dem Wegfall der konkreten Gewinnbeteiligung mit dem Bewertungsstichtag aus. Ob an die Stelle der konkreten Dividendenbeteiligung andere Ansprüche treten, wird unterschiedlich beantwortet.

aa) Der ersatzlose Wegfall des konkreten Dividenden- bzw. Ausgleichsanspruchs

Mitunter wird aus § 327 b Abs. 2 AktG, der eine Zinspflicht erst von der Bekanntmachung der Eintragung ab anordnet, geschlossen, der Minderheitsaktionär habe dem Hauptaktionär für den Zeitraum zwischen Beschlussfassung und

Bekanntgabe der Eintragung des Ausschlussbeschlusses quasi ein „zinsloses Darlehen“ zu gewähren.[1341] Von einem ersatzlosen Wegfall der konkreten Dividende bzw. des konkreten Ausgleichs gehen offensichtlich auch diejenigen Stimmen aus, die von einer Abgeltung des zukünftigen Fruchtziehungsrechts durch „Einpreisung“ in die Abfindung ausgehen.[1342] Aber auch die herrschende Auffassung führt im Ergebnis zu einem ersatzlosen Wegfall der konkreten Dividenden- bzw. Ausgleichsberechtigung, wenn keine Gewinne erwirtschaftet werden, die Gewinne vollständig thesauriert werden oder sich der konkrete Anspruch erst nach dem Ausscheiden verselbständigt hat und eine Herausgabe vom Hauptaktionär an der fehlenden Fruchtziehung scheitert.[1343]

bb) Die Aufzinsung der Barabfindung auf den Tag des Ausscheidens

Um die Verzinsungslücke zwischen Bewertungsstichtag und Ausscheiden aus der AG zu schließen, schlägt namentlich *Altmeppen* vor, die Abfindungssumme vom Stichtag der Beschlussfassung auf den Stichtag des Ausscheidens aus der Gesellschaft – der Eintragung des Übertragungsbeschlusses – aufzuzinsen.[1344]

Auch *Altmeppen* geht davon aus, dass die abstrakte Dividenden- bzw. Ausgleichsberechtigung – wie in § 101 Nr. 2 HS. 2 BGB als selbstverständlich vorausgesetzt wird – bis zum Ausscheiden fortbesteht. Unternehmensüberschüsse, die mit dem Kapital der Minderheitsaktionäre erwirtschaftet werden, stehen diesen schuldrechtlich zu.

Zwar sei die Berechnung der konkreten (zeitanteiligen) Nutzung, wenn auch mit erheblichen praktischen Schwierigkeiten verbunden, grundsätzlich möglich. Eine Beteiligung der Minderheitsaktionäre an der konkreten Nutzung der Schwebephase sei aber nicht geeignet, einen angemessenen Ausgleich zwischen dem Hauptaktionär und den Minderheitsaktionären herzustellen. Dieser Schluss lasse sich aus dem zur Anteils- und Unternehmensbewertung heute üblichen Bewertungsmodus, dem Ertragswertverfahren, ziehen. Das Ertragswertverfahren ermittelt den Anteils- und Unternehmenswert durch Addition der prognostizierten zukünftigen Ausschüttungen des Unternehmens an die Gesellschafter. Da die Ausschüttungen erst in Zukunft anfallen, während die Abfindung dem Abzufindenden sofort zufließt, sind die zukünftigen Zahlungsströme auf den

1341 So der Klageantrag OLG Hamburg NZG 2003, 978, 979 reSp – „Metropol/Volksfürsorge“.

1342 S. dazu oben II. 2. b) aa) aaa), in Abgrenzung zur Einpreisung der dem Minderheitsaktionär entgehenden Dividende bzw. Ausgleichszahlung als zusätzlichem Faktor (s. dazu oben II. 2. b) bb) aaa) (4) (b)).

1343 S. dazu oben II. 2. b) bb) aaa) und bbb).

1344 *Altmeppen* ZIP 2010, 1773, 1778 ff; **ebenso:** *W. Müller* in FS Roth, S. 517, 528; *Knoll* BB 2004, 1727, 1729 sowie *Munkert*, S. 182 ff. Ausführlich zur Aufzinsung bereits oben 3. Teil II. 3. e) bb).

Bewertungsstichtag abzuzinsen.[1345] Die Abzinsung verteilt den Nutzungswert der Mitgliedschaft gerecht zwischen dem auszuschließenden und den verbleibenden Gesellschaftern. Bis zum Bewertungsstichtag gebührt die konkrete Nutzung der Aktien den auszuschließenden Minderheitsaktionären. Von diesem Stichtag an gebührt der konkrete Nutzen hingegen ausschließlich dem den Ausschluss betreibenden Hauptaktionär. Der abstrakte Nutzungswert der Beteiligung wird im Rahmen der Abzinsung durch den Kapitalisierungszinssatz ausgedrückt, der dem Nutzungswert der bestmöglichen äquivalenten Alternativanlage entspricht. Der Nutzungswert der Aktien für den Zeitraum der Schwebephase sei deshalb – wie im Rahmen der Abzinsung – abstrakt bzw. pauschaliert durch Aufzinsung der Abfindung zu ermitteln. Dieses abstrakte Mitgliedschaftsrecht der Aktionäre auf Teilhabe am Gewinn konkretisiere sich allerdings erst mit dem Ausscheiden aus der AG zu einem konkreten Zahlungsanspruch.[1346]

Für den Minderheitsausschluss aus der AG hat sich *W. Müller* der Auffassung *Altmeppens* ausdrücklich angeschlossen.[1347] Ausschließlich für den Spezialfall, dass die Minderheitsaktionäre zum Börsenwert abzufinden sind, sei eine Aufzinsung nicht erforderlich. Die Minderheitsaktionäre seien in diesem Spezialfall anteilig am Bilanzgewinn zu beteiligen.[1348]

3. Stellungnahme

a) Zum ersatzlosen Wegfall der Dividende bzw. des Ausgleichs zum Bewertungsstichtag

Völlig zu Recht hält man in Rechtsprechung und Schrifttum einen ersatzlosen Wegfall der Dividenden- bzw. Ausgleichsberechtigung vom Stichtag der Beschlussfassung bis zum Verzinsungsbeginn für verfassungsrechtlich nicht haltbar.

Insbesondere lässt sich aus § 327 b Abs. 2 HS. 2 AktG – wie teilweise behauptet – nicht der Rückschluss ziehen, dass der ausgeschlossene Aktionär dem Hauptaktionär bis zur Bekanntgabe der Eintragung ein „zinsloses Darlehen" zu gewähren habe. Zwar ordnet § 327 b Abs. 2 HS. 2 AktG an, dass die gesetzliche Zinspflicht erst zu diesem Zeitpunkt beginnen soll. Wie aber schon das LG Köln festgestellt hat, wollte der Gesetzgeber damit ausschließlich zum Ausdruck bringen, dass das eingesetzte Kapital zumindest ab Wirksamkeit des Übertragungsbeschlusses verzinst werden soll.[1349] In der Gesetzesbegründung zur Paral-

1345 Zum Ertragswertverfahren s. ausführlich oben 2. Teil VII. 1.
1346 *Altmeppen* ZIP 2010, 1773, 1777 ff.
1347 *W. Müller* in FS Roth, S. 517, 528.
1348 S. dazu ausführlich unten II. 4. b) bb).
1349 LG Köln Urt. v. 13.11.2009 – 82 O 151/09.

lelvorschrift § 15 Abs. 2 S. 1 UmwG heißt es zum Sinn und Zweck der Verzinsungspflicht ausschließlich, es gelte durch die Verzinsung *„zu verhindern, dass ein Spruchverfahren von dem zur baren Zahlung verpflichteten Rechtsträger verzögert wird“*.[1350] Entsprechendes gilt auch für das aktienrechtliche Ausschlussverfahren, denn Vorbild der Verzinsungspflicht des § 327 b Abs. 2 HS. 2 AktG ist insbesondere auch § 15 Abs. 2 S. 1 UmwG.[1351] Die Verzinsung dient ausschließlich dem Schutz der Minderheitsaktionäre. Aus § 327 b Abs. 2 HS. 2 AktG lässt sich demnach keinesfalls schlussfolgern, dass die Minderheitsaktionäre ihr im Anteil verkörpertes Kapital vor dem Wirksamwerden der Maßnahme der AG entschädigungslos zu überlassen haben.

Der aus einer Gesellschaft zwangsweise ausgeschlossene Gesellschafter ist für den Verlust der Beteiligung wirtschaftlich voll zu entschädigen (Art. 14 GG). Die Anforderungen an die angemessene Entschädigung sind im aktienrechtlichen Ausschlussverfahren besonders hoch anzusetzen, denn im Gegensatz zum Ausschluss aus wichtigem Grund erfolgt der Ausschluss anlassunabhängig. Die Minderheitsaktionäre sind wirtschaftlich so zu stellen, dass sie ohne wirtschaftlichen Nachteil aus der Gesellschaft ausscheiden können.[1352] Die durch die Schwebephase bedingte Zahlungsverzögerung und die daraus resultierende Zinslücke dürfen nicht einseitig zu Lasten des auszuschließenden Minderheitsaktionärs gehen, zumal der Hauptaktionär dadurch einen entsprechenden Vorteil erlangt, dass die Gesellschaft mit dem Kapital der Minderheitsaktionäre bis zur Auszahlung der Abfindung wirtschaftet und – im Idealfall – Gewinne erzielt.

b) Zur Einpreisung und Abgeltung des Fruchtziehungsrechtes

Der ganz herrschenden Auffassung ist auch insoweit zuzustimmen, als mit der Barabfindung ausschließlich das Stammrecht zum Bewertungsstichtag abgegolten ist. Das Fruchtziehungsrecht für den Zeitraum der Schwebephase wird mit der Abfindung hingegen nicht abgegolten.[1353]

Richtig ist zunächst, dass die zukünftigen Dividenden- bzw. Ausgleichszahlungen unabhängig vom konkret einschlägigen Bewertungsverfahren in die Bewertung der Aktie einfließen. Wertprägend für ein Unternehmen und die Beteiligung daran ist nach dem heute herrschenden Ertragswertgedanken der in Zukunft mit der Beteiligung erzielbare Vermögensvorteil.[1354] Ist der Anteilswert wie in aller Regel nach dem Ertragswertverfahren zu bestimmen, so bilden die zukünftigen Dividendenausschüttungen in prognostizierter Form gerade die

1350 BT-Drucks. 12/6699, S. 88 liSp.
1351 BT-Drucks. 14/7034, S. 72 reSp.
1352 Zu den verfassungsrechtlichen Anforderungen an die Bemessung der Abfindung s. oben 2. Teil II.; vgl. dazu auch die Gesetzesbegründung, BT-Drucks. 14/7034, S. 72 reSp.
1353 S. dazu die Nachweise oben Fn. 1265.
1354 Zum Ertragswertgedanken i.S.d. Investitionstheorie s. oben 2. Teil VII. 1. a) bb).

Bewertungsgrundlage. Werden die Minderheitsaktionäre aus einer AG, für die ein Beherrschungs- und Gewinnabführungsvertrag besteht, ausgeschlossen, so sind die Ausgleichszahlungen an Stelle der Ausschüttungen als Bewertungsgrundlage anzusetzen.[1355] Nichts anderes gilt dann, wenn der Börsenwert anzusetzen ist, denn auch der Marktwert wird maßgeblich von dem mit der Beteiligung erzielbaren Nutzen geprägt.

Wie der BGH allerdings zu Recht festgestellt hat, wird der Anteilswert unabhängig von dem im Einzelfall konkret einschlägigen Bewertungsverfahren stets stichtagsbezogen ermittelt. Die Barabfindung ist Gegenwert des Stammrechts zum Bewertungsstichtag. Davon zu unterscheiden ist der Nutzungswert aus dem während der Schwebephase fortbestehenden Stammrecht. Die Abfindung kann als Barwert zum Stichtag keine Nutzungsentschädigung für den Zeitraum nach diesem Stichtag enthalten, sofern eine Nutzungsentschädigung nicht als zusätzlicher Faktor in die Abfindung mit „eingepreist" worden ist.[1356]

Durch eine „Verzinsung" des Kapitals während der Schwebephase werden die Minderheitsaktionäre mithin nicht überkompensiert. Ohne eine entsprechende Nutzungsentschädigung für den Zeitraum bis zur Zahlung der Abfindung würde es vielmehr zu einer mit der verfassungsrechtlich geforderten wirtschaftlich vollen Entschädigung unvereinbaren Unterkompensation kommen.

Anders wäre die Situation nur dann, wenn der Hauptaktionär die Barabfindung am Bewertungsstichtag sofort an die Minderheitsaktionäre auszahlen würde. Die Minderheitsaktionäre wären unmittelbar mit Auszahlung der Abfindung in der Lage, ihr Kapital anderweitig gewinnbringend anzulegen. Das hier zu untersuchende Problem einer Zinslücke würde sich dann nicht stellen. In der Praxis wird der Hauptaktionär kaum gewillt sein, die Abfindung zu zahlen, solange noch ungeklärt ist, ob der Ausschluss aus der AG überhaupt geglückt ist.[1357]

c) Zum Fortbestehen des konkreten Dividenden- bzw. Ausgleichsanspruchs

Völlig zu Recht geht die ganz einhellige Auffassung davon aus, dass die abstrakte Dividenden- bzw. Ausgleichsberechtigung, wie von § 101 Nr. 2 HS. 2 BGB stillschweigend vorausgesetzt, während der Schwebephase fortbesteht. Erst mit dem Übergang der Aktien auf den Hauptaktionär gem. § 327 e Abs. 3 S. 1 AktG geht auch das abstrakte Fruchtziehungsrecht, das an die Anteilsinhaberschaft gekoppelt ist, auf den Hauptaktionär über. Entgegen der ganz herrschenden Meinung ist aber – sofern der Minderheitsausschluss Erfolg hat – eine

1355 S. dazu oben 2. Teil VII. 1. f).

1356 Zur Einpreisung der Nutzungsentschädigung als zusätzlichem Faktor s. ausführlich unten II. 3. d).

1357 *Altmeppen* in FS Roth, S. 1, 4; *W. Müller* in FS Roth, S. 517, 528; LG Köln Urt. v. 13.11.2009 – 82 O 151/09.

fortbestehende konkrete Dividenden- bzw. Ausgleichsberechtigung nach dem Bewertungsstichtag aus den nachfolgenden Gründen nicht geeignet, einen gerechten Ausgleich zwischen den Parteien herzustellen. Zum Zweck der Auseinandersetzung mit den Aktionären muss die konkrete Dividenden- bzw. Ausgleichsberechtigung mit dem Stichtag der Beschlussfassung über den Minderheitsausschluss enden.

aa) Die entstehende Zinslücke

Der BGH betont, dass in der gesetzlichen Regelung der §§ 327 a ff AktG prinzipiell keine Zinslücke angelegt sei, denn diese sieht vor, dass der Übertragungsbeschluss umgehend eingetragen werden kann.[1358]

Richtig ist zwar, dass nach der gesetzlichen Regelung in §§ 327 a ff AktG eine relativ zeitnahe Eintragung nicht ausgeschlossen ist. Vor Ablauf der einmonatigen Anfechtungsfrist des § 246 Abs. 1 AktG darf der Übertragungsbeschluss vom Registergericht jedoch nicht eingetragen werden.[1359] Im gesetzlichen Idealfall der „umgehenden" Eintragung wird der Beschluss also frühestens nach ca. einem Monat wirksam.[1360] In der gesetzlichen Regelung der §§ 327 a ff AktG ist damit sehr wohl eine – wenn auch im Idealfall minimale – Zinslücke angelegt.[1361]

Über den Zeitraum dieser gesetzlich angelegten Zinslücke hinaus kann sich die Eintragung des Übertragungsbeschlusses unter Umständen über mehrere Jahre verzögern. In der Zwischenzeit sind die Minderheitsaktionäre nach Auffassung der herrschenden Meinung von den Nutzungen der Beteiligung als „Verzinsung des Investments" grundsätzlich nicht abgeschnitten, denn sie bleiben – unter der einschränkenden Voraussetzung der Verselbständigung des Anspruchs vor dem Ausscheiden – dividenden- und ausgleichsberechtigt. Eine zeitanteilige konkrete Dividenden- bzw. Ausgleichsbeteiligung wird hingegen ganz überwiegend und völlig zu Recht abgelehnt.

Nach der Lösung der herrschenden Auffassung kann eine „Zinslücke" somit ausschließlich für solche vollen bzw. anteiligen Geschäftsjahre entstehen, für die sich der konkrete Dividenden- bzw. Ausgleichsanspruch nicht vor dem Ausscheiden (der Eintragung des Übertragungsbeschlusses) verselbständigt hat. Dass es für diesen Zeitraum zu einer zumindest partiellen „Zinslücke" und

1358 BGH NZG 2011, 701, 704 Tz. 29 = ZIP 2011, 1097 – „Wella AG".

1359 So die wohl **einhM**, s. oben Fn. 1232.

1360 **Ebenso:** *Bungert/Janson* in FS Schneider, S. 159, 175.

1361 Zu einer – wenn auch nur minimalen – Zinslücke führt unbestreitbar auch die gesetzliche Verzinsungsregelung § 327 b Abs. 2 HS. 1 AktG, die eine Verzinsung nicht schon ab der Eintragung, sondern erst von der Bekanntgabe derselben anordnet, s. dazu ausführlich unten III.

einem „in der Höhe beschränkten Nutzungsentgang" kommen kann, steht nach der Entscheidung des BGH vom 19.4.2011 außer Frage.[1362]

Da sich nach herrschender Auffassung weder der konkrete Dividendenanspruch noch der konkrete Ausgleichsanspruch bereits mit Ablauf des Geschäftsjahres verselbständigt, kann sich die entstehende Zinslücke über ein volles Geschäftsjahr hinaus erstrecken. Geht man weiter davon aus, dass die ordentliche Hauptversammlung entsprechend der gesetzlichen Vorgabe in § 175 Abs. 1 S. 2 AktG in den ersten acht Monaten des darauf folgenden Geschäftsjahres stattzufinden hat, kann zusätzlich der anteilige Zeitraum von bis zu acht Monaten hinzukommen.[1363]

Die nach herrschender Auffassung entstehende Zinslücke schwankt damit zwischen ca. einem Monat und ca. einem Jahr und acht Monaten. Der BGH und die herrschende Auffassung halten eine zinslose Überlassung des Kapitals während dieses Zeitraums für zumutbar.[1364]

Es überrascht, dass die ganz überwiegende Auffassung einerseits einen völlig entschädigungslosen Wegfall des konkreten Dividenden- bzw. Ausgleichsanspruchs für unbillig hält,[1365] andererseits aber eine partielle Zinslücke von bis zu einem Jahr und acht Monaten für unbedenklich erachtet.

Ob die bei umgehender Eintragung der Beschlussfassung gesetzlich angelegte minimale Zinslücke von ca. einem Monat der verfassungsrechtlich geforderten wirtschaftlich vollen Entschädigung noch entspricht, kann dahingestellt bleiben.[1366] Jedenfalls führt eine längere Zinslücke von bis zu einem Jahr und acht Monaten zu einem nicht unerheblichen wirtschaftlichen Schaden. Ein Ausscheiden aus der AG ohne nennenswerten wirtschaftlichen Schaden wäre dann nicht mehr sichergestellt.

Zwar weist die herrschende Meinung zu Recht auf die Möglichkeit hin, die tatsächlich gezogenen Früchte der Beteiligung nach § 101 Nr. 2 HS. 2 BGB vom Hauptaktionär herauszuverlangen. Dieser Herausgabeanspruch wird allerdings häufig an der tatsächlichen Fruchtziehung scheitern. Für den Minderheitsausschluss aus einer AG, für die ein Beherrschungs- und Gewinnabführungsvertrag besteht, ist mit dem BGH festzustellen, dass ein Anspruch auf Herausgabe des Ausgleichs regelmäßig daran scheitern wird, dass der Hauptaktionär selbst nicht ausgleichsberechtigt ist.[1367] Aber auch ob der Hauptaktionär Früchte in

---

1362 S. BGH NZG 2011, 701, 704 Tz. 29 = ZIP 2011, 1097 – „Wella AG".

1363 Vgl. *Dreier/Riedel* BB 2009, 1822, 1826 liSp.

1364 So die Konsequenz der **h.M.**, s. oben II. 2. b) bb) aaa).

1365 S. dazu oben II. 2. b) aa).

1366 Einige Autoren halten die Regelung des § 327 b Abs. 2 HS. 1 AktG schon alleine aufgrund der extrem kurzen Zinslücke zwischen Eintragung und Bekanntmachung derselben für verfassungswidrig, s. dazu noch ausführlich unten III.

1367 S. dazu bereits oben II. 2. b) bb) aaa) (4) (a).

Form von Dividende zieht, ist unsicher, denn nach dem Übergang der Aktien bestimmt alleine der Hauptaktionär, in welcher Höhe Dividende ausgeschüttet wird. Eine analoge Anwendung des § 101 Nr. 2 HS. 2 BGB auf die Fälle fehlender tatsächlicher Fruchtziehung lehnt der BGH mangels planwidriger Regelungslücke völlig zu Recht ab. Wie im Folgenden zu zeigen sein wird, ist eine Beteiligung an den konkreten Früchten auch generell nicht geeignet, einen angemessenen Ausgleich zwischen den Minderheitsaktionären und dem Hauptaktionär herbeizuführen.[1368]

Eine längere Zinslücke lässt sich auch nicht mit dem Argument rechtfertigen, es dürfe nicht unberücksichtigt bleiben, dass die Verzögerung gerade durch die Minderheitsaktionäre selbst verursacht werde. Die Einlegung von Rechtsmitteln ist jedoch grundrechtlich (Art. 103 Abs. 1 GG) abgesichert.[1369] Die Minderheitsaktionäre machen lediglich von ihrem legitimen Recht Gebrauch, sich gegen die Ausschlussmaßnahme zur Wehr zu setzen. Der effektive Rechtschutz gebietet es, dass sich prozessbedingte Verzögerungen nicht einseitig zu Lasten der Minderheitsaktionäre auswirken. Jedenfalls ist es keinesfalls stets der Fall, dass die Minderheitsaktionäre durch „offensichtlich unbegründete" Klagen die Auszahlung der Barabfindung selbst verhindern.[1370]

Auch das von der Gesellschaft zu betreibende Freigabeverfahren gem. §§ 327 e Abs. 2 i.V.m. 319 Abs. 6 AktG ist nicht geeignet, die Minderheitsaktionäre zu schützen. Gerade dann, wenn die Anfechtungs- oder Nichtigkeitsklage nicht unzulässig oder offensichtlich unbegründet ist, und das Freigabeverlangen scheitert, sind die Minderheitsaktionäre schutzwürdig und schutzbedürftig, sodass die Klageerhebung nicht zu ihren Lasten gehen darf. Hinzu kommt, dass Anfechtungs- und Nichtigkeitsklagen zwar der Hauptgrund, nicht aber der einzige Grund für Verzögerungen der Eintragung sind.

Zwar mag für die nicht klagenden Minderheitsaktionäre die Möglichkeit bestehen, die Aktien dem Hauptaktionär schon vor der Eintragung der Maßnahme anzudienen, um so eine längere Verzögerung der Abfindungszahlung zu vermeiden.[1371] Zweifelhaft ist aber, ob sie gewillt sein werden, dies zu tun, denn bis zur Eintragung ist der Erfolg der Ausschlussmaßnahme auch für sie noch unsicher. Für die sich legitimerweise gegen den Ausschluss wehrenden Aktionäre hingegen, die gerade mit der Unwirksamkeit der Maßnahme rechnen, steht dieser Weg jedenfalls nicht offen.

1368 S. dazu ausführlich unten II. 3. c).

1369 *Altmeppen* in FS Roth, S. 1, 10.

1370 Vgl. *Bungert/Janson* in FS Schneider, S. 159, 172.

1371 So der BGH NZG 2011, 701, 704 Tz. 29 = ZIP 2011, 1097 – „Wella AG".

bb) Die Unvereinbarkeit mit dem Sinn und Zweck der Vorverlagerung des Bewertungsstichtages

Wie im Folgenden zu zeigen sein wird, ist der Wegfall der konkreten Dividenden- bzw. Ausgleichsberechtigung zwingende Konsequenz der Vorverlagerung des Bewertungsstichtages.

Nach allgemeinen Grundsätzen müssen der Stichtag des Ausscheidens aus der Gesellschaft und der Bewertungsstichtag zusammenfallen, denn die Abfindung soll nahtlos an die Stelle der gesellschaftlichen Beteiligung treten.[1372] Weshalb der Bewertungsstichtag beim Ausschluss aus der AG gem. § 327 b Abs. 1 S. 1 HS. 2 AktG auf den Tag der Beschlussfassung vorverlagert wird, lässt sich weder den Gesetzesmaterialien zu § 327 b AktG selbst, noch den Parallelnormen §§ 305, 320 b AktG oder § 15 UmwG, die dem Gesetzgeber als Vorbild gedienten haben,[1373] entnehmen. Allerdings liegt der Schluss nahe, dass der Gesetzgeber ähnliche Ziele verfolgt hat wie bei der Vorverlagerung des Bewertungsstichtages für den Ausschluss aus der oHG gem. § 140 Abs. 2 HGB und der – freilich nicht Gesetz gewordenen – Parallelvorschrift für die GmbH § 209 Abs. 1 S. 2 RegE 1971/73[1374]. Dementsprechend ist für den Ausschluss aus der GmbH auch ohne gesetzliche Regelung allgemein anerkannt, dass der Bewertungsstichtag analog § 140 Abs. 2 HGB bzw. nach einem allgemeinen Rechtsgrundsatz auf den Beginn der Schwebephase vorzuverlagern ist.[1375] Sinn und Zweck der Vorverlagerung des Bewertungsstichtages gem. § 140 Abs. 2 HGB bzw. § 209 Abs. 1 S. 2 RegE 1971/73 ist es, die Auseinandersetzung mit dem Ausgeschlossenen von der zufälligen Konjunktur- und Unternehmensentwicklung nach dem Bewertungsstichtag unabhängig zu machen. Eine prozessbedingte Verzögerung des Wirksamwerdens der Maßnahme soll sich weder zum Vorteil noch zum Nachteil einer der beiden Parteien auswirken.[1376] „Chance" und „Risiko" einer veränderten Unternehmens- und Konjunkturlage wirken sich nicht nur über die Abfindung, sondern auch über die fortbestehende Gewinnbeteiligung auf die Auseinandersetzung aus. Nur dann, wenn man dem Auszuschließenden einen konkreten Dividenden- bzw. Ausgleichsanspruch für den Zeitraum nach dem Bewertungsstichtag versagt, wird die Auseinandersetzung von der zufälligen Konjunktur- und Unternehmensentwicklung vollständig abgekoppelt. Dementsprechend geht die ganz einhellige Meinung zum Ausschluss

---

1372 Ausführlich dazu oben 2. Teil VI. 3.

1373 S. BT-Drucks. 14/7034, S. 72 reSp.

1374 Abgedruckt oben Fn. 1118.

1375 S. dazu oben 4. Teil I. 1.

1376 Zum Sinn und Zweck der Vorverlagerung des Bewertungsstichtages s. zur oHG oben 3. Teil II. 3. a), zu GmbH oben 4. Teil II. 3. a).

aus der oHG davon aus, dass der Auszuschließende am Gewinn und Verlust der Prozessdauer nicht mehr teilnimmt.[1377]

Beim Minderheitsausschluss aus der AG liegt die Sachlage ähnlich. Auch dort scheiden die Aktionäre nicht unmittelbar mit der gesellschaftsinternen Beschlussfassung über den Ausschluss, sondern erst nach der Prüfung der formellen und materiellen Voraussetzungen der Eintragung durch das Registergericht aus der AG aus. Durch Verzögerungen im Registerverfahren, insbesondere durch anhängige Anfechtungs- und Nichtigkeitsklagen, kann sich die Eintragung und Wirksamkeit der Maßnahme erheblich verzögern.

Zu erheblichen Unbilligkeiten für beide Parteien führt die Beteiligung an den konkreten Unternehmensgewinnen dann, wenn die tatsächlich erwirtschafteten und ausgeschütteten Gewinne, gemessen am Gesamtprognosezeitraum, zu hoch oder zu niedrig ausfallen. Unterschreitet der tatsächlich erwirtschaftete Gewinn den durchschnittlich prognostizierten Gewinn, so erhalten die Minderheitsaktionäre im Vergleich zu den Verhältnissen der Gesellschaft am Bewertungsstichtag zu wenig. Im umgekehrten Fall hingegen würden die Aktionäre zu viel erhalten.[1378] In welcher Höhe Gewinn erwirtschaftet wird, hängt in erheblichem Maße von der zufälligen Konjunktur- und Unternehmensentwicklung ab. Auch die zeitliche Verteilung der Überschüsse lässt sich nicht exakt prognostizieren und hängt vom Zufall ab. Das Volatilitätsrisiko würde sich trotz Vorverlagerung des Bewertungsstichtages auf die Auseinandersetzung auswirken.

Unbillig wäre eine fortbestehende konkrete Dividenden- bzw. Ausgleichsberechtigung vor allem für den Hauptaktionär. Sowohl Dividende als auch Ausgleich sind als „Risikovergütung" untrennbar mit dem unternehmerischen Risiko verknüpft. Das mit der gesellschaftlichen Beteiligung verbundene unternehmerische Risiko verlagert sich aber mit dem Bewertungsstichtag von den Minderheitsaktionären auf den Hauptaktionär.[1379] Das unternehmerische Risiko lässt sich in zwei Risiken aufspalten, das Ausfallrisiko und das Volatilitätsrisiko.[1380] Das mit der Aktieninhaberschaft verbundene Ausfallrisiko tragen die Minderheitsaktionäre nach dem Bewertungsstichtag nicht mehr, denn für die an die Stelle der Beteiligung tretende Barabfindung haftet der Hauptaktionär auch dann, wenn die AG während der Schwebephase insolvent wird. Aber auch das Risiko der Volatilität der Überschüsse wirkt sich nach diesem Stichtag nur noch in beschränktem Umfang zu Lasten der Aktionäre aus. Für die Bemessung der Barabfindung kommt es ausschließlich auf den Anteils- und Unternehmenswert zum Bewertungsstichtag an. Verändert sich die Konjunktur- und Unternehmens-

---

1377 S. dazu den Streitstand oben 3. Teil II. 2. a).

1378 So schon *Altmeppen* ZIP 2010, 1773, 1779 f.

1379 Zur Verlagerung des unternehmerischen Risikos auf den Hauptaktionär s. ausführlich unten II. 4. a).

1380 Zum unternehmerischen Risiko s. ausführlich oben 2. Teil VII. 1. d) cc) bbb) (2) (b) (aa) (bbb).

lage nach diesem Stichtag, so wirkt sich dies nicht mehr zum Nachteil der Aktionäre auf die Abfindung aus. Dass die Minderheitsaktionäre einerseits den vollen wirtschaftlichen Nutzen aus der Beteiligung ziehen, ohne andererseits das korrespondierende unternehmerische Risiko zu tragen, lässt sich nicht rechtfertigen.

cc) Die Zufallsabhängigkeit der Verselbständigung und Ausschüttungshöhe

Zwar erscheint die Befürchtung, der Hauptaktionär könne den Minderheitsaktionären ihre Aktien gezielt unterjährig wegnehmen und die Verselbständigung des Dividenden- bzw. Ausgleichsanspruchs verzögern, um die Auszuschließenden von der konkreten Nutzung der Schwebephase abzuschneiden, wenig realistisch. Denn weder auf den Zeitpunkt der Eintragung der Beschlussfassung noch auf den Zeitpunkt der Beschlussfassung über den Ausschluss hat der Hauptaktionär unmittelbaren Einfluss.[1381] Allerdings hängt die Frage, ob sich der konkrete Anspruch auf Dividenden- bzw. Ausgleichszahlung noch vor dem Ausscheiden verselbständigt, von der Zufälligkeit ab, wann der Übertragungsbeschluss in das Handelsregister eingetragen wird. Bedenklich erscheint außerdem, dass es im Wesentlichen im Belieben des Hauptaktionärs steht, ob und gegebenenfalls in welcher Höhe Dividende an die auszuschließenden Aktionäre ausgeschüttet wird.[1382]

dd) Zusammenfassung zu c)

Die Annahme, der konkrete Dividenden- bzw. Ausgleichsanspruch bestehe für den Zeitraum der Schwebephase auch bei Erfolg der Ausschlussmaßnahme fort, ist aus mehreren Gründen unbillig und nicht geeignet, einen angemessenen Ausgleich zwischen den Parteien herzustellen.

Da die herrschende Meinung verlangt, dass sich der Anspruch noch vor dem Ausscheiden verselbständigt haben muss, und eine zeitanteilige Dividenden- bzw. Ausgleichsbeteiligung strikt ablehnt, werden die Minderheitsaktionäre nie vollständig für die Kapitalüberlassung während der Schwebephase kompensiert. Es kommt stets zu einer nicht unerheblichen Zinslücke für einen Zeitraum von mindestens einem Monat bis zu ca. einem Jahr und acht Monaten. Die Frage, ob die Minderheitsaktionäre noch in den Genuss von Dividenden- oder Ausgleichszahlungen kommen, hinge in erheblichem Maße vom zufälligen Zeitpunkt der Eintragung der Maßnahme ab. Ob und in welcher Höhe Gewinne erwirtschaftet werden, hängt von der zufälligen Konjunktur- und Unternehmensentwicklung nach dem Bewertungsstichtag ab. Von dieser zufälligen Entwick-

1381 S. dazu die Nachweise oben II. 2. b) bb) bbb) (3).

1382 So zu Recht die Kritik in der Literatur, s. oben II. 2. b) bb) bbb) (2).

lung soll die Vorverlagerung des Bewertungsstichtags auf den Beginn der Schwebephase die Auseinandersetzung gerade unabhängig machen. Hinzu kommt, dass es weitgehend in der Macht des Hauptaktionärs steht, wie viel des Gewinns ausgeschüttet wird.

d) Zur Einpreisung eines angemessenen Ausgleichs als zusätzlichem Faktor

Mit der Barabfindung wird ausschließlich das Stammrecht zum Bewertungsstichtag abgegolten. Eine Entschädigung für die schwebephasebedingte Verzögerung der Auszahlung enthält die Abfindung grundsätzlich nicht.[1383] Mit der überwiegenden Auffassung ist die Einpreisung eines angemessenen Ausgleichs für die Kapitalüberlassung als zusätzlicher Faktor in die Abfindung aus mehreren Gründen entschieden abzulehnen.

aa) Die schwer abschätzbare Höhe der Entschädigung

Für den aktienrechtlichen Minderheitsausschluss besteht gegenüber dem Ausschluss aus der oHG und GmbH die Besonderheit, dass schon bei der Beschlussfassung über die Übertragung der Aktien ein Abfindungsangebot vorliegen muss. Den schwebephasebedingten Vermögensschaden gilt es deshalb schon zu Beginn der Schwebephase abzuschätzen und einzupreisen. Die Höhe des entstehenden Nachteils lässt sich ex ante nur unter erheblichen praktischen Schwierigkeiten ermitteln, denn – entgegen der Auffassung des OLG Köln –[1384] lässt sich der konkret zu erwartende weitere Verlauf bis zur Eintragung und der daraus entstehende Vermögensschaden nicht hinreichend zuverlässig abschätzen.

Anders als der Tag der Hauptversammlung, auf den die Barabfindung zu ermitteln ist, lässt sich der Zeitpunkt der Eintragung des Beschlusses ex ante nicht vorhersagen.[1385] Anhand welcher Kriterien sich der zeitliche Verlauf bis zur Übertragung der Aktien prognostizieren lassen soll, erschließt sich nicht.[1386] Zum Zeitpunkt des Bewertungsstichtages ist noch völlig unklar, ob es überhaupt zu einer Verzögerung der Eintragung kommen wird. Ebenso wenig ist die Dauer der Hindernisse, die die Eintragung des Beschlusses verzögern, abschätzbar.[1387]

Die Höhe des auszugleichenden Nachteils ist nicht nur in zeitlicher Hinsicht schwer abschätzbar. Eingepreist werden soll wohl nicht der gesamte Nutzungs-

1383 S. dazu oben II. 2. b) aa).
1384 S. oben Fn. 1312.
1385 *Meilicke* AG 2010, 561, 569 reSp.
1386 LG Köln Urt. v. 13.11.2009 – 82 O 151/09.
1387 LG Köln Urt. v. 13.11.2009 – 82 O 151/09; *Altmeppen* ZIP 2010, 1773, 1779 reSp; *Bungert/Janson* in FS Schneider, S. 159, 174; *Meilicke* AG 2010, 561, 569 reSp; *Wackerbarth* EWiR 2010, 377, 378.

wert für den Zeitraum der Schwebephase, sondern nur solche Dividenden- bzw. Ausgleichszahlungen, die den Minderheitsaktionären voraussichtlich entgehen. Legt man die herrschende Auffassung zu Grunde, so erhalten die Minderheitsaktionäre nach der Beschlussfassung dann noch Dividenden- bzw. Ausgleichszahlungen, wenn sich der Anspruch darauf noch während ihrer Mitgliedschaft verselbständigt hat. Ob sich der konkrete Anspruch noch vor dem Ausscheiden verselbständigt, müsste prognostiziert werden, um zu vermeiden, dass die Minderheitsaktionäre doppelt an der Nutzung partizipieren, nämlich einerseits über die Einpreisung und andererseits über den konkreten Dividenden- bzw. Ausgleichsanspruch.

Hinzu kommt, dass die Höhe der entgehenden konkreten Nutzung nur im Falle des festen Ausgleichs im Sinne des § 304 Abs. 2 S. 1 AktG zum Bewertungsstichtag bekannt ist. Soweit Dividende oder variabler Ausgleich gem. § 304 Abs. 2 S. 1 AktG geschuldet ist, wäre zusätzlich eine Prognose hinsichtlich der Gewinnerwartung und des Ausschüttungsverhaltens erforderlich.[1388]

Ob der Berücksichtigung der nach dem Bewertungsstichtag eintretenden, die Eintragung verzögernden Umstände – wie das LG Köln annimmt –[1389] generell das Wurzelprinzip als Ausprägung des Stichtagsprinzips entgegensteht,[1390] erscheint zweifelhaft. Das Wurzelprinzip trifft nur Aussagen für die Bestimmung des Anteils- und Unternehmenswertes, d.h. des Stammrechts. Hier steht aber nicht das Stammrecht selbst, sondern eine Entschädigung für die Kapitalüberlassung im Zeitraum nach dem Bewertungsstichtag in Rede. Es stellt sich vielmehr die Frage, ob die Nutzungsentschädigung in dogmatischer Hinsicht bei der Abfindung Berücksichtigung finden darf.[1391]

bb) Die Ungeeignetheit der konkreten Nutzung

In der vorgeschlagenen Form ist die Einpreisung auch nicht geeignet, einen angemessenen Ausgleich zwischen den beiden Parteien herzustellen. In die Abfindung eingepreist werden sollen nämlich die den Minderheitsaktionären aufgrund ihres unterjährigen Ausscheidens entgehenden (anteiligen) Dividenden- bzw. Ausgleichsleistungen, d.h. die konkrete Nutzung der Beteiligung pro rata temporis. Zwar werden Dividende und Ausgleich nur in prognostizierter Form eingepreist, sodass sich die konkrete Konjunktur- und Unternehmensentwicklung nach der Beschlussfassung nicht mehr auf die Höhe der Nutzungsentschädigung auswirken kann. Aufgrund der Verlagerung des unternehmerischen Risikos auf

1388 *Koppensteiner* in KölnerKommAktG, § 327 b Rn. 7.
1389 LG Köln Urt. v. 13.11.2009 – 82 O 151/09.
1390 Zur Wurzeltheorie s. oben 2. Teil VI. 2.
1391 S. dazu unten II. 3. d) cc).

den Hauptaktionär steht den Minderheitsaktionären nach dem Bewertungsstichtag allerdings keine „Risikovergütung“ mehr zu.[1392]

cc) Die Kapitalersatzfunktion der Abfindung

Ein Ersatzanspruch für die Kapitalüberlassung während der Dauer des Ausschlussverfahrens passt auch in systematischer Hinsicht nicht zur Abfindung. Die Einpreisungslehre vermischt zwei Ansprüche, die sich hinsichtlich der Rechtsgrundlage und des zu kompensierenden Gutes unterscheiden.[1393] Der einzupreisende zusätzliche Faktor soll dafür entschädigen, dass die Minderheitsaktionäre während der Dauer ihrer Beteiligung noch abstrakt nutzungsberechtigt bleiben, der Rechtsnachfolger aber die konkreten Früchte der Beteiligung zieht (§ 101 Nr. 2 HS. 2 BGB). Die Einpreisung entschädigt mithin für die Kapitalüberlassung nach dem Bewertungsstichtag. Die gem. § 327 a Abs. 1 S. 1 AktG geschuldete Abfindung hat hingegen ausschließlich Kapitalersatzfunktion. Sie bildet den Wert des Stammrechts zum Bewertungsstichtag ab, d.h. den auf den einzelnen Anteil entfallenden Teil des Unternehmenswertes.[1394] Die Kapitalüberlassung nach dem Bewertungsstichtag lassen die Bewertungskalküle unberücksichtigt. Für Ergänzungen ist demnach in der Abfindung kein Raum.[1395]

e) Zur Verzinsung unter Anrechnung der konkreten Nutzung

Durch die von *Meilicke* vorgeschlagene Verzinsung der Abfindung in verfassungskonformer Auslegung des § 327 b Abs. 2 AktG erhalten die Minderheitsaktionäre prinzipiell eine abstrakte Nutzungsentschädigung. Im Gegensatz zur parallel gelagerten Situation bei Ausschluss aus oHG und GmbH, für die von einem Teil der Literatur ebenfalls eine erfolgsunabhängige Verzinsung der Abfindung vorgeschlagen wird, soll die Verzinsung allerdings nicht an die Stelle der konkreten Nutzung treten, sondern nur neben diese.[1396] Auch nach Vorstellung *Meilickes* soll die konkrete Dividenden- bzw. Ausgleichsberechtigung bis zum Verlust der Aktieninhaberschaft fortbestehen. Werden nach dem Bewertungsstichtag noch Dividende oder Ausgleich gezahlt, so sollen diese wie im Parallelfall des § 305 Abs. 3 AktG[1397] nur auf die Zinsen, nicht aber auf die Abfindung selbst angerechnet werden dürfen. Im Ergebnis sollen die Minderheitsaktionäre mindestens den gesetzlichen Zins erhalten. Im Falle einer höheren Di-

1392 S. dazu oben II. 3. c) bb).
1393 *Dreier/Riedel* BB 2009, 1822, 1827 f.
1394 S. dazu oben 2. Teil III.
1395 *Gansweid* AG 1977, 334, 340 reSp.
1396 Zur ertragsunabhängigen Verzinsung bei Ausschluss aus der oHG s. oben 3. Teil II. 2. b) cc), zum Ausschluss aus der GmbH s. oben 4. Teil II. 2. b) cc).
1397 S. dazu näher unten V. 3. a).

videnden- bzw. Ausgleichszahlung sollen diese auch den Überschuss behalten dürfen.

Diese Lösung schützt zwar die Minderheitsaktionäre davor, während der Schwebephase keine Verzinsung ihres Kapitals zu erhalten. Durch die Mindestverzinsung wird aber das Risiko der zufälligen Konjunktur- und Unternehmensentwicklung noch einseitiger zu Lasten des Hauptaktionärs verlagert. Von Gewinnschwankungen nach oben würden die Minderheitsaktionäre voll profitieren, während sich Schwankungen nach unten nur noch in begrenztem Umfang zu ihrem Nachteil auswirken können. Wie bereits oben dargelegt wurde, ist eine Beteiligung an der konkreten Nutzung generell nicht geeignet, einen gerechten Ausgleich zwischen dem Hauptaktionär und den Minderheitsaktionären herzustellen.[1398] Es liegt in der Konsequenz der Vorverlagerung des Bewertungsstichtages, dass die konkrete Dividenden- bzw. Ausgleichsberechtigung als Risikovergütung mit dem Bewertungsstichtag entfallen muss.

f) Zur Aufzinsung der Barabfindung

Mit der im Vordringen befindlichen Auffassung im Schrifttum ist die auf den Bewertungsstichtag ermittelte Barabfindung von diesem Stichtag auf den Stichtag des Ausscheidens aufzuzinsen.

Eine längere entschädigungslose Zinslücke ist für die Minderheitsaktionäre unter dem Gesichtspunkt der vom BVerfG geforderten vollen wirtschaftlichen Entschädigung jedenfalls nicht hinnehmbar, zumal sie den Ausschluss aus der AG im Gegensatz zum Ausschluss aus GbR, oHG oder GmbH nicht zurechenbar veranlasst haben und die AG das in der Aktie gebundene Kapital weiterhin zur Gewinnerzielung einsetzt, wovon der den Ausschluss in seinem eigenen Interesse betreibende Hauptaktionär profitiert.

Bis zum Ausscheiden aus der AG bleiben die Minderheitsaktionäre – wie von § 101 Nr. 2 HS. 2 BGB vorausgesetzt – abstrakt nutzungsberechtigt. Eine konkrete Dividenden- bzw. Ausgleichsbeteiligung nach dem Bewertungsstichtag ist allerdings, wie bereits *Altmeppen* festgestellt hat, nicht dazu geeignet, einen gerechten Ausgleich zwischen dem Hauptaktionär und den Minderheitsaktionären herzustellen.[1399] Erstens kann es mangels Verselbständigung des konkreten Anspruchs vor dem Ausscheiden zu einer unbilligen Zinslücke kommen. Zweitens würde der mit der Vorverlagerung des Bewertungsstichtages verfolgte Zweck, die Auseinandersetzung mit den Aktionären von der konkreten Konjunktur- und Unternehmensentwicklung nach dem Bewertungsstichtag abzukoppeln, ausgehöhlt werden. Nachdem sich das unternehmerische Risiko mit dem Bewertungs-

1398 S. dazu oben II. 3. c).
1399 *Altmeppen* ZIP 2010, 1773, 1779 f.

stichtag auf den Hauptaktionär verlagert hat, lassen sich Dividende und Ausgleich als Risikovergütung nicht mehr rechtfertigen.

Ist eine konkrete Ermittlung des Nutzungswertes nicht geeignet, so muss der Nutzungswert abstrakt bzw. pauschaliert ermittelt werden. Die Art der Ermittlung des abstrakten bzw. pauschalierten Nutzungswertes ergibt sich aus dem heute üblicherweise zur Anteilswertermittlung herangezogenen Bewertungsverfahren, dem Ertragswertverfahren. Im Rahmen der Ertragswertermittlung wird der Nutzungswert der Beteiligung durch Abzinsung der zukünftigen Nutzungen auf den Bewertungsstichtag gerecht zwischen dem Rechtsvorgänger und dem Rechtsnachfolger verteilt. Der Abzinsungsfaktor entspricht der bestmöglich erzielbaren Rendite einer in jeder Hinsicht äquivalenten Alternativanlage. Das Ertragswertverfahren steht aber – wie alle Bewertungskalküle – unter der Prämisse der sofortigen Auszahlung der Abfindung zum Bewertungsstichtag. Tatsächlich wird die Abfindung aber erst zu einem deutlich späteren Zeitpunkt, nämlich frühestens mit Wirksamwerden der Maßnahme, ausbezahlt. Der Verzögerung des Wirksamwerdens der Ausschlussmaßnahme ist spiegelbildlich zur Abzinsung durch Aufzinsung der Barabfindung vom Bewertungsstichtag auf den Tag des Ausscheidens Rechnung zu tragen.[1400] Wird die Abfindung mit einem der Beteiligung im Unternehmen äquivalenten Kapitalisierungszinssatz aufgezinst, so wird den Interessen beider Parteien in idealer Weise entsprochen.

4. Der Aufzinsungsfaktor

a) Der modifizierte Kapitalisierungszinssatz

Will man den Nutzungswert der Beteiligung durch Aufzinsung der Abfindung ermitteln, so stellt sich die Frage nach dem Aufzinsungsfaktor. Insoweit kann weitgehend auf die Ausführungen zum Ausschluss aus oHG und GmbH verwiesen werden.[1401]

Eine Besonderheit des aktienrechtlichen Minderheitsausschlusses besteht darin, dass der Hauptaktionär schon zum Bewertungsstichtag ein Abfindungsangebot zu unterbreiten hat, vgl. § 327 c AktG. Dies macht eine Anteils- und Unternehmensbewertung im Vorfeld der Beschlussfassung erforderlich. *Altmeppen*, *W. Müller* sowie *Knoll* sind der Auffassung, dass die Aufzinsung mit demselben Zinssatz zu erfolgen habe, der für die Abzinsung der zukünftigen

1400 Zu den Unterschieden zwischen Verzinsung und Aufzinsung s. ausführlich oben 3. Teil II. 6.

1401 S. dazu oben 3. Teil II. 4. und 4. Teil II. 4.

Dividendenausschüttungen im Rahmen der Anteils- und Unternehmungsbewertung herangezogen wurde.[1402]

Dem ist zu widersprechen. Eine unmodifizierte Übernahme des Kapitalisierungszinssatzes würde unberücksichtigt lassen, dass sich die Risikolage nach dem Bewertungsstichtag grundlegend verändert hat.[1403] Denn während der Schwebephase entspricht die Stellung der Minderheitsaktionäre nicht länger der eines normalen Eigenkapitalgebers und damit derjenigen des in der Gesellschaft verbleibenden Hauptaktionärs.

Richtig ist zwar, dass sich der Aufzinsungsfaktor an dem bei Abzinsung angesetzten Kapitalisierungszinssatz zu orientieren hat, denn auch der Aufzinsungsfaktor muss der Rendite einer mit der Beteiligung in der konkreten AG äquivalenten Alternativanlage entsprechen. Der Kapitalisierungszinssatz setzt sich demnach zusammen aus dem Basiszinssatz für eine (quasi-)sichere Kapitalanlage und einem Risikozuschlag für das dem konkreten Unternehmen anhaftende höhere Marktrisiko.[1404] Die Höhe des Risikozuschlags wird von zwei Komponenten bestimmt: Dem Volatilitätsrisiko und dem Ausfallrisiko. Das Volatilitätsrisiko beschreibt die Gefahr, dass die tatsächliche Gewinnentwicklung von der in der Anteils- und Unternehmensbewertung getroffenen Prognose abweicht. Das Ausfallrisiko meint die Gefahr des Totalverlustes der Kapitalanlage.[1405]

Der im Rahmen der Unternehmensbewertung angesetzte Basiszinssatz bildet als Äquivalent einer risikolosen Kapitalanlage die Untergrenze der Aufzinsung.[1406] Den Risikozuschlag hingegen gilt es entsprechend der veränderten Risikosituation zu modifizieren.

Zunächst ist festzustellen, dass die Minderheitsaktionäre das Risiko der Volatilität der Unternehmensüberschüsse vom Bewertungsstichtag an nicht mehr tragen. Die Vorverlagerung des Bewertungsstichtages auf den Tag der Beschlussfassung gem. § 327 b Abs. 1 S. 1 HS. 1 AktG bewirkt, dass sich die konkrete Konjunktur- und Unternehmensentwicklung nach der Beschlussfassung nicht mehr auf die Auseinandersetzung auswirken kann.[1407]

Hinsichtlich der zweiten Komponente des Risikos, dem Ausfallrisiko, gilt es die Besonderheiten des aktienrechtlichen Ausschlussverfahrens zu beachten. Schuldner der Barabfindung ist nicht etwa, wie beim Ausschluss aus der oHG oder der GmbH die Gesellschaft selbst, sondern alleine der den Minderheitsaus-

1402 *Altmeppen* ZIP 2010, 1773, 1778 ff; *W. Müller* in FS Roth, S. 517, 528; *Knoll* BB 2004, 1727, 1729.

1403 **Ähnlich:** *Munkert*, S. 182.

1404 Zur Zusammensetzung des Risikozuschlag s. oben 2. Teil VII. 1. d) cc) bbb).

1405 Zu den unternehmerischen Risiken i.S.v. Risikofolgen s. oben 2. Teil VII. 1. d) cc) bbb) (2) (b) (aa) (bbb).

1406 **Anders:** *Munkert*, S. 182, s. dazu oben Fn. 934.

1407 S. dazu oben II. 3. c).

schluss betreibende Hauptaktionär, vgl. § 327 a Abs. 1 S. 1 AktG.[1408] Die abzufindenden Minderheitsaktionäre tragen mithin das Ausfallrisiko eines Schuldners, den sie sich nicht ausgesucht haben und dessen Bonität, Rechtsform und Sitz für das Ausschlussverfahren keine Rolle spielen.[1409] Als Ausgleich dafür ordnet § 327 b Abs. 3 S. 1 AktG für das aktienrechtliche Ausschlussverfahren an, dass ein Kreditinstitut die Gewährleistung für die Erfüllung der Verpflichtung des Hauptaktionärs übernehmen muss, sog. Bankgarantie.[1410] Die Bank haftet nach dem Wortlaut zwar nicht primär, aber dann, wenn der Hauptaktionär nicht unverzüglich nach der Eintragung des Übertragungsbeschlusses an die Minderheitsaktionäre zahlt.[1411] Im Falle des aktienrechtlichen Ausschlussverfahrens gehen die auszuschließenden Minderheitsaktionäre deshalb nur dann leer aus, wenn sie mit ihrer Abfindungsforderung sowohl gegen den Hauptaktionär als auch gegen die bürgende Bank ausfallen. Aufgrund der besonderen Bonität der Bank tragen die Minderheitsaktionäre im Ergebnis vom Bewertungsstichtag an faktisch kein nennenswertes Ausfallrisiko mehr. Das mit der Aktienbeteiligung verbundene Ausfallrisiko hat sich mit dem Bewertungsstichtag vollständig auf den Hauptaktionär und die bürgende Bank verlagert.

Die Beteiligung der Minderheitsaktionäre an der AG ist fortan nahezu risikofrei. Tragen die Aktionäre aber weder das Volatilitätsrisiko noch ein nennenswertes Ausfallrisiko, so lässt sich im Rahmen dar Aufzinsung ein Risikozuschlag nicht mehr rechtfertigen. Allenfalls rechtfertigt sich noch ein minimaler Risikozuschlag, der dem verbleibenden Ausfallrisiko des Hauptaktionärs und der bürgenden Bank entspricht. Anderenfalls wäre das Verhältnis von Risiko und Nutzen gestört. Die Minderheitsaktionäre dürfen über den Risikozuschlag keine Kompensation für ein Risiko erhalten, das fortan ausschließlich der Hauptaktionär trägt.

Als Ergebnis ist festzustellen: Werden Minderheitsaktionäre gem. §§ 327 a ff AktG aus einer AG ausgeschlossen, so tragen diese aufgrund der Vorverlagerung des Bewertungsstichtages und der gesetzlich angeordneten Bankgarantie vom Bewertungsstichtag an weder das Risiko der Volatilität der Überschüsse noch ein relevantes Ausfallrisiko. Mangels Risiko lässt sich ein Risikozuschlag nicht rechtfertigen. Die Barabfindung darf deshalb ausschließlich mit dem im Rahmen der Anteils- und Unternehmensbewertung angesetzten (quasi-) risikolosen Basiszinssatz aufgezinst werden.

1408 *Grunewald* in MünchkommAktG, § 327 b Rn. 3.

1409 *Müller-Michaels* in Hölters, AktG, § 327 b Rn. 17.

1410 BT-Drucks. 14/7034, S. 72 reSp.

1411 Die genaue Ausgestaltung der Haftung ist strittig, für die hier zu untersuchende Frage aber nicht von Belang. S. dazu statt aller *Grunewald* in MünchkommAktG, § 327 b Rn. 17 sowie *Austmann* in MünchHdbGesR IV, § 74 Rn. 56 m.w.N.

b) Die Bewertungssonderfälle

Die obigen Ausführungen stehen unter der Prämisse, dass der Unternehmenswert mittels des vorherrschenden Ertragswertverfahrens ermittelt worden ist. Aber auch dann, wenn sich der Anteilswert nicht nach dem Ertragswert bemisst, ist die Abfindung mit dem Basiszinssatz aufzuzinsen.[1412]

aa) Die Anteilsbewertung mittels des DCF-, Substanz- oder Liquidationswertverfahrens

Keine Besonderheiten gelten dann, wenn zur Wertermittlung der Aktien das DCF-Verfahren herangezogen wird, denn das DCF-Verfahren basiert auf demselben Bewertungskalkül wie das Ertragswertverfahren.[1413]

Wenn auf den höheren Substanz- oder Liquidationswert abzustellen ist, kann nichts anderes gelten.[1414] Es geht nicht darum, die Abzinsung auf den Bewertungsstichtag umzukehren, sondern darum, den abstrakten Nutzungswert der Beteiligung für den Zeitraum der Schwebephase zu ermitteln. Dieser lässt sich auch in diesen Fällen durch Aufzinsung der Abfindung mit dem Basiszinssatz bestimmen, welcher der bestmöglich erzielbaren Rendite bei äquivalenter Risikostruktur entspricht. Der unternehmensspezifische Basiszinssatz zum Bewertungsstichtag wird auch in diesen Fällen in der Regel aus der Ertragswertermittlung bekannt sein, denn die Anteilsbewertung erfordert stets einen Vergleich der verschiedenen Anteilswerte.[1415]

bb) Der Ansatz des Börsenwertes

Von besonderer praktischer Bedeutung ist für den aktienrechtlichen Minderheitsausschluss die marktorientierte Ermittlung des Aktienwertes über den Börsenkurs.[1416] Übersteigt der Börsenwert den Ertragswert, so ist nach mittlerweile wohl einhelliger Auffassung auf diesen abzustellen.[1417] Eine Abzinsung findet dann nicht statt.

Für diesen Spezialfall geht *W. Müller*, der grundsätzlich eine Aufzinsung befürwortet, davon aus, dass die Abfindung nicht aufgezinst werden soll, sondern die Minderheitsaktionäre stattdessen anteilig am konkreten Gewinn der Schwe-

---

1412 S. dazu ausführlich oben 3. Teil II. 5.

1413 Zum DCF-Verfahren s. oben 2. Teil VII. 2.

1414 **Ähnlich:** *Knoll* BB 2004, 1727, 1730.

1415 Zur Maßgeblichkeit des Höchstwertes s. ausführlich oben 2. Teil VIII. 2. b), ähnlich die **h.M.**, s. dazu oben 2. Teil VIII. 1. a).

1416 Zu den marktorientierten Bewertungsverfahren s. oben 2. Teil VII. 5.

1417 S. dazu ausführlich oben 2. Teil VIII. 1. b) dd).

bephase zu beteiligen sind.[1418] Die Rechte der Aktionäre und damit auch der konkrete Gewinnanspruch sollen bis zum Anteilsübergang bestehen bleiben. Der Aktionär nehme an Ausschüttungen teil, sofern diese während seiner Gesellschafterzeit erfolgen. Erfolge jedoch keine Ausschüttung der Gewinne, so stünde dem Auszuschließenden gemäß dem Rechtsgedanken des § 101 Nr. 2 BGB eine zeitanteilige Nutzungsentschädigung zu. Da keine fundamentalanalytische, sondern eine marktanalytische Anteilsbewertung stattgefunden habe, solle bzw. könne keine Aufzinsung vorgenommen werden. Abzustellen sei deshalb auf die aktuellen Verhältnisse der Gesellschaft. Der Aktionär habe einen Anspruch auf den anteiligen Bilanzgewinn der Gesellschaft (§ 57 Abs. 3 AktG).

Dem ist zu widersprechen. Die Beteiligung an der konkreten Nutzung pro rata temporis ist nie geeignet, einen angemessenen Interessenausgleich zwischen den Beteiligten herzustellen. Auch dann, wenn der Börsenwert den Ertragswert übersteigt, und deshalb auf jenen abzustellen ist, kann aufgezinst werden.[1419] Es geht gerade nicht darum, die im Rahmen der Anteils- und Unternehmensbewertung erfolgte Abzinsung umzukehren, sondern ausschließlich darum, den abstrakten Nutzungswert der Aktien zu bestimmen. Auch in diesem Fall ist der Basiszinssatz zum Bewertungsstichtag in aller Regel bekannt. Der Ertragswert, den es zum Vergleich in jedem Fall zu ermitteln gilt, tritt nur hinter den höheren Börsenwert zurück.[1420]

III. Die Phase zwischen Beschlusseintragung (Ausscheiden) und Bekanntmachung (Zinsbeginn)

1. Die gesetzliche Rechtslage und Auffassung der herrschenden Meinung

Mit der Eintragung des Ausschlussbeschlusses sind die Aktien der Minderheitsaktionäre bereits gem. § 327 e Abs. 3 S. 1 AktG auf den Hauptaktionär übergegangen. Mangels Aktieninhaberschaft gebührt die konkrete Nutzung der Beteiligung, wie § 101 Nr. 2 HS. 2 BGB zeigt, fortan ausschließlich dem Hauptaktionär als Rechtsnachfolger. Dividende bzw. Ausgleich als „Verzinsung des Investments" erhalten die Minderheitsaktionäre nach der Eintragung auch nach herrschender Meinung nicht mehr.[1421] Verzinslich wird die Barabfindung nach dem eindeutigen Wortlaut des § 327 b Abs. 2 HS. 1 AktG allerdings nicht schon unmittelbar mit dem Wirksamwerden der Ausschlussmaßnahme (der Eintragung des Ausschlussbeschlusses), sondern erst mit der Bekanntmachung der Eintra-

1418 *W. Müller* in FS Roth, S. 517, 528 f.
1419 **Ebenso:** *Knoll* BB 1727, 1730.
1420 Zum Verhältnis von Börsenwert und Ertragswert zueinander s. oben 2. Teil VIII. 1. b) dd) und 2. b) aa).
1421 So die ganz **h.M.**, s. dazu oben II. 2 a).

gung des Beschlusses gem. § 10 HGB. Erhalten die Minderheitsaktionäre die Barabfindung nicht unmittelbar mit Wirksamwerden der Ausschlussmaßnahme ausbezahlt, so entsteht zwischen Eintragung des Übertragungsbeschlusses und Bekanntgabe desselben zweifellos eine „Zinslücke". Nach der gesetzlichen Rechtslage wird den Minderheitsaktionären die Nutzung des Eigentums für diese Phase entschädigungslos entzogen.[1422] Die herrschende Auffassung hält die sich ergebende Zinslücke allerdings für (verfassungsrechtlich) unbedenklich.[1423] In der Rechtsprechung wird die Diskrepanz zwischen Eintragung und Bekanntgabe demgegenüber weitgehend ignoriert.[1424]

2. Die Kritik der Literatur

a) Die Verfassungswidrigkeit der Zinslücke

In der Literatur ist die Wahl des Zinsbeginns vereinzelt auf Kritik gestoßen.[1425] Es sei nicht einzusehen, weshalb der Hauptaktionär vom Zeitpunkt der Eintragung des Beschlusses an in den vollen Genuss der Nutzungen kommen soll, der abzufindende Minderheitsaktionär hingegen eine Verzinsung seiner Barabfindung erst mit der Bekanntmachung der Eintragung erhält.[1426] Unter Berücksichtigung der Vorgabe des BVerfG, dass der Hauptaktionär eine volle Entschädigung schulde (Art. 14 GG), halten *Meilicke* sowie *Heidel* und *Lochner* einen unverzinslichen Entzug des Gewinnbezugsrechtes bis zur Bekanntmachung für verfassungswidrig.[1427]

Meilicke kritisiert darüber hinaus die unterschiedliche Behandlung von Minderheitsausschluss, Eingliederung und Umwandlung einerseits und Abschluss eines Unternehmensvertrages andererseits. Während der Zinslauf für Minderheitsausschluss, Eingliederung und Umwandlung gem. §§ 327 b Abs. 2 HS. 1, 320 b Abs. 1 S. 6 HS. 1 AktG und §§ 30 Abs. 1 S. 2 i.V.m. 15 Abs. 2 S. 1 UmwG erst mit der Bekanntmachung der Eintragung beginnt, beginnt der Zinslauf im Falle des Abschlusses eines Unternehmensvertrages gem. § 305 Abs. 3

1422 *Meilicke* AG 2010, 561, 569.

1423 So *Fleischer* in GroßkommAktG, § 327 b, Rn. 41; **ebenso**, aber ohne nähere Begründung *Schnorbus* in Schmidt/Lutter, § 327 b Rn. 20 in Fn. 71; *Schüppen/Tretter* in FrankfurterKommWpÜG, § 327 b AktG Rn. 22; *Fuchs*, S. 359 f; **aus der Rechtsprechung:** BVerfG NZG 2007, 587, 589 f; OLG Stuttgart ZIP 2006, 27, 30 reSp.

1424 Vgl. BGH NZG 2011, 701, 704 Tz. 29 = ZIP 2011, 1097 – „Wella AG"; OLG Düsseldorf NZG 2004, 328, 330 reSp sowie OLG Hamburg NZG 2005, 86.

1425 *Meilicke* AG 2010, 561, 569; *Heidel/Lochner* in Heidel, Aktienrecht, § 327 b Rn. 11; *Lenz/Leinekugel*, S. 54 f; **kritisch** auch *Austmann* in MünchHdbGesR IV, § 74 Rn. 97, 101; *Habersack* in Emmerich/Habersack, Konzernrecht, § 327 b Rn. 10 mit Fn. 41.

1426 *Meilicke* AG 2010, 561, 569.

1427 *Meilicke* AG 2010, 561, 569; *Heidel/Lochner* in Heidel, Aktienrecht, § 327 b Rn. 11.

S. 3 HS. 1 AktG schon mit dem Wirksamwerden des Beherrschungs- oder Gewinnabführungsvertrages, d.h. unmittelbar mit der Eintragung desselben ins Handelsregister (§ 294 Abs. 2 AktG). Für einen unterschiedlichen Beginn des Zinslaufs für die an sich parallel gelagerten Fälle sei kein Grund erkennbar. Die Differenzierung sei willkürlich und verstoße deshalb gleichzeitig gegen Art. 3 GG.[1428]

b) Lösungsvorschläge

Meilicke zufolge ist die Zinslücke in verfassungskonformer Auslegung des § 327 b Abs. 2 HS. 1 AktG zu schließen. Abweichend vom Wortlaut der Vorschrift sei die Barabfindung entsprechend § 305 Abs. 3 S. 3 HS. 1 AktG schon vom Stichtag der Beschlussfassung an mit 5 Prozentpunkten über dem Basiszinssatz des § 247 BGB zu verzinsen.[1429] *Knoll* hingegen schließt die sich ergebende Zinslücke dadurch, dass die Abfindung vom Bewertungsstichtag auf den Tag der Abfindungszahlung aufzuzinsen sei.[1430] Einer dritten Auffassung zufolge soll die Verzinsungspflicht in verfassungskonformer Auslegung des § 327 b Abs. 2 HS. 1 AktG bereits mit der Eintragung des Übertragungsbeschlusses beginnen.[1431]

3. Stellungnahme

Im Gegensatz zur Schwebephase, die sich über mehrere Jahre erstrecken kann, beträgt der zeitliche Rahmen zwischen Eintragung und Bekanntmachung derselben allenfalls wenige Tage.[1432] Die zeitliche Verzögerung bis zur Verzinsung der Abfindung gem. § 327 b Abs. 2 HS. 1 AktG ist minimal, und der aus der Verzinsungslücke resultierende wirtschaftliche Nachteil folglich vernachlässig-

1428 *Meilicke* AG 2010, 561, 569 reSp; vgl. auch *Fuchs*, S. 359.

1429 *Meilicke* AG 2010, 561, 569 f, s. dazu näher oben II. 2. b) bb) aaa) (4) (c); **ähnlich:** *Korsten* EWiR 2003, 1169, 1170.

1430 *Knoll* BB 2004, 1727 ff; **ähnlich:** *Munkert*, S. 182, Verzinsung mit dem Basiszinssatz der Unternehmensbewertung; *Fuchs*, S. 359 f, Verzinsung der Barabfindung mit dem für die Unternehmensbewertung geltenden Kapitalisierungszins ab Eintragung.

1431 *Heidel/Lochner* in Heidel, Aktienrecht, § 327 b Rn. 11; *Fleischer* in GroßkommAktG, § 327 b Rn. 42; *Lenz/Leinekugel*, S. 54 f.

1432 S. z.B.: BGH NZG 2011, 701 = ZIP 2011, 1097 – „Wella AG": Bekanntmachung am Folgetag; BGH AG 2001, 590: Eintragung 17.7.2003, Bekanntmachung am 22.7.2003; OLG Stuttgart Beschl. v. 4.5.2011 – 20 W 11/08, juris Tz. 22: Eintragung 28.9.2007, Bekanntmachung 1.10.2007; OLG Frankfurt a. M. Beschl. v. 29.3.2011 – 21 W 12/11, juris Tz. 4.: Eintragung 18.12.2002, Bekanntmachung 14.12.2002; OLG Düsseldorf Beschl. v. 9.9.2009 – I-26 W 13/06 (AktE), 26 W 13/06, juris Tz. 1: Eintragung 6.4.2005, Bekanntmachung 16.4.2005.

bar gering. Insofern ist dem BGH deshalb zuzustimmen, dass die Diskrepanz zwischen Ausscheiden und Zinsbeginn die vom BVerfG geforderte wirtschaftlich volle Entschädigung für den Anteilsverlust nicht in Frage stellt.[1433] Vor dem Hintergrund des Art. 14 GG ist eine Verzinsung folglich nicht zwingend geboten.

Wie bereits *Meilicke* festgestellt hat, lässt sich nicht schlüssig erklären, weshalb die Verzinsung bei Abschluss eines Beherrschungs- und Gewinnabführungsvertrages im Gegensatz zu den parallel gelagerten Fällen bereits mit Wirksamwerden der Maßnahme beginnen soll.[1434] Zu diesem Gesichtspunkt hat sich das BVerfG bislang nicht geäußert.[1435] In der Gesetzesbegründung zu § 305 AktG heißt es dazu lediglich, dass auch für das Konzernrecht wie in §§ 30 Abs. 1 S. 2 i.V.m. 15 Abs. 2 S. 1 UmwG – die eine Verzinsung ab der Bekanntgabe der Maßnahme anordnen – eine Verzinsungspflicht vorgesehen werden soll.[1436] Zwar unterscheidet sich die Situation bei Abschluss eines Beherrschungs- und Gewinnabführungsvertrages darin, dass die Maßnahme noch vor dem Ausscheiden aus der Gesellschaft (der Annahme des Barabfindungsangebotes)[1437] wirksam wird. Ein sachlicher Grund für den unterschiedlichen Zinsbeginn ist dennoch nicht ersichtlich. Man wird den divergierenden Wortlaut in § 305 Abs. 3 S. 3 HS. 1 AktG mit *Lenz* und *Leinekugel* als Redaktionsversehen einordnen müssen.[1438]

Dennoch sprechen die besseren Argumente dafür, die Verzinsung der Barabfindung entsprechend § 305 Abs. 3 S. 3 HS. 1 AktG an die Eintragung der Maßnahme anknüpfen zu lassen. Wirtschaftlich betrachtet ist nicht einzusehen, weshalb der Hauptaktionär von der Diskrepanz zwischen Eintragung und Bekanntmachung des Übertragungsbeschlusses – einer Maßnahme, die er zu seinem eigenen Vorteil betreibt – auf Kosten der Minderheitsaktionäre profitieren soll. Die Zinslücke zwischen Eintragung und Bekanntgabe lässt sich jedenfalls nicht damit rechtfertigen, dass der Hauptaktionär erst mit der Bekanntmachung der Eintragung von seiner Zahlungspflicht erfährt.[1439] Ordnet man die Verzinsung als Fälligkeitsverzinsung ein,[1440] so kann es auf den Zeitpunkt der Bekanntgabe nicht ankommen. Einzig relevantes Ereignis ist der Aktienübergang.

Es stellt sich dann die Frage, wann die Verzinsung genau beginnt. In der Literatur heißt es dazu lediglich, dass diese unmittelbar mit der Eintragung des

---

1433 BGH NZG 2011, 701, 704 Tz. 29 = ZIP 2011, 1097 – „Wella AG".

1434 *Meilicke* AG 2010, 561, 569 reSp. BVerfG NZG 2007, 587, 589 f.

1435 S. BVerfG NZG 2007, 587, 589 f.

1436 BT-Drucks. 12/6699, S. 179 liSp.

1437 *Veil* in Spindler/Stilz, AktG, § 305 Rn. 8; LG Hamburg NZG 2003, 186, 188.

1438 *Lenz/Leinekugel*, S. 54.

1439 *Fleischer* in GroßkommAktG, § 327 b Rn. 42; **so aber:** *Schüppen/Tretter* in FrankfurterKommWpÜG, § 327 b AktG Rn. 22.

1440 S. dazu die Nachweise unten Fn. 1445.

Übertragungsbeschlusses beginnen soll.[1441] Dem ist zu widersprechen. Entsprechend § 305 Abs. 3 S. 3 HS. 1 AktG beginnt die Zinspflicht nicht unmittelbar mit der Eintragung, sondern erst mit dem Ablauf des Tages, an dem die Maßnahme wirksam geworden ist. Dies entspricht der Rechtslage bei der Verzinsung nach §§ 288 und 291 BGB. Auch dort soll die Verzinsung – um eine Verzinsung für anteilige Tage zu vermeiden – nach wohl herrschenden Meinung entsprechend dem Rechtsgedanken des § 187 Abs. 1 BGB erst mit dem Folgetag beginnen.[1442]

IV. Die Phase zwischen Bekanntmachung der Eintragung (Zinsbeginn) und der Abfindungszahlung

Mit dem Übergang der Aktien auf den Hauptaktionär (§ 327 e Abs. 3 S. 1 AktG) erhalten die Minderheitsaktionäre die ihnen zustehende Abfindung häufig noch nicht ausbezahlt. Die vollständige Zahlung wird insbesondere durch anhängige Spruchstellenverfahren gem. § 327 f AktG, die die Höhe der Abfindung rügen, erheblich verzögert. Die Überprüfung der Angemessenheit der Barabfindung hat zwar im Gegensatz zu Anfechtungs- und Nichtigkeitsklagen keine Registersperre und keine Verzögerung der Eintragung zur Folge. Bis zur Entscheidung über die Angemessenheit erhalten die Minderheitsaktionäre aber nur den dem Ausschlussbeschluss zu Grunde liegenden Teil der Abfindung ausbezahlt.

Erhebliche wirtschaftliche Bedeutung erlangt die Vorenthaltung der Abfindung vor dem Hintergrund der äußerst langwierigen Verfahrensdauer im Spruchverfahren. Verfahrensdauern von bis zu 10 Jahren und darüber hinaus sind keine Seltenheit.[1443]

1. Die gesetzliche Rechtslage

Für die Kapitalüberlassung nach dem Ausscheiden aus der Gesellschaft werden die Minderheitsaktionäre dadurch entschädigt, dass die Barabfindung gem. § 327 b Abs. 2 HS. 1 AktG von der Bekanntgabe der Eintragung an (§ 10 HGB)

1441 *Fleischer* in GroßkommAktG, § 327 b Rn. 42; *Heidel/Lochner* in Heidel, Aktienrecht, § 327 b Rn. 11; *Lenz/Leinekugel*, S. 54 f.

1442 BGH NJW-RR 1990, 518, 519 reSp; *Grüneberg* in Palandt, § 288 Rn. 5 und § 291 Rn. 6; *Unberath* in BeckOK, BGB, § 288 Rn. 7 und § 291 Rn. 6.

1443 S. dazu die empirische Auflistung der Dauer der Spruchstellenverfahren bei *Komp*, S. 472 ff; s. ergänzend *Knoll* BB 2004, 1727 m.w.N.

kraft Gesetzes automatisch mit 5 Prozentpunkten über dem Basiszinssatz des § 247 BGB zu verzinsen ist. Die Abfindung ist damit zwar nicht unmittelbar mit dem Eintritt der Fälligkeit (der Anspruchsentstehung)[1444] verzinslich. Es handelt sich aber dennoch um eine Art Fälligkeitsverzinsung.[1445] Nach der Intention des Gesetzgebers soll die Verzinsung dem Hauptaktionär den Anreiz nehmen, zunächst eine unangemessen niedrige Barabfindung festzusetzen, um dann das Spruchverfahren zu Lasten der Minderheitsaktionäre zu verzögern.[1446] Wird die Barabfindung im Spruchverfahren erhöht, so ist selbstverständlich nicht nur der ursprünglich angebotene Betrag,[1447] sondern der im Spruchverfahren festgelegte bzw. vergleichsweise vereinbarte Betrag zu verzinsen.[1448] Von Rechts wegen geschuldet ist ausschließlich die „angemessene" Abfindung.[1449] Alleine diese Auslegung der Vorschrift ist geeignet, das gesetzgeberische Ziel herbeizuführen. Um den Druck auf den Hauptaktionär zu erhöhen, ist der Zinssatz durch das Gesetz zur Umsetzung der Aktionärsrechterichtlinie (ARUG) vom 30.7.2009 mit Wirkung zum 1.9.2009 von 2 auf 5 Prozentpunkte angehoben worden.[1450]

Die Geltendmachung eines weitergehenden Schadens ist möglich, setzt aber die Verwirklichung einer entsprechenden Anspruchsgrundlage, etwa die des §§ 280 Abs. 1, 2 i.V.m. 286 BGB, voraus.

2. Die Kritik der Literatur

In der Literatur ist die Regelung des § 327 b Abs. 2 HS. 1 AktG auch im Hinblick auf den Zeitraum zwischen Verzinsungsbeginn und Zahlung der Abfindung auf Kritik gestoßen.

Noch vor der Erhöhung des Zinssatzes durch das ARUG hat *Knoll* die Zinsinsuffizienz des § 327 b Abs. 2 HS. 1 AktG gerügt. Der Zinssatz von 2 Prozentpunkten über dem Basiszinssatz (§ 327 b Abs. 2 AktG a.F.) sei im Vergleich

---

1444 S. dazu die Nachweise oben Fn. 1236 und Fn. 1237.

1445 *Singhof* in Spindler/Stilz, AktG, § 327 b Rn. 9; *Hüffer*, AktG, § 327 b Rn. 8; *Fuchs*, S. 357.

1446 So die Begr. RegE zur entsprechenden Regelung des § 15 Abs. 2 S. 1 UmwG, BT-Drucks. 12/6699 S. 88 liSp, 179; s. auch *Singhof* in Spindler/Stilz, AktG, § 327 b Rn. 9; *Emmerich* in Emmerich/Habersack, Konzernrecht, § 327 b Rn. 10 mit § 305 Rn. 31; **kritisch:** *Paulsen* in MünchKommAktG, § 305 Rn. 146.

1447 So aber *Müller-Michaels* in Hölters, AktG, § 327 b Rn. 11.

1448 *Grzimek* in Geibel/Süßmann, WpÜG, § 327 b Rn. 37; *Schnorbus* in Schmidt/Lutter, AktG, § 327 b Rn. 20; *Schüppen/Tretter* in FrankfurterKommWpÜG, § 327 b Rn. 21.

1449 *Schnorbus* in Schmidt/Lutter, AktG, § 327 b Rn. 20.

1450 (BGBl. I S. 2479). *Singhof* in Spindler/Stilz, AktG, § 327 b Rn. 9; **kritisch** gegenüber der Zinserhöhung: *Handelsrechtsausschuss* NZG 2009, 96, 98 f.

zum Kapitalisierungszinssatz zu niedrig bemessen. Außerdem würden die Minderheitsaktionäre infolge der linearen Verzinsung keine Zinseszinsen erhalten.[1451] Es werde mit anderen Worten stärker abgezinst als wieder aufgezinst. Weil der bei der Abzinsung zur Anwendung kommende Zinssatz, der eine alternative Kapitalanlage repräsentiert, regelmäßig höher sei als die gesetzlich vorgesehene, an § 288 Abs. 1 BGB angelehnte Verzinsung, erhielten die Aktionäre keine „volle Entschädigung". Deshalb sei die Regelung des § 327 b Abs. 2 HS. 1 AktG dahingehend auszulegen bzw. zu korrigieren, dass die Barabfindung (schon vom Bewertungsstichtag an) mit dem für die Unternehmensbewertung angesetzten Kapitalisierungszinssatz aufzuzinsen sei.[1452]

3. Stellungnahme

Ob sich diese Kritik auch nach der Erhöhung des Zinssatzes von 2 auf 5 Prozentpunkte über dem Basiszinssatz noch aufrechterhalten lässt, ist zweifelhaft. Jedenfalls lässt es sich keinesfalls rechtfertigen, die Abfindung mit dem für die konkrete Unternehmensbewertung maßgeblichen Kapitalisierungszinssatz aufzuzinsen.[1453] Das mit der Beteiligung verknüpfte unternehmerische Risiko hat sich mit dem Bewertungsstichtag auf den Hauptaktionär verlagert. Mit dem Zinssatz des § 327 b Abs. 2 HS. 2 AktG zu vergleichen ist demnach nicht der volle Kapitalisierungszinssatz, sondern der dem verbleibenden Risiko entsprechend modifizierte Kapitalisierungszinssatz.[1454] Bei einem Basiszinssatz i.S.d. § 247 BGB von 0,12 % (1.1.2012) und einem Aufschlag von 5 Prozentpunkten ergibt sich ein Zinssatz von 5,12 %. Der durchschnittliche Basiszinssatz der Unternehmensbewertung als Aufzinsungsfaktor beträgt 4–5 %. Hinzu kommen bei mehrjähriger Zahlungsverzögerung die Zinseszinsen.[1455] Der neue Zinssatz des § 327 a Abs. 2 HS. 2 AktG ist damit der Höhe nach durchaus mit dem durchschnittlich angesetzten Kapitalisierungszinssatz vergleichbar. Zwar entgehen den Minderheitsaktionären Zinseszinsen, die in den langwierigen Spruchstellenverfahren zu einer erheblichen Zinskumulation führen.[1456] Dennoch erscheinen die Minderheitsaktionäre durch die gesetzliche Verzinsung bereits aus-

1451 **Ebenso:** *Fuchs*, S. 359; sowie zu § 305 AktG, *Meilicke* in Heidel, Aktienrecht, § 305 Rn. 60.

1452 *Knoll* BB 2004, 1727 ff; **ähnlich:** *Fuchs*, S. 359 f, der für den Zinslauf aber den Tag der Eintragung der Maßnahme für maßgeblich hält; **ähnlich auch:** *Munkert*, S. 182 ff, der jedoch eine Verzinsung der Abfindung mit dem Basiszinssatz für die Restlaufzeit für maßgeblich hält.

1453 So aber *Knoll* BB 2004, 1727, 1729.

1454 S. dazu ausführlich oben II. 4. a).

1455 S. dazu oben 3. Teil II. 6.

1456 *Knoll* BB 2004, 1727, 1728.

reichend geschützt, zumal die Geltendmachung eines weitergehenden Schadens gem. § 327 b Abs. 2 HS. 2 AktG nicht ausgeschlossen ist.

Hinzu kommt, dass die Aufzinsung nach hier vertretener Auffassung gerade an die fortbestehende Mitgliedschaft anknüpft und deren abstrakten Nutzungswert nach dem Bewertungsstichtag ermittelt. Mit dem Ausscheiden und dem einhergehenden Verlust der Mitgliedschaft ist der Transit vom Eigenkapitalgeber zum Fremdkapitalgeber vollständig vollzogen. Nach dieser Wandlung der Beteiligungsart ist es auch gerechtfertigt, die Minderheitsaktionäre gleich einem sonstigen Fremdkapitalgeber der AG zu behandeln, dessen Forderung gem. §§ 291, 288 Abs. 1 S. 2 BGB grundsätzlich ebenfalls mit 5 Prozentpunkten über dem Basiszinssatz zu verzinsen ist.

Eine höhere Verzinsung der Abfindung, nämlich mit 8 Prozentpunkten über dem Basiszinssatz gem. § 288 Abs. 2 BGB, erhalten die Minderheitsaktionäre nur dann, wenn sie die AG in Verzug setzen und ihre Beteiligung als gewerblich zu qualifizieren ist.[1457] Einen höheren Schaden können diese nur als Verzugsschaden geltend machen (§§ 280 Abs. 1, 2 i.V.m. 286 BGB).

V. Die Behandlung von Dividenden- und Ausgleichsleistungen nach dem Bewertungsstichtag

Wie oben dargelegt, muss die konkrete Dividenden- bzw. Ausgleichsberechtigung mit dem Bewertungsstichtag (dem Tag der Beschlussfassung) für die Auseinandersetzung rückwirkend enden. Den Nutzungswert für den Zeitraum der Schwebephase gilt es abstrakt bzw. pauschaliert durch Aufzinsung der Abfindung auf den Tag des Ausscheidens zu ermitteln.[1458] Bis zur Eintragung des Übertragungsbeschlusses hingegen bleiben Minderheitsaktionäre dividenden- bzw. ausgleichsberechtigt.

In der Praxis wird – bestärkt durch die Auffassung der herrschenden Meinung, die ohne Differenzierung davon ausgeht, dass alle bis zum Ausscheiden verselbständigten Ansprüche gefordert und behalten werden dürfen –[1459] auch noch nach dem Bewertungsstichtag Dividende bzw. Ausgleich geleistet.

1457 *Mülbert* in FS Hadding, S. 575, 582 f; *Emmerich* in Emmerich/Habersack, Konzernrecht, § 305 Rn. 32; *Micklitz* in MünchKommBGB, § 13 Rn. 45; *Saenger* in Erman, BGB, § 13 Rn. 14.

1458 S. dazu oben II. 3.

1459 S. dazu oben II. 2. b).

Wird nach dem Bewertungsstichtag noch Dividende ausgeschüttet bzw. Ausgleich gezahlt, so kollidieren diese Leistungen mit der abstrakten Nutzung der Beteiligung (dem Aufzinsungsbetrag).[1460] Es stellt sich dann die Frage, wie mit den nach dem Bewertungsstichtag geleisteten Dividenden- bzw. Ausgleichszahlungen zu verfahren ist.

Die herrschende Auffassung geht völlig zu Recht davon aus, dass sich der Dividenden- bzw. Ausgleichsanspruch erst mit dem Gewinnverwendungsbeschluss bzw. der ordentlichen Hauptversammlung verselbständigt.[1461] Da für die Auseinandersetzung allerdings auf den Tag der Beschlussfassung abzustellen ist und die konkrete Dividenden- bzw. Ausgleichsberechtigung mit diesem Stichtag endet, verlagert sich gleichzeitig der für die Verselbständigung maßgebliche Zeitpunkt vor. Entscheidend für die Frage, ob die Minderheitsaktionäre die Zahlungen behalten dürfen, ist dann nicht der Stichtag des Ausscheidens, sondern der Tag der Beschlussfassung über den Ausschluss, welcher das laufende Geschäftsjahr aufspaltet und an dem die Anteilsinhaberschaft für die Auseinandersetzung fiktiv auf den Rechtsnachfolger übergeht.[1462]

Abhängig vom Zeitpunkt der Verselbständigung und dem Zeitraum, mit dem der konkrete Anspruch korrespondiert, gilt es drei Konstellationen, die die Schwebephase tangieren, streng voneinander zu unterscheiden (siehe dazu die Abbildung Nr. 8).[1463] Für (zeitanteilige) Geschäftsjahre, die vor dem Bewertungsstichtag liegen, kann sich der konkrete Anspruch entweder noch vor dem Bewertungsstichtag oder erst nach diesem Stichtag verselbständigen. Die dritte Variante betrifft solche Ansprüche, die sich auf (anteilige) Geschäftsjahre zwischen der Beschlussfassung und dem Ausscheiden beziehen.

1460 Mit der Verzinsung gem. § 327 b Abs. 2 HS. 1 AktG können Dividende bzw. Ausgleich hingegen nicht konkurrieren, denn mit dem Aktienübergang ist die konkrete Dividenden- bzw. Ausgleichsberechtigung auch nach h.M. erloschen. Zwar kann es sein, dass nach dem Verzinsungsbeginn noch Leistungen erbracht werden, sofern sich der Anspruch noch vor dem Ausscheiden aus der AG verselbständigt hat. Die nach der Bekanntgabe der Eintragung geleisteten Zahlungen repräsentieren dann allerdings den Nutzungswert für Geschäftsjahre vor dem Ausscheiden.

1461 S. dazu oben II. 2. b) bb) aaa) (1) und (2) (b).

1462 S. dazu oben 2. Teil VII. 1. c) cc).

1463 **Ähnlich:** *Meilicke* AG 2010, 561, 564 ff; *Tebben* AG 2003, 600, 607 ff; vgl. auch *Beier/Bungert* BB 2002, 2627, 2629.

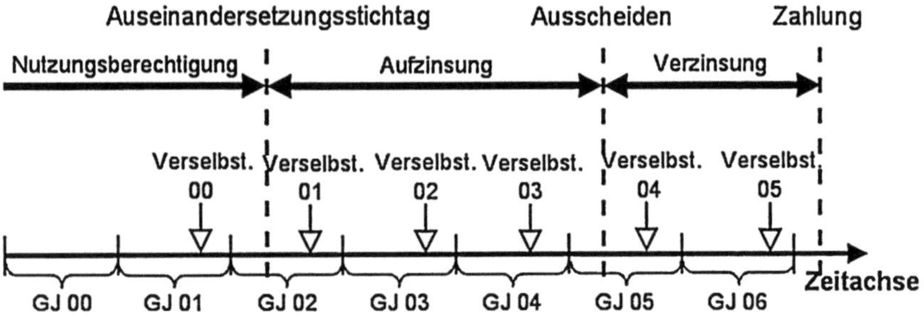

Abb. Nr. 8: Die Behandlung von Dividenden- und Ausgleichsleistungen nach dem Auseinandersetzungsstichtag

Verselbst. = Verselbständigung
GJ = Geschäftsjahr

1. Die vor dem Bewertungsstichtag verselbständigten Ansprüche

Konkrete Dividenden- oder Ausgleichsansprüche, die sich bereits vor dem Bewertungsstichtag verselbständigt haben, dürfen die Minderheitsaktionäre fordern und behalten. Die Minderheitsaktionäre werden dadurch nicht doppelt an der konkreten Nutzung beteiligt. Mit der Verselbständigung haben sie ein selbständiges, von der Beteiligung losgelöstes Forderungsrecht gegenüber der Gesellschaft erworben. Dem Rechtsnachfolger steht diese Nutzung nicht zu. Da für die Aktien ausschließlich der in Zukunft mit der Beteiligung erzielbare Nutzen wertbestimmend ist, dürfen zum Bewertungsstichtag bereits verselbständigte Ansprüche in die Anteilsbewertung nicht einfließen und sind deshalb in der Abfindung nicht enthalten.[1464] Diese konkrete Nutzung kollidiert auch nicht mit dem Aufzinsungsbetrag, denn dieser repräsentiert den Nutzungswert für die Schwebephase. Die Dividenden- bzw. Ausgleichszahlungen hingegen repräsentieren den Nutzungswert für einen Zeitraum vor der Beschlussfassung.

2. Die auf den Zeitraum vor dem Bewertungsstichtag entfallenden, aber erst nach diesem Zeitpunkt verselbständigten Dividenden- bzw. Ausgleichsansprüche

Nicht unproblematisch sind solche Dividenden- bzw. Ausgleichszahlungen, die sich auf (zeitanteilige) Geschäftsjahre vor dem Bewertungsstichtag beziehen,

1464 S. dazu ausführlich oben 2. Teil VII. 1. b).

sich aber erst nach diesem Stichtag verselbständigen. Zwar kollidieren diese Zahlungen nicht mit dem Aufzinsungsbetrag, der den Nutzungswert für den Zeitraum während der Schwebephase repräsentiert, die erst mit dem Bewertungsstichtag beginnt. Allerdings sind die in Frage stehenden Dividenden- bzw. Ausgleichszahlungen bereits in die Anteilsbewertung eingeflossen und haben die Abfindung entsprechend erhöht. Denn der Bewertungsstichtag wird durch § 327 b Abs. 1 S. 1 HS. 2 AktG auf den Tag der Beschlussfassung vorverlagert. Für die Bemessung der Abfindung ist deshalb fiktiv so zu tun, als ob die Aktien mit dem Bewertungsstichtag auf den Hauptaktionär übergegangen wären. Alle Dividenden- bzw. Ausgleichsansprüche, die sich nach dem Bewertungsstichtag verselbständigen, entstehen (fiktiv) in der Person des Hauptaktionärs und müssen an sich als Bewertungsgrundlage in die Ermittlung der Barabfindung einfließen. Allerdings wäre der Hauptaktionär den Minderheitsaktionären gem. § 101 Nr. 2 HS. 2 BGB insoweit pro rata temporis schuldrechtlich herausgabepflichtig, als sich die Fruchtziehung auf den Zeitraum vor dem Bewertungsstichtag bezieht. Sinnvoller erscheint es, alle nach dem Bewertungsstichtag entstehenden Dividenden- bzw. Ausgleichsleistungen in die Anteilsbewertung einfließen zu lassen und dafür einen Herausgabeanspruch gem. § 101 BGB zu versagen.[1465] Wird der (zeitanteilige) Nutzungswert bereits über die Abfindung vergütet, so dürfen die Minderheitsaktionäre nicht zusätzlich noch die konkrete Nutzung für diesen Zeitabschnitt erhalten. Anderenfalls würden diese doppelt kompensiert werden. Diese Dividenden- bzw. Ausgleichsleistungen sind deshalb auf die Barabfindung anzurechnen.

3. Die auf den Zeitraum nach dem Bewertungsstichtag entfallenden Dividenden- bzw. Ausgleichsansprüche

Nur dann, wenn nach dem Bewertungsstichtag noch Dividende bzw. Ausgleich für (zeitanteilige) Geschäftsjahre der Schwebephase geleistet wird, kollidiert die konkrete Nutzung mit dem Aufzinsungsbetrag. Es stellt sich dann die Frage nach dem Verhältnis von abstrakter und konkreter Nutzung.

a) Der Vergleich mit der Situation bei § 305 Abs. 3 S. 3 HS. 1 AktG

Die vorliegende Situation ähnelt stark derjenigen, die sich bei Abschluss eines Beherrschungs- und Gewinnabführungsvertrages im Zeitraum zwischen dem Wirksamwerden des Unternehmensvertrages und der Abfindungszahlung stellt.

1465 Zur Einbeziehung dieser Dividenden- bzw. Ausgleichsleistungen in die Abfindung s. oben 2. Teil VII. 1. c) cc).

Aus der Behandlung dieser Schwebephase lassen sich Rückschlüsse für die hier vorliegende Situation ziehen.[1466]

Im Gegensatz zum Minderheitsausschluss wird der Unternehmensvertrag schon vor dem Ausscheiden aus der Gesellschaft wirksam, nämlich mit der Eintragung desselben ins Handelsregister gem. § 294 Abs. 2 AktG. Erst mit der Ausübung des Wahlrechts auf Ausscheiden gegen Barabfindung verliert der Aktionär seine Gesellschafterstellung. Bis zur Ausübung des Wahlrechts bleibt die Gesellschafterstellung von der Maßnahme unberührt. Allerdings tritt schon mit dem Wirksamwerden der Maßnahme an die Stelle der Dividendenberechtigung die Ausgleichsberechtigung. Gleichzeitig beginnt gem. § 305 Abs. 3 S. 3 HS. 1 AktG die rückwirkende Verzinsung der Barabfindung. Wird das Wahlrecht erst ausgeübt, nachdem bereits Ausgleich bezogen worden ist, so kollidiert diese konkrete Nutzung mit der gesetzlichen Verzinsung als abstrakter Nutzung.

Eine Kumulation von Zins und Ausgleich wird nahezu einhellig abgelehnt.[1467] Der BGH[1468] und die heute herrschende Auffassung[1469] gehen davon aus, dass die Ausgleichszahlungen nur auf die Zinsen angerechnet werden dürfen. Übersteigen die Ausgleichszahlungen als konkrete Nutzung die gesetzliche Verzinsung, so sei eine Anrechnung auf die Barabfindung selbst ausgeschlossen, denn der Ausgleich sei der Sache nach nichts anderes als die „Verzinsung" des eingesetzten Kapitals. Die überschießenden Ausgleichszahlungen sollen dem Aktionär demnach verbleiben.

Eine nicht unerhebliche Minderheit hingegen hält eine Anrechnung der Differenz zwischen Ausgleichszahlung und Zinsertrag auf die Abfindung für zwingend erforderlich.[1470] Zwar wird sowohl eine schuldrechtliche, als auch eine gesellschaftsrechtliche Pflicht zur Rückgewähr der konkreten Nutzung abgelehnt.[1471] Allerdings ließen sich ohne Anrechnung schlicht keine angemessenen

1466 Vgl. *Meilicke* AG 2010, 561, 569 f.

1467 *Hüffer*, AktG, § 305 Rn. 26 b; *Paulsen* in MünchKommAktG, § 305 Rn. 149; *Stephan* in Schmidt/Lutter, § 305 Rn. 121; *Koppensteiner* in KölnerKommAktG, § 305 Rn. 121; OLG Stuttgart NZG 2000, 744, 749 reSp.

1468 BGHZ 152, 29, 32 ff = NJW 2002, 3467 – „Rütgers AG"; BGHZ 155, 110, 115 = NZG 2003, 1113 – „Philips AG"; ZIP 2003, 1933, 1935 – „Philips II".

1469 *Paulsen* in MünchKommAktG, § 305 Rn. 151; *Koppensteiner* in KölnerKommAktG, § 305 Rn. 121 f; *Emmerich* in Emmerich/Habersack, Konzernrecht, § 305 Rn. 33 ff; *Hüffer*, AktG, § 305 Rn. 26 b; *Meilicke* in Heidel, Aktienrecht, § 305 Rn. 61; *Kort* NZG 2002, 1139; *Sinewe* NJW 2003, 270, 271.

1470 *Krieger* in MünchHdbGesR IV, § 70 Rn. 115; *Hirte/Hasselbach* in GroßkommAktG, § 305 Rn. 30 ff; *Kort* NZG 2002, 1139, 1140 f; *Riegger/Rosskopf* BB 2003, 1026, 1027 ff; *Stimpel* AG 1998, 259, 262 f.

1471 *Riegger/Roßkopf* BB 2003, 1026, 1027 f; *Kort* NZG 2002, 1139, 1141; *Jungmann* BB 2002, 1549, 1550 liSp.

Ergebnisse erzielen.[1472] Der Aktionär müsse die Verzinsung als Höchstgrenze hinnehmen, denn die Verzinsungsregelung soll einen angemessenen Ausgleich zwischen den Beteiligten herstellen, der anderenfalls gestört wäre.[1473] Gegen das Behaltendürfen des Überschusses wird ferner angeführt, dass die Ausgleichszahlungen aus ökonomischer Sicht eine „Risikovergütung" darstellen. Das unternehmerische Risiko tragen die Minderheitsaktionäre vom Bewertungsstichtag an jedoch nicht mehr.[1474]

Hinsichtlich der Verrechnung von konkreter und abstrakter Nutzung weist *Jungmann* auf ein weiteres Problem hin. Es dürfe nicht unberücksichtigt bleiben, dass die Aktionäre hinsichtlich der bis zur Ausübung des Wahlrechts gezahlten Ausgleichsleistung bereits die Möglichkeit haben, diese wirtschaftlich zu nutzen. Er schlägt deshalb vor, die Ausgleichszahlungen vor der Verrechnung mit den Zinsen mit dem Zinssatz des § 305 Abs. 3 S. 3 HS. 1 AktG zu verzinsen.[1475]

Knoll hat diesen Ansatz aufgegriffen und weiterentwickelt. Ein fairer Interessenausgleich zwischen den Beteiligten erfordere es, finanzmathematisch korrekt auf den Zinsfuß der Diskontierung bei der Unternehmensbewertung abzustellen. Sowohl die Ausgleichszahlungen, als auch die Barabfindung seien – abweichend vom Zinssatz des § 305 Abs. 3 S. 3 HS. 1 AktG – mit diesem Zinssatz aufzuzinsen, und anschließend zu verrechnen.[1476]

b) Keine Kumulation von Aufzinsung und Dividende bzw. Ausgleich

Wie beim Abschluss eines Beherrschungs- und Gewinnabführungsvertrages ist evident, dass neben den Aufzinsungsbetrag als abstrakte Nutzung pro rata temporis nicht zusätzlich die konkrete Nutzung in Form von Dividende oder Ausgleich hinzutreten darf.[1477] Anderenfalls würden die Minderheitsaktionäre für Kapitalüberlassung während der Schwebephase doppelt entschädigt werden.

Es stellt sich wie beim Abschluss eines Beherrschungs- und Gewinnabführungsvertrages die Frage, wie ein angemessener Interessenausgleich hergestellt werden kann. Diesbezüglich ist festzustellen, dass die Voraussetzungen für einen Anspruch auf Herausgabe der Dividenden- bzw. Ausgleichszahlungen

---

1472 *Riegger/Roßkopf* BB 2003, 1026, 1028; *Hirte/Hasselbach* in GroßkommAktG, § 305 Rn. 31; **anders:** *Kort* NZG 2002, 1139, 1141, der die Erforderlichkeit der Verrechnung daraus schließt, dass Abfindung und Ausgleich dieselbe Wurzel hätten.

1473 *Hirte/Hasselbach* in GroßkommAktG, § 305 Rn. 31.

1474 **Ebenso:** *Stephan* in Schmidt/Lutter, AktG, § 305 Rn. 122.

1475 S. *Jungmann* BB 2002, 1549, 1550 liSp mit 1554 liSp; **ablehnend:** *Kort* NZG 2002, 1139, 1140; OLG München 1998, 192.

1476 *Knoll* DB 2002, 2264, 2265 liSp; *ders.* ZIP 2003, 2329, 2333 liSp; *ders.* BB 2004, 1727, 1731.

1477 *Altmeppen* ZIP 2010, 1773, 1780 f.

gem. § 812 Abs. 1 BGB nicht erfüllt sind.[1478] Erst mit Eintragung des Übertragungsbeschlusses scheiden die Minderheitsaktionäre aus der AG aus. Die bis dahin geleisteten Dividenden- bzw. Ausgleichszahlungen haben diese deshalb zu Recht erhalten. Eine Rückzahlungspflicht ließe sich nur dann annehmen, wenn man den Rechtsgrund für das Behaltendürfen rückwirkend wieder entfallen ließe.[1479] Entsprechend der Rechtslage bei § 305 Abs. 3 S. 3 AktG ist die konkrete Nutzung deshalb nicht herauszugeben, sondern lediglich auf die abstrakte Nutzung anzurechnen.[1480]

Allerdings darf, wie bereits *Jungmann* festgestellt hat, der Umstand nicht unberücksichtigt bleiben, dass die konkrete Nutzung den Minderheitsaktionären bereits zum Stichtag der Ausschüttung bzw. der Ausgleichszahlung zugeflossen ist. Während diese Finanzmittel im Zeitpunkt der Auszahlung bei der Gesellschaft abgeflossen sind, konnten die Auszuschließenden diese bereits reinvestieren. Um den daraus resultierenden Zinsnachteil der Gesellschaft zu kompensieren, sind die in Rede stehenden Dividenden- bzw. Ausgleichszahlungen entsprechend dem Vorschlag von *Knoll* vom Stichtag der Auszahlung auf den Stichtag des Ausscheidens aufzuzinsen.

Als Aufzinsungsfaktor ist derselbe Zinssatz zu wählen, mit dem die Barabfindung aufgezinst wird.[1481] Der Kapitalisierungszinssatz der Unternehmensbewertung kann nicht unmodifiziert übernommen werden. Anzusetzen ist vielmehr der entsprechend der nach dem Bewertungsstichtag veränderten Risikolage modifizierte Kapitalisierungszinssatz.

c) Die alleinige Maßgeblichkeit der abstrakten Nutzung

Es ist praktisch nicht denkbar, dass sich abstrakte und konkrete Nutzung decken. Die konkrete Nutzung wird entweder hinter der abstrakten Nutzung zurückbleiben oder diese übersteigen.

aa) Der Überschuss der abstrakten Nutzung

Bleibt die Summe der Dividenden- bzw. Ausgleichszahlungen für den Zeitraum der Schwebephase hinter dem Aufzinsungsbetrag zurück, so müssen die Min-

---

1478 Vgl. die Nachweise oben Fn. 1471.

1479 I.d.S. *Stimpel* AG 1998, 259, 262 reSp: der Anspruch auf Ausgleichszahlung sei „*rückwirkend als nicht entstanden zu behandeln*“.

1480 Wie bereits *Jungmann* festgestellt hat, scheidet eine Aufrechnung i.S.d. §§ 387 ff BGB mangels Rückzahlungsanspruch im Ansatz aus, s. *dens.* BB 2002, 1549, 1550 liSp.

1481 Vgl. auch *Jungmann* BB 2002, 1549, 1550 liSp mit 1554 liSp: „*Gleichlauf der Zinssätze*“.

derheitsaktionäre den Differenzbetrag erhalten.[1482] Mit einer geringeren konkreten Nutzung müssen sich die Minderheitsaktionäre nicht zufrieden geben, denn die konkrete Konjunktur- und Unternehmensentwicklung nach dem Bewertungsstichtag, die sich in der Volatilität der Überschüsse manifestiert, soll sich auf die Auseinandersetzung nicht auswirken.[1483]

bb) Der Überschuss der konkreten Nutzung

Fraglich ist, wie die Fälle zu lösen sind, in denen die konkrete Nutzung die abstrakte Nutzung übersteigt. Für die Parallelfälle bei Abschluss eines Beherrschungs- und Gewinnabführungsvertrages geht die herrschende Auffassung von einer Anrechnung der konkreten Nutzung ausschließlich auf die Zinsen aus. Den Überschuss sollen die Minderheitsaktionäre behalten dürfen.[1484]

In Anlehnung daran geht *Meilicke*, der sich an Stelle der Aufzinsung für eine (ertragsunabhängige) Verzinsung der Abfindung vom Bewertungsstichtag an ausspricht, davon aus, dass die Dividenden- oder Ausgleichszahlungen ausschließlich auf den Zinsanspruch angerechnet werden dürfen.[1485]

Altmeppen zufolge hingegen soll den Minderheitsaktionären ausschließlich der Aufzinsungsbetrag verbleiben. Hinsichtlich des überschießenden Differenzbetrages seien sie zur Herausgabe verpflichtet.[1486] Gegen einen entsprechenden Herausgabeanspruch wird angeführt, dass dafür keine rechtliche Grundlage gegeben sei. Das AktG sehe nur den Übergang der Aktien selbst vor (§ 327 e Abs. 3 AktG). Allenfalls sei die Barabfindung nachträglich durch Anrechnung der Zahlungen zu kürzen.[1487]

Übersteigt die konkrete Nutzung der Beteiligung die abstrakte Nutzung pro rata temporis, so darf den Minderheitsaktionären im Ergebnis nur der Aufzinsungsbetrag verbleiben.[1488] Durch die Vorverlagerung des Bewertungsstichtages auf den Tag der Beschlussfassung soll die Auseinandersetzung von der konkreten Unternehmens- und Konjunkturentwicklung nach dem Bewertungsstichtag unabhängig gemacht werden. Deshalb muss die konkrete Dividenden- bzw. Ausgleichsberechtigung mit dem Bewertungsstichtag erlöschen. An ihre Stelle tritt der Aufzinsungsbetrag als abstrakt bzw. pauschaliert ermittelter Nutzungs-

1482 *Altmeppen* ZIP 2010, 1773, 1780 f; vgl. auch die **h.M.** zur Parallelsituation bei Abschluss eines Beherrschungs- und Unternehmensvertrages (§ 305 Abs. 3 S. 3 HS. 1 AktG), oben V. 3. a).

1483 S. dazu oben II. 3. c) bb).

1484 S. dazu oben V. 3. a).

1485 *Meilicke* AG 2010, 561, 569 f, zum Ansatz *Meilickes* s. ausführlich oben II. 2. b) bb) aaa) (4) (c).

1486 *Altmeppen* ZIP 2010, 1773, 1780 f.

1487 *Tebben* AG 2003, 600, 607 reSp, der eine Kürzung der Barabfindung aber i.E. ablehnt.

1488 *Altmeppen* ZIP 2010, 1773, 1780 f.

wert.[1489] Der Aufzinsungsbetrag bildet zwingend die Untergrenze, gleichzeitig aber auch die Höchstgrenze der Nutzungsentschädigung. Wie *Stephan* zu Recht feststellt, handelt es sich bei Dividende und Ausgleich ökonomisch betrachtet um nichts anderes als eine Risikovergütung.[1490] Das mit der Aktieninhaberschaft verbundene unternehmerische Risiko hat sich aber mit dem Bewertungsstichtag vollständig auf den Hauptaktionär verlagert. Gerade deshalb ist der Kapitalisierungszinssatz für die Aufzinsung zu modifizieren.[1491]

Da einerseits ein Herausgabeanspruch, wie bereits oben festgestellt wurde, nicht besteht, der Differenzbetrag den Minderheitsaktionären aber andererseits nicht verbleiben darf, ist dieser Betrag – wie es die Mindermeinung zu § 305 AktG vorschlägt –[1492] auf die Barabfindung anzurechnen.

VI. Das Scheitern der Ausschlussmaßnahme

Insbesondere dann, wenn die Minderheitsaktionäre mit ihrer Anfechtungs- oder Nichtigkeitsklage Erfolg haben, ist der Minderheitsausschluss – zumindest vorübergehend – gescheitert. Ein wirtschaftlicher Nachteil entsteht den Minderheitsaktionären dadurch nicht. Nur dann, wenn die Ausschlussklage Erfolg hat entfällt die Beteiligung am konkreten Gewinn zum Zweck der Auseinandersetzung rückwirkend. Während der Schwebephase besteht die konkrete Nutzungsberechtigung, d.h. die Dividenden- bzw. Ausgleichsberechtigung fort.

VII. Zusammenfassung zum 5. Teil

1. Hat die Ausschlussmaßnahme Erfolg, so muss die konkrete Dividenden- bzw. Ausgleichsberechtigung mit dem Stichtag der Beschlussfassung rückwirkend entfallen. Dies ist zwingende Konsequenz der Vorverlagerung des Bewertungsstichtages, die die Auseinandersetzung mit den Minderheitsaktionären von der konkreten Konjunktur- und Unternehmensentwicklung nach dem Bewertungsstichtag unabhängig machen soll. Der durch das Auseinanderfallen von Bewertungsstichtag und Ausscheiden bedingten Zinslücke ist durch Aufzinsung der Abfindung auf den Tag des Ausscheidens Rechnung zu tragen.

Als Aufzinsungsfaktor ist der im Rahmen der Unternehmensbewertung angesetzte Basiszinssatz zu wählen. Eine Aufzinsung mit dem vollen Kapitalisierungszinssatz lässt sich aufgrund der veränderten Risikolage nach dem Bewer-

1489 S. dazu ausführlich oben II. 3. c) und f).

1490 *Stephan* in Schmidt/Lutter, AktG, § 305 Rn. 122.

1491 Zur Risikolage nach dem Bewertungsstichtag und der entsprechenden Modifikation des Kapitalisierungszinssatzes s. oben II. 4. a).

1492 S. dazu die Nachweise oben Fn. 1472.

tungsstichtag nicht mehr rechtfertigen. Das Volatilitätsrisiko entfällt durch die Vorverlagerung des Bewertungsstichtages vollständig. Hinsichtlich des Ausfallrisikos besteht für das aktienrechtliche Ausschlussverfahren die Besonderheit, dass gem. § 327 b Abs. 3 AktG ein Kreditinstitut die Gewährleistung für die Erfüllung der Abfindung übernehmen muss. Aufgrund der Bankgarantie, die neben die Haftung des Hauptaktionärs tritt, besteht nach dem Bewertungsstichtag kein nennenswertes Ausfallrisiko mehr.

2. Dividenden- bzw. Ausgleichsansprüche, die sich vor dem Auseinandersetzungsstichtag verselbständigt haben, stehen den Aktionären weiterhin zu.

Dividenden- bzw. Ausgleichsansprüche die sich erst nach dem Übertragungsbeschluss verselbständigen, aber (zeitanteilig) auf den Zeitraum vor diesem Stichtag entfallen, sind bereits in der Abfindung enthalten und im Falle der Auszahlung auf die Barabfindung anzurechnen.

Wird nach dem Stichtag der Beschlussfassung noch Dividende bzw. Ausgleich für den Zeitraum der Schwebephase gezahlt, so gibt der abstrakte Nutzungswert der Beteiligung vor, wie mit diesen Leistungen zu verfahren ist. Bleibt die konkrete Nutzung hinter der abstrakten zurück, so steht den Minderheitsaktionären der Differenzbetrag zu. Übersteigt die konkrete Nutzung die abstrakte, so ist der überschießende Differenzbetrag auf die Barabfindung anzurechnen. Dabei ist zu berücksichtigen, dass die Minderheitsaktionäre die konkrete Nutzung schon vor dem Ausscheiden erhalten und bereits reinvestieren konnten. Die Dividenden- bzw. Ausgleichszahlungen sind deshalb vor der Verrechnung mit der abstrakten Nutzung mit dem für die Aufzinsung der Barabfindung angesetzten Zinssatz aufzuzinsen.

3. Scheitert der Minderheitsausschluss, so müssen die Minderheitsaktionäre rückwirkend an den Dividenden- bzw. Ausgleichsleistungen der Zwischenzeit beteiligt werden.

4. Für Zahlungsverzögerungen nach dem Übergang der Aktien werden die Minderheitsaktionäre durch die automatische Verzinsung der Abfindung gem. § 327 b Abs. 3 HS. 1 AktG entschädigt. Die Zinslücke, die zwischen der Eintragung (dem Aktienübergang) und der Bekanntmachung (dem Zinsbeginn) entsteht, ist aufgrund ihrer minimalen zeitlichen und wirtschaftlichen Bedeutung vor dem Hintergrund des Art. 14 GG verfassungsrechtlich unbedenklich.

Wirtschaftlich und wertungsmäßig betrachtet muss die Abfindung unmittelbar mit Wirksamwerden der Maßnahme verzinslich sein. Auch ist ein sachlicher Grund für den unterschiedlichen Zinslauf bei Abschluss eines Unternehmensvertrages und dem Ausschluss von Minderheitsaktionären nicht ersichtlich (Art. 3 GG). De lege ferenda ist die Abfindung entsprechend § 305 Abs. 3 S. 3

HS. 1 AktG bereits mit Ablauf des Tages, an dem der Ausschluss wirksam wird, zu verzinsen.

6. Teil Zusammenfassung der Untersuchung

I. Zur Anteils- und Unternehmensbewertung

1. Die verfassungsrechtlich gebotene „wirtschaftlich volle“ Entschädigung (Art. 14 GG) erfordert es, den Auszuschließenden so zu stellen, wie er bei einer freien Deinvestitionsentscheidung stehen würde. Dem Auszuschließenden ist zu ermöglichen, ohne wirtschaftlichen Nachteil aus der Gesellschaft auszuscheiden. Der Verkehrswert des Anteils bildet stets die Untergrenze für die Bemessung der Abfindung (s. 2. Teil II).

2. Die maßgebliche Bewertungsperspektive zur Ermittlung des Verkehrswertes der Beteiligung ist diejenige eines markttypischen Dritten, der mit seiner Beteiligung ausschließlich finanzielle Ziele verfolgt (s. 2. Teil V. 2. e)).

3. In Kombination mit dem Ertragswertverfahren bestimmt der Bewertungsstichtag, wem die zukünftigen Erträge in personeller Hinsicht zuzuordnen sind. Bis zum Bewertungsstichtag ist die konkrete Nutzung ausschließlich dem Rechtsvorgänger, danach hingegen dem Rechtsnachfolger zuzuordnen.
Dabei ist aber zu beachten, dass sich die Gewinnbeteiligung nach dem Bewertungsstichtag auf (anteilige) Geschäftsjahre vor diesem Zeitpunkt beziehen kann. Zu diesem Stichtag bereits verselbständigte Dividendenansprüche, hinsichtlich derer die Ausgeschlossenen ein eigenständiges Forderungsrecht erworben haben, dürfen nicht als Bewertungsgrundlage in die Ertragswertermittlung einfließen. Nicht verselbständigte, aber auf den Zeitraum vor dem Bewertungsstichtag entfallende Dividende wäre an sich gem. § 101 Nr. 2 HS. 2 BGB vom Rechtsnachfolger herauszugeben. Es erscheint dennoch vorzugswürdig, diese (anteilige) Dividende stattdessen in prognostizierter Form in die Abfindung einfließen zu lassen (s. 2. Teil VII. 1. c)).

4. Die Bewertungskalküle gehen fiktiv davon aus, dass die Abfindung Zug um Zug mit dem Verlust des Anteils ausgezahlt wird. Die Anteilsbewertung steht deshalb aus betriebswirtschaftlicher Sicht stets unter der Prämisse der sofortigen Auszahlung der Barabfindung zum Bewertungsstichtag (s. 2. Teil VI. 3.).

5. Substanzwert und Liquidationswert, die in Rechtsprechung und Literatur häufig gleichgesetzt werden, gilt es streng voneinander zu unterscheiden. Während der Liquidationswert unter der Prämisse der Zerschlagung steht, steht der Substanzwert unter der Prämisse der Unternehmensfortführung (s. 2. Teil VII. 3. und VIII. 2. b) bb) bbb) (2)).

6. Im Gegensatz zu den Bewertungskalkülen, die den Verkehrswert des Anteils fiktiv ermitteln, ist der Börsenwert nicht lediglich eine Fiktion, sondern ein realer, am Markt geprüfter Wert. Er steht – sofern aussagekräftig – den fiktiv ermittelten Werten gleich (s. 2. Teil VIII. 2. a) und b) bb)).

7. In aller Regel wird es erforderlich sein, neben dem Ertragswert auch den Liquidations- und Börsenwert zu ermitteln. Abzustellen ist stets auf den Höchstwert. Lediglich dem bewertungstheoretisch überholten Substanzwert kommt keine eigenständige Bedeutung mehr zu, sofern das Ertragswertverfahren nicht ausnahmsweise ungeeignet ist, den Fortführungswert des Unternehmens abzubilden (s. 2. Teil VIII. 2. b)).

II. Zur Behandlung der Schwebephase

1. Die gesetzliche Vorverlagerung des Bewertungsstichtages auf den Beginn der Schwebephase soll die Auseinandersetzung mit dem Auszuschließenden von der zufälligen konkreten Konjunktur- und Unternehmensentwicklung nach diesem Stichtag unabhängig machen. Die Vorverlagerung des Bewertungsstichtages hat zwingend die Konsequenz, dass dem auszuschließenden Gesellschafter die konkrete Nutzung der Beteiligung nach diesem Stichtag rückwirkend nicht mehr gebührt. Dies gilt unabhängig von der Gesellschaftsform. Für die zwangsweise Zurverfügungstellung des Kapitals während der Schwebephase ist der Auszuschließende durch Aufzinsung der Abfindung vom Bewertungsstichtag auf den Tag des Ausscheidens zu entschädigen (s. 3. Teil II. 3. a) und c) sowie 4. Teil II. 3. a) und 5. Teil II. 3. c)).

Für den Ausschluss aus einer GmbH ist die Besonderheit zu beachten, dass das Ausschlussurteil auf Antrag hin – nach herrschender Auffassung sogar von Amts wegen – unter die aufschiebende Bedingung der vollständigen Abfindungszahlung zu stellen ist. Ergeht das Urteil aufschiebend bedingt, so hat dies zur Folge, dass sich die Schwebephase bis zum Bedingungseintritt ausdehnt. Die Abfindung ist deshalb – in Höhe der noch ausstehenden Raten – bis zum Bedingungseintritt aufzuzinsen (s. 4. Teil III. 2. b)).

2. Der Aufzinsungsfaktor orientiert sich an dem für die Bewertung des konkreten Unternehmens zum Bewertungsstichtag maßgeblichen Kapitalisierungszinssatz. Diesen gilt es entsprechend der veränderten Risikolage nach dem Bewertungsstichtag zu modifizieren. Der Aufzinsungsfaktor muss sich zwischen dem Basiszinssatz und dem vollen Kapitalisierungszinssatz bewegen. Das Risiko der Volatilität der Überschüsse trägt der auszuschließende Gesellschafter infolge der Vorverlagerung des Bewertungsstichtages nicht mehr. Ein voller Risikozuschlag lässt sich deshalb nicht mehr rechtfertigen. Übrig bleibt ausschließ-

lich das Ausfallrisiko, dessen Höhe entscheidend von der Gesellschaftsform der Beteiligung abhängt (grundlegend dazu 3. Teil II. 4. b)).

Für den aktienrechtlichen Minderheitsausschluss besteht die Besonderheit, dass eine Bankgarantie zu bestellen ist (§ 327 b Abs. 3 AktG). Den abzufindenden Minderheitsaktionären haftet neben dem Hauptaktionär zusätzlich die sich verbürgende Bank. Infolgedessen tragen die abzufindenden Aktionäre auch kein nennenswertes Ausfallrisiko mehr, das einen Risikozuschlag rechtfertigen würde. Die Abfindung ist ausschließlich mit dem für die Unternehmensbewertung geltenden Basiszinssatz aufzuzinsen (s. 5. Teil II. 4. a)).

Wird ein Gesellschafter einer oHG ausgeschlossen, so haften diesem für dessen Abfindung neben der Gesellschaft auch die den Ausschluss betreibenden Gesellschafter persönlich und unbeschränkt. Das Ausfallrisiko hat sich infolge der Haftung der Gesellschafter erheblich verringert und geht – abhängig von der Solvenz der oHG sowie der Anzahl und Solvenz der verbleibenden Gesellschafter – gegen Null. Gerechtfertigt ist damit – abhängig vom Ausfallrisiko des Einzelfalles – nur ein deutlich verringerter Risikozuschlag auf den Basiszinssatz (s. 3. Teil II. 4. b)).

Anders stellt sich die Lage dar bei Ausschluss aus einer GmbH. Dort haftet für die Abfindung ausschließlich die Gesellschaft selbst. Das Ausfallrisiko verändert sich demnach nicht. Die Abfindung ist deshalb mit dem um einen dem Ausfallrisiko der GmbH entsprechenden Risikozuschlag erhöhten Basiszinssatz aufzuzinsen (s. 4. Teil II. 4. a)).

3. Solange die Gesellschafterstellung in der Schwebe ist, bleibt die konkrete Gewinn- bzw. Ausgleichsberechtigung bestehen. Dividende bzw. Ausgleich sind weiter zu zahlen. Nur für die Auseinandersetzung ist fiktiv so zu tun, als ob der Ausgeschlossene bereits zum Bewertungsstichtag ausgeschieden wäre.

Wird für den Zeitraum der Schwebephase Dividende ausgeschüttet bzw. Ausgleich gezahlt, so kollidiert die konkrete Nutzung mit dem Aufzinsungsbetrag als abstrakte Nutzung. Im Ergebnis müssen die Abzufindenden die abstrakte Nutzung erhalten. Deshalb ist die konkrete Nutzung mit dem Aufzinsungsbetrag zu verrechnen. Um dem Umstand Rechnung zu tragen, dass die konkrete Nutzung dem Abzufindenden bereits zugeflossen ist, sind Dividende bzw. Ausgleich vor der Anrechnung mit demselben Zinssatz wie die Abfindung auf den Stichtag des Ausscheidens aufzuzinsen. Der Differenzbetrag ist den Minderheitsaktionären auszuzahlen. Ein Überschuss ist auf die Barabfindung anzurechnen.

III. Zur Behandlung der Phase zwischen Ausscheiden und Abfindungszahlung

Während der Auszuschließende in der Schwebephase eine Stellung zwischen Eigen- und Fremdkapitalgeber einnimmt, gleicht seine Stellung nach dem Ausscheiden der eines Fremdkapitalgebers. Für die Kapitalüberlassung in der Phase zwischen Ausscheiden und Abfindungszahlung ist der Abzufindende deshalb nicht durch Aufzinsung, sondern durch ertragsunabhängige Verzinsung zu entschädigen.

Kraft gesetzlicher Anordnung ist die Abfindung im Falle des aktienrechtlichen Minderheitsausschlusses gem. § 327 b Abs. 2 HS. 1 AktG vom Tag der Bekanntmachung der Eintragung an mit 5 Prozentpunkten über dem Basiszinssatz des § 247 BGB zu verzinsen. De lege ferenda ist die Abfindung aber entsprechend § 305 Abs. 3 S. 3 HS. 1 AktG bereits mit Ablauf des Tages an dem der Minderheitsausschluss wirksam wird zu verzinsen (s. 5. Teil III. 3.).

Für den Ausschluss aus oHG und GmbH richtet sich die Verzinsung der Abfindung mangels spezieller Regelung an sich nach §§ 288, 286 BGB, und setzt den Verzug der Gesellschaft voraus. Abweichend davon ist die Abfindung in Gesamtanalogie zu §§ 305 Abs. 3 S. 3 HS. 1, 320 b Abs. 1 S. 6 HS. 1 und 327 b Abs. 2 HS. 1 AktG und § 15 Abs. 2 S.1 UmwG mit Ablauf des Tag an dem der Ausschluss wirksam wird automatisch mit 5 Prozentpunkten über dem Basiszinssatz der § 247 BGB zu verzinsen (s. 3. Teil III. 2. und 4. Teil III. 1. d)).

IV. Anregung an den Gesetzgeber

Die Vorverlagerung des Auseinandersetzungsstichtages auf den Beginn der Schwebephase ist an sich ein sinnvolles Instrument zur Risikoverteilung. Zu einer für beide Parteien angemessenen Risikoverteilung führt die Vorverlagerung aber nur dann, wenn dem Ausscheidenden die zahlungsverzögerungsbedingten Vermögensnachteile ausgeglichen werden. Der Gesetzgeber selbst hat die sich aus der schwebephasebedingten Zahlungsverzögerung ergebenden Unbilligkeiten übersehen und keine entsprechende Ausgleichsregelung vorgesehen.

Der Lösungsvorschlag der herrschenden Meinung, die konkrete Nutzungsberechtigung bestehe bis zum Ausscheiden aus der Gesellschaft fort, geht fehl und ist nicht geeignet, einen angemessenen Ausgleich zwischen den Beteiligten herzustellen. Aber auch die Phase zwischen Ausscheiden und Abfindungszahlung ist für oHG, GmbH und AG uneinheitlich geregelt.

Aus diesem Grund sei an dieser Stelle abschließend die Anregung an den Gesetzgeber gerichtet, erstens für den Zeitraum der Schwebephase einen angemessenen und für alle Gesellschaftsformen einheitlichen Ausgleich für die Überlassung des Kapitals vorzusehen.

Zweitens sollte § 327 b Abs. 2 HS. 1 AktG entsprechend § 305 Abs. 3 S. 3 HS. 1 AktG dahingehend geändert werden, dass die Verzinsung schon mit dem Ablauf des Tages an dem der Übertragungsbeschluss eingetragen wird beginnt.

Drittens sollte für den Ausschluss aus der oHG in § 140 Abs. 2 HGB für die Phase zwischen Ausscheiden und Abfindungszahlung eine dem § 305 Abs. 2 S. 3 AktG entsprechende Regelung angefügt werden, die eine automatische Verzinsung mit Ablauf des Tages, an dem die Ausschlussmaßnahme wirksam wird, anordnet.

Sinnvoll wäre auch eine entsprechende Ausschlussregelung für die GmbH zu schaffen. Diese sollte nach dem Vorbild des § 140 Abs. 2 HGB – entgegen dem missverständlichen Wortlaut des § 209 Abs. 1 des RegE von 1971/73 – nicht nur den Bewertungsstichtag, sondern die Auseinandersetzung fiktiv auf den Stichtag der Klageerhebung vorverlagern.

LITERATURVERZEICHNIS

A

Aha, Christof: Aktuelle Aspekte der Unternehmensbewertung im Spruchstellenverfahren – zugleich Anmerkungen zu der Paulaner-Entscheidung des BayObLG –, AG 1997, 26 ff

Altmeppen, Holger: Ausschlussklage und Gewinnbeteiligung des ausscheidenden Gesellschafters der Personengesellschaft und GmbH, Festschrift für Günter Roth, 2011, S. 1 ff

Altmeppen, Holger: Die unzulängliche Abfindungsregelung beim Squeeze out, ZIP 2010, 1773 ff

B

Ballwieser, Wolfgang: Unternehmensbewertung – Prozeß, Methoden und Probleme, 3. Aufl., 2011; **zitiert:** *Ballwieser*

Ballwieser, Wolfgang: Zum risikolosen Zins für die Unternehmensbewertung, Festschrift für Jochen Drukarczyk, 2003, 19 ff

Balz, Gerhard: Die Beendigung der Mitgliedschaft in der GmbH – Eine empirische und dogmatische Untersuchung zur Ausschließung und zum Austritt von Gesellschaftern, 1984; **zitiert:** *Balz*

Bamberger, Heinz/Roth, Herbert (Hrsg.): Beck'scher Online-Kommentar – BGB, 21. Edition, 2011; **zitiert:** *Bearbeiter* in BeckOK, BGB

Bartke, Günther: Zur Bedeutung des Liquidationswertes als Wertuntergrenze – ein Beitrag zur realitätsnäheren Weiterentwicklung der Lehre von der Unternehmensbewertung, BFuP 1981, 393 ff

Barz, Carl: Anm. zu RG, Urt. v. 6.1.1940 – II 56/40, DR 1941, 1303 ff

Battke, Jörg-Dieter: Der Ausschluss von Gesellschaftern aus der GmbH, GmbHR 2008, 850 ff

Baumbach, Adolf/Hopt, Klaus: Handelsgesetzbuch, 34. Aufl., 2010; **zitiert:** *Bearbeiter* in Baumbach/Hopt, HGB

Baumbach, Adolf/Hueck, Alfred: GmbH-Gesetz, 19. Aufl., 2010; **zitiert:** *Bearbeiter* in Baumbach/Hueck, GmbHG

Bayer, Walter: Anm. zu BGH, Urt. v. 14.9. 1998 – II ZR 172/97, WM 1998, 2198 ff, WuB 1999, 66 f

BeckOK, BGB s. unter *Bamberger, Heinz/Roth, Herbert* (Hrsg.)

Beier, Constantin/Bungert, Hartwin: BB-Kommentar zu LG Hamburg, Urt. v. 30.10.2002 – 411 O 34/02, BB 2002, 2625, BB 2002, 2627 ff

Bergbach, Holger: Anteilseigentum – Betrachtungen zur Stellung von Gesellschaftern, insbesondere Aktionären, unter der Eigentumsgarantie des Grundgesetzes –, 2010; **zitiert:** *Bergbach*

Beyer, Sven: Unternehmensbewertung, Wachstum und Abgeltungssteuer, FB 2008, 256 ff

Bilda, Klaus: Zur Dauer der Spruchstellenverfahren, NZG 2000, 296 ff

Bödeker, Annette/Fink, Michael: Unternehmensvertragliche Ausgleichsansprüche bei Zusammentreffen mit Squeeze-Out – Grundsatzentscheidung des BGH, NZG 2011, 816 ff

Bork, Reinhard/Schäfer, Carsten (Hrsg.): GmbHG, Kommentar zum GmbH-Gesetz, 1. Aufl., 2010; **zitiert:** *Bearbeiter* in Bork/Schäfer, GmbHG

Bredow, Günther/Tribulowsky, Maik: Auswirkungen von Anfechtungsklage und Squeeze-Out auf ein laufendes Spruchstellenverfahren, NZG 2002, 841 ff

Bröhl, Karl: Der Kalkulationszinsfuß – Ein Beitrag zur Gesamtbewertung von Unternehmen, 1966; **zitiert:** *Bröhl*

Bungert, Hartwin/Janson, Gunnar: Im Spannungsfeld von Unternehmensvertrag und Squeeze-out: Gibt es einen zeitanteiligen Ausgleichsanspruch nach § 304 AktG?, Festschrift für Uwe Schneider, 2011, S. 159 ff

C

Canaris, Claus-Wilhelm/Habersack, Mathias/Schäfer, Carsten (Hrsg.): Großkommentar zum Handelsgesetzbuch, 3. Band (§§ 105–160), 5. Aufl., Berlin 2009; 4. Band (§§ 343–382), 4. Aufl., 2004; **zitiert:** *Bearbeiter* in Staub, HGB

Canaris, Claus-Wilhelm: Der Zinsbegriff und seine rechtliche Bedeutung, NJW 1978, 1891 ff

Carstensen, Peter: Investitionsrechnung kompakt – Eine anwendungsorientierte Einführung –, 2008; **zitiert:** *Carstensen*, Investitionsrechnung

Colbe, Walther: Berücksichtigung von Synergien versus Stand-alone-Prinzip bei der Unternehmensbewertung, ZGR 1994, 595 ff

Colbe, Walther: Der Vernunft eine Gasse: Abfindung von Minderheitsaktionären nicht unter dem Börsenkurs, Festschrift für Marcus Lutter, 2000, S. 1053 ff

Colbe, Walther: Der Zukunftserfolg, Die Ermittlung des künftigen Unternehmenserfolges und seiner Bedeutung für die Bewertung von Industrieunternehmen, 1957; **zitiert:** *Colbe*

Creutzmann, Andreas: Unternehmensbewertung und Erbschaftssteuer – Anmerkungen zum Diskussionsentwurf für eine Anteils- und Betriebsvermögensbewertungsordnung –, Stbg 2008, 148 ff

D

Daragan, Hanspeter/Halaczinsky, Raymond/Riedel, Christopher (Hrsg.): Praxiskommentar Erbschaftsteuer und Bewertungsgesetz, 2010; **zitiert:** *Bearbeiter* in Daragan/Halaczinsky/Riedel, ErbStG und BewG

Dielmann, Heinz/König, Andreas: Der Anspruch ausscheidender Minderheitsaktionäre auf angemessene Abfindung, AG 1984, 57 ff

Dreier, Peter/Riedel, Toni: Der zeitanteilige Ausgleichsanspruch beim Squeeze out, BB 2009, 1822 ff

Drukarczyk, Jochen: Zum Problem der angemessenen Barabfindung bei zwangsweise ausscheidenden Anteilseignern, AG 1973, 358 ff

E

Ebenroth, Carsten: Anm. zu OLG Hamm, Urt. v. 6.7.1988 – 8 U 315/86, GmbHR 1989, 126, EWiR 1989, 267 f

Ebenroth/Boujong/Joost/Strohn, HGB s. unter *Joost, Detlev/Strohn, Lutz* (Hrsg.)

Ebert, Ina: Pönale Elemente im deutschen Privatrecht – Von der Renaissance der Privatstrafe im deutschen Recht –, 2004; **zitiert:** *Ebert*, Pönale Element im deutschen Privatrecht

Eckhardt, Dirk: Anm. zum Urt. des BGH v. 30.1.1995, – II ZR 45/94, WiB 1995, 381 ff

Emmerich, Volker/Habersack, Mathias: Aktien- und GmbH-Konzernrecht, 6. Aufl., 2010; **zitiert:** *Bearbeiter* in Emmerich/Habersack, Konzernrecht

Engels, Wolfram: Betriebswirtschaftliche Bewertungslehre im Licht der Entscheidungstheorie, 1962; **zitiert:** *Engels*

Esch, Günter: Die mitgliedschafts- und steuerrechtlichen Wirkungen der Ausschließung oder des Austritts aus einer GmbH aus wichtigem Grund, GmbHR 1981, 25 ff

Esskandari, Manzur: Abfindungs- und Auseinandersetzungsansprüche bei Ausscheiden aus der GmbH & Co. KG sowie deren Geltendmachung, GmbHR, 2008, 138 ff

F

Fischer, Robert/Ulmer, Peter: Handelsgesetzbuch – Großkommentar, 2. Band, 1. Halbband (§§ 105–144), 3. Aufl., 1973; **zitiert:** *Bearbeiter* in GroßkommHGB

Flad, Friedrich/Weipert, Otto/Gadow, Wilhelm/Heinichen, Eduard (Hrsg.): Kommentar zum Handelsgesetzbuch, 2. Band (§§ 105–177, §§ 335–342), 1. Aufl., 1942; **zitiert:** *Bearbeiter* in RGRKommHGB, 1. Aufl.

Fleischer, Holger/Goette, Wulf (Hrsg.): Münchner Kommentar zum Gesetz betreffend die Gesellschaften mit beschränkter Haftung – GmbHG, 1. Aufl., 2010; **zitiert:** *Bearbeiter* in MünchKommGmbHG

Fleischer, Holger: Die Barabfindung außenstehender Aktionäre nach §§ 305 und 320 b AktG: Stand-alone-Prinzip oder Verbundberücksichtigungsprinzip?, ZGR 1997, 368 ff

Forster, Karl-Heinz: Zur angemessenen Barabfindung (§ 305 AktG), Festschrift für Carsten Claussen, 1997, S. 91 ff

FrankfurterKommWpÜG s. unter *Haarmann, Wilhelm/Schüppen, Matthias* (Hrsg.)

Frühling, Volker: Unternehmensbewertung und ewige Rente, FB 2009, 200 ff

Fuchs, Ingo: Der aktienrechtliche Squeeze-out, 2009; **zitiert:** *Fuchs*

Fuhrmann, Lambertus: Das Freigabeverfahren bei Squeeze out-Beschlüssen – zugleich Besprechung von OLG Hamburg vom 11.8.2003 (Az. 11 W 28/03) und OLG Köln vom 6.10.2003 (Az. 18 W 35/03) –, DK 2004, 1 ff

G

Ganßmüller, Helmut: Gesellschafter-Ausschließung und Wiederaufnahmeverfahren, Zweiter Teil (Schluß), GmbHR 1956, 145 ff

Gansweid, Wolfgang: Zur gerichtlichen Überprüfung der angemessenen Barabfindung nach § 305 AktG, AG 1977, 334 ff

Gehrlein, Markus: Ausschluß und Abfindung von GmbH-Gesellschaftern, 1997; **zitiert:** *Gehrlein*

Geibel, Stephan/Süßmann, Rainer (Hrsg.): Wertpapiererwerbs- und Übernahmegesetz (WpÜG), Kommentar, 2. Aufl., 2008; **zitiert:** *Bearbeiter* in Geibel/Süßmann, WpÜG

Gesmann-Nuissl, Dagmar: Anm. zu OLG Stuttgart, Urt. v. 16.11.2005 – 20 U 2/05, WM 2006, 292, WuB 2006, 385 f

Glade, Achim: Verhältnis zwischen Barabfindung beim aktienrechtlichen Squeeze-Out gemäß § 327 b AktG und Ausgleichszahlung beim Beherrschungs- und Gewinnabführungsvertrag gemäß § 304 AktG, JurisPR-HaGesR 12/2009 Anm. 7

Goette, Wulf/Habersack, Mathias (Hrsg.): Münchner Kommentar zum Aktiengesetz, 5. Band (§§ 278–328), 3. Aufl., 2010; **zitiert:** *Bearbeiter* in MünchKommAktG

Goette, Wulf: Anm. zu BGH Urt. v. 30.1.1995 – II ZR 45/94, DStR 1995, 537, DStR 1995, 539 f

Goette, Wulf: Anm. zu BGH, Urt. v. 14.9.1998 – II ZR 172–97, DStR 1998, 1688, DStR 1998, 1690

Goette, Wulf: Die GmbH, 2. Aufl., 2002; **zitiert:** *Goette*, Die GmbH

Goette, Wulf: Zum Zeitpunkt des Wirksamwerdens des Zwangseinziehungsbeschlusses, Festschrift für Marcus Lutter, 2000, S. 399 ff

Großfeld, Bernhard/Stöver, Rüdiger: Ermittlung des Betafaktors in der Unternehmensbewertung: Anleitung zum „Do it yourself", BB 2004, 2799 ff

Großfeld, Bernhard: Betafaktor: Herleitung und Eignung, NZG 2009, 1204 ff

Grossfeld, Bernhard: Bewertung von Anteilen an Unternehmen, JZ 1981, 769 ff

Grossfeld, Bernhard: Die Abfindung bei der Ausschließung aus einer Personengesellschaft – Stellungnahme zu Wagner/Nonnenmacher, ZGR 1981, 674 ff – , ZGR 1982, 141 ff

Großfeld, Bernhard: Recht der Unternehmensbewertung, 5. Aufl., 2009; **zitiert:** *Großfeld*, 5. Aufl.

Großfeld, Bernhard: Recht der Unternehmensbewertung, 6. Aufl., 2011; **zitiert:** *Großfeld*

Grossfeld, Bernhard: Unternehmensbewertung als Rechtsproblem, JZ 1981, 641 ff

GroßkommAktG s. unter *Hopt, Klaus/Wiedemann, Herbert* (Hrsg.)

GroßkommAktG, 3. Aufl. s. unter *Würdinger, Hans*

GroßkommGmbHG s. unter *Ulmer, Peter/Habersack, Mathias/Winter, Martin* (Hrsg.)

GroßkommHGB s. unter *Fischer, Robert/Ulmer, Peter*

Grunewald, Barbara: Der Ausschluß aus Gesellschaft und Verein, 1987; **zitiert:** *Grunewald*

Gummert, Hans/Weipert, Lutz (Hrsg.): Münchener Handbuch des Gesellschaftsrechts, 1. Band (BGB-Gesellschaft, Offene Handelsgesellschaft, Partnerschaftsgesellschaft, Partenreederei, EWIV), 3. Aufl, 2009; **zitiert:** *Bearbeiter* in MünchHdbGesR I

H

Haarmann, Wilhelm/Schüppen, Matthias (Hrsg.): Frankfurter Kommentar zum Wertpapiererwerbs- und Übernahmegesetz, 3. Aufl., 2008; **zitiert:** *Bearbeiter* in FrankfurterKommWpÜG

Hachenburg, Max: Das Handelsgesetzbuch vom 10. Mai 1897, 2. Band, 2. Hälfte (§§ 105–177, 335–342), 3. Aufl., 1932; **zitiert:** *Bearbeiter* in Hachenburg, HGB

Hachenburg, Max: Gesetz betreffend die Gesellschaften mit beschränkter Haftung (GmbHG), Großkommentar, 2. Band (§§ 13–52), 7. Aufl., 1979; **zitiert:** *Bearbeiter* in Hachenburg, GmbHG

Hadding, Walther: Zum Rückgriff des ausgeschiedenen haftenden Gesellschafters einer OHG und KG, FS für Walter Stimpel, 1985, S. 139 ff

Hagest, Karl: Die Ermittlung des Wertes von Unternehmungen, WPg 1950, 193 ff

Hanau, Hans: Der Bestandsschutz der Mitgliedschaft anlässlich der Einführung des „Squeeze Out" im Aktienrecht – Zur Verfassungsmäßigkeit des Zwangsausschlusses, NZG 2002, 1040 ff

Handelsrechtsausschuss des Deutschen Anwaltvereins: Stellungnahme zum Regierungsentwurf eines Gesetzes zur Umsetzung der Aktionärsrechte-Richtlinie (ARUG), NZG 2009, 96 ff

Heidel, Thomas/Schall, Alexander Hrsg.): Handelsgesetzbuch, Handkommentar, 2011; **zitiert:** *Bearbeiter* in Heidel/Schall, HGB

Heidel, Thomas: Aktienrecht und Kapitalmarktrecht, 3. Aufl., 2011; **zitiert:** *Bearbeiter* in Heidel, Aktienrecht

Heidinger, Andreas/Blath, Simon: Das Ausscheiden eines Gesellschafters aus der GmbH, GmbHR 2007, 1184 ff

Hengeler, Hans: Probleme der Verschmelzung beim Bestehen eines Organvertrags, Festschrift für Philipp Möhring, 1975, S. 197 ff

Henssler, Martin/Strohn, Lutz: Gesellschaftsrecht, 2011; **zitiert:** *Bearbeiter* in Henssler/Strohn, *Gesetz*

Henze, Hartwig: Die Berücksichtigung des Börsenkurses bei der Bemessung von Abfindung und variablem Ausgleich im Unternehmensvertragsrecht, Festschrift für Marcus Lutter, 2000, S. 1101 ff

Herzog, Roman/Scholz, Rupert/Herdegen, Matthias/Klein, Hans *(Hrsg.): Grundgesetz – Kommentar, 2. Band (Art. 6–15), 62. Ergänzungslieferung, 2011*; **zitiert:** *Bearbeiter* in Maunz/Dürig, GG

Heymann, HGB s. unter *Horn, Norbert* (Hrsg.)

Hoffmann-Becking, Michael (Hrsg.): Münchener Handbuch des Gesellschaftsrechts, 4. Band (Aktiengesellschaft), 3. Aufl., 2007; **zitiert:** *Bearbeiter* in MünchHdbGesR IV

Hohl, Patrick/Auerbach, Anna: BB-Rechtsprechungsreport zum Squeeze-out 2009, BB 2010, 902 ff

Hölters, Wolfgang (Hrsg.): Aktiengesetz, Kommentar, 2011; **zitiert:** *Bearbeiter* in Hölters, AktG

Hommel, Michael/Dehmel, Inga: Unternehmensbewertung case by case, 6. Aufl., 2011; **zitiert:** *Hommel/Dehmel*, Unternehmensbewertung

Hommelhoff, Peter: Grundfragen eines Rechts der Unternehmensbewertung, JbFStR 1987/1988, S. 181 ff

Hopt, Klaus/Wiedemann, Herbert (Hrsg.): Großkommentar AktG, 15. Lieferung (§§ 54–66), 4. Aufl., Berlin 2000; 23. Lieferung (§§ 300–310), 4. Aufl., Berlin 2005; 27. Lieferung (§§ 327 a–328; 396–398), 4. Aufl., 2007; **zitiert:** *Bearbeiter* in GroßkommAktG

Horn, Norbert (Hrsg.): Handelsgesetzbuch (ohne Seerecht), 2. Band (§§ 105–237), 2. Aufl., Berlin 1996; **zitiert:** *Bearbeiter* in Heymann, HGB

Hueck, Alfred: Ausschluß eines Gesellschafters aus einer GmbH, DB 1951, 108 ff

Hueck, Alfred: Das Recht der offenen Handelsgesellschaft, systematische Darstellung, 4. Aufl., 1971; **zitiert:** *Hueck*, OHG

Hüffer, Uwe/Schmidt-Aßmann, Eberhard/Weber, Martin: Anteilseigentum, Unternehmenswert und Börsenkurs, 2005; **zitiert:** *Bearbeiter* in Hüffer/Schmidt-Aßmann/Weber

Hüffer, Uwe: Aktiengesetz, 1. Aufl., 1993; **zitiert:** *Hüffer*, AktG, 1. Aufl.

Hüffer, Uwe: Aktiengesetz, 9. Aufl., 2010; **zitiert:** *Hüffer*, AktG

Hüttemann, Rainer: Börsenkurs und Unternehmensbewertung, ZGR 2001, 454 ff

Hüttemann, Rainer: Rechtliche Vorgaben für ein Bewertungskonzept, WPg 2007, 812 ff

Hüttemann, Rainer: Unternehmensbewertung als Rechtsproblem, ZHR 162, 563 ff

I

IDW (Hrsg.): IDW Standard: Grundsätze zur Durchführung von Unternehmensbewertungen (IDW S 1 i.d.F. 2008), (Stand: 2.4.2008); **zitiert:** IDW S 1 2008

IDW (Hrsg.): Stellungnahme HFA 2/1983: Grundsätze zur Durchführung von Unternehmensbewertungen, WPg 1983, 468 ff

IDW (Hrsg.): Wirtschaftsprüfer-Handbuch 2008, 2. Band (Handbuch für Rechnungslegung, Prüfung und Beratung), 12. Aufl., 2002; **zitiert:** *Bearbeiter* in WP-Handbuch II

J

Jaensch, Günter: Wert und Preis der ganzen Unternehmung, 1966; **zitiert:** *Jaensch*

Jonas, Martin: Ausschüttungsverhalten und Betafaktor deutscher Aktiengesellschaften, FB 2006, 479 ff

Jonas, Martin: Unternehmensbewertung: Zur Anwendung der Discounted-Cashflow-Methode in Deutschland, BFuP 1995, 83 ff

Joost, Detlev/Strohn, Lutz (Hrsg.): Handelsgesetzbuch, 1. Band (§§ 1–342 e), 2. Aufl., 2008; 2. Band (§§ 343–375h, Transportrecht, Bank- und Börsenrecht), 2. Aufl., 2009; **zitiert:** *Bearbeiter* in Ebenroth/Boujong/Joost/Strohn, HGB

Jungmann, Carsten: Die Anrechnung von erhaltenen Ausgleichszahlungen auf den Anfindungsanspruch nach § 305 AktG – Die unbefriedigende Gesetzeslage und Vorschläge zur Reform, BB 2002, 1549 ff

K

Kaum, Markus: Anm. zum Beschl. des BayObLG v. 31.5.1995 – 3Z BR 67/89, WiB 1997, 527 f

Kindermann, H.: Der Einfluss des Börsenkurses auf die angemessene Abfindung nach § 12 UmwG, AG 1964, 178 ff

Knoll, Leonhard: Anm. zu BGH Urt. v. 19.6.2002 – II ZR 284/01, DB 2002, 2264 ff

Knoll, Leonhard: Der Risikozuschlag in der Unternehmensbewertung: Was erscheint plausibel?, DStR 2007, 1053 ff

Knoll, Leonhard: Gesetzliche Verzinsung von Spruchverfahrensansprüchen: Legislativer Wille und verfassungswidrige Wirklichkeit, BB 2004, 1727 ff

Knoll, Leonhard: Unternehmensverträge und der BGH: Volle Entschädigung der außenstehenden Aktionäre?, ZIP 2003, 2329 ff

Koller, Ingo/Roth, Wulf-Henning/Morck, Winfried: Handelsgesetzbuch, 7. Aufl., 2011; **zitiert:** *Bearbeiter* in Koller/Roth/Morck, HGB

KölnerKommAktG s. unter *Zöllner, Wolfgang/Noack, Ulrich* (Hrsg.)

KölnerKommAktG, 2. Aufl. s. unter *Zöllner, Wolfgang* (Hrsg.)

Kommentar zum ADHGB s. unter *Puchelt, Ernst* (Hrsg.)

Komp, Ralf: Zweifelsfragen des aktienrechtlichen Abfindungsanspruchs nach §§ 305, 320 b AktG, 2002; **zitiert:** *Komp*

König, Wolfgang: Die Bewertung von Unternehmen unter Anwendung von Konventionen, WPg 1970, 72 ff

Koppenberg, Hans: Bewertung von Unternehmen, Höchstrichterliche Entscheidungen nach dem Umwandlungsgesetz, 1964; **zitiert:** *Koppenberg*

Korsten, Mathias: Anm. zum Urt. des OLG Hamburg v. 8.8.2003 – 11 U 45/03, ZIP 2003, 2076, EWiR 2003, 1169 f

Kort, Michael: Ausgleichs- und Abfindungsrechte (§§ 304, 305 AktG) beim Beitritt eines herrschenden Unternehmens zu einem Beherrschungsvertrag, ZGR 1999, 402 ff

Korth, Michael: Das Verhältnis von Ausgleich und Abfindung beim Abschluss aktienkonzernrechtlicher Beherrschungs- und Gewinnabführungsverträge, NZG 2002, 1139 ff

Korth, Michael: Unternehmensbewertung im Spannungsfeld zwischen betriebswirtschaftlicher Unternehmenswertermittlung, Marktpreisabgeltung und Rechtsprechung, BB Beilage 1992, Nr. 19, 1 ff

Kropff, Bruno/Semler, Johannes (Hrsg.): Münchner Kommentar zum Aktiengesetz, 8. Band (§§ 278–328), 2. Aufl., 2000; **zitiert:** *Bearbeiter* in MünchKommAktG, 2. Aufl.

Kropff, Bruno: Aktiengesetz, Düsseldorf 1965; **zitiert:** *Kropff*, AktG

Kropff, Bruno: Rechtsfragen der Abfindung ausscheidender Aktionäre, DB 1962, 155 ff

Küster, Werner: Die Ausschließung eines Gesellschafters aus der GmbH, JR 1952, 455 ff

L

Larenz, Karl: Methodenlehre der Rechtswissenschaft, 6. Aufl., 1991; **zitiert:** *Larenz*

Lenz, Christofer/Leinekugel, Rolf: Eigentumsschutz beim Squeeze out, 2004; **zitiert:** *Lenz/Leinekugel*

Leuschner, Lars: Gibt es das Anteilseigentum wirklich?, NJW 2007, 3248 ff

Leyendecker, Benjamin: Irrelevanz des anteiligen Unternehmenswerts zur Ermittlung der Squeeze-out-Abfindung bei Bestehen eines fortdauernden Beherrschungs- und Gewinnabführungsvertrags, NZG 2010, 927 ff

Liebs, Detlef: Lateinische Rechtsregeln und Rechtssprichwörter, 7. Aufl., 2007; **zitiert:** *Liebs*

Lorenz, Michael: Unternehmensbewertungsverfahren – Theoretische Verbesserungen, empirische Evidenz und Strategieimplikationen, 2009; **zitiert:** *Lorenz*

Loritz, Karl-Georg: Das Recht des GmbH-Gesellschafters auf anteiligen Dividendenbezug nach Anteilsübertragung, DStR 1998, 84 ff

Löwe, Henning/Thoß, Stefan: Austritt und Ausschluss eines Gesellschafters aus der GmbH sowie Einziehung seines Geschäftsanteils – Wirksamkeit und Wirkungen, NZG 2003, 1005 ff

Lutter, Marcus/Hommelhoff, Peter (Hrsg.): GmbH-Gesetz, Kommentar, 17. Auflage, 2009; **zitiert:** *Bearbeiter* in Lutter/Hommelhoff, GmbHG

Lutter, Marcus: Materielle und förmliche Erfordernisse eines Bezugsrechtsausschlusses – Besprechung der Entscheidung BGHZ 71, 40 (Kali + Salz) – , ZGR 1979, 401 ff

Luttermann, Claus*: Zum Börsenkurs als gesellschaftsrechtliche Bewertungsgrundlage,* ZIP 1999, 45 ff

M

Mangoldt/Klein/Starck, GG s. unter *Starck, Christian* (Hrsg.)

Matschke, Manfred/Brösel, Gerrit: Unternehmensbewertung, Funktionen – Methoden – Grundsätze, 3. Aufl., Wiesbaden 2007; **zitiert:** *Matschke/Brösel*

Matschke, Manfred: Unternehmensbewertung in dominierten Konfliktsituationen am Beispiel der Bestimmung der angemessenen Barabfindung für den ausgeschlossenen oder ausscheidungsberechtigten Minderheits-Kapitalgesellschafter, BFuP 1981, 115 ff

Maunz/Dürig, GG s. unter Herzog, Roman/Scholz, Rupert/Herdegen, Matthias/Klein, Hans *(Hrsg.)*

Meilicke, Wienand: Die Barabfindung für den ausgeschlossenen oder ausscheidungsberechtigten Minderheits-Kapitalgesellschafter – Rechtsgrundsätze zur Unternehmensbewertung, 1975; **zitiert:** *Meilicke*

Meilicke, Wienand: Gewinnbezugsrecht nach Wirksamwerden des Squeeze-out, AG 2010, 561 ff

Meilicke, Wienand: Verzinsung der Barabfindung im Spruchstellenverfahren nach § 305 Aktiengesetz, WP 1978, 802 f

Mellerowicz, Konrad: Der Wert des Unternehmens als Ganzes, 1952; **zitiert:** *Mellerowicz*

Mennicke, Petra/Leyendecker, Benjamin: Kein zeitanteiliger Ausgleichsanspruch beim Squeeze out – Erwiderung auf Dreier/Riedel BB 2009, 1822 –, BB 2010, 1426 ff

Mertens, Hans-Joachim: Zur Geltung des Stand-alone-Prinzips für die Unternehmensbewertung bei der Zusammenführung von Unternehmen, AG 1992, 321 ff

Metz, Volker: Der Kapitalisierungszinssatz bei der Unternehmensbewertung – Basiszinssatz und Risikozuschlag aus betriebswirtschaftlicher Sicht und aus Sicht der Rechtsprechung, 2007; **zitiert:** *Metz*

Michalski, Lutz: Kommentar zum Gesetz betreffend die Gesellschaften mit beschränkter Haftung, 2. Band (Systematische Darstellungen, §§ 1–34 GmbHG), 2. Aufl., 2010; **zitiert:** *Bearbeiter* in Michalski, GmbHG

Michalski, Lutz: OHG-Recht – Kommentar zum Recht der offenen Handelsgesellschaften (§§ 105–160 HGB), 2000; **zitiert:** *Michalski*, OHG-Recht

Miller, Merton//Modigliani, Franco: Dividend Policy, Growth, and Valuation of Shares, The Journal of Business 1961, 411 ff

Moxter, Adolf: Grundsätze ordnungsmäßiger Unternehmensbewertung, 2. Aufl., 1983; **zitiert:** *Moxter*

Mülbert, Peter/Leuschner, Lars: Die verfassungsrechtlichen Vorgaben der Art. 14 GG und Art. 2 Abs. 1 GG für die Gesellschafterstellung – wo bleibt die Privatautonomie? – Zu den objektiv-rechtlichen Gestaltungsvorgaben der Art 2 Abs. 1, 14 GG nach den Entscheidungen des BVerfG zur Kapitallebensversicherung –, ZHR 170, 615 ff

Mülbert, Peter*: Der (zukünftige) Gesellschafter – stets ein Verbraucher, Festschrift für Walter Hadding, 2004*, S. 575 ff

Müller, Welf: Anm. zu BGH Urt. v. 30.1.1995 – II ZR 45/94, ZIP 1995, 374, EWiR 1995, 369 f

Müller, Welf: Anteilswert oder anteiliger Unternehmenswert? – Zur Frage der Barabfindung bei der kapitalmarktorientierten Aktiengesellschaft, Festschrift für Volker Röhricht, 2005, S. 1015 ff

Müller, Welf: Der Wert der Unternehmung, 3. Teil, JuS 1974, 424 ff

Müller, Welf: Die Unternehmensbewertung in der Rechtsprechung – Zustandsbeschreibung und Ausblick, Festschrift für Gerold Bezzenberger, 2000, S. 705 ff

Müller, Welf: Unternehmenswert und börsennotierte Aktie, Festschrift für Günter Roth, 2011, S. 517 ff

Müller-Michaels, Olaf: BB-Kommentar zu BGH, Urt. v. 19.4.2011 – II ZR 237/09, BB 2011, 1744 f

MünchHdbGesR I s. unter *Gummert, Hans/Weipert, Lutz* (Hrsg.)

MünchHdbGesR III s. unter *Priester, Hans-Joachim/Mayer, Dieter* (Hrsg.)

MünchHdbGesR IV s. unter *Hoffmann-Becking, Michael* (Hrsg.)

MünchKommAktG s. unter *Goette, Wulf/Habersack, Mathias* (Hrsg.)

MünchKommAktG, 2. Aufl. s. unter *Kropff, Bruno/Semler, Johannes* (Hrsg.)

MünchKommGmbHG s. unter *Fleischer, Holger/Goette, Wulf* (Hrsg.)

MünchKommHGB s. unter *Schmidt, Karsten* (Hrsg.)

Munkert, Michael: Der Kapitalisierungszinssatz in der Unternehmensbewertung – Theorie, Gutachtenpraxis, und Rechtsprechung in Spruchverfahren, 2005; **zitiert:** *Munkert*

Musielak, Hans-Joachim (Hrsg.): Kommentar zur Zivilprozessordnung mit Gerichtsverfassungsgesetz, 8. Aufl., 2011; **zitiert:** *Bearbeiter* in Musielak, ZPO

Musielak, Hans-Joachim/Stadler, Max: Grundfragen des Beweisrechts, Beweisaufnahme – Beweiswürdigung – Beweislast, 1984; **zitiert:** *Bearbeiter* in Grundfragen des Beweisrechts

N

Naraschewski, Alexander: Verschmelzung im Konzern: Ausgleichs- und Abfindungsansprüche außenstehender Aktionäre bei Erlöschen eines Unternehmensvertrages, DB 1997, 1653 ff

Neuhaus, Christoph: Unternehmensbewertung und Abfindung – bei freiwilligem Ausscheiden aus der Personengesellschaft, 1990; **zitiert:** *Neuhaus*

Nonnenmacher, Rolf: Anteilsbewertung bei Personengesellschaften, 1981; **zitiert:** *Nonnenmacher*

O

Olbrich, Christian: Unternehmensbewertung – Ein Leitfaden für die Praxis, 1981; **zitiert:** *Olbrich*

P

Palandt, Otto: Bürgerliches Gesetzbuch, 71. Aufl., 2012; **zitiert:** *Bearbeiter* in Palandt, BGB

Pannier, Matthias/Smith, Herbert: Kein Ausgleichsanspruch nach § 304 AktG bei unterjährigem Squeeze-out, AG-Report, 2010, R 3 ff

Peemöller, Volker/Kunowski, Stefan/Hillers, Jens: Ermittlung des Kapitalisierungszinssatzes für internationale Mergers & Acquisitions bei Anwendung des Discounted Cash Flow-Verfahrens (Entity-Ansatz) – eine empirische Erhebung –, WPg 1999, 621 ff

Peetz, Carsten: Voraussetzungen und Folgen der Einziehung von GmbH-Geschäftsanteilen, Gesellschafts- und steuerrechtliche Gesichtspunkte, GmbHR 2000, 749 ff

Piltz, Detlev/Wissmann, Eike: Unternehmensbewertung beim Zugewinnausgleich nach Scheidung, NJW 1985, 2673 ff

Piltz, Detlev: Die Unternehmensbewertung in der Rechtsprechung, 3. Aufl., 1994; **zitiert:** *Piltz*

Pluskat, Sorika: „Endlich Klärung hinsichtlich der Lage des Referenzzeitraums bei Relevanz des Durchschnittsbörsenkurses für die Abfindungshöhe?", NZG 2008, 365

Popp, Matthias: Squeeze-out-Abfindung bei Beherrschungs- und Gewinnabführungsverträgen, WPg 2006, 436 ff

Popp, Matthias: Squeeze-out-Abfindung bei Beherrschungs- und Gewinnabführungsverträgen, AG 2010, 1 ff

Priester, Hans-Joachim/Mayer, Dieter (Hrsg.): Münchener Handbuch des Gesellschaftsrechts, 3. Band (Gesellschaft mit beschränkter Haftung), 3. Aufl., 2009; **zitiert:** *Bearbeiter* in MünchHdbGesR III

Puchelt, Ernst (Hrsg.): Kommentar zum Allgemeinen Deutschen Handelsgesetzbuch, 1. Band, 3. Aufl., 1882; **zitiert:** *Puchelt* in Kommentar zum ADHGB

R

Ränsch, Ulrich: Die Bewertung von Unternehmen als Problem der Rechtswissenschaften – Zur Bestimmung der angemessenen Abfindung für ausscheidende Kapitalgesellschafter, AG 1984, 202 ff

Rauscher, Thomas/Wax, Peter/Wenzel, Joachim (Hrsg.): Münchner Kommentar zur Zivilprozessordnung mit Gerichtsverfassungsgesetz und Nebengesetzen, 2. Band (§§ 511–945), 3. Aufl., 2007; **zitiert:** *Bearbeiter* in MünchKomm-ZPO

Reuter, Alexander: Nationale und internationale Unternehmensbewertung mit CAPM und Steuer-CAPM im Spiegel der Rechtsprechung, AG 2007, 1 ff

RGRKommHGB s. unter *Weipert, Otto*

RGRKommHGB, 1. Aufl. s. unter *Flad, Friedrich/Weipert, Otto/Gadow, Wilhelm/Heinichen, Eduard* (Hrsg.)

Richter, Frank: Relativer Unternehmenswert und Einkommensteuer oder: Was ist paradox am Steuerparadoxon?, Festschrift für Jochen Drukarczyk, 2003, S. 307 ff

Riegger, Bodo/Rosskopf, Gabriele: Die Anrechnung erhaltener Ausgleichszahlungen auf Abfindung und Zinsen beim Unternehmensvertrag, BB 2003, 1026 ff

Riegger, Bodo/Wasmann, Dirk: Das Stichtagsprinzip in der Unternehmensbewertung, Festschrift für Wulf Goette, 2011, S. 433 ff

Röhricht, Volker/Westphalen, Friedrich (Hrsg.): Handelsgesetzbuch – Kommentar zu Handelsstand, Handelsgesellschaften, Handelsgeschäften und besonderen Handelsverträgen (ohne Bilanz-, Transport- und Seerecht), 3. Aufl., 2008; **zitiert:** *Bearbeiter* in Röhricht/Westphalen, HGB

Rössler/Troll, BewG s. unter *Troll, Max* (Hrsg.)

Roth, Günter/Altmeppen, Holger: Gesetz betreffend die Gesellschaften mit beschränkter Haftung (GmbHG) – Kommentar, 7. Aufl., 2012; **zitiert:** *Bearbeiter* in Roth/Altmeppen, GmbHG

Roth, Günter: Einziehung des Geschäftsanteils und Dauer der Gewinnbeteiligung – Besprechung der Entscheidung BGHZ 139, 299, ZGR 1999, 715 ff

Rowedder, Heinz/Schmidt-Leithoff, Christian (Hrsg.): Gesetz betreffend die Gesellschaften mit beschränkter Haftung (GmbHG) – Kommentar, 4. Aufl., 2002; **zitiert:** *Bearbeiter* in Rowedder/Schmidt-Leithoff, GmbHG

S

Säcker, Franz/Rixecker, Roland (Hrsg.): Münchner Kommentar zum Bürgerlichen Gesetzbuch, 1. Band (§§ 1–240), 6. Aufl., München 2012, 5. Band (§§ 705–853), 5. Aufl., 2009; **zitiert:** *Bearbeiter* in MünchKommBGB

Saenger, Ingo/Inhester, Michael (Hrsg.): GmbHG – Handkommentar, 1. Aufl., Baden-Baden 2011; **zitiert:** *Bearbeiter* in Saenger/Inhester, GmbHG

Salje, Peter: Anm. zu BGH, Urt. v. 14.9.1998 – II ZR 172/97, NZG 1998, 985 f, NZG 1998, 986 f

Santelmann, Matthias/Hoppe, Matthias/Suerbaum, Andreas/Bukowski, Michael: Squeeze out, Handbuch für die Praxis, 2010; **zitiert:** *Bearbeiter* in Santelmann/Hoppe/Suerbaum/Bukowski, Squeeze out

Schmalenbach, Eugen: *Die Beteiligungsfinanzierung, 7. Aufl., 1949*; **zitiert:** *Schmalenbach*

Schmidt, Herbert: Anm. zu OLG Celle, Urt. v. 4.4.1979 – 9 Wx 2/77, WM 1979, 1336, BB 1981, 1235

Schmidt, Karsten (Hrsg.): Münchner Kommentar zum Handelsgesetzbuch, 2. Band (§§ 105–160), 3. Aufl., München 2010; 5. Band (§§ 342–372), 2. Aufl., 2009; **zitiert:** *Bearbeiter* in MünchKommHGB

Schmidt, Karsten/Lutter, Marcus (Hrsg.): Aktiengesetz – Kommentar, 2. Band (§§ 150–410), 2. Aufl., 2010; **zitiert:** *Bearbeiter* in Schmidt/Lutter, AktG

Schmidt, Karsten: Die Bindung von Personengesellschaften an vertragliche Schiedsklauseln – Zur Bedeutung der §§ 1027 Abs. 2, 1048 ZPO im Personengesellschaftsrecht – DB 1989, 2315 ff

Schmidt, Karsten: Gesellschaftsrecht, 4. Aufl., 2002; **zitiert:** *K. Schmidt*, GesR

Schmidt, Karsten: Handelsrecht, 5. Aufl., 1999; **zitiert:** *K. Schmidt* in HandelsR

Schneider, Dieter: Investition, Finanzierung und Besteuerung, 7. Aufl., 1992; **zitiert:** *Schneider*

Schneider, Dieter: Marktwertorientierte Unternehmensrechnung: Pegasus mit Klumpfuß, DB 1998, 1473 ff

Schneider, Egon: Beweis und Beweiswürdigung unter besonderer Berücksichtigung des Zivilprozesses, 5. Aufl., 1994; **zitiert:** *Schneider* in Beweis und Beweiswürdigung

Scholz, Franz: Ausschließung und Austritt aus der GmbH, 3. Aufl., 1950; **zitiert:** *Scholz*

Scholz, Franz: Ausschließung und Austritt aus der GmbH, DR 1942, 1667 ff

Scholz, Franz: Ausschluß eines Gesellschafters aus der GmbH, GmbHR 1952, 17 ff

Scholz, Franz: Kommentar zum GmbHG mit Anhang Konzernrecht, 1. Band (§§ 1–34, Anh. § 13 Konzernrecht, Anh. § 34 Austritt und Ausschließung eines Gesellschafters), 10. Aufl., 2006; **zitiert:** *Bearbeiter* in Scholz, GmbHG

Scholz, Franz: Zur Frage der Abberufung eines Geschäftsführers und Ausschließung eines GmbH-Gesellschafters, GmbHR 1951, 85 f

Schönle, Herbert: Der Abfindungsanspruch des ausscheidenden OHG-Gesellschafters, DB 1959, 1427 ff

Schröder, Henning: Die Geltendmachung des Abfindungsanspruchs eines ausscheidenden GmbH-Gesellschafters, GmbHR 2002, 541 ff

Schubert, Werner (Hrsg.): Entwurf eines Handelsgesetzbuchs für die Preussischen Staaten. Nebst Motiven (1857), 1986; **zitiert:** *Schubert*, Entwurf eines Handelsgesetzbuchs für Preussen

Schubert, Werner (Hrsg.): Protokolle der Commission zur Berathung eines allgemeinen deutschen Handelsgesetz-Buches, 1. Band (S. 1–404), 3. Band (S. 877–1471), 1984; **zitiert:** *Schubert*, Protokolle zum ADHGB

Schubert, Werner/Schmiedel, Burkhard/Krampe, Christoph (Hrsg.): Quellen zum Handelsgesetzbuch von 1897, 1. Band (Gesetze und Entwürfe), 1986, 2. Band 1. Halbband (Denkschriften, Beratungen, Berichte), 1987; **zitiert:** *Bearbeiter* in Schubert/Schmiedel/Krampe, Quellen zum HGB

Schulze-Osterloh, Joachim: Das Auseinandersetzungsguthaben des ausscheidenden Gesellschafters einer Personengesellschaft nach § 738 Abs. 1 Satz 2 BGB – Besprechung der Entscheidung BGH WM 1984, 1506, ZGR 1986, 545 ff

Schumacher, Friedhelm: Zur Problematik der Unternehmensbewertung, DB 1970, 1940 ff

Schüppen, Matthias/Schaub, Bernhard (Hrsg.): Münchener Anwalts Handbuch Aktienrecht, 2. Aufl., 2010; **zitiert:** *Bearbeiter* in Schüppen/Schaub, AktG

Seicht, Gerhard: Aspekte des Risikokalküls in Unternehmensbewertungen, Festschrift für Dieter Rückle, 2006, S. 97 ff

Sieben, Günter: Der Anspruch auf angemessene Abfindung nach § 12 UmwG – Höchstrichterliche Entscheidungen in betriebswirtschaftlicher Sicht (Teil I), AG 1966, 6 ff

Siepe, Günter: Kapitalisierungszinssatz und Unternehmensbewertung, WPg 1998, 325 ff

Sinewe, Patrick: Verrechnung von Ausgleichs- und Zinszahlungen bei Unternehmensverträgen, NJW 2003, 270 f

Soufleros, Ilias: Ausschließung und Abfindung eines GmbH-Gesellschafters, 1983; **zitiert:** *Soufleros*

Spindler, Gerhard/Stilz, Eberhard (Hrsg.): Kommentar zum Aktiengesetz, 2. Band (§§ 150–410), 2. Aufl., 2010; **zitiert:** *Bearbeiter* in Spindler/Stilz, AktG

Starck, Christian (Hrsg.): Kommentar zum Grundgesetz, 1. Band (Präambel, Art. 1–19), 2010; **zitiert:** *Bearbeiter* in Mangoldt/Klein/Starck, GG

Staub, HGB s. unter *Canaris, Claus-Wilhelm/Habersack, Mathias/Schäfer, Carsten* (Hrsg.)

Staudinger, Julius: Kommentar zum Bürgerlichen Gesetzbuch mit Einführungsgesetz und Nebengesetzen, 1. Buch, Allgemeiner Teil 3 und Beurkundungsverfahren (§§ 90–133; §§ 1–54, 63 BeurkG), 14. Aufl., 2010; **zitiert:** *Bearbeiter* in Staudinger, BGB

Stilz, Eberhard: Unternehmensbewertung und angemessene Abfindung – Zur vorrangigen Maßgeblichkeit des Börsenkurses –, Festschrift für Wulf Goette, 2011, S. 529 ff

Stimpel, Walter: Zum Verhältnis von Ausgleichs- und Barabfindungsansprüchen nach §§ 304, 305 AktG, AG 1998, 259 ff

Stötter, Viktor: Zulässigkeit einer Stufenklage des ausgeschiedenen OHG/BGB-Gesellschafters auf Rechnungslegung und Zahlung des Auseinandersetzungsguthabens, BB 1977, 1219 ff

Stumpf, Christoph: Grundrechtsschutz im Aktienrecht, NJW 2003, 9 ff

T

Tebben, Joachim: Ausgleichszahlungen bei Aktienübergang, AG 2003, 600 ff

Troll, Max (Hrsg.): Rössler/Troll – Bewertungsgesetz, 2011; **zitiert:** Bearbeiter in Rössler/Troll, BewG

Tschernig, Klaus: Der Ausschluss eines GmbH-Gesellschafters durch Gesellschafterbeschluß, GmbHR 1999, 691 ff

U

Ulmer, Peter/Habersack, Mathias/Winter, Martin (Hrsg.): Gesetz betreffend die Gesellschaften mit beschränkter Haftung (GmbHG) – Großkommentar, 2. Band (§§ 29–52), 2006; **zitiert:** *Bearbeiter* in GroßkommGmbHG

Ulmer, Peter: Nochmals: Zum Wirksamkeitszeitpunkt der Zwangseinziehung von GmbH-Anteilen – Auf der Suche nach einem interessengerechten Lösungsmodell, Festschrift für Hans-Joachim Priester, 2007, S. 775 ff

Ulmer, Peter: Zwangseinziehung von Geschäftsanteilen und Ausschließung von GmbH-Gesellschaftern aus wichtigem Grund – Wirksamkeit schon vor Abfindung des betroffenen Gesellschafters? –, Festschrift für Fritz Rittner, 1991, S. 735 ff

V

Vogel, Hermann: GmbH-Gesetz, Kommentar, 1950; **zitiert:** *Vogel*, GmbHG

W

Wackerbarth, Ulrich: Kurzkommentar zu OLG Köln, Urt. v. 8.10.2009 – 18 U 57/09, ZIP 2010, 519, EWiR 2010, 377 f

Wagner, Franz/Nonnenmacher, Rolf: Die Abfindung bei der Ausschließung aus einer Personengesellschaft – Besprechung der Entscheidung des BGH vom 12.2.1979, ZGR 1981, 674 ff

Wagner, Franz: *Das Ausscheiden eines Gesellschafters aus einer OHG – Ein Beitrag zur Theorie der Unternehmensbewertung, 1971*

Wagner, Wolfgang/Jonas, Martin/Ballwieser, Wolfgang/Tschöpel, Andreas: Unternehmensbewertung in der Praxis – Empfehlungen und Hinweise zur Anwendung von IDW S 1 – WPg 2006, 1005 ff

Wagner, Wolfgang/Saur, Gerhard/Willershausen, Timo: Zur Anwendung der Neuerungen der Unternehmensbewertungsgrundsätze des IDW S 1 i.d.F. 2008 in der Praxis, WPg 2008, 731 ff

Wahl, Alex/Nikoleyczik, Tobias: Kurzkommentar zu OLG Köln, Urt. v. 24.6.2010 – 18 U 183/09, ZIP 2010, 1797, EWiR 2011, 1 f

Warneke, Heinz: Zur Frage der Ermittlung der ausscheidenden Aktionären zu gewährenden angemessenen Abfindung, WPg 1964, 446 ff

Wasmann, Dirk: Bewegung im Börsenkurs: Kippt die "Dreimonats"-Rechtsprechung?, BB 2007, 680 ff

Weipert, Otto: Kommentar zum Handelsgesetzbuch, 2. Band (§§ 105–177, §§ 335–342), 2. Aufl., 1950; **zitiert:** *Bearbeiter* in RGRKommHGB

Weiss, Karl Heinz: Die Berücksichtigung des nicht betriebsnotwendigen Vermögens bei der Bestimmung der Abfindung und Ausgleich im aktienrechtlichen Spruchverfahren, Festschrift für Johannes Semler, 1993, S. 631 ff

Wenger, Ekkehard: Der Fall Girmes – Stück aus dem Tollhaus, ZIP 1993, 321 ff

Werner, Winfried: Die Behandlung von Verbundeffekten bei Abfindung nach den §§ 305 und 320 AktG, Festschrift für Ernst Steindorff, 1990, S. 303 ff

Wicke, Hartmut: Gesetz betreffend die Gesellschaft mit beschränkter Haftung (GmbHG) - Kommentar, 2. Aufl., 20011; **zitiert:** *Wicke*, GmbHG

Wiese, Jörg/Gampenrieder, Peter: Marktorientierte Ableitung des Basiszinses mit Bundesbank- und EZB-Daten, BB 2008, 1722 ff

Williams, John: The Theory of Investment Value, Cambridge, Mass. 1938; **zitiert:** *Williams*

Wilm, Daniel: Abfindung zum Börsenkurs – Konsequenzen der Entscheidung des BVerfG, NZG 2000, 234 ff

Wilsing, Hans-Ulrich/Goslar, Sebastian: BB-Kommentar zu OLG Hamm, Urt. v. 19.7.2010 – I-8 U 126/09, BB 2010, 2201

Wilsing, Hans-Ulrich/Paul, Carsten: Kurzkommentar zu BGH, Urt. v. 19.4.2011 – II ZR 237/09, ZIP 2011, 1097, EWiR 2011, 449 f

Wolany, Josef: Rechte und Pflichten des Gesellschafters einer GmbH, Köln 1964; **zitiert:** *Wolany*

Wolff, Anna-Elisabeth: Das Ausscheiden eines GmbH-Gesellschafters aus wichtigem Grunde, 1962; **zitiert:** *Wolff*

Würdinger, Hans: Großkommentar AktG, 1. Lieferung (§§ 291–328), 3. Aufl., 1971; **zitiert:** *Bearbeiter* in GroßkommAktG, 3. Aufl.

Wüstemann, Jens: Basiszinssatz und Risikozuschlag in der Unternehmensbewertung: aktuelle Rechtsprechungsentwicklungen, BB 2007, 2223 ff

Wüstemann, Jens: BB-Rechtsprechungsreport Unternehmensbewertung 2009/10, BB 2010, 1715 ff

Z

Zöllner, Wolfgang (Hrsg.): Kölner Kommentar zum Aktiengesetz, 6. Band (§§ 291–338 AktG und §§ 290–315 HGB), 2. Aufl.; **zitiert:** *Bearbeiter* in KölnerKommAktG, 2. Aufl.

Zöllner, Wolfgang/Noack, Noack: Zulässigkeit des gesetzgeberischen Eingriffs in Gesellschafterrechte – Verfassungsrechtliche Fragen der Beseitigung bestehender Höchst- und Mehrstimmrechte, AG 1991, 157 ff

Zöllner, Wolfgang/Noack, Ulrich (Hrsg.): Kölner Kommentar zum Aktiengesetz, 6. Band (§§ 15–22 AktG und §§ 291–328 AktG), 3. Aufl., 2004; **zitiert:** *Bearbeiter* in KölnerKommAktG